普通高等教育"十三五"汽车类规划教材

# 汽车服务工程

主　编　高俊杰　姚宝珍
副主编　张明恒　赵一兵
主　审　胡　平

机械工业出版社

本书从工程应用、管理技术和案例分析等多个角度，对汽车服务领域的各个方面进行了全面、系统的分析和论述。本书共8章，主要包括绪论、汽车营销、汽车物流、汽车金融服务、汽车美容装饰与改装、汽车故障诊断与维修、旧车服务及汽车服务的其他相关内容等。

本书内容丰富、翔实，信息量大，实用性强。本书的编写贯彻理论联系实际的原则，力求最大限度地调动学生学习的热情。本书可作为高等院校车辆工程、汽车服务工程和交通运输相关专业的教材或参考书，也可作为汽车及其服务产业从业人员的培训资料和工具书。

本书配有PPT电子课件，免费赠送给采用本书作为教材的教师，可登录www.cmpedu.com下载，或联系编辑（tian.lee9913@163.com）索取。

## 图书在版编目（CIP）数据

汽车服务工程/高俊杰，姚宝珍主编. —北京：机械工业出版社，2017.10（2024.1重印）
普通高等教育"十三五"汽车类规划教材
ISBN 978-7-111-58399-8

Ⅰ.①汽… Ⅱ.①高… ②姚… Ⅲ.①汽车工业-销售管理-商业服务-高等学校-教材 Ⅳ.①F407.471.5

中国版本图书馆CIP数据核字（2017）第267396号

机械工业出版社（北京市百万庄大街22号 邮政编码100037）
策划编辑：宋学敏 责任编辑：宋学敏 孟晓琳 朱琳琳
责任校对：王 延 封面设计：张 静
责任印制：常天培
固安县铭成印刷有限公司印刷
2024年1月第1版第7次印刷
184mm×260mm·17.5印张·450千字
标准书号：ISBN 978-7-111-58399-8
定价：44.00元

凡购本书，如有缺页、倒页、脱页，由本社发行部调换

电话服务 网络服务
服务咨询热线：010-88379833 机 工 官 网：www.cmpbook.com
读者购书热线：010-88379649 机 工 官 博：weibo.com/cmp1952
 教育服务网：www.cmpedu.com
封面无防伪标均为盗版 金 书 网：www.golden-book.com

# 前言

随着我国汽车产销量、保有量的逐年增加，我国汽车制造业已进入微利竞争时代，而汽车服务市场正在成为汽车业新的利润增长点，其所占汽车产业的市场份额逐年增长。随着全球各大汽车制造厂商和贸易服务商大举进入我国，争夺全球最大的一块潜在市场，我国汽车售后市场正在发生着深刻的变化，汽车服务市场的竞争越来越激烈。近年国家推出一系列有关政策，以期打破汽车服务业的行业垄断，指导行业良性、快速发展，使我国汽车服务市场进入发展的黄金期。为了满足社会对汽车服务人才的迫切需求，培养"懂技术、善经营、会服务"的汽车服务高端工程技术人才，我们在多年从事汽车服务工程相关科研和教学经验的基础上，编写了本书。

本书几乎囊括了汽车服务领域的方方面面，从工程应用、管理技术和案例分析等多个角度，全面、系统地论述了汽车服务的概念和发展现状、汽车营销、汽车物流、汽车金融服务、汽车美容装饰与改装、汽车故障诊断与维修、旧车服务及其他相关内容。本书内容翔实，信息量大，实用性强。本书可作为高等院校车辆工程、汽车服务工程和交通运输相关专业的教材或参考书，也可作为汽车及其服务产业从业人员的培训资料和工具书。

本书由大连理工大学高俊杰、姚宝珍任主编，张明恒、赵一兵任副主编。胡平主审。编写分工为：第1章和第8章由赵一兵编写，第3章（除3.8.2节外）和第7章由姚宝珍编写，第4章和第5章（除5.3.6节外）由张明恒编写，陈超、赵鹏、翟晓娟和项秀梅编写了3.8.2节的内容，其余部分由高俊杰编写并统稿全书。

本书的编写得到了大连理工大学运载工程与力学学部有关领导和专家们的关心与支持，获大连理工大学教材建设出版基金项目资助。在编写过程中参阅了大量的有关文献，在此，谨代表本书的全体编者向上述人士、有关单位及参考文献的原著（作）者们，表达真挚的谢意。

由于编者水平有限，书中难免存在缺点与错漏之处，恳请读者在使用本书的过程中给予关注，不吝指正。

编　者

# 目 录

前 言
## 第1章 绪论 ............................................. 1
1.1 汽车服务工程概述 ........................... 1
1.2 国内外汽车服务工程的发展现状 ......... 2
1.3 汽车服务工程发展的重要性 ............... 5

## 第2章 汽车营销 ..................................... 9
2.1 概述 ................................................. 9
2.2 汽车营销调查及市场预测 ................. 15
2.3 汽车营销策略 ................................... 30
2.4 汽车销售工作流程 ............................ 38
2.5 汽车营销相关新技术及发展趋势 ....... 40
2.6 案例分析 ......................................... 45

## 第3章 汽车物流 ..................................... 50
3.1 汽车物流概述 ................................... 50
3.2 汽车物流的分类 ................................ 51
3.3 汽车产品的采购物流 ........................ 53
3.4 汽车产品的生产物流 ........................ 57
3.5 汽车产品的逆向物流 ........................ 70
3.6 汽车物流供应链管理 ........................ 73
3.7 汽车行业第三方物流 ........................ 80
3.8 汽车物流发展新技术 ........................ 87
3.9 案例分析 ......................................... 89

## 第4章 汽车金融服务 ............................... 94
4.1 汽车金融服务的基本概念、作用与
发展状况 ......................................... 94
4.2 汽车消费信贷 ................................... 99
4.3 汽车保险与理赔 ................................ 103
4.4 汽车租赁 ......................................... 117
4.5 汽车置换服务 ................................... 119
4.6 汽车金融服务新技术 ........................ 123

## 第5章 汽车美容装饰与改装 .................... 126
5.1 汽车美容 ......................................... 126
5.2 汽车装饰 ......................................... 139
5.3 汽车改装 ......................................... 148
5.4 汽车美容装饰与改装新技术 ............. 167

## 第6章 汽车故障诊断与维修 .................... 169
6.1 汽车故障诊断与检测 ........................ 169
6.2 汽车维修 ......................................... 174
6.3 汽车钣金与涂装 ................................ 183
6.4 汽车维修的发展及对策 .................... 195
6.5 案例分析 ......................................... 208

## 第7章 旧车服务 ..................................... 213
7.1 旧车的回收利用在循环经济中的
地位和作用 ...................................... 213
7.2 我国旧车回收利用的现状 ................. 215
7.3 我国旧车报废标准 ............................ 222
7.4 旧车的回收管理规程 ........................ 225
7.5 旧车交易市场和运作 ........................ 226
7.6 车辆损耗与贬值及其计算方法 ......... 239
7.7 旧机动车评估的基本方法 ................. 244
7.8 旧车服务新技术与方法 .................... 251
7.9 案例分析 ......................................... 253

## 第8章 汽车服务其他相关内容 ................. 259
8.1 汽车信息与咨询服务 ........................ 259
8.2 汽车文化服务 ................................... 263
8.3 汽车服务政策法规 ............................ 266
8.4 服务市场的建设、运作与管理 ......... 268
8.5 案例分析 ......................................... 271

## 参考文献 ................................................. 274

# 第1章

# 绪　论

## 1.1　汽车服务工程概述

### 1.1.1　汽车服务工程的内涵

服务通常是指服务提供者通过提供必要的手段和方法，满足接受对象需求的过程，也就是说，服务是一个过程。在这个过程中，服务的供应方通过运用任何必要的手段和方法，满足接受服务对象的需求。服务具有不可触摸性、不可分性、不均匀性和不可存储性的特征。汽车服务是指与汽车相关的要素同顾客（客户）进行交互作用或由顾客对其占有活动的集合。目前，人们对汽车服务的理解可谓见仁见智，依据汽车在使用过程中服务的范围不同，有广义和狭义之分。狭义的汽车服务系指从新车进入流通领域，直至其使用后回收报废的各个环节所涉及的各类服务，包括销售咨询、广告宣传、贷款与保险咨询等营销服务，以及整车出售及其后与汽车使用相关的服务，包括维修保养、车内装饰（或改装）、金融服务、事故保险、索赔咨询、旧车转让、废车回收、事故救援和汽车文化等；广义的汽车服务则可延伸至汽车生产领域，如原材料供应、产品开发、设计、质量控制、产品外包装设计及市场调研等。如果没有特殊说明，本书所论述的内容均属于狭义的汽车服务范畴。

汽车服务的内涵包括以下五个方面：

1）汽车服务的目标是满足客户需求，实现客户满意。其中，实现客户满意是汽车服务的终极目标。

2）汽车服务的精髓在于汽车服务系统的整合，一体化思想是现代汽车服务的基本思想。

3）现代化汽车服务的界定标志是信息技术。

4）现代汽车服务呈现出系统化、专业化、网络化、电子化和全球化的趋势。

5）可持续发展是现代汽车服务的重要内容。

### 1.1.2　汽车服务工程的内容及分类

**1. 汽车服务工程的内容**

按照服务内容的特征，汽车服务包括维修服务、售后服务（以质量保修为核心）、检测服务、美容与装饰服务、产品试验与认证、再生与回收解体服务等。

（1）**汽车贸易服务**　包括汽车营销、二手车交易、进出口贸易、配件经营、物流配送等。

（2）**汽车金融服务** 包括信贷服务、租赁服务、保险服务。

（3）**汽车政府公共服务** 包括智能交通服务（以交通导航为核心）、政策与法律管理（以保护产业发展和规范市场环境为核心）。

（4）**汽车文化服务** 包括汽车俱乐部、汽车运动、汽车的静态文化和动态文化服务。

（5）**汽车的延伸服务** 包括信息咨询服务、驾驶培训服务、场地服务、故障救援服务、广告与展会服务。

2. 汽车服务工程的分类

（1）**按照服务的技术密集程度分** 按照服务的技术密集程度，汽车服务可以分为技术型服务和非技术型服务。技术型服务包括汽车厂商的售后服务、汽车维修检测与养护服务、智能交通服务、汽车故障救援服务等，其他服务为非技术型服务。

（2）**按照服务的资金密集程度分** 按照服务的资金密集程度，汽车服务可以分为金融类服务和非金融类服务。金融类服务包括汽车消费信贷服务、汽车租赁服务和汽车保险服务等，其他服务为非金融类服务。

（3）**按照服务的知识密集程度分** 按照服务的知识密集程度，汽车服务可以分为知识密集型服务和劳务密集型服务。知识密集型服务包括售后服务、维修检测服务、智能交通服务、信息咨询服务、汽车广告服务和汽车文化服务等；劳务密集型服务则包括汽车物流服务、废旧汽车的回收与解体服务、汽车驾驶培训服务、汽车展会服务、场地使用服务和各种服务手续的代理服务等；其他服务则是介于知识密集型服务和劳务密集型服务之间的服务。

（4）**按照服务的作业特性分** 按照服务的作业特性，汽车服务可以分为生产作业型的服务、交易经营型的服务和实体经营型的服务。生产作业型的服务包括汽车物流服务、售后服务、维修检测服务、美容装饰服务、废旧汽车的回收与解体服务、汽车故障救援服务等；交易经营型的服务包括汽车厂商及经销商的新车销售服务、二手车交易服务、汽车配件营销与精品销售服务等；其他服务为实体经营型的服务。

（5）**按照服务的载体特性分** 按照服务的载体特性，汽车服务可以分为物质载体型的服务和非物质载体型的服务。物质载体型的服务是通过一定的物质载体（实物商品或设备设施）实现的服务，如上述的技术服务、生产作业型的服务、交易经营型的服务、汽车租赁服务、汽车广告服务、汽车文化服务、展会服务、场地使用服务等；非物质载体型的服务没有明确的服务物质载体，如汽车信贷服务、保险服务、汽车信息咨询服务、汽车俱乐部等。

# 1.2 国内外汽车服务工程的发展现状

## 1.2.1 国际汽车服务业的形成与发展

国际上，以美国为代表的西方发达国家汽车服务业的发展比我国成熟得多。美国的汽车服务业诞生于 20 世纪初，以美国福特汽车公司生产的新型 T 型车进入市场为标志，T 型车进入市场标志着汽车使用进入了大众化的阶段。为了在竞争中求生存，美国汽车服务业进入了注重经营成本和更新服务理念的新阶段，表现形式为发展各种新型连锁店和专卖店。

亚洲的日本和韩国都属于在第二次世界大战（简称"二战"）后迅速崛起的国家。二战结束后，一方面得到了以美国为代表的西方发达国家的大力援助，另一方面抓住了发展机遇，在其汽车服务业发展过程中，直接吸收了当时欧美国家的先进汽车服务理念，并加以成功应用。

国外汽车服务市场出现了以下发展动向：
1）服务出现精细化分工。
2）企业营销网络的分散化和经营规模的集团化同时出现。
3）不同服务项目之间相互融合。
4）消费需求个性化的实现程度提高。

目前，汽车服务业受经济全球化、信息革命、现代营销理论和绿色革命等因素影响，在汽车服务研究和管理上，把信息技术引入汽车服务领域，以全球化、一体化的观点对待汽车服务市场，以供应链的思想来经营汽车服务业，讲求经济的可持续发展，成为现代汽车服务的重要内容。

国外汽车服务业发展对于我国本行业发展有以下启示：
1）切入整车销售与物流，构筑本土竞争优势。
2）完善一体化服务体系。
3）开拓汽车金融市场，构建完整的服务产业链。
4）立足国情发展我国的汽车服务业。
5）制定我国汽车服务业新的发展对策。
6）不断发展创新型汽车服务模式。

### 1.2.2　我国汽车服务业的形成与发展

**1. 我国汽车服务业的发展历史**

我国的汽车服务业或整体服务体系，起源于计划经济时代的汽车维修服务，发展于汽车厂商的销售流通体系和售后服务体系，形成于其他各项汽车服务的发展和壮大。在这个发展过程中，汽车的维修服务、汽车厂商的营销和售后服务一直占据着突出地位，是我国汽车服务业中最大的服务类别。我国的汽车服务业，大致经历了以下的三个发展阶段。

第一阶段，从 1956 年到 1984 年，是我国汽车服务业的起步与建设阶段。这个阶段的基本特征是汽车的生产、销售流通与维修服务都是在国家的计划体制下运行的，分属国家不同的产业部门管理（即"条条"管理），存在严重的部门割据现象，生产、流通与维修服务的各项职能被人为分割。各类企业也缺乏自主经营权，企业之间不存在竞争。与此同时，汽车服务也仅限于汽车维修这个单一的服务类别上，只能由交通部门履行行业管理职能，由其下设的汽车维修企业提供维修服务，几乎不存在其他的服务项目。

在经过这个阶段之后，我国的汽车服务经历了从无到有的过程，积累了一定的服务基础，形成了一批以国家物资部门为代表的整车销售、以交通部门为代表的配件销售和汽车维修等服务力量。特别是在汽车维修方面，培植了一批具有较强实力的汽车维修企业，培养了一批汽车维修的专业人员，形成了规模较大的汽车维修服务体系，这股力量至今仍对我国的汽车维修行业的发展有着重要影响。与此同时，其他汽车服务的业态形式也开始进入萌芽状态。

但是，由于这个阶段国家总的经济基础比较薄弱，计划体制没有从根本上打破，汽车工业本身发展缓慢，汽车生产数量少、品种单一，汽车用户不多，缺乏汽车工业强有力的带动等原因，我国的汽车服务业在长达几十年的时间内，发展速度比较缓慢，服务内容也很不健全。

第二阶段，从1985年至1993年，它始于我国的城市经济体制改革，止于国家全面进入市场经济体制建设，是我国汽车服务业的发展阶段。这个阶段的基本特征是国家的改革开放不断向纵深推进，单一的计划经济体制被彻底打破，市场逐步成为配置资源的最主要机制，企业的经营权力不断扩大，市场竞争也在不断强化。特别是国家明确了私营业主和个人购买汽车的合法性，开放了汽车消费市场和汽车运输市场，私人购车大幅增长，使得汽车保有量（尤其是私人汽车的保有量）迅速增加。这些变化直接推动了汽车服务产业的发展，汽车的服务业务突破了单一的维修服务类别，一些新型的服务项目得以出现和发展。

在这个阶段，由于受到国内汽车市场的巨大拉动，汽车工业本身的发展和社会汽车保有量的快速增长等因素的有力支持，我国的汽车服务业走过了"从小到大"的历程。在经济体制改革的有力推动下，过去以执行国家计划为主要职能的汽车及其零部件生产、分配、流通和维修的部门，逐步转化为独立面对市场、自主经营、自负盈亏的服务主体。

但是，由于这一时期我国的汽车市场总体上处于卖方市场，我国的汽车服务领域呈现出比较混乱的面貌，突出问题是产品和服务的价格混乱，整车及其配件流通的渠道混乱，各种汽车服务作业的操作混乱。汽车服务的整体内涵很不健全，我国的汽车服务体系有待发展。

第三阶段，从1994年到现在，是我国汽车服务业的全面形成和与国际接轨的准备阶段。这个阶段的基本宏观背景是我国的改革开放继续大幅向纵深推进，经济体制向市场经济体制转轨。国家以全面建设小康社会为目标，推行可持续发展战略，追求"持续、健康、快速"的经济增长方式，注重国民经济运行质效，企业经营从粗放经营向集约化经营转变。加入WTO（世界贸易组织）后，我国经济领域进一步对外开放，我国企业全面参与国际经济大循环。与此同时，我国的汽车工业稳步发展，对外合作与交流更加充分，汽车买方市场大体形成，消费者私人购车逐步占据汽车市场的主导地位，社会汽车保有量迅速增加。在这种背景下，我国的汽车服务业表现出原有体系剧烈变革，服务内涵极大丰富，服务水准得以提高，整体服务体系基本形成，并开始向国际靠拢等特征。

综上所述，由于受到各种综合变革因素的作用，我国的汽车服务业在这个阶段走过了从混乱到有序的发展历程，一个内容较为丰富、职能比较全面的服务体系业已形成。特别是厂商主导的功能健全的汽车销售服务体系，成为我国汽车服务业内涵提升的中坚力量。尽管各种新型服务方式，诞生的时间不长，服务水准不高，但是对于健全我国汽车服务体系的整体职能，仍然具有重要意义。

当然，我国的汽车服务业与今后广大汽车用户的要求相比，与世界汽车服务业发达的国家相比，在服务项目的广度、服务内涵的深度、服务质量的水准等方面还存在很大的差距，整体上仍处于初级阶段。

**2. 我国汽车服务业现状及发展趋势**

当前，我国的汽车服务业虽然开展了很多具体的服务类别，甚至已比较全面，但是我国的汽车服务业确实还存在很多问题，与国外的汽车服务业还存在一定差距，这些问题和差距主要表现在以下几个方面：

1）行业基础薄弱。我国汽车服务行业底子薄，服务项目的类别不多，而且发展缓慢。

2）服务理念落后。与国外汽车服务业相比，目前我国汽车服务业服务理念比较落后。

3）综合素质不高。一是服务企业的技术素质不高；二是汽车服务行业的从业人员素质不高；三是缺乏高素质的专业人员。

4）市场秩序混乱。一是市场运作混乱，尤其在流通领域，混乱发展的局面十分明显；二是价格体系和执行混乱，在汽车流通领域，存在随意加价销售的行为；三是市场竞争秩序混乱。

5）服务能力不足。一是服务主体的服务能力不足，突出表现在各类服务主体的投资。

根据汽车工程协会提供的数据分析，在 2009 年我国汽车销量达到了 1300 多万辆，位居全球第一。2010 年上半年，根据中国汽车工业协会提供的数据，汽车产销分别完成 892.73 万辆和 901.61 万辆。中国零部件市场规模的扩大给零部件企业带来了广阔的发展空间。

2008 年国际金融危机以来，国际汽车市场格局发生重大变化。国外一些专门服务于大型汽车公司的研发机构，因其客户各项费用缩减，无活可干，恰恰为我国零部件企业提供了机遇。比如，在借用国际资源的形式上，长安汽车在国外建立研发机构，成立专门的研发团队，同时和国外研发机构建立战略合作伙伴关系等。

随着国内自主品牌零部件行业技术水平的不断提高，在改革开放初期，我国汽车零部件行业很小，集中在卡车等商用车领域。轿车发展起来之后，在整车的带动下，零部件行业才开始起步。经过 30 多年的发展，国内自主品牌零部件行业技术水平提升很快，不少零部件企业不仅有能力为自主品牌整车提供配套零部件，也进入合资品牌的配套体系中。

目前，我国正处在由汽车大国向汽车强国迈进的阶段，同时，新能源汽车的发展急需加速，零部件理应成为整车的基础和支撑。如何成为有力支撑？首先应该做的就是彻底摒弃仿制的思想，扎扎实实地积累数据，培养人才，积极参与整车的研发过程，依靠自身力量以及借助国际科研资源，向自主创新时代迈进。

总之，结合我国汽车服务业具体需求，发展趋势如下：

1）在先进的服务理念指导下，我国的汽车服务业将全面形成以人为本和以充分满足私人消费需求为导向的新型服务体系。

2）在不断巩固现有服务业务的基础上，一批新兴服务业务将得以开展，部分传统业务的服务方式将发生变革。汽车服务始于新车的销售，一直到其报废回收，在这个很长的时间过程中，汽车服务体系几乎承担了各个环节的全部服务工作。目前，我国的汽车服务体系还没有完全达到要求，其功能体系还不是很健全。因而，随着今后服务市场的发展及其细分化，我国的汽车服务必须扩展到服务和贸易的方方面面，一批新兴服务业务的出现是必然趋势。

3）在继续坚持厂商主导发展方向的同时，汽车厂商的销售服务体系将建成与国际惯例接轨的、功能更加完善的服务体系。

## 1.3 汽车服务工程发展的重要性

### 1.3.1 汽车服务业对国民经济的促进作用

2009 年 3 月，国务院办公厅公布了《汽车产业调整和振兴规划》，指出汽车产业是国民经济重要的支柱产业,产业链长、关联度高、就业面广、消费拉动大,在国民经济和社会发展中发挥着重要作用。由于汽车产业的强大产业联动效应和对高新技术的吸附性,它一直被许多国家看作是发展国民经济的支柱产业之一。汽车产业通常被看作是国家制造业整体水平和科技创新能力的象征,甚至是国家综合竞争力的体现,它对国民经济的发展具有重要的战略意义,因此,无论是发达国家还是发展中国家,都非常重视汽车产业的发展。

汽车工业在国民经济中举足轻重的地位,是由其生产技术特点及其在人们需求结构中的地位所决定的。从产业地位看,汽车工业针对的是最终的消费品,位于产业链条的末端,或者说位于产业金字塔的顶端。同其他消费品相比,汽车具有很多独一无二的特征。以轿车为例,它至少由两万多个零部件组成,即使是中低档轿车,价格也在1万美元以上。我们很难找到第二个产品,能够在技术密集程度、价格和社会需求方面都达到轿车的水平的,这从客观上决定了汽车工业对整个国民经济巨大的带动作用。从人们的需求结构看,"吃"和"穿"的基本需求得到满足后,"行"的需求上升到了关键位置。而汽车是所有"行"的方式中最便捷、最个性化,也是最能满足这一需求的产品了。可以说,需求方面的力量也决定了汽车工业在现代经济和社会发展中的支柱作用。最后,从汽车产品的技术特点看,每辆汽车都是当代高新技术的结晶。汽车工业是应用机器人、数控机床、自动生产线最大的产业,现代轿车也运用了大量新材料、新工艺、新设备和电子技术。汽车工业不但和钢铁、冶金、橡胶、石化、塑料、玻璃、机械、电子、纺织等产业休戚与共,而且延伸到商业、维修服务业、保险业、运输业和公路建筑等行业。同时汽车产业是现代企业科学管理的先驱,是大批量、高效率、专业化、标准化产业的代表。

国务院发展研究中心的《振兴我国汽车产业的主要思路》一项研究成果显示,由于汽车工业发展对主要相关工业的拉动作用,整个工业的投入要比汽车工业本身的投入增加一倍。换句话说,汽车工业的投入产出,将对整个工业发展产生双倍的带动作用。从增加值角度衡量,汽车工业对主要上游产业的完全需求带来的增加值达到汽车工业自身增加值的两倍多,也就是说,汽车工业每创造一个单位的增加值,就会带动相关工业创造两个单位以上的增加值,而全社会新增的增加值就在三个单位以上。另据中国经济时报《汽车工业在国民经济中有举足轻重的地位》资料显示,在欧美发达国家,在一辆汽车的价格中,大概有40%左右要支付给金融、保险、法律咨询、产业服务、科研设计、广告公司等各种服务业。在几个汽车工业比较发达的国家中,汽车工业对主要相关服务业的产出的带动作用达到80%～100%。如果综合考虑汽车使用过程中所产生的对汽车服务业的需求,甚至可以达到汽车价格的2～3倍的水平。

汽车工业是一个典型的资本技术密集型的产业,由于其巨大的产业规模和对上下游产业的带动作用,其带动就业的能力也很强。它不仅提供了很多直接的就业机会,还带动了很大比例的间接就业。在几个主要的汽车生产国家中,与汽车相关的工业和服务业都拥有较大的就业人数,尤其是汽车服务业的就业人数,自20世纪80年代以来大幅度增长,就业比重明显提高。汽车产业间接就业与直接就业之比,1994年美国达到1.01,日本为0.71,德国为0.66。1980年韩国为0.63,到1992年上升到1.46,其中与汽车相关的间接就业占总就业的比重由0.25%上升到0.49%。这些数据还没有包括因汽车工业而产生的道路建设、政府机关以及非汽车产业中与汽车使用有关的就业数据。

中国目前还不是汽车强国,但中国已经可以算作一个汽车大国了。当前中国汽车产业最大的变革是由新兴市场向成熟市场过渡，其中显著的特征是进入微增长时代。中国汽车市场已经结束过去 10 年平均每年 25% 的高增长，未来平均增幅保持个位数的现象很可能在很长一段时间一直存在。微增长将给汽车行业带来深刻的影响，有效面对微增长是摆在中国汽车产业面前的一个重要课题，也是中国汽车产业未来走向成熟、绕不过去的一个话题。如果中国的汽车工业保持健康持续发展，并对相关工业和服务业产生多方面的带动效应，将能够为民间资本提供很多有利的投资机会，拉动民间投资的扩张，从而促进社会投资需求的扩大，支持国民经济的较高速持续增长。

汽车产业的发展有利于产业结构的调整和升级。汽车产业具有连接工业和服务业的特点，其发展不仅可以带动相关工业，而且对相关服务业具有很大的带动作用，这就有利于实现工业稳定增长而服务业加快发展的结构调整目标。同时，汽车工业属于技术密集的加工工业，由于其具有巨大的产业关联带动效应，带动幅度最大的就是技术密集的机械电子产业，并且经济规模大，使很多高新技术成果能够很快得到应用。因此，汽车工业的较快发展也有利于带动工业结构的升级。

## 1.3.2 汽车服务业对全球环境保护的重大意义

2016 年 1 月，国家有关部门提出了我国发展环保汽车的方向："十三五"期间，中国将在"十二五"基础上，重点研究开发和掌握混合动力汽车、纯电动汽车、代用燃料汽车整车和零部件的关键技术，建立整车评价平台，推动标准体系的建设，促进节能环保机车的产业化。上述途径方向以及对传统内燃机的不断优化，将构成我国未来汽车发展的主要潮流。

随着全球范围内的能源紧缺以及各国政府对环境保护的日益重视，汽车行业的环保问题已成为世界范围内汽车工业发展关注的重点，同时环境保护实施状况的优劣将直接关系到绿色营销的成果。大气污染压力面前，降低机动车尾气排放被当作一种重要手段，然而，机动车减排绝不是仅靠车企、车辆技术升级就能实现的。日本汽车工业协会环境委员会应对全球变暖分委员会介绍了日本面对交通运输领域减排 28% 的目标时采用的方法：更节能的车辆应用是一方面，更重要的是智能交通体系的建立，通过降低拥堵、提升车辆运输效率、改善机动车驾驶习惯等方式降低车辆碳排放。在实际应用中，往往更高效汽车的使用，比新节能技术的应用会取得更显著的效果。世界经济论坛汽车行业社区高级经理 Andrey Berdichevskiy 也表示，个人出行模式的选择对交通运输领域降低碳排放起着重要的作用。截至 2016 年年底，对于汽车保有量超过 1.7 亿辆的中国大市场，比提升新车排放技术更紧迫的是用车环保达标，在关注新车排放标准升级的同时，更应该重视车辆生产的一致性和产品质量的稳定性，关注产品在实际应用中的排放状态。

根据国家相关政策及汽车与环境的发展态势，从环境保护与经济效益结合的角度，可以把未来汽车发展归为以下三种途径：

途径之一：不断开发符合环保要求的新的内燃机，即不断完善汽油、柴油发动机结构，优化工作过程，从而达到节能环保的目的。首先，就汽油发动机而言，2017 年 1—8 月汽油机发动机累计完成产销 1416.32 万台和 1400.41 万台，比上年同期累计分别增长 5.97% 和 4.27%。随着石油资源的日益紧缺和上述汽油发动机新技术的推广和应用，据预测，在未来 10 年内，我国的汽油发动机在汽车动力装置中所占的市场份额将减少至 35% 左右。就柴油发动机而言，从国际汽车发展趋势来看，轿车动力柴油化已成为轿车发展的必然趋势。早在

1920年，德国人就已经生产出了柴油机轿车，至今已有近百年的历史。到1970年以后，世界许多发达国家和汽车制造企业进一步加大了对柴油机轿车的研究开发步伐。由于柴油机轿车具有节能、环保、高效等特点，很快就得到了推广应用。随着国际能源的日趋紧缺和人们环保意识的逐渐加强，轿车动力柴油化的比率还会进一步提高。

众所周知，柴油机用于轿车，除了具有无可比拟的技术性能优势外，和汽油机轿车相比还具有节能、环保的优势，其污染排放物会相应减少。目前，柴油机轿车的碳氢化合物、一氧化碳、一氧化氮等污染物排放量远远低于汽油机轿车，特别是二氧化碳的排放量要比汽油机轿车低得多，此外还可减少45%以上的温室气体排放。

途径之二：开发混合动力汽车。从世界范围来看，混合动力汽车的研究开发从1987年到2017年已有30年的历史。从2010年到2015年全球混合动力车产量上升了将近10倍之多，而在增加的产量里，日本"双田"（本田和丰田）占有相当大的比例。当前，我国国内已经介入混合动力车研究的厂商主要有一汽、上汽、东风、长安、奇瑞、吉利和比亚迪等。专家预计，"十三五"末期，以混合动力和多种燃料为主体的新能源动力系统车辆将会出现产业化高潮，越来越多的混合动力车辆将驶入家庭。由于混合双动力型汽车的燃料效率比汽油车型高，它们消耗的燃料较少，因此排放更低。

途径之三：使用代用燃料汽车，不断完善电动汽车。代用燃料汽车就是以液化石油气、压缩天然气或甲醇等作为其发动机燃料的汽车。目前，在汽车上使用较为普遍的清洁代用燃料有天然气、液化石油气、醇类和醚类等。它们之所以称为清洁代用燃料，是因为它们的相对分子质量比汽油、柴油小得多，其尾气排放一氧化碳、碳氢化合物、二氧化碳等污染物要比汽油、柴油低得多。此外，醇类燃料含氧，还可促进燃料燃烧更完全，燃烧温度降低，使二氧化碳排放量减少，可以说代用燃料汽车是仅次于电动车的"环保汽车"。

不断完善和推广电动汽车。电动汽车早在1834年就已发明了，但随后却销声匿迹，在20世纪70年代由于石油危机导致能源危机，才使电动汽车又受到了相当的重视。近年来，随着全球石油资源的紧张和大气污染的严重，如何让汽车更加节能、环保以及拥有替代能源已成为未来汽车发展的主要研究方向之一。由于电池等各项相关技术的提高，节能环保汽车的重要车型——电动汽车已被世界公认为21世纪汽车工业改造和发展的主要方向。电动汽车指的是全部或部分由电能驱动电机作为动力系统的汽车，包括纯电动汽车、混合动力电动汽车和燃料电池电动汽车三种类型。电动车以其运行中的"零排放""低噪声"等优点被人们称为"绿色环保汽车"，甚至可作为石油资源枯竭后传统燃油汽车的理想替代产品。在电动汽车方面，我国从一开始就注重自主知识产权的研发，也取得了与世界基本同步的发展成果。

作为对环境保护影响巨大的汽车行业，在未来发展的道路上，应遵从国家颁布的清洁能源生产标准，不断学习国外"绿色汽车"产业发展中的先进技术，不断开创我国环保汽车自主品牌。随着科技的不断进步，以上途径会不断得以改进并创新，作为汽车生产和使用大国，我国应该不断从法制与技术上加大对汽车新能源领域的重视与投入。

# 第 2 章

# 汽车营销

在现代营销理论指导下,结合我国汽车产业发展的特点,力求全面、系统地阐述当前汽车营销所涉及的技术、方法及应用。本章在分析汽车营销定义、内容、环境、人员的基础上,详细介绍了汽车营销调研及市场预测、汽车营销策略、汽车营销技巧及汽车营销的发展趋势。最后,通过案例分析,阐明如何在实际工作中灵活应用汽车营销相关技术和方法。

## 2.1 概述

### 2.1.1 汽车营销的定义与相关内容

**1. 汽车营销的定义**

汽车营销是指汽车相关企业或个人通过调查和预测顾客需求,把满足其需求的商品流和服务流从制造商引向顾客,从而实现其目标的过程。具体含义如下:

1) 汽车营销始于顾客的需求。汽车营销首先通过调查和预测顾客的需求,然后针对性地决定采用何种产品和服务。

2) 汽车营销的目的在于通过销售和服务与目标顾客建立联系。一次交易只是构建与顾客长久交易的一部分,企业或个人通过售前、售中、售后服务为顾客提供满意的服务,在完成销售的同时,建立较持久的顾客关系,获得顾客对该企业的忠诚。

3) 汽车产品包括实质产品和服务产品两部分,服务产品伴随着实质产品的始终。

**2. 汽车营销服务的主要工作内容**

根据汽车营销运作过程的不同,汽车营销服务的主要工作内容包括以下 5 个方面。

(1) **汽车市场调查** 介绍进行市场调查的方法、程序和如何撰写市场调查报告,进行市场预测。

(2) **汽车市场分析** 主要从环境、顾客、竞争者、产品、产品定位、品牌和价格的角度对市场展开分析,提高营销人员的市场分析能力。

(3) **汽车销售技巧** 在从汽车制造商出发到实现销售进而到顾客满意的全过程中,研究营销人员的行为表现,提高营销人员的销售技能。

(4) **顾客服务** 现代汽车市场的竞争逐步演变为服务的竞争,主要对汽车售前、售中、售后各环节如何展开服务进行分析,提高服务质量。

(5) **汽车营销策划** 介绍汽车企业营销策划、实施、控制的全过程。

## 2.1.2 汽车营销环境分析及人员的基本要求

### 1. 汽车营销环境分析

汽车市场营销环境分析的目的主要有：一是要发现汽车市场环境中影响汽车营销的主要因素及其变化趋势；二是要研究这些因素对汽车市场的影响和对汽车营销的制约；三是要发现在这样的环境中的机会与威胁；四是要善于把握有利机会，避免可能出现的威胁，发挥汽车市场营销者的优势，克服劣势，制定有效的汽车市场营销战略和策略，实现汽车市场营销目标。

(1) **汽车营销环境的概念与特征** 美国著名市场学家菲利普·科特勒将市场营销环境定义为"是由企业营销管理职能外部的因素和力量组成的。这些因素和力量影响营销管理者成功地保持和发展同其目标市场顾客交换的能力"。也就是说，市场营销环境是指与企业有潜在关系的所有外部力量与机构的体系。汽车营销管理者不但要适当安排营销组合，使之与外部不断变化着的营销环境相适应，而且要创造性地适应和积极地改变环境以满足顾客的需求，这样才能实现潜在交换，扩大销售，更好地满足目标顾客日益增长的需求。

汽车市场营销环境主要包括宏观环境和微观环境两方面。宏观环境通常指汽车企业面临的人口环境、经济环境、自然环境、政治法律环境、技术文化环境；微观环境通常指汽车企业本身、竞争者、供应商、经销商、顾客等。在当代汽车工业发展过程中，宏观环境与微观环境的变化对其影响越来越大。概括地说，汽车市场营销环境具有差异性、多变性、相关性、动态性等特点。

(2) **汽车营销宏观环境分析**

1) 政治法律环境。汽车营销的政治法律环境包括政治形势大势、经济政策和法律法规等方面。政治形势大势就是当前国际国内政治形势大的态势与走势。经济政策主要包括与汽车营销有关的国家财政政策、货币政策、价格政策、劳动工资政策与对外贸易和国际收支政策，如汇率、进出口关税率、资本和技术引进政策等。法律法规主要指国家主管部门及地方政府颁布的与汽车营销有关的各项法规、法令、条例等。

2) 经济环境。经济环境可以从世界性的、国家性的、产业性的和个人性的指标来考察。世界性的指标反映的是整个世界的经济大气候，包括世界经济的增长情况、世界资本与货物的流动情况等。国家性的指标包括国民生产总值（GNP）、国内生产总值（GDP）、国民收入（NI）、储蓄、就业、通货膨胀率等指标。产业性的指标主要是反映产业结构及其变动的指标。在我国，产业结构变动主要是伴随建立社会主义市场经济体制而发生的，近年第三产业比例迅速提高。个人性的指标主要包括工资及其他收入、储蓄、消费及其结构等。个人性的指标是汽车营销环境分析中十分重要的因素。

除上述指标外，就业水平、汇率变动等因素也是汽车市场营销环境分析要加以关注的经济因素。

3) 社会文化环境。汽车市场营销的社会文化环境主要包括人们的价值观念、宗教信仰、消费习俗、审美观念等与汽车消费有关的文化环境。

4) 人口环境。人口统计变化对所有汽车企业的市场营销都有重要影响，汽车的购买量是与人口直接相关的。在人口统计因素中，应重点关注人口总量及其增长、人口的地理分布、人口的年龄分布和人口的收入分布等因素。因为人口因素是变化着的，在考察上述因素时，静态描述很重要，但更重要的是考察其变化趋势。尤其重要的是，在对多个因素的交叉分析中注意发现对营销战略有意义的信息。

5）技术环境。作为汽车营销环境的一部分，技术环境不仅直接影响汽车企业内部的生产和经营，还与其他环境因素相互依赖、相互作用，特别与经济环境、社会文化环境的关系更紧密。技术革命不仅使原有的汽车产品变得陈旧落伍，而且革新了汽车生产及销售人员的原有价值观。

当今世界汽车市场的竞争实际上是一场现代科技的较量，是技术创新的竞争。世界各大汽车制造企业都把主攻方向放在广泛应用和发展现代微电子信息技术为代表的高新技术、新能源、新动力、新材料、新装备和新工艺，以及围绕安全、环保、节能、清洁、舒适和多功能等领域，开发研制生产各类汽车新车型，占领新一代车型的技术制高点，增强产品的高科技含量。

新科技带来了汽车市场营销策略的革新，即产品策略、定价策略、分销策略和促销策略的革新。

**（3）汽车营销微观环境分析**

1）汽车市场营销微观环境的内容。汽车市场营销微观环境通常包括制造商、供应商、竞争者、经销商、消费者和公众6个因素。它们之间的关系如图2-1所示。

维系六要素的组织框架为销售流通体系。目前，各主要国家的汽车销售流通体系大致可概括为以下三种主要模式：

① 以汽车生产厂家为主导的专营代理销售流通模式，以美国为代表。其汽车销售流程如图2-2所示。

② 由汽车生产厂家直接销售的流通模式，以韩国为代表。其汽车销售流程如图2-3所示。

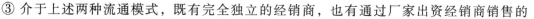

图2-1 汽车市场营销微观环境因素关系图

③ 介于上述两种流通模式，既有完全独立的经销商，也有通过厂家出资经销商销售的

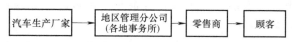

图2-2 以汽车生产厂家为主导的专营代理销售流程图

图2-3 汽车生产厂家直接销售流程图

流通模式，以日本为代表。其汽车销售流程如图2-4所示。

2）世界汽车市场营销微观环境分析。

① 市场层面。发达国家汽车市场被寡头垄断。世界汽车工业经过百余年的发展，逐步演变成了寡头垄断的竞争结构模式。在美国，汽车市场由通用、福特和克莱斯勒三巨头雄霸

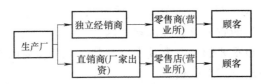

图 2-4 既有完全独立的经销商，也有通过厂家出资经销商销售的销售流程图

天下，占据了72%以上的市场份额；在日本，丰田和日产两家的市场份额就占据了50%左右；在西欧，大众、菲亚特、雷诺和标致四家占据了57%的市场份额。寡头垄断的形成是汽车工业成熟的标志，是汽车企业间激烈竞争的结果，也是由其追求规模经济效益所致。

② 企业层面。汽车企业间出现联合经营趋势。汽车制造企业与高技术行业合作加快。

③ 产品层面。产品零部件采购全球化；从价格竞争转向非价格竞争；轿车生产和销售占主导地位。

④ 消费者层面。买方市场特征明显。

世界汽车市场供过于求，汽车产量过剩的现象普遍存在，在欧洲尤其严重。目前世界各主要汽车公司都在围绕着亚洲、中南美洲和东欧等世界新兴汽车市场，扩大生产经营规模。但汽车工业行家认为，在这些新兴的汽车市场中，汽车产量过剩的问题将会同样严重。

3）我国轿车市场营销微观环境分析。

① 产品情况——新产品竞相登场。新产品的出现使市场上产品的竞争格局发生重大变化，中级轿车市场竞争加剧。新产品的竞争主要体现在技术水平和成本水平上。同时，这也说明轿车产品的更新周期越来越短，市场需求进一步分化。

② 企业情况。

a. 充分利用国内外两个市场。各大汽车生产大国都以抢占国际市场作为其汽车产业发展的动力。我国的八大轿车生产基地中，有7个是与跨国公司合资建成的。轿车制造商正利用国外强势的品牌和成熟的技术，在国内市场上大展宏图，融合国内外两种市场资源的特性，积极开展汽车营销活动。

b. 尊重市场，谋求持续发展。各轿车制造企业已逐步放弃无视市场需求而一味追求产值的做法，转而更加注重稳步有效的持续发展。

c. 开展全方位竞争。各轿车企业都加大了产品技术含量，努力提高产品质量、配件供货率及售后服务承诺履约率等，这些都反映出企业的竞争已从原始的价格竞争走向多元化、全方位的经营竞争。

d. 有效引入国际营销模式。以区域划分、品牌专营为模式的直销网络是国际上通用的轿车营销方式。新的营销理念、直销网络和订单销售方式被引入我国后，不断改变着经营者和消费者的各种固有观念。从长远来看，这也将促使企业加快与国际营销模式接轨的步伐。

③ 目标市场情况。轿车用户结构发生改变。自20世纪90年代我国政府进行大规模机构改革以来，使以往以公费消费为主的轿车市场的用户结构发生了明显变化。公款购车比例下降，私人购车保持增长势头。

车型结构多样化。随着微利竞争时代的来临，汽车市场的车型结构也在不断调整。随着产品的进一步丰富以及选择的多样化，用户群体还将不断细分。

**2. 汽车营销人员的基本要求**

**（1）品德素质要求**

1）积极向上的心态。积极向上的心态是汽车营销人员应具备的最基本素质。汽车营销是一高度竞争的工作，充满挑战，因此心态起到决定性作用。积极的心态是人人可以拥有的，只要心存感激，学会称赞别人，用美好的感觉、信心和目标去影响别人，就会拥有积极的心态。

2）谦卑的态度。谦卑的态度是汽车营销的基石。汽车营销工作需要不断面对新问题、新面孔，汽车行业的快速发展，使得从业人员必须注意知识更新，保持一种谦卑的心态，从而得到大家的认可，更有利于交流与学习，赢得发展空间。

3）坚持不懈的决心。销售始于拒绝。在销售过程中，如果遇到拒绝就放弃，会失去很多的机会。顾客如果提出疑问，则说明在销售过程中与顾客的沟通出现问题，应该分析顾客拒绝的原因，针对产生的问题进行调整，才会取得良好的成绩。俗话说："行百里而半九十。"坚持到底，绝不轻言放弃，是营销人员的必备素质之一。

4）学会不断总结。总结与分析是营销的习惯保证。在汽车营销活动过程中，每天都会面临各种各样的新情况、新问题，如果没有正确的处理问题的方法，就会事倍而功半。因此要养成良好的工作习惯，对过去发生的事情要善于总结，通过分析获取经验或教训。对未来的事情要有计划，才能有效地把握各种营销机会。

5）合作的态度。合作的态度是汽车营销的组织保证。我们处在一个竞争激烈的社会中，单凭个人的能力，已经无法处理各种各样复杂的问题，因此要有合作的态度，形成合力。

**（2）外在形象要求**　销售工作主要是与人打交道，顾客在选择汽车时，往往受到营销人员外在形象、言谈举止等多方面影响。良好的外在形象和表现可以给顾客留下较好的第一印象。因此，营销人员要特别注意自己的服饰、言谈举止和礼节。

1）仪容美。仪容，通常指人的外观、容貌。在人际交往中，汽车营销人员的仪容美包括仪容自然美、仪容修饰美和仪容内在美三个层次。真正意义上的仪容美，应当是这三个方面的完美结合。三者之间，仪容的内在美是最高境界，仪容的自然美是人们的心愿，而仪容的修饰美则是仪容礼仪关注的重点。

2）仪态美。仪态是指人们在行为中的姿势和风度，姿势是指身体呈现的样子，风度是气质方面的表露。仪态是一种不说话的"语言"，能在很大程度上反映一个人的素质、修养及被别人信任的程度。汽车营销人员必须在训练中提高个人仪态与风度，尤其注意自己的站姿、坐姿、走姿、手势等仪态。

3）仪表美。仪表是指人的外表，服饰对人的仪表起到修饰作用。从某种意义上说，服饰是一门艺术，它所能传达的情感与意蕴甚至难以用语言表达。在各种正式场合，汽车营销人员得体的着装有助于增加交际魅力，给人留下良好的印象，这也是事业成功者的基本素养。

4）良好的谈吐修养。汽车营销人员的谈吐修养是决定其事业成功与否的关键。汽车营销人员应在自我介绍、介绍他人、名片交换、称呼礼仪、语言技巧等方面进行系统训练，做到谈吐得体、落落大方。

（3）**汽车专业知识要求** 为了更好地向顾客推荐汽车产品，一个优秀的汽车营销人员要具有宽广、扎实的专业基础，能基本掌握并向顾客介绍所售汽车产品的内部配置和各项性能指标。营销人员的介绍越专业，越容易赢得顾客的信任与好感，顾客越乐于接受营销人员所推荐的产品。

（4）**销售能力要求** 销售能力是经后天训练获得的，一名专业的营销人员应注重培养以下能力。

1）善于观察市场。当前的汽车市场不断推陈出新，竞争日趋激烈。汽车营销人员要具备较强的观察能力，从各种信息中敏锐地发现销售机会，并进行合理有序的开发；要注意观察汽车在各个行业的应用方式，以便更好地与顾客交流；随时了解汽车行业的各种信息与动态，以便更好地把握销售机会。

2）确立顾客利益。现代市场营销倡导以顾客为中心，重视顾客的利益。如何突出不同于竞争对手的独特卖点，如何强化这些卖点与顾客利益之间的关系，让顾客产生深刻的印象，是营销活动的关键。典型的方法是"利益陈述法"，要求陈述出产品的特征和优点是如何满足顾客的需求的。如果发现我们的产品不能满足顾客的要求，要如实告知，为顾客提供建议。汽车营销人员必须确保顾客购买的汽车可以满足其需求，这是一种销售技能，更是获得顾客信任的有效方法。从获得顾客好感入手，逐步建立顾客的信任，直到建立起一种可靠的关系才是营销的终极目标。

3）树立顾问形象。营销人员不仅要对顾客的行业有所关注，而且还要理解顾客的利益，从为顾客提供建议的角度来介绍汽车，提供参考信息和意见，要全方位了解产品信息，并针对顾客的需求提出客观的解决办法，从而树立良好的顾问形象。

4）掌握营销沟通技能。沟通的目的在于有效地传递汽车产品信息。专业的营销沟通要注意以下问题。

① 良好的表达。要能够准确地传递产品信息。

② 学会赞美顾客。销售的目的在于为顾客解决问题，赞美比争辩更有利于获得信任。

③ 销售的过程就是了解顾客需求的过程，要学会让顾客讲话。倾听和发问的技巧比滔滔不绝的良好口才更重要。

④ 在沟通过程中要掌握两个原则。一是要真诚；二是要有事实依据，不能在赞扬顾客的时候言之无据。

5）建立良好的顾客关系。以顾客为中心，要求营销人员由管理产品转变为管理顾客。这主要从以下几个方面入手。

首先要学会建立顾客档案。老顾客比新顾客更重要，有效地维持长久的顾客关系，拥有忠诚顾客群对企业至关重要。建立客户档案可以为维持长久的顾客关系，并进行优质的服务提供条件。

其次要学会利用顾客资源发现潜在顾客，包括顾客的朋友、亲属、同学等。通过优质的人脉，建立销售网络。

最后，经常有序地与顾客进行沟通，维持长久且有效的顾客关系。

总之，汽车营销是竞争性、综合性和专业性很强的职业。营销没有固定的模式，很难有一种营销模式是通用的。因此，要树立以顾客为中心的营销理念，不断学习，提高综合能力，从而适应市场的不断变化，成为社会进步的推动者。

## 2.2 汽车营销调查及市场预测

### 2.2.1 汽车市场调查

在市场经济环境下，市场竞争无处不在，要想发现市场、占有市场、开辟市场，制定有效的营销策略，使企业处于不败之地，就要对市场信息有准确的了解和把握。因此，掌握汽车市场调查的方法，以获得准确的信息，是每一位汽车营销人员不可或缺的基本技能之一。

**1. 汽车市场调查的内容**

汽车市场调查通常涉及汽车市场环境调查、企业竞争者调查、汽车目标消费者情况调查、汽车营销企业营销组合调查和汽车售后服务水平调查五个方面。

（1）**汽车市场环境调查** 汽车市场环境调查一般在汽车企业投资决策阶段展开。环境的因素不以企业的意志为转移，通过对企业所处的环境和不可控因素进行充分的了解，从而避免在经营中出现与周围环境相冲突的情况，并尽量利用环境中有利于企业发展的方面，保证经营活动的顺利进行。

（2）**企业竞争者调查** 企业竞争者调查是汽车经营企业的经常性调查活动，主要是对企业竞争对手的调查研究。企业竞争者可以分为现实竞争者和潜在竞争者。调查内容主要包括：主要的竞争对手有哪些，他们对市场的控制能力有多大，消费者对主要竞争产品的认可程度有多大，汽车市场容量以及竞争者在目标人群中占有的市场份额有多大，与本企业是直接竞争还是间接竞争，竞争对手的销售能力和市场计划如何，竞争者对经销渠道的控制程度及方法，竞争者所售的车型和服务有哪些优势、劣势，消费者还有哪些要求尚未在竞争产品上体现出来等等。

（3）**汽车目标消费者情况调查** 目标消费者是由众多复杂多变的消费者群体构成的。对目标消费者进行调查是市场调查中最重要的部分。

1）汽车消费需求量调查。消费需求量直接决定市场规模的大小，影响需求量的因素有货币收入及适应目标消费人群两个方面。估计市场需求量时，要将人口数量和货币收入结合起来考虑。

2）消费结构调查。消费结构是消费者将货币收入用于不同商品的比例，它决定了消费者的消费取向。对消费结构的调查包括以下几部分：人口组成、家庭规模和构成、收入增长状况、商品供应状况以及价格的变化。

3）消费者行为调查。通过调查来了解消费者的行为，使营销人员采取积极主动的方法去影响消费者的消费。

4）潜在市场调查。主要目的是发现潜在目标市场。调查渠道是驾驶学校、已有用户、目标群体、汽修场所等。

**（4）汽车营销企业营销组合调查**　营销组合调查是汽车经营企业的周期性调查项目，由产品、定价、销售渠道和促销方式四方面组成。

1）产品调查。汽车产品调查包括汽车销售服务能力、产品实体及产品生命周期的调查。汽车销售服务能力调查主要包括销售能力调查和市场供应能力调查，具体包括供货渠道、售后服务的质量、维修设备的先进程度、技术水平、资金使用状况、人员素质等。产品实体调查是对产品本身各种性能进行调查，包括产品规格、产品类型和产品外观认可程度等。在产品生命周期的不同阶段所调查的内容各不相同。

2）定价调查。在制定汽车价格时不仅要考虑产品的成本支出，还要看市场的竞争情况。因此有必要了解市场中商品价格的情况，为企业定价提供依据。汽车产品价格调查主要包括以下内容：目标市场中不同阶层顾客对产品的承受能力，竞争车型的价格水平及销售量，提价和降价带来的反应，目标市场不同消费者对产品价值的定位，现有定价能否使企业盈利，以及盈利水平在同类企业中所处的地位等。

3）销售渠道调查。销售渠道调查解决的主要问题是采用何种方式更有利于企业扩大销量，为更多的消费者所了解和认可。

4）促销方式调查。促销调查的内容包括广告宣传、公关活动、现场演示、优惠活动。不同的生命周期或不同的季节用何种方式更有利于销售，需要由市场来决定。

例如，广告调查。广告对消费者购买动机的形成起着重要的作用。在广告制作前后，都需要针对广告活动进行调查，以便制作出适应目标顾客的广告。还有其他促销活动的调查，主要调查试行促销后的销售量、市场占有率的变化等。

**（5）售后服务水平的调查**　主要包括维修能力调查、服务质量调查、与顾客维系方式的调查、顾客评价的调查、企业管理水平与管理能力的调查等。

除了以上五方面的调查外，还需对未来市场的发展趋势进行预测分析，找出影响市场的主要因素，分析可能的市场机会及不利情况。

**2. 汽车市场调查的方法**

市场调查的资料来源主要有两种途径。一是通过实际市场调查，对企业及顾客的询问调查得到的信息资料，称为第一手资料；二是通过收集一些公开的出版物、报纸、杂志、电视、网络、有关行业提供的统计资料，了解有关产品及市场信息的资料，称为第二手资料，这些资料有助于了解整个市场的宏观信息。营销调查按照获取资料的方式可分为直接调查和间接调查两种方式，如图2-5所示。

**（1）直接调查**　营销的直接调查又称为实地调查。营销决策所需的重要资料多数通过实地调查所得，主要以获得第一手资料为主。

实地调查法通常采用访谈法、观察法和试验法三种，这三种方法的分类及其特点见表2-1。

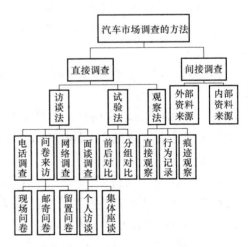

图2-5　汽车市场调查的方法

表2-1 实地调查法的分类、特点及其运用

| 方法 | 分类 | | 内容 | 优缺点 | | 备注 |
|---|---|---|---|---|---|---|
| 访谈法 | 定性访谈 | 个人访谈 | 调查人员与被调查人员面对面接触,通过有目的的谈话取得所需资料 | 优点 | 可直接听取调查人员的意见;调查人员可及时、灵活地改变提问的角度和方法,引导被调查人员全面、真实地发表自己的意见;可与任何形式的问卷结合使用 | 适用于收集因果性资料,如满意程度调查 |
| | | | | 缺点 | 成本高,调查人员对被调查人员的倾向性影响较大 | |
| | | 电话访谈 | 通过电话向被调查人员对所调查的内容征求意见 | 优点 | 这是能迅速得到所需信息的最好方法,灵活性强,回收率也高 | 适用于较长期的连续性调查,如跟踪调查 |
| | | | | 缺点 | 电话交谈时间短促,很难全面提问;成本比邮寄调查高;被调查人员不愿意回答私人问题,调查的深度有限 | |
| | | 小组讨论 | 调查人员组织与主题有关的针对所调查问题的讨论 | 优点 | 主题鲜明,针对性强,可以较深层次地了解顾客的真实想法 | 适用于收集探索性资料 |
| | | | | 缺点 | 主观性强,样本少,不易形成数量化资料 | |
| | 定量访谈 | 日记调查 | 向进行连续调查的固定样本单位发放登记簿,由其调查人员逐日逐项进行记录,并由调查人员定期加以整理汇总 | 优点 | 如实反映被调查单位的经济活动情况,所搜集的资料比较系统可靠,便于对不同时期不同单位的情况进行对比分析 | 适用于收集事实类资料 |
| | | | | 缺点 | 调查的持续时间长,样本代表性有限 | |
| | | 留置问卷调查 | 调查人员将调查表或调查提纲通过邮局或者当面交给被调查人员,并详细说明调查的目的、要求,由被调查人员自行填写答案,再由调查人员按约定日期收回 | 优点 | 调查人员可当面消除被调查人员的思想顾虑,解决填写调查表的某些疑问,被调查人员有充分的时间思考回答问题,并可避免调查人员倾向性意见的影响 | 适用于高端客户小范围的针对性调查 |
| | | | | 缺点 | 样本面窄,成本高 | |
| | | 计算机网络通缉调查 | 调查人员将所要询问的问题输入网络中,请求网络作答。愿意回答问题的网络成员就是被调查人员 | 优点 | 调查的范围可覆盖整个网络,花费的人力、经费较少,且调查的时效性强,成本低 | 适用于针对车型喜好、公司形象类的大范围调查 |
| | | | | 缺点 | 准确率低,针对性差 | |
| | | 邮寄调查 | 将设计好的询问表寄给被调查人员,由被调查人员根据调查表的要求填妥后寄还调查人员 | 优点 | 询问对象比较广泛;答卷人有充分的时间考虑,较之电话调查和面谈,对某些私人问题能得到较真实的回答 | 适用于针对车型喜好、公司形象类的范围调查 |
| | | | | 缺点 | 不够灵活,要求所有答卷人按既定顺序回答问题,缺乏针对性;问卷回收率较低,需要的时间也较长 | |
| 观察法 | 人工观察 | 神秘顾客拜访 | 调查人员聘请观察人员以顾客的身份对被调查人员进行访问 | 优点 | 直接,概括性强,被调查人员处于自然状态,调查内容真实 | 适用于了解企业的实际业务流程等描述性资料 |
| | | | | 缺点 | 对观察人员的能力要求较高,本身说服力有限,无法了解内在信息,样本代表性差 | |

(续)

| 方法 | 分类 | 内容 | 优缺点 | | 备注 |
|---|---|---|---|---|---|
| 观察法 | 人工观察 直接观察 | 调查人员或观察人员本身对工作或业务流程进行观察,并做好记录 | 优点 | 真实、直接 | 适用于收集销售实务、操作程序、购买习惯、确定价格等问题类资料 |
| | | | 缺点 | 无法了解内在信息,受调查人员的工作素质影响 | |
| | 仪器观察 实际痕迹测量法 | 通过被调查人员某种行为留下的实际痕迹来观察调查情况 | 优点 | 处于自然状态,真实、直接 | 适用于收集因果类资料 |
| | | | 缺点 | 对观察人员的综合素质要求较高 | |
| | 行为记录法 | 一般将录音机、录像机、照相机等电子仪器装在现场,如实记录被调查人员的行为 | 优点 | 处于自然状态,真实、直接 | 适用于收集事实、意见类资料 |
| | | | 缺点 | 投入较大,灵活性差,无法确认被调查人员的真实感受 | |
| 试验法 | 小批量对比法 | 先小规模试验,成功后再大规模投入 | 优点 | 投入小,见效快 | 适用于进行较大投入时使用 |
| | | | 缺点 | 代表性差 | |
| | 事前事后对比法 | 先选定实验品,选定前后的不同之处进行比较 | 优点 | 直接 | 适用于单一服务 |
| | | | 缺点 | 受时间影响较大 | |
| | 分组对比法 | 选定不同的方案分组进行实验 | 优点 | 直接、有效 | 适用于决策效果对比类调查 |
| | | | 缺点 | 投入大,涉及面广 | |

（2）间接调查　营销的间接调查又称为文案调查,是市场调查执行人员充分了解企业进行市场调查目的之后,搜集企业内部既有档案资料及企业外部各种相关的资料,加以整理及融合,以归纳或演绎等方法予以分析,进而提供相关市场调查报告及市场行销建议。

文案调查的资料按其来源可以分为内部资料和外部资料。内部资料是指企业各部门所记录的各类资料。外部资料是指通过各种渠道所收集的外部企业资料。搜集整理资料的工作流程为：阅读—做记号—剪贴—分类—装订（或建档）。

3. 汽车市场调查的程序

根据视察调查的进程,一般可以把市场调查的程序分为三个阶段、12 个步骤（图 2-6）。

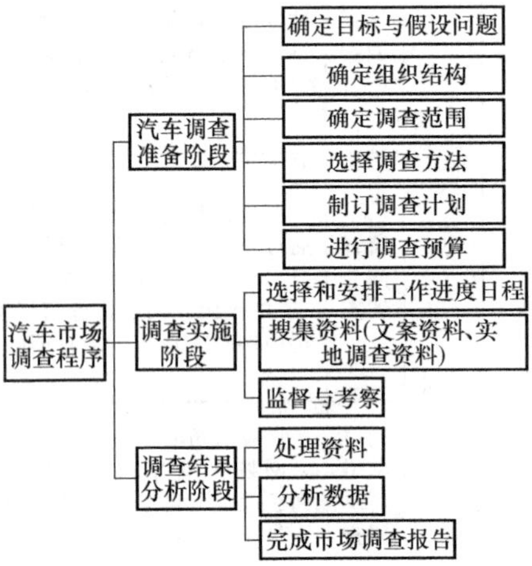

图 2-6　汽车市场调查的程序

## 2.2.2　汽车市场分析

营销不是单纯的商品交易,它受到市场环境中各个因素的影响。通过对市场环境要素的分析,可以发现市场机会,洞悉消费者的购买动机,扬长避短,从而实现营销目标。

汽车市场分析包括汽车市场环境分析、汽车消费者购买行为分析、汽车行业分析、汽车产品分析等工作内容。

### 1. 汽车市场环境分析

汽车是一种高技术性质的消费品,与经营环境的依存关系尤为紧密,各种因素都会对汽车产业的发展产生影响。作为汽车企业的营销人员,对营销环境的认识主要从两个方面来考虑。一是汽车营销环境主要包含的内容；二是维护企业的经营生态环境，创建企业的经营链条。汽车营销时主要考虑宏观和微观两方面的因素。

**（1）汽车宏观环境**

1）经济环境。经济环境是指企业市场营销活动所面临的社会经济条件及其运行状况和发展趋势，一般包括社会购买力水平、消费者收入状况、收入分配结构、消费者支出模式等几个方面。

2）政治环境。政府出台的相关产业政策及法律法规也会对汽车产业产生影响，如推行欧Ⅱ标准导致化油器车型退出市场；禁止厢式微型车上户导致微型车日渐衰微。

3）自然环境。汽车受自然环境的影响主要表现在两个方面：对燃油的需求导致石油资源枯竭；燃烧油料对环境造成影响。

4）社会文化环境。汽车市场营销的社会文化环境主要包括人们的价值观念、宗教信仰、消费习俗、审美观念等与汽车消费有关的文化环境。

5）人口环境。人口环境系指一个国家和地区（企业目标市场）的人口数量、人口质量、家庭结构、人口年龄分布及地域分布等因素的现状及其变化趋势。人口环境对企业的市场需求规模、产品的品种结构、档次以及用户购买行为等市场特征具有决定性影响。

**（2）汽车微观环境**

1）公众。公众会关注、监督、推进或制约企业的营销活动，对企业的生存和发展产生巨大的影响。所以，企业的市场营销活动不仅要针对目标市场的顾客，还要考虑到有关公众的利益所在，采取适当措施，与有关公众建立并保持良好关系。好的公众氛围有利于企业品牌的形成和长远发展，信誉和责任是维护公众环境的必要条件。

2）渠道成员。当前的社会是高度竞争的社会，同时也是合作的社会。经济全球化拓宽了企业的选择范围，汽车是综合性很强的产品，因此在营销过程中合作精神尤为重要。

3）消费者。汽车产品的最终顾客是消费者。随着市场化进程的不断深入，消费者的消费心态日趋成熟，便宜、实惠不再是消费者关注的焦点，消费者开始注重服务与特色。因此，企业研究市场的起点也应转移，由以产品为中心的销售模式向以顾客为中心的销售模式转变，从顾客需求出发考虑产品的发展方向。

4）竞争对手。竞争是企业发展的动力之源，任何企业的营销活动都要受到许多竞争者的影响，因而每个企业都需要了解竞争者的营销状况和发展趋势，从而制定相应的策略，掌握竞争主动权。

**2. 汽车消费者购买行为分析**

消费者购买行为是指消费者为满足自身生活消费需求，在一定的购买动机驱使下所进行的购买消费品或消费服务的活动过程。消费者的需求是所有营销活动的起点，要开展以顾客为中心的销售，就要分析顾客的购买动机，了解顾客的欲望、喜好与购买行为，以便有效地与顾客沟通，满足顾客的需求。掌握对潜在顾客真实需求的准确判断，将大大提高成交率，从而使营销人员的业绩得到有效提高。

**（1）汽车消费者的购买行为特征**

1）汽车消费是一种复杂的购买行为。汽车消费是一种非经常性的购买活动。汽车是一种价格昂贵、品牌差异大且不常买的商品，消费者的参与水平较高，所投入的时间较长，内、外部信息搜寻涉及广泛，影响消费者决策的因素也较多，而且消费者在购买汽车之后，很容易对购买决策的正确性产生怀疑,从而产生对此次购买的重新评价。

2)购买行为的理智性。由于汽车消费过程准备充分,慎重选择,购买决策过程较长,因此其消费行为较为成熟、理智。

3)需求的派生性。汽车是一种技术含量较高的消费品,消费者购买汽车后,会派生出很多新的需求,如汽车美容装潢、维护保养等。

(2) **影响汽车消费者购买行为的主要因素** 影响消费者购买行为的因素有很多,错综复杂,涉及文化、社会、个人和心理等多个方面,它们共同作用、影响消费者的购买行为。就汽车商品而言,一般主要考虑以下因素的影响。这里可以通过购买行为模型(图2-7)来表达。

(3) **汽车消费者购买行为的决策过程** 消费者的购买行为源于顾客的需求,当消费者所面临的需求问题达到最大化时,就会把购买动机转化为购买行为,因此购买商品的过程也是解决问题的过程。汽车的购买是一种复杂行为,消费者在选购汽车之前,会花费很大的精

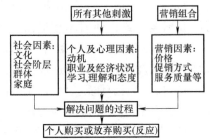

图2-7 汽车消费者购买行为模型

力了解汽车的品牌、价格及性能,并对各个品牌及各个购车场所进行评价比较,然后才会去购买。经过大量的系统研究,大致可以把汽车购买的程序分为五个阶段。

1)确立问题阶段。消费者产生购买的需求主要是由于自身需求而导致问题出现,购买的紧迫性取决于所面临问题的严重程度。

2)信息收集选择阶段。消费者为解决所面临的问题,会通过各种渠道了解能够解决问题的方法和途径。问题的重要程度不同,收集信息所需的时间也不同。

3)方案选择阶段。消费者在产生购买行为前,会对所收集的信息分析整理,进行综合评价,从而确定解决问题的方案。

4)购买决策阶段。消费者根据评价所得出的方案,进行购买,完成交易。但在购买阶段存在很多变数,会影响消费者的购买决定。

5)购后评价阶段。消费者购买产品后会根据使用情况对其有所评价,从而影响其以后的消费行为及其他相关的消费群体。

(4) **汽车消费者购买决策的内容** 汽车消费者在进行购买决策的整个过程中,主要考虑以下问题:

1)为什么买。即消费者购买汽车的动机是什么。消费者的购买动机是多种多样的,同样是买一辆车,有的人是为了节约上下班的时间,而有的人只是为了出行方便。

2)买什么。即确定购买对象。这是决策的核心和首要问题。决定购买目标不只是停留在一般类别上,而是要确定具体的对象及内容,包括汽车的类型、生产厂家、品牌、款式、规格和价格等。

3)在哪里买。即确定购买地点。确定购买地点是由多种因素决定的,如路途远近、可挑选的品种数量、价格及服务态度等。这和顾客愿意付出的成本等有关。

4)何时买。即确定购买时间。这也是购买决策的重要内容,它与主导购买动机的迫切性有关。在消费者的多种动机中,往往由需求强度高的动机来决定购买时间的先后。同时,购买时间也和市场供应状况、营业时间、交通情况和消费者可支配的空闲时间等有关。

5）如何买。即确定购买方式。汽车是一种价格较高的商品，在很多情况下，消费者由于资金等问题，可选择多种付款方式，如考虑是现金支付还是分期付款等。

**3. 汽车行业分析**

任何企业要赢得发展，首先要清楚自己在本行业竞争环境中所处的位置，才能结合企业的发展目标、资源优势和生存环境，制定出适合企业发展的竞争战略。

（1）**汽车行业竞争者分析** 汽车销售企业必须经常将自己的产品、价格、分销渠道、促销策略与竞争对手进行比较。这样，汽车销售企业才能确定竞争者的优势和劣势，从而促使企业发动更为准确的进攻，以及在受到竞争者攻击时能及时做出较强的防卫。对竞争者分析的具体内容如下。

1）识别企业的竞争者。
2）识别竞争者的战略。
3）判定竞争者的目标。
4）评估竞争者的优势和劣势。
5）评估竞争者的反应模式。
6）选择竞争者以便进攻和回避。

（2）**竞争战略的选择** 美国经济学家波特认为在竞争过程中有三种战略可供选择。

1）总成本领先战略。这一战略要求有较高的市场占有率，目标是将产品生产成本控制到最低，以取得更大的灵活性和利润空间。

2）差异化战略。这一战略是将产品或企业提供的服务差别化，树立起全产业范围中具有独特性的内容，如新技术、顾客服务、营销网络等。

3）专门化战略。这一战略是主攻某个特殊的顾客群、某产品线的一个细分区段或某一地区市场专一化战略，整体却是围绕着很好地为某一特殊目标服务这一中心建立的。

（3）**分析竞争者的方法** 分析竞争者的目的在于使企业在经营过程中处于有利的竞争态势。对竞争者的分析大致如图2-8所示。

**4. 汽车产品分析**

汽车产品的营销与其他产品最大的不同就是消费者获得这个产品的交换成本较高，甚至是巨额的投入，因此，除了提供给消费者一个可视的实物外，还必须给消费者提供一个无形的保障，即汽车产品使用期间的良好服务。此时，汽车营销过程中交易行为的目的物已经不再是单纯的汽车产品，而是构成消费者汽车消费行为的一系列有形与无形的价值再现。汽车营销人员只有正确

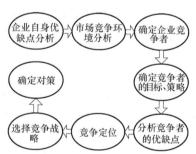

图2-8 对竞争者的分析流程图

理解汽车产品、品牌、服务、价格之间的关系，才能较好地将汽车产品的利益传达给消费者，实现汽车营销的目标。

对汽车产品分析的要点如下。

（1）**汽车产品的特征** 汽车产品具有无形性、紧密接触性、及时性、不可存储性、连续性、易模仿等特征。

（2）**汽车产品的生命周期** 生命周期通常包括推出、成长、成熟、衰退、退出五个阶段。

（3）**汽车品牌** 汽车品牌包括品牌名称、品牌标志和广告，品牌分为属性、利益、价值、文化、个性、用户六个层次。品牌还可以分为不同的等级。品牌等级是指构成产品品牌的一组名称或符号的先后有序的组合，对品牌等级进行分析归并，认为品牌等级从顶层向底层排列为企业品牌、家族品牌、单个品牌和型号品牌（图2-9）。

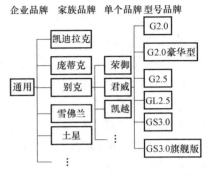

图2-9 通用汽车公司部分品牌及等级

（4）**汽车价格的构成** 汽车价格包括汽车成本、流通费用、利润和税金等。影响汽车价格的主要因素有汽车成本、汽车消费者需求、汽车特征、竞争者行为、政府干预、社会经济状况等。

（5）**汽车定价的方法** 汽车定价常采用汽车成本导向定价法、汽车需求导向定价法和汽车竞争导向定价法。

（6）**汽车定价策略** 针对汽车消费者心理，通常采用整数定价策略、层数定价策略、声望定价策略、招徕定价策略和分级定价策略。针对汽车产品组合，通常采用同系列汽车产品组合定价策略和附带选装配置的汽车产品组合定价策略。除此之外，还多采用折扣定价策略和折让定价策略。

## 2.2.3 目标市场营销

**1. 市场细分的原则和方法**

一般来说，形成市场需求差异性的因素都可以作为市场细分的依据。但由于市场类型的不同，细分的依据也有所不同。同时，各行业和各企业也可根据各自的特点和需要，选择适当的划分标准进行市场细分。

（1）**市场细分的原则** 为了使细分市场更为有效和富有意义，营销人员在进行市场细分时，必须把握好一定的原则。这些原则包括：

1）差异性。按照所选择的划分依据，各细分市场客观上必须存在明显的差异。如果市场细分后，各细分市场界定仍模糊不清，则这样的市场细分就是失败的。

2）可衡量性。指细分市场现有的和潜在的需求规模或购买力是可以测量的。如果细分的结果导致市场容量难以评估，则这样的细分也是失败的。

3）可进入性。指拟作为自己目标市场的那些细分市场，企业必须有能力进入，能够为之服务，并能占有一定的份额。否则，细分的结果导致企业不能在任何细分市场上有所作为，这样的市场细分当然也是失败的。

4）收益性。指企业在细分市场上要能够获取期望的盈利。如果容量太小，销售量有限，则这样的细分市场对企业就缺乏吸引力。因此细分市场并不是越细越好，而应科学归类，保持足够容量，使企业有利可图。

5）稳定性。指细分市场必须具有一定的稳定性。如果细分后的市场变化太快，企业还未实施其营销方案，目标市场早已面目全非，则这样的市场细分同样也是失败的。

（2）**汽车市场常见的细分方法** 通常情况下，可按以下方法将我国的汽车市场予以细分：

1）按西方国家对汽车产品大类的划分方法，汽车市场可分为轿车市场和商用车市场。

2）按我国对汽车产品类型的传统划分标准，汽车市场可分为载货汽车市场、越野汽车市场、自卸车市场、专用汽车市场、特种汽车市场、客车市场、轿车市场。还可分为乘用车市场（包括客车、轿车及具有乘用车车身形式的各类专用汽车构成的市场）和载货汽车市场（包括各类非乘用车车身形式的专用汽车市场）。

3）按购买者的性质不同，汽车市场可分为机关公务用车市场、商务及事业性单位用车市场、生产经营者用户需求市场、私人消费型用户需求市场等。

4）按汽车产品的性能特点不同，汽车市场可分为载货汽车市场（包括重型汽车市场、中型汽车市场、轻型汽车市场和微型汽车市场）、轿车市场（包括豪华轿车市场、高档轿车市场、中档轿车市场、普及型轿车市场和微型轿车市场）和客车市场（包括大型、中型、轻型和微型客车市场）。

5）按汽车产品的完整性不同，汽车市场可分为整车市场、部件市场（含二、三、四类底盘）和汽车配件市场。

6）按汽车使用燃料的不同，汽车市场可分为汽油车市场和柴油车市场。

7）按地理位置不同，汽车市场可分为东部沿海地区汽车市场、中部地区汽车市场、西部地区汽车市场。也可划分为东北区、华北区、华东区、中南区、西南区和西北区六个汽车市场，甚至还可分为城市汽车市场和农村汽车市场。

8）按汽车保有量变化与否，汽车市场可分为新增需求市场和更新需求市场。其中，汽车保有量是指全社会拥有的可以上路行驶的各类汽车的总量（辆）。

9）按是否具有军事用途，汽车市场可分为军用汽车市场和民用汽车市场。

10）按自然气候条件，汽车市场可分为丘陵、高原、平原、寒带、热带及亚热带等汽车市场。

11）按是否属于首次向最终用户销售，汽车市场可分为新车市场和旧车市场。

12）按汽车是否具有专门用途，汽车市场可分为普通汽车市场和特种专用汽车市场。

总之，汽车市场的细分应该有利于对目标市场的研究、定位及营销。

**2. 目标市场选择**

在现代营销活动中，对任何企业而言，并非所有的环境机会都具有同等的吸引力。由于资源有限，也为了保证资源有效，企业的营销活动必然局限在一定范围内。在制定营销决策时，企业必须在纷繁复杂的市场中，确定具体的服务对象，即选定目标市场。企业选择目标市场是在市场细分的基础上进行的，通过分析细分市场需求满足的程度，去发现那些尚未得到满足的需求，而企业自身又具备满足需求的条件，就可选定其为目标市场。

（1）**目标市场的选择策略** 运用市场细分化策略的企业，在选择目标市场时，应按以下策略进行：

1）对企业欲提供的产品或服务，目标市场应具有足够的潜在购买力。

2）目标市场的需求变化的方向，应和企业的产品开发能力或方向一致，以使企业能够随市场需求或购买方向的变化而保持经营能力。

3）目标市场竞争者的数量或者竞争密度应相对较少，即在有选择的自由度时，应尽量选择参与竞争强度小的细分市场作为目标市场。

4）要有可利用的销售渠道或可以建立销售渠道的现实条件。这样，企业的产品和服务才能进入,或按比较合理的成本花费进入目标市场。

5)企业可以有效地获取市场的信息或建立市场信息系统。

6)营销活动所需资源的取得应当相对容易。

在进行目标市场选择后,应对其进行评估。评估目标市场主要应从以下三个方面进行:

1)市场规模和增长潜力的评估。主要是将目标市场的规模与企业的规模和实力相比较进行评估,以及对市场增长潜力的大小进行评估。

2)市场吸引力评估。这里所指的吸引力主要是指企业在目标市场上长期获利能力的大小,主要取决于若干因素(如现行竞争者、潜在竞争者、替代产品、购买者和企业生产供应者对企业所提供的机会与形成的威胁等)。

3)企业本身的目标和资源。如果某个市场具有一定规模、增长潜力和吸引力,企业还必须对该市场是否符合企业的长远目标,是否具备获胜能力以及是否具有充足的资源等情况进行评估。

企业对目标市场进行科学评估后,当决定进入时,还必须选择目标市场的营销战略。

**(2) 目标市场的营销战略**

1)目标市场的进入方式。企业在选择目标市场的过程中,应将企业的目标市场的营销战略与进入目标市场的方式相结合,进行综合考虑。

企业进入目标市场的方式有:

① 市场集中化方式。即企业只选取一个细分市场,只生产一类产品,供应某一单一的顾客群,进行集中营销。这种方式的应用条件包括:企业实力有限,只能集中经营一个细分市场,且在该生产上具有竞争的优势条件;或者企业准备以一个细分市场为出发点,取得成功后再向更多的细分市场扩展。

② 产品专业化方式。即企业集中生产一种产品,并向各类顾客销售这种产品。其优点是企业可以尽快形成生产和技术上的优势,树立自己在该类产品市场上的形象。缺点是一旦受到竞争威胁,出现了更好的替代产品,企业容易陷入被动境地。

③ 市场专业化方式。即企业只针对一类顾客提供所需的各种产品,如专门为某建筑企业提供自卸车、推土机、挖土机、起重机、打桩机、水泥搅拌机等产品,这些产品在设计及生产工艺上具有较大的通用性。

④ 市场全面化方式。即企业生产多种产品,满足所有用户的需要。实力较为雄厚的企业采取这种方式,可以收到较好的经营效果。

2)目标市场营销战略的类型与选择。目标市场营销战略是企业在市场细分和评估的基础上,对拟进入的目标市场制定的经营战略。这种战略的类型有:

① 整体市场营销战略。企业制定这种战略就要面对整个市场,针对每个细分市场的特点,分别为之设计不同的产品,采取不同的市场营销方案,满足各个细分市场不同的需求。这种战略比较适于我国的大型汽车企业(集团)。例如以宽系列、全品种发展汽车产品的营销战略便是面对各个细分市场。

② 密集性市场营销战略。企业选择此种营销战略,就是要选样一个或少数几个细分市场作为目标市场,制定一套营销方案,集中力量为所选择的目标市场服务,争取在目标市场上占有大量份额。这种战略最适于实力一般的企业,如我国的一些出口汽车企业在最初进入国外市场时,就常采用此种战略。

以上讨论的两种营销战略都是以市场细分为前提的，都属于差异性营销战略。值得说明的是，各种营销战略的选择和应用，应视具体的市场特点而定。目标市场营销战略并不是对产品无差异性营销战略的彻底否定。在有些情况下，当这些战略存在应用条件时，企业也可以采取无差异性营销战略。

企业在选择营销战略时，必须考虑各种因素，权衡得失，慎重决策。这些因素主要有：①企业的实力。实力强则实行差异性营销，否则宜选择无差异性营销。②产品的差异性及所处的生命周期阶段。如果产品的性能和结构差异性大，企业就应采取差异性营销战略。同样，产品生命周期的不同阶段，企业也应采取不同的营销战略。③市场的差异及市场规模。如果市场需求偏好、购买特点以及对营销刺激的反应等存在较大差别，宜进行差异性营销。此外，如果每一品种的产品市场容量都不足以维持大量营销，企业则应采取差异性营销战略。④竞争者的营销战略。一般来说，企业如果比竞争对手实力强，可采取差异性营销战略，差异的程度可与竞争对手一致或比之更强。如果企业实力不及竞争对手，一般不应采取完全一样的营销战略。在此种情形下，企业可采取密集性营销战略，坚守某一细分市场，也可采取差异性营销战略，但在差异性方面，应针对竞争对手薄弱的产品项目形成自己的优势。

总之，营销战略的选择应慎重决策，并将有利于市场定位。

**3. 市场定位**

目标市场确立后，企业就要进行市场定位了。

（1）**市场定位的概念** 所谓市场定位（Market positioning），是指企业以何种产品形象和企业形象出现，以给目标用户留下深刻的印象。也就是说，企业要想在目标市场上取得竞争优势和取得更大效益，就必须在充分了解用户和竞争者两方面情况的基础上，确定本企业的市场位置，即为企业树立形象，为产品及服务赋予特色。

产品形象和企业形象是指用户对产品和企业形成的印象。如大家常说的"物美价廉""经济实惠""优质优价""豪华高贵"等就属于产品形象的概念范畴。而"对用户负责""质量过硬"等，则属于企业形象的概念范畴。国内外各大汽车公司都十分注重市场定位，精心地为企业及每一种汽车产品赋予鲜明的个性，并将其准确地传达给消费者。

（2）**市场定位的战略** 企业要做到准确定位，首先要确定采取何种市场定位的战略。市场定位的战略类型包括：

1）产品差别化战略。即从产品质量、产品特色等方面实现差别的战略企业常常通过寻求产品特征的方法实现产品的差别化，例如丰田的安装、本田的外形、日产的价格、三菱的发动机都是非常富有特色的。

2）服务差别化战略。即向目标市场提供与竞争者不同的优质服务的战略。一般来讲，企业的竞争能力越强，越能体现在用户服务水平上，越容易实现市场差别化。汽车是技术密集型的产品，实行服务差别化战略是非常有效的。

3）人员差别化战略。即通过聘用和培训比竞争对手更优秀的人员以获取差别优势的战略。实践早已证明，市场竞争归根到底是人才的竞争。

4）形象差别化战略。即在产品的核心部分与竞争者无明显差异的情况下，通过塑造不同的产品形象以获取差别的战略。

（3）**市场定位的方法** 企业在市场定位过程中，一方面要了解竞争者产品的市场定位，另一方面要研究目标用户对产品的各种属性的重视程度，然后确定本企业产品的特色和独特形象，从而完成产品的市场定位。

企业的市场定位，一般应参照以下工作程序进行：

1）调查研究影响定位的因素。调查内容主要包括：①竞争者的定位状况。即企业要对竞争者的定位状况进行确认，并要正确衡量竞争者的潜力，判断其有无潜在的竞争优势。②目标用户对产品的评价标准。弄清楚用户最关心的问题，并以此作为定位决策的依据。

2）选择竞争优势和定位战略。企业通过与竞争者在产品、促销、成本、服务等方面的对比分析，了解自己的长处和短处，从而认定自己的竞争优势，进行恰当的市场定位。

3）准确地传播企业的定位观念。企业在做出市场定位决策后，还必须大力宣传，把企业的定位观念准确地传播给目标用户。但要避免因宣传不当在公众心目中造成三种误解：一是档次过低，不能显示出企业的特色；二是档次过高；三是混淆不清，在公众心目中没有统一明确的认识。

### 2.2.4 汽车市场预测

市场预测是汽车企业经营管理的重要组成部分，可为汽车企业更好地确定经营战略、经营方针、经营思想、目标、计划等提供可靠的依据，是增强企业活力、提高经营管理水平和市场竞争能力的重要手段，是汽车企业进行经营决策的基础。

**1. 市场预测的作用**

市场预测是汽车企业进行经营决策的重要前提条件；市场预测是汽车企业制定经营计划的重要依据；市场预测可使汽车企业更好地适应市场的变化，提高企业的竞争能力。

**2. 市场预测的种类及方法**

（1）**市场预测的种类** 市场是一个大系统，内容丰富，种类繁多。因此，市场预测的范围宽广，分类标准也很多。汽车企业生产经营活动所涉及的市场预测主要有以下几种分类方法。

1）按市场预测的规模分类。有宏观市场预测、微观市场预测。

2）按市场预测的期限分类。有长期预测（也称战略预测）、中期预测（也称战术预测）和短期预测。

3）按预测方法分类。有定性预测、定量预测、综合预测。

（2）**市场预测的方法**

1）市场营销预测的概念。科学的营销决策，不仅要以营销调查为基础，而且要以市场预测为依据。所谓市场预测就是在市场调查基础上，利用科学的方法和手段，对未来一定时期内的市场需求、需求趋势和营销影响因素的变化做出判断，为营销决策服务。市场预测大致包括市场需求预测、市场供给预测、产品价格预测、竞争形势预测等。对企业而言，最主要的是市场需求预测。

迄今为止，预测理论产生了很多预测方法。归纳起来，预测方法大体可分为两大类：一类是定性预测方法，另一类是定量预测方法。人们在实际预测活动中，往往结合运用两种方法，即定量预测必须接受定性分析的指导。唯有如此，才能更好地把握汽车市场的变化趋势。

2）定性预测方法。定性预测方法有很多种，其中最常用的是德尔菲法，该种方法是在

20世纪40年代，由美国兰德公司首创并使用的。至今，这种方法已经成为国内外广为应用的预测方法。它可以用于技术预测和经济预测、短期预测和长期预测，尤其对于缺乏统计数据的领域、需要对很多相关因素的影响做出判断的领域，以及事物的发展在很大程度上受政策影响的领域，都是非常适合的。

该种方法的预测过程与营销调查的过程基本一致。首先由预测主持人将需要预测的问题逐一拟出，然后分寄给各个专家，请他们针对预测问题一一填写自己的预测看法，然后将答案回寄给主持人。主持人进行分类汇总后，将一些专家意见，相差较大的问题再抽出来，并附上几种典型的专家意见，请专家进行第二轮预测。如此循环往复，经过几轮预测后，专家的意见便趋向一致或者集中于几种看法上，主持人便以此作为预测的结果。由于这种方法使参与预测的专家能够充分发表自己的意见，不受权威人士态度的影响，这就保证了预测活动的民主性和科学性。

定性预测方法还有社会（用户）调查法（即面向社会公众或用户展开调查）、综合业务人员意见法（综合销售或其他业务人员意见）、小组讨论法（会议座谈形式）、单独预测集中法（由预测专家独立提出预测看法，再由预测人员予以综合）、领先指标法（利用与预测对象关系密切的某个指标变化对预测对象进行预测）和主观概率法（预测人员对预测对象未来变化的各种情况做出主观概率估计）等。

总之，随着社会经济及科学技术的发展，预测方法也在不断地发展和完善。汽车市场营销预测人员应不断加强理论学习，并通过预测实践总结出一些实用方法。

3）定量预测方法。定量预测方法是依据必要的统计资料，借用数学方法特别是数理统计方法，通过建立数学模型，对预测对象未来在数量上的表现进行预测的方法的总称。汽车市场定量预测方法有：

① 时间序列法。时间序列法是指把已经掌握的资料，按照时间先后顺序排列成数列，并运用一定的数学模型推算出事情未来变化情况的一种方法。时间预测模型有多种，这里只介绍常用的简易平均法和指数平滑法两种。

a. 简易平均法。简易平均法是通过一定观察期时间序列的数据求得平均数，以平均数为基础确定预测的方法。这是市场营销预测中最简单的定量预测方法。

简易平均法有很多种，最常用的有算术平均法、几何平均法和加权平均法等。

算术平均法即根据对 $n$ 个观察值计算平均值来作为预测值。它最大的优点是计算十分方便。算术平均法的数学模型为

$$X = \overline{X} = \sum_{i=1}^{n} X_i$$

加权平均法是在预测中根据每个预测值的重要性给予不同的权数，而算术平均法在预测中对所有观察值一律同等对待，这是不符合市场发展实际的。加权平均法的数学模型为

$$X = X_w = \frac{\sum_{i=1}^{n} W_i X_i}{\sum_{i=1}^{n} W_i}$$

几何平均法又称比例预测法，其前提条件是预测对象的发展是一贯上升或一贯下降的，同时促其上升或下降的速度大体接近。几何平均法的数学模型为

$$X = G = \sqrt[n]{X_1 X_2 \cdots X_n}$$

b. 指数平滑法。指数平滑法的原理就是,认为最新的观察值包含了最多的未来信息,因而应赋予较大的权重,越远离现在的观察值,则应赋予越小的权重。通过这种加权的方式,平滑掉观察值序列中的随机信息,找出发展的主要趋势。指数平滑法的数学模型为

$$S_t = \alpha y_t + (1+\alpha) S_{t-1}$$

式中,$S_t$ 为第 $t$ 期的平滑值;$y_t$ 为第 $t$ 期的观察值;$\alpha$ 为加权系数。

指数平滑法可分为一次平滑、二次平滑和高次平滑。一次平滑即是对原始观察值的平滑。二次平滑即是对一次平滑值的再平滑,高次平滑的概念依次类推。

平滑系数 $\alpha$ 值的大小取决于上期实际值在预测值中所占比重的大小,当预测值同实际值的差距较小时,$\alpha$ 值应该取小一些;反之,则应取大一些;通常 $\alpha$ 的取值范围在 0.1~0.3 之间。

② 因果分析法。因果分析法是利用事情发展变化各因素之间的因果关系进行预测的方法,包括回归分析法和交叉影响分析法等。

根据预测模型函数关系的不同,回归分析法可分为一元线性回归、多元线性回归、一元非线性回归和多元非线性回归四种。这里只介绍一元线性回归。

一元线性回归预测是假定某种市场对象只受一种因素的影响(即解释变量只有一个),而且随着这种因素的变化呈直线(或线性)变化关系。一元线性回归预测的标准形式为

$$Y = a + bX$$

式中,$Y$ 为被解释变量;$a$、$b$ 为回归系数;$X$ 为解释变量。

运用最小二乘法,可求得回归系数 $a$、$b$ 的计算式为

$$a = \frac{\sum y_i - \sum x_i}{n}$$

$$b = \frac{n \sum x_i y_i - \sum x_i \sum y_i}{n \sum x_i^2 - (\sum x_i)^2}$$

式中,$x_i$、$y_i$ 为已知的实际值($i=1, 2, \cdots, n$),$n$ 为期数。

回归系数 $a$、$b$ 求出之后,代入公式 $Y = a + bX$ 可进行预测计算。

4) 组合预测与组合处理。当采用定量预测方法时,对同一预测对象的预测,人们既可以采用多种预测模型,也可以对同一模型采用不同的自变量(如工农业产值、投资额或财政支出等)。像这样对同一预测对象采用多种途径进行预测的方法,叫作组合预测方法。它是现代预测科学理论的重要组成部分,其思想就是任何一种预测方法都只能部分地反映预测对象未来发展的变化规律,只有采用多种途径进行预测,才能改善预测结果的可信度,获得显著效果,因此,现代预测实践大多采用组合预测方法。但采用组合预测方法,随之而来的问题是如何处理组合预测带来的多个预测结果,组合预测方法在理论上针对这一实际问题提出了解决方法,这一方法即为组合处理。

所谓组合处理就是通过一定的方法,对多个预测结果进行综合,使最终预测结论收敛于一个较窄的区间内,即得到一个较窄的预测值取值范围,并将其作为最终的预测结论。组合处理的具体方法有:

① 权重合成法。该方法就是对各种预测值(称为中间预测值)分别赋予一定的权重,

最终预测值即为各中间预测值与相应权重系数乘积的累计，可用下式表述：

$$y = \sum_{i=1}^{n} y_i a_i$$

式中，$y$ 为综合预测值，即最终预测值；$a_i$ 为第 $i$ 个中间预测值被赋予的权重系数；$y_i$ 为第 $i$ 个中间预测值；$n$ 为中间预测值的数目。

至于上述各权重系数 $a_i$ 的确定，既可以由预测人员根据自己的知识与经验直接分配，也可通过下述方法求解：

a. 平均值法。即将各中间值给予同样的权重（$1/n$）。

b. 标准差法。即第 $i$ 个中间值被赋予的权重为

$$a_i = (S-S_t)/S * [1/(n-1)]$$

式中，$S = \sum S_i$，$S_i$ 即第 $i$ 个模型的标准差。

这种分配权重的思想体现了以模型的拟合度作为取舍依据的思想，即拟合度好的模型所预测的结果被赋予更大的权重。

c. 二项式系数法。即将多个预测值从小到大按增序排列起来，各个中间预测值的权重按下式计算：

$$a_i = C_n^i / Z_n$$

式中，$C_n^i$ 为二项式展开系数；$i = 1, 2, \cdots, n$

$$Z_n = \sum C_n^i$$

这种分配权重的思想认为最终预测结果应靠近于中位的中间预测值。

② 区域合成法。此法取各个预测模型预测值的置信区间之交集为最终结果。可用下式表示：

$$y = \sum_{i=1}^{n} (y_i + \Delta y_i)$$

式中，$\Delta y_i$ 为第 $i$ 个模型的预测值在 $a_i$ 处的置信区间。

总之，组合处理可以去除一部分随机因素对预测结果的影响。实践表明，它对改善预测结果具有显著效果。

**3. 汽车市场预测实践中应注意的问题**

预测人员在进行预测活动时，应注意以下问题：

（1）**政策变量** 汽车市场受国家经济政策和非经济政策的影响很大。在进行汽车市场预测时，政策变量常常考虑到模型曲线的拐点和走势，影响到曲线的突变点。即使在根据历史观察值建立的模型中考虑了政策突变的影响，也并不包括未来政策突变对预测结果的影响。但由于政策的制定具有目的性，它往往针对某些经济或社会问题，从这个角度上讲，政策是可以预知的，只要预测人员加强对经济运行和政策的研究，企业便可以通过建立预警系统，加强对营销环境的监测，大体把握政策变化。

（2）**预测结果的可信度** 前述各种模型中，只有回归模型提供了可信度结论，而其他模型都没有给出结果的可信度。当对预测结果进行组合处理后，最终预测值也没有给出可信度。

（3）**预测的方案** 在实际预测活动中应尽量给出多个预测方案，以增加决策的适应性，避免单方面造成的决策刚性。

（4）**拟合度与精度** 拟合度是指预测模型对历史观察值的模拟程度。一般来讲，对于既定的历史数据，总可以找到拟合程度很高的模型。但预测人员也不应过分相信拟合度越高预测结果就越准确。预测准确性的高低属于精度问题，拟合度高的，不一定精度也高，当然模型的拟合度太低也是不妥当的。

（5）**预测的期限** 按预测时间长短，预测可分为长期预测和中短期预测。一般来说，对短期预测较好的模型，不一定对长期预测也好；反之亦然。从精度上讲，对短期预测精度的要求应高于长期预测。

（6）**预测模型** 现在有将预测模型复杂化、多因素化的趋势。虽然这种发展趋势通常有利于提高预测的精度，因为包括了更多因素的影响，但有时复杂模型不一定比简单模型的预测精度高，而且对过多因素的未来走势也不易判断。

（7）**数据处理与模型调整** 如果某个模型的预测误差较大，人们通常采取对原始数据进行平滑处理和修改模型的方法加以解决。这种对原始数据进行平滑处理的方法实际上是在回避矛盾。数据异常总有其原因，预测人员应首先对此加以研究，以便在预测活动中考虑这些原因的影响。

（8）**实际与想象** 很多预测人员在预测活动开始时，就对预测对象的未来发展进行想象，并以此想象来不断修正预测结果。其实这是一种本末倒置的做法，尤其是对中间预测值进行取舍以及组合处理时，应力求避免这一易犯的错误。

## 2.3 汽车营销策略

### 2.3.1 汽车产品策略

**1. 现代市场营销关于产品与产品组合的概念**

（1）**产品的概念** 从现代市场营销观念来看，产品不仅包含有形的实物，还包含无形的信息、知识、版权、实施过程以及劳动服务等内容。GB/T 19000 系列标准给出的产品定义是"活动或过程的结果"或者"活动或过程本身"。该定义给出的产品概念，既可以是有形的，如各种实物；也可以是无形的，如服务、软件；还可以是有形与无形的组合，如实施一个由计算机控制的某种产品的生产过程。近年来，国外一些权威的学者倾向于用五个层次来表述产品的整体概念（图 2-10），即实质产品、形式产品、期望产品、延伸产品和潜在产品。

显然，现代营销学的上述研究成果，对我国的汽车市场营销人员建立正确的产品概念和做好产品策略，是有启示意义的。

（2）**产品组合的概念** 产品组合又称产品搭配，是指企业提供给市场的全部产品线和产品项目的组合或结构，可以简单地理解为企业的全部业务经营范围。企业为了实现

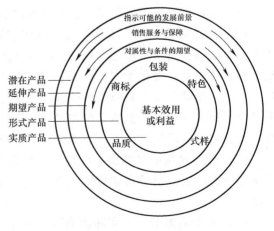

图 2-10 现代市场营销的产品概念

营销目标,充分有效地满足目标市场的需求,必须设计一个优化的产品组合。

企业在进行产品组合分析之后,还要进行产品组合决策,即企业对上述产品组合予以决策。产品组合多,表明产品覆盖面宽,产品组合少,则表明产品覆盖面窄。

**2. 形式产品策略**

实质产品要通过一定的产品形式去体现,譬如产品质量、特色特征、品牌商标,甚至外观包装等。

(1) **产品质量策略**　产品质量是产品的生命,是竞争力的源泉之一。优良的质量对企业赢得信誉、树立形象、满足需求、占领市场和增加收益都具有决定性意义。因此,精明、成功的企业家,都毫无例外地重视自己产品的质量,并不断设法提高产品的质量。

全面质量概念在企业经营活动中主要体现在以下几个方面:①产品质量。指产品在顾客实际使用过程中成功地满足其需求的能力。②工序质量。指工序能成功地制造出符合设计质量标准和工艺要求的能力。③工作质量。指企业经营各环节的工作对确保经营方针和目标如期实现的能力。④人的质量。指企业中各类人员在生产经营过程中能成功地满足工作质量要求的能力。

上述几项质量的关系不是孤立存在的,而是有机联系的,它们构成了企业的全面质量保证体系,如图2-11所示。

(2) **产品特色与外形设计策略**　产品特色是指产品功能之外的附加利益,它是与竞争者产品相区别的有效方法,也是市场竞争的有效武器。企业可根据目标用户的需要来设计产品的特色,有些特色还可供购买者选择。

企业的经营者一定要了解用户对各种特色的感受价值(用户因心仪某种特色而愿意接受的

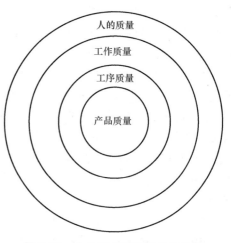

图2-11　企业的全面质量保证体系

价格),然后再研究各种特色的成本,这样企业就可以对各种特色的利润做到心中有数,并在营销管理活动中,优先增加那些利润多的特色,从而实现企业经营效益与社会效益的统一。

(3) **品牌和商标**　品牌(brand)和商标(trademark)都是用以识别不同生产经营者的不同种类、不同品质产品的商业名称及标志。但在企业的营销实践中,品牌和商标并不完全等同,商标是指受法律保护的品牌,属于品牌的一部分。品牌和商标是形成产品整体概念的重要组成部分。品牌和商标策略包含的内容比较广泛,如品牌设计策略、品牌定位策略、品牌延伸策略等。

(4) **汽车产品的包装决策**　包装是企业营销管理的有机组成部分。包装作为把运输、装卸与保管等有关物流的全过程联系在一起的手段,具有保护商品、便于存放、促进销售及传递信息的作用,尤其对于汽车配件和散件组装,包装的作用更大。目前,我国汽车工业和生产、流通领域对包装管理重视程度仍然不足。企业应重视产品包装工作,在有关包装标准、法规要求下,解决好汽车产品,尤其是汽车配件包装的问题。

### 3. 产品生命周期理论与营销策略

**(1) 产品生命周期** 产品生命周期是现代市场营销的一个重要概念。企业对自己产品生命周期发展变化的研究，有助于掌握市场地位和竞争动态，为制定产品策略提供依据，对增强企业的竞争能力和应变能力也有重要意义。

生命周期这一概念的种类包括需求生命周期、需求-技术生命周期、产品生命周期和产品使用周期。这里讨论的产品生命周期是指一种产品在市场上由弱到强，又由盛转衰，再到被市场淘汰所持续的时间。一般认为，产品生命周期的典型形态通常根据产品销售量、销售增长率和利润等变化曲线的拐点来划分，包括以下五个阶段（图2-12）：

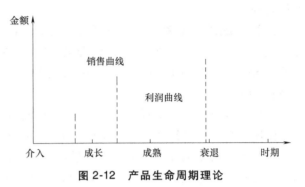

图2-12 产品生命周期理论

1）产品开发期。这是产品生命的培育阶段，它始于企业形成新产品的构思。在此阶段，产品的销售量为零，企业投入的研究开发费用与日俱增。

2）市场导入期。在此阶段，产品开始上市，知名度还不高，销售增长率缓慢增长。为了打开市场，企业对该产品的促销宣传等费用较大，该产品很可能还没有为企业带来利润。

3）快速成长期。在此阶段，产品的知名度日益扩大，销售增长率迅速增加，利润显著增长，竞争者的类似产品也开始出现。

4）平衡成熟期。产品开始大量生产和销售，销售量和利润额达到高峰并开始下降，销售增长率趋缓，市场竞争加剧，产品成本和价格趋于下降，但在成熟期后期，营销费用开始渐增。

5）衰退期。市场竞争激烈，开始出现新替代产品。原产品的销售量明显下降，销售增长率为负值，利润减少，最终因无利可图而退出市场。

现实生活中，具体产品的生命周期形态是多种多样的，所以产品生命周期并不会都呈现图2-12所示的形态。随着企业在不同阶段采取的营销策略不同，生命周期也会表现出不同的形态（图2-13）。

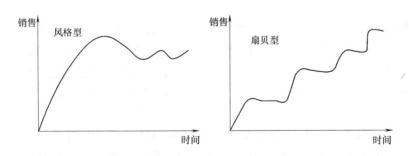

图2-13 产品生命周期的不同形态

**(2) 营销目标和营销策略** 产品在不同生命周期阶段具有不同的市场特点，需要制定相应不同的营销目标和营销策略。

1) 导入期营销策略。在这个阶段，为了建立新产品的知名度，企业需要大力促销，广泛宣传，引导和吸引潜在的用户，争取打通分销渠道，并占领市场。营销策略要突出一个"准"字，即市场定位和营销组合要准确无误，符合企业和市场的客观实际。由于处于导入期的新产品产量少、销售量少、成本高，生产技术还有待完善，加之必须支付高额促销费用，所以定价需要高一些。

2) 成长期营销策略。新产品上市后如果适应市场的需求，即进入成长期。在此阶段，销量迅速增长，营销策略的重点应放在一个"好"字上，即保持良好的产品质量和服务质量，切忌因产品销售形势好而急功近利，粗制滥造，片面追求产量和利润。

3) 成熟期营销策略。进入成熟期以后，产品的销售量增长缓慢，逐步达到最高峰，然后缓慢下降；产品的销售利润也从成长期的最高点开始下降；市场竞争非常激烈，各种品牌、各种款式的同类产品不断出现。这个阶段的营销策略应突出一个"争"字，即争取稳定的市场份额，延长产品的市场寿命。

4) 衰退期营销策略。企业对处于衰退期的产品，如果仅采取维持策略，其代价常常是十分巨大的，不仅要损失大量利润，而且还有许多其他损失。因此，对大多数企业来说，应该当机立断，弃旧图新，及时实现产品的更新换代。在这个阶段，营销策略应突出一个"转"字，即有计划、有步骤地转产新产品。

**4. 汽车新产品开发策略**

**(1) 新产品的概念**  在当今激烈竞争的市场上，企业要想持久地占领市场，仅仅依靠现有产品是绝对不行的，产品只有不断推陈出新，才能适应经常变化的市场需求。因此，不断研究和开发新产品是使企业保持竞争活力的关键所在，是企业战胜竞争者的秘密武器。产品只要在功能或形态上得到改进，与原有产品产生营销意义上的差别，能够为顾客带来新的满足、新的利益，都可称为新产品。

**(2) 新产品开发的过程**  由于汽车工业发达国家的汽车厂家对于产品开发的经验十分丰富，并且更适用于市场经济条件，因此，这里主要介绍国外汽车公司新产品开发的成熟做法。

汽车新产品开发和投放市场能否获得成功，能否为市场所接受和为企业带来效益，关键在于新产品开发是否准确。为此，新产品开发必须按照科学程序，在每个环节上充分尊重科学，力戒主观臆断。汽车新产品开发的一般程序如图2-14所示。

**(3) 产品开发的组织管理**  企业的新产品开发工作涉及众多部门，各部门应各司其职，协调配合，按照并行工程的原则进行管理，以共同搞好新产品开发，缩短产品开发周期。为此，产品开发必须有组织地进行，强化新产品开发的管理职能。

新产品开发的组织管理关键是设置好各部门的职能及工作流程，尤其是在企业经营战略指导下，在产品开发规划与计划的制订阶段应做好组织工作。图2-15所示为国外某汽车公司参与制订产品规划的主要部门、职责及工作流程。

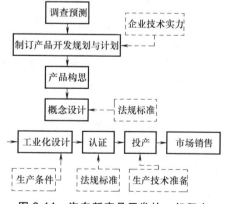

图 2-14  汽车新产品开发的一般程序

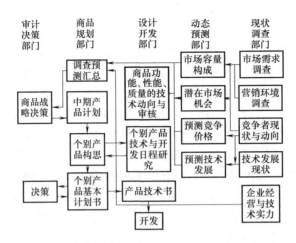

图 2-15 汽车新产品开发规划的部门、职责与流程

## 2.3.2 汽车价格策略

价格是一个变量,受到许多因素的影响,包括企业的内部因素和外部因素。内部因素主要包括定价目标、产品成本、产品特点、分销渠道和促销策略等,外部因素主要包括市场的需求情况、货币流通状况、竞争状况、政策环境和社会心理等。定价时必须首先对这些因素进行分析,认识它们与汽车产品价格的关系,再据此选择定价策略。企业在充分考虑了各种定价的影响因素后,采用适当方法所确定的价格,还只是产品的基本价格。实际营销过程中,企业还应围绕基本价格,根据不同情况,采取灵活多变的价格策略,以使企业更有效地实现营销目标。

**1. 新产品定价策略**

(1) **高价策略** 高价策略即为新产品定一个较高的上市价格,以期在短期内获取高额利润,尽快收回投资。采用高价策略有下列前提条件:①新产品生产能力有限,高价有利于控制市场需求量;②新产品成本较高,暂时难以立即降低价格,且索取高价存在好处;③新产品较难仿制,竞争性小,需求价格弹性相对不高;④高价不会使用户感觉企业在牟取暴利;⑤产品的用途、质量、性能或款式等产品要素与高价相符。

(2) **低价策略** 低价策略即为新产品定一个较低的上市价格,以期吸引大量用户,赢得较高的市场占有率。采用低价策略有一定的前提条件:①新产品的价格需求弹性高;②企业具有规模效应;③新产品的潜在需求量大。

**2. 产品组合定价策略**

对于大型汽车企业来说,其产品并非只有一个品种,而是某些产品的组合,这就需要企业制定一系列的产品价格,使产品组合取得整体的最大利润。这种情况下的定价工作一般比较复杂,因为不同的产品,其需求量、成本和竞争程度等情况是不相同的。产品组合定价策略有以下四种形式:

(1) **产品线定价策略** 在同一产品线中,各个产品项目有着非常密切的关系和相似性,企业可以利用这些相似性来制定同一条产品线中不同产品项目的价格,以提高整条产品线的盈利。如企业同一产品线内有 A、B、C 三种产品,分别定价为 a(高价)、b(中价)、c

（低价）三种价格，则用户自然会把这三种价格的产品归为不同的三个"档次"，并按习惯去购买自己期望的那一档次的产品。

（2）**选择品及非必需附带产品定价策略**　企业在提供汽车产品的同时，还提供一些与汽车相关的非必需附带产品，如汽车收录机、暖风装置、车用电话等。一般而言，非必需附带产品应另行计价，让用户感到"合情合理"。

（3）**必需附带产品定价策略**　必需附带产品又称连带产品，指必须与主机产品一同使用的产品，或主机产品在使用过程中必需搭配的产品（如汽车零配件）。一般来说，企业可以把主机产品价格定得低一些，而将附带产品的价格定得高一些，这种定价策略既有利于提高主绑产品价格的竞争性，而又不至于过分牺牲企业的利润。

（4）**产品群定价策略**　为了促进产品组合中所有产品项目的销售，企业有时将有相关关系的产品组成一个产品群成套销售。用户有时可能并无意购买整套产品，但企业通过配套销售，使用户感到比单独购买便宜、方便，从而带动整个产品群中某些不太畅销的产品的销售。使用这一策略时要注意搭配合理，避免硬性搭配（硬性搭配的销售行为是不合法的）。

**3. 心理定价策略**

（1）**声望定价策略**　指利用用户仰慕名牌产品或企业声望的心理来定价的策略，往往把价格定得较高。这种方法尤其适用于产品成本及质量不易鉴别的产品。因为用户在不易区分产品的成本、质量的情况下，往往以品牌及价格来决定取舍。

（2）**尾数定价策略**　指利用用户对数字认识上的某种心理，在价格的尾数上做文章的策略，通常会让用户感到定价比较公平合理。

**4. 地区定价策略**

将产品卖给不同地区的客户时，企业还要决定是否实行差别定价。概括地看，地区定价策略有：

（1）**统一价格**　即对全国各地的客户实行相同的价格。执行这种策略，有利于吸引各地的客户，规范市场和企业的营销管理。

（2）**基本定价**　即企业选定某些城市作为基点，在这些基点城市实行统一的价格，客户或经销商在各个基点城市就近提货。

（3）**分区定价**　即将全国市场划分为几个市场销售区，各区之间的价格不一，但在区内实行统一价格。

（4）**产地定价**　即按产地的价格销售，经销商或客户负责从产地到目的地的运输，负担相应的运费及相关风险费用。这种定价策略现在已经很少采用，除非在销售较为旺盛时，部分非合同销售可能会使用这种策略。

**5. 折扣定价策略**

折扣定价是应用较为广泛的定价策略。主要类型有：

（1）**功能折扣**　又叫贸易折扣。即企业对功能不同的经销商给予不同折扣的定价策略，以促使他们执行各自的营销功能（推销、储存、服务等）。

（2）**现金折扣**　即给予立即付清货款的客户或经销商的一种折扣。其折扣直接与客户或经销商的货款支付情况挂钩，当场立即付清时得到的折扣最多，而当超过一定付款期后，不仅没有折扣，可能还要交付一定的滞纳金。

（3）**数量折扣** 即与客户或经销商的购买批量挂钩的一种折扣，批量越大，享受的折扣越多。我国很多企业采用了这种策略。

（4）**季节折扣** 即与时间有关的一种折旧，多发生在销售淡季。客户或经销商在淡季购买时，可以得到季节性优惠，而这种优惠在销售旺季是没有的。

（5）**价格折让** 即当客户或经销商为企业带来其他价值时，企业为回报这种价值而给予客户或经销商的一种利益实惠。

**6. 降价策略与提价策略**

（1）**降价策略** 企业采用降价策略往往会导致同行的不满和报复，引发价格竞争。但当企业处于下列几种状况时，仍应实施降价策略：①产品严重积压，即使运用了各种营销手段（价格策略除外），仍难以打开市场；②价格竞争形势严峻，市场占有率下降；③企业的产品成本比对手低，但销路不畅，只有通过降价来提高市场占有率；④有些实力雄厚的企业为了进一步提高市场占有率，也会采用降价策略，一旦达成目的，价格就会上升。

间接降价（又叫变相降价）可以缓解价格竞争，避免误导客户，促进产品销售，是常用的降价方式。常用的间接降价方式有：增加价外费用支出和服务项目，赠送礼品和礼品券，举办产品展销，提高产品质量，给予各种价格折扣。

（2）**提价策略** 提价常常会引起客户和经销商的不满，但成功的提价会为企业带来可观的利润。企业提价常有以下几点原因：①产品在市场上严重供不应求；②通货膨胀使企业的各项成本上升，企业被迫提价以维持利润水平。

有时，在需要提价的情况下，企业为了不招致客户和经销商的注意和反感，会采用间接提价策略，例如：

1）在签订大宗合同时，规定价格调整条款，即对价格不做最后限价，规定在一定时期内（一般为交货时），可以根据当时价格与供应行情对价格进行调整。

2）减少系列产品中利润较少产品的生产，扩大利润较高产品的生产批量。

3）减少某些服务项目，以降低生产和服务成本。

4）开展价值工程研究，以降低生产成本。

### 2.3.3　汽车分销策略

**1. 分销渠道的概念**

分销渠道是指产品或服务从生产者向客户转移过程中所涉及的一切取得所有权（或协助所有权转移）的商业组织和个人，即产品由生产者到客户的流通过程中所经过的各个环节连接起来形成的通道。分销渠道对产品从生产者转移到客户所必须完成的工作加以组织，其目的在于避免或消除产品或服务与使用消费之间的分离。

分销渠道的起点是生产者，终点是客户，中间环节包括商人中间商（他们取得所有权）和代理中间商（他们协助所有权转移）。分销渠道按其有无中间环节和中间环节的多少，即按渠道长度的不同，可分为四种基本类型（图2-16）：①直接渠道（一型）；②一层渠道（二型）；③二层

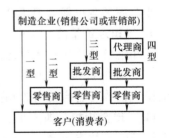

图2-16　分销渠道的基本类型

渠道（三型）；④多层渠道（四型）。

**2. 我国汽车分销的演变及发展展望**

（1）我国汽车企业分销渠道的演变过程　总体上看，我国汽车企业分销渠道的演变，大体以 1993—1994 年为时间标志，分为前后两个阶段。

1）开放型渠道阶段。这个阶段始于 20 世纪 80 年代初，直到 90 年代中期，特别是 1984 年城市经济体制改革全面展开后，汽车产品分销渠道得到较快发展，并很快形成汽车企业的开放型渠道体系（图 2-17）。

2）控制型渠道阶段。20 世纪 90 年代中期以后，我国经济环境大不同于以往，汽车生产能力持续扩大，汽车需求平稳增长，厂家期盼的市场需求的高涨局面未能出现，汽车市场形态发生了本质变化，彻底转化成买方市场，为汽车市场分销渠道的变革提供了必要条件。

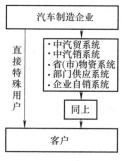

图 2-17　汽车企业开放型渠道体系

汽车分销渠道的变革，总体上是朝着厂家控制的、有规划的方向发展的，并充分借鉴了国际经验，为我国汽车企业进一步面对国际汽车竞争积蓄了一定的营销经验。新的汽车分销体系可以概括为厂家控制渠道，如图 2-18 所示。

（2）我国汽车分销的发展展望

综观各种因素，我国汽车分销的发展将会面临以下三大环境：

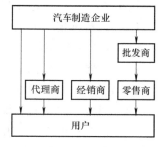

图 2-18　汽车企业的控制型渠道体系

首先，自加入 WTO 后，我国汽车工业已经面临与国际汽车强国的全面竞争。加入 WTO 之后，中国汽车工业面临着与国际汽车强国的全面竞争。2005 年以来，我国汽车市场全面对外开放，国外知名的汽车厂商凭借其雄厚的实力和成熟的市场经验大举进攻国内市场，其投资的重心也由目前的制造领域向服务领域延伸。

其次，高新技术特别是信息技术（IT 产业）的飞速发展，将为汽车分销方式的不断创新提出挑战。以计算机、电子通信和网络为代表的 IT 产业的蓬勃发展，一方面使我们能够对传统的生产管理形式和制造技术进行不断的改造创新，另一方面数字化革命将会大大改变传统的汽车营销方式。

最后，私人消费购车将成为拉动市场增长的主力军，汽车分销体系将以满足私人轿车消费需要为价值取向。

进入 21 世纪，我国汽车企业在已有的基础上，进一步借鉴国际通行模式，建设自己的分销体系。例如广泛采用代理制、特许经营、品牌专营等新兴业态形式，汽车分销渠道的职能将根据需要重新设计，除传统的"四位一体"功能外，还可能会增加诸如旧车交易、汽车租赁、汽车俱乐部等职能。同时，为了适应国际市场营销的需求，汽车分销将会向出口转运、分销、零售、售后服务等全程服务的新型职能转变。

随着国际互联网、电子商务等技术的发展和数字化时代的到来，汽车营销方式出现重大变革。企业营销中的信息流、物流、商流和资金流的运转效率将会因为电子数据交换、网上浏览、网上支付等技术的运用而大大提高。由于 B2B、B2C 业务的发展，将导致经销商逐渐向服务商角色转变,主要承担售后服务、商品配送和储运等业务。

### 2.3.4 汽车促销策略

**1. 促销与促销组合策略的概念**

促销,是指企业营销部门通过一定的方式,将企业的产品信息及购买途径传递给目标客户,从而激发客户的购买兴趣,强化其购买欲望,甚至创造需求,从而促进企业产品销售的一系列活动。

现代市场营销将各种促销方式归纳为四种基本类型,即广告、人员推销、营业推广和公共关系。这四种方式的运用搭配称为促销组合。促销组合策略就是如何运用这四种促销方式组合搭配的决策。

**2. 汽车产品的基本促销方式**

不同的促销方式有着不同的效果,它是企业进行促销组合决策所必须考虑的。

汽车产品常见的促销方式有以下几种:

(1) **人员推销** 人员推销是指企业通过派出推销人员与潜在客户交谈,介绍和宣传产品,以扩大产品销售的一系列活动。

(2) **广告** 广告是通过报纸、杂志、广播、电视、广告牌等传播媒介向目标用户传递信息。采用广告宣传可以使广大消费者对企业的产品、商标、服务等内容加强认识,并产生好感。

(3) **营业推广** 营业推广是由一系列具有短期诱导性、强刺激性的战术促销方式组成的。与人员推销和广告相比,营业推广不是连续进行的,而是一种短期性、临时性的能使顾客迅速产生购买行为的促销方式。

(4) **公共关系** 为了使公众理解企业经营活动是符合公众利益的,有计划地加强与公众的联系,建立和谐关系,树立企业信誉所开展的一系列活动属于公共关系。

(5) **销售技术服务** 企业在销售汽车产品时,向客户介绍本企业汽车的产品特征,提供有关技术说明,培训用户掌握合理使用知识,提供一条龙服务以及为质量保修提供配件和维修服务等,都会对促进汽车销售产生很大影响。这些售前、售中和售后服务工作统称为销售技术服务。

## 2.4 汽车销售工作流程

汽车销售通常采用展厅销售和市场销售两种方法。

展厅销售是被动销售,只有在潜在顾客到展厅参观后,企业的营销行为才能开始;市场销售是主动销售,营销人员根据一定的市场规律去发现目标消费群,然后进行针对性的营销工作,企业的营销活动是主动的。两者在很多时候是穿插进行的,既有不同之处,又可互为补充。汽车销售流程大致如图2-19所示,并以展厅销售为例,详细说明其流程。

(1) **欢迎顾客** 目的是减少顾客的疑虑。顾客通常预先对购车经历抱有负面的想法,因此,殷勤有礼的专业人员的接待将会消除顾客的负面情绪,为购买经历设定一种愉快和满意的基调,为顾客树立正面的第一印象。营销人员要在顾客到来时以微笑迎接,即使正忙于帮助其他顾客也应上前迎接,避免顾客因无人理睬而心情不畅。

在迎接顾客后应询问能提供什么帮助,了解顾客来访的目的。通过热情有礼的迎接,降低顾客的疑虑情绪，使其在展厅停留较长时间，这样营销人员才会有更多的时间和顾客沟通和交流。

（2）**提供咨询**　目的是建立顾客对营销人员及经销商的信心。营销人员应仔细倾听顾客的需求，让其随意发表意见，而不要试图去说服他买某辆车。如果营销人员采取压迫的方法，将使顾客失去信任。营销人员应了解顾客的需求和愿望，并用自己的话重复一遍，以使顾客相信他所说的话已被营销人员所理解。对营销人员的信赖会使顾客感到放松，并畅所欲言地说出他的需求，使营销人员更容易确定所要推荐的车型，顾客也会更愿意听取营销人员的推荐意见。

（3）**产品展示**　目的是针对顾客的关注点进行产品展示，以建立顾客对所售车型的浓厚兴趣。营销人员必须通过传达直接针对顾客需求和购买动机的相关产品特性，帮助顾客了解所推荐的车型是如何符合其需求的，只有这时顾客才会认识其价值。

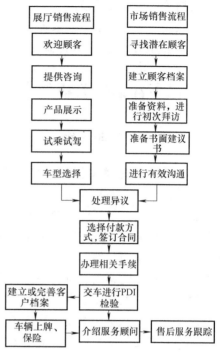

图 2-19　汽车展厅销售和市场销售的工作流程图

（4）**试乘试驾，车型选择**　这是顾客获得有关车型的第一手材料的最好机会。在试车过程中，营销人员应让顾客集中精神对车进行体验，避免多说话。对所售车型的特色部分，营销人员应根据顾客的购车动机进行更直观地说明或车型性能展示，以培养顾客对该款车的兴趣。

（5）**处理异议**　当顾客和营销人员对某一问题存在异议时，往往是销售的最后环节。只要从顾客的角度出发，解决好争议的焦点，就意味着交易的成功。

（6）**选择付款方式，签订合同**　让顾客采取主动，并允许有充分的时间让顾客做决定，同时加强顾客的信心。营销人员应对顾客的购买信号有一定的敏感度，一个双方均感满意的协议将为交车铺平道路。双方对选择的车型均满意后，接下来就要签订销售合同。现代汽车销售有多种付款方式可供选择，如可以先付一定数目的定金，提车时再付清全额；或采用一次付清；有些企业和个人还可办理汽车消费贷款等业务。

（7）**交车、验车，介绍服务顾问**　顾客有愉快的交车体验，是建立长期关系的起点。营销人员要做的具体工作是：要保证按时交货，避免引起顾客的不快；要进行汽车 PDI 检验，防止出现故障隐患；要介绍服务顾问与消费者认识，帮助顾客了解售后服务的相关问题；要为顾客提供汽车售后的咨询，介绍汽车上牌照、保险等方面的相关知识；要完善顾客档案，为下一步销售服务工作的开展奠定基础。以上这些工作将大大有助于与顾客建立长期的关系，拓展企业的销售服务链条，培养和壮大忠诚顾客群。

（8）**车辆上牌和保险**　进行车辆上牌和保险是顾客买车后的首要任务。有很多汽贸企业代办车辆上牌和保险等事宜，但是营销人员应让顾客来决定上牌的方式和选择购买的险种，充分尊重顾客，防止引起顾客的不快，因小失大。

（9）**顾客关怀**　对购车顾客进行售后服务跟踪，体现营销人员对购车顾客的关怀，是维持长期关系的重要手段。

总之，汽车销售是一项系统工程，它不仅与营销人员的服务规范有很大关系，同时和企业的售后服务水平也直接相关。

## 2.5 汽车营销相关新技术及发展趋势

### 2.5.1 数字化汽车营销

**1. 数字化汽车营销管理的发展现状**

汽车营销行业的数字化经历了从孤岛建设到领域融合的发展历程。汽车营销行业的代表实体是销售公司，主要业务包括所属汽车品牌的市场信息收集、分类和分析，渠道管理，销售业务，售后服务业务，客户关系管理，财务分析和核算管理，物流运输和仓储管理业务。业务对象遍布全国各地，主要涵盖销售公司本部、驻外销售机构、商务代表处、中转库、第三方物流、特约经销商、特约服务商和生产厂的部分部门等。

销售公司的数字化建设大多从20世纪90年代中期开始进行的。由于各业务部门管理水平参差不齐，对数字化的需求程度不一致，加之没有统一部门的协调，某些部门率先开始自行开发或引进适合本部门业务需求的管理信息系统。但随着时间的推移，这种各自为政的数字化建设存在相当大的内耗，如由于核算时间节点不一致，导致相关部门结算数据统计不一致。如何将这些流程中多余的环节去掉，提高数据准确率和统一性；如何让遍布全国各地的业务点实现信息共享；如何降低各部门多信息系统的运维费用，提高信息系统的可扩展性，这一系列问题的产生促进了汽车营销信息系统的建设。

随着各部门数字化应用水平的提升和基于因特网应用水平的发展，销售公司于21世纪初成立了专门的业务机构，进行营销管理信息系统的整合建设，旨在建立一个基于互联网的管理和服务平台，消除信息孤岛，实现信息共享，提高工作效率和准确率，实现整个公司所有信息流的无缝对接，包括财务、会计、人力资源、供应链和客户信息、市场营销，从而尽可能赢得最强的竞争优势。同时，将系统整合还能减少整个销售公司的信息运维费用，降低运维难度，只需对话于一个软件供应商，大大降低了TOC（整体拥有成本）。

此阶段的销售公司大多已使用如下信息系统：销售部门的分销系统，主要完成整车和零部件的销售开单和结算、信用管理、部分渠道管理业务；售后服务部门的售后服务系统，主要完成售后服务业务，包括质量保证业务；财务部门的财务系统，主要完成财务核算业务，包括总账、应收应付、固定资产等；客户关系管理部门的呼叫中心配套软件，主要完成潜在客户、固定客户的建档、跟踪和回访业务；物流管理部门的汽车物流管理系统，主要完成物流运输、仓储管理业务。而市场营销、市场分析等业务在当时尚未使用信息系统。

经过需求分析表明，系统整合不只是简单地将各个子系统提升到一个统一的平台，更主要的是协调和统一跨部门的数字化整合。数字化整合的基本思路是：规范化的业务流程，合理划分的业务功能模块，一致的、有价值的业务数据。整合工作包括信息研究与评估体系数字化的整合、营销业务管理的数字化整合、产品管理过程的数字化整合、价格管理过程的数字化整合、渠道组织与管理模型的数字化整合、销售管理的数字化整合、物流管理的数字化整合、客户管理的数字化整合、广告管理的数字化整合和财务处理的数字化整合。

数字化营销管理系统旨在将制造企业、销售公司、特约经销商/服务商的利益关系作为一个共同的纽带，它不单纯是一个计算机系统，而是着重强调三方利益的充分沟通。制造企业、销售公司、特约经销商/服务商本身都是独立核算的经济实体，但是在市场竞争中唇齿相依，只有通过数字化信息系统，快捷、方便、准确地解决其利益沟通的难题、售后服务的难题、合作的难题等，建立一个顺畅的供应链体系和有组织地实现营销战略的营销体系，才能让各方步调一致地去协作，去面对市场和消费者。所以在设计营销系统时要随时考虑业务多方的协同工作，达到业务多方共赢的目的。

伴随着全球数字化的深入，越来越多的汽车制造企业实施了企业资源计划（ERP）、客户关系管理（CRM）、供应链管理（SCM）等应用系统，已逐步形成自己的基础数据库。充分利用商务智能（BI）技术对这些基础数据进行整合，针对营销主题进行重新构建，为企业管理层提供多维业务数据分析，并通过大规模的数据挖掘技术为营销决策过程提供信息支持，已成为汽车营销决策的发展趋势。

通过对汽车营销企业的营销现状分析可以发现，准确预测市场走向，提高客户的满意度，减少库存量，降低营销成本，是决定汽车制造企业生存发展的关键因素。虽然这些企业内部数字化程度较高，但由于各自独立的系统之间的数据共享度低，数据加工、整理手段单一等原因，使得原有的企业资源计划信息系统已经难以提升企业自身竞争力。在决策支持方面，原有的信息系统只能给出数据的汇总结果，不具备数据分析和预测的能力，企业只能凭经验做出决策。随着汽车行业竞争的日趋激烈，企业迫切需要具有智能化分析功能的商务智能技术信息系统，利用历史数据及时、快捷地输出各类分析报告，预测未来的销售趋势，为企业决策者在宏观上提供决策支持。例如，准确预测半年内各种车型的销售量和价格，就能够指导生产，减少库存，满足客户需求，提高资金周转率。

**2. 数字化汽车营销管理的发展趋势**

（1）**协同化、集成化** 下面以客户管理的数字化建设为例进行论述。销售公司开展了一系列的客户关怀服务，这些服务的开展都是建立在完善的客户档案信息、客户销售信息、销售产品交付时的库存存量信息的基础上的。通过营销系统中的交付与跟踪管理功能、售后服务功能、客户关怀管理功能的应用，达到为客户提供上述各类服务的目的，这个过程实际上已经与销售管理、物流管理形成了有机整合。在这类管理中，仅仅依赖客户管理功能是无法实现客户服务目的的。

信息系统整合后，售后服务流程纳入了更多的涉众，服务商身处异地完成索赔业务后，实时将索赔信息直接录入信息系统，几乎不用等待，公司本部的索赔员即可处理索赔单，并且系统还提供了计算机自动审核功能，将不符合索赔要求的申请先期过滤，索赔员只需对存在特殊情况的索赔申请进行人工审核。批量结算后，财务部业务员即可进行返款审核。而在整个过程中，均可实时、准确地在系统平台上根据不同的权限浏览业务进展情况，减少了电话或者现场沟通的烦琐，解决了沟通的不准确、不及时的问题，大大提升了服务商作为销售公司合作伙伴的满意度，从而也能促进服务商对终端客户服务质量的提升，提高制造企业汽车品牌的影响力。

数字化汽车营销系统可以细分为 CRM（客户关系管理系统）、DRP（分销管理系统）、DMS（经销商管理系统），如图 2-20 所示。这些细分的业务方向只说明在营销的各个阶段，不同子系统存在不同的业务流程，但是它们不是割裂的、单独存在的，而是一个一体化、协同的整体。

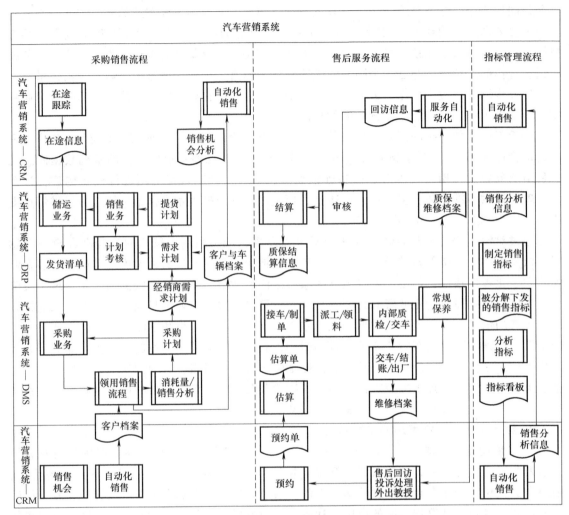

图 2-20 数字化汽车营销系统建设流程示意图

（2）知识化、智能化　决策支持系统是以模型库和数据库为基础，用定量方式辅助决策的，它与定性辅助决策的专家系统相结合，融入数据仓库、数据挖掘、计算智能、电子商务等商务智能技术，发展成为智能决策支持系统。简单说来，智能决策支持系统就是利用智能技术解决实际决策问题的系统，其核心技术是商务智能（BI）技术。

在汽车营销管理中实施商务智能技术，是汽车企业发展和竞争的需要。传统的基于企业资源计划的汽车营销管理理论更多地着眼于销售成交结果，是一种"结果管理"模式，这种模式只适合"总结过去"，而无法"预知未来"。在汽车市场竞争日益激烈的今天，提高企业的营销能力，迅速有效地满足客户的需求，选择合适的营销模式，准确地预测市场趋势成为汽车企业提高核心竞争力并占领市场的关键。基于商务智能技术的汽车营销管理着眼于成交之前的过程，结合销售人员个人能力特征以及客户类别分析情况，并根据销售过程中产生的数据，使销售管理与决策建立在客观、准确的数据分析之上，而不是过去的经验之上，因此它是一种"过程管理"模式。

总之，我国地域广阔，经济发展不均衡，各地汽车市场需求水平差距较大，而且国内汽车市场品种繁多，促使中国汽车行业多元化营销模式的形成，即以传统的营销模式（代理制、4S专卖店、特许连锁经营、汽车超市等）为主，以新型的营销模式（网上购车、汽车电子商务等）为辅，以适应不同层次汽车消费者的需求。将数字化引入汽车营销中，旨在从海量的商业数据中挖掘出隐含的信息，为汽车制造企业的营销决策者提供客户分析信息和产品市场营销预测信息。同时，这些信息可直接用于汽车整车制造企业的客户数据智能分析、企业营销与物流配送的管理和决策，也可用于汽车代理商、汽车4S专卖店的营销与服务决策支持平台，能够使汽车制造企业实现精益生产，降低企业运营成本，提高工作效率，促进汽车制造行业的发展。

### 2.5.2 汽车电子商务

**1. 电子商务的产生及含义**

在如今的网络时代，汽车制造企业的经营、销售和信息管理也在发生着巨变。互联网的迅速发展开创了网上交易的经营模式，许多网络公司应运而生。汽车工业巨头们纷纷行动起来，试图凭借电子商务使企业获得新的活力，在网络浪潮中占据领先地位。我国的汽车工业要想跟上世界汽车工业变革的步伐，就必须不失时机地开展电子商务活动，以信息化改造传统的汽车工业，提高汽车产业的效率。

电子商务（Electronic Business），是指人们利用电子手段所进行的商业、贸易等商务活动，是商务活动的电子化、网络化和自动化。其最初的形式是电话、电报、电子邮件和20多年前出现的以电子数据交换（EDI，Electronic Data Interchange）为基础的电子贸易。电子贸易就是采用电子数据交换或相关技术，进行无纸化商业信息交换，如电子邮件、电子公告牌、传真、电子资金调拨等。电子商务包括了全部可能的商业运作过程，即从销售、市场到企业管理的全过程，是整个商业活动和企业结构基于因特网和内联网的重组和创新。在这一过程中，任何能加速商务处理过程、减少商业成本、创造商业价值和创新商业机会的活动都可以归入电子商务的范畴。

目前，电子商务已经发展为通过网络来实现商品的交易和结算，使网络真正成为商务的重要工具，从而形成了较为完善的电子商务概念。在此基础上发展起来的网络营销已成为现代营销不可缺少的重要手段，成为电子商务的重要内容。

**2. 电子商务的主要内容及目标**

1996年，联合国国际贸易法委员会会议通过了《电子商务示范法》，以促进现代信息通信与存储手段的应用。国际清算银行研究了电子货币的发展对中央银行的意义，并于1996年发表了研究报告。根据美国克林顿政府提出的电子商务白皮书，可以把电子商务分为两大类：

（1）**企业与企业间（Business to Business）的电子商务** 它以电子数据交换为核心，侧重电子信道响应（Electronic Channel Response，ECR）的快速反应，包括供货商自备补货、分类管理和企业间的电子转账等。

（2）**企业与消费者间（Business to Consumers）的电子商务** 它侧重企业提供商品、消费者购买这一商业关系，包括网络广告、网上购物和网上支付等方面的活动。除此之外，电子商务的内容还包括商业团体、行业工会为其会员提供的各种服务，以及政府为企业提供的缴税、公司注册登记、执照申请等服务。

电子商务的关键在于应用，其应用的层次可以概括为"3C"，即内容管理、协同及信息、电子贸易三个层次。

内容管理是指通过更好地利用信息来增加产品的品牌价值，主要体现在通信和服务方面。内容管理具体包括：信息的安全渠道和分布、客户信息服务、安全可靠和高效的服务三个方面。协同及信息是指自动处理商业流程、开发周期等，它由四个方面组成：邮件与信息共享、写作与发行、人事和内部工作管理与流程、销售自动化。电子贸易是指从新的市场和电子渠道增加收入。电子贸易包括三个方面的具体应用：市场与售前服务，主要通过建立主页等手段树立产品的品牌形象；销售活动，如电子收款机系统（POS）管理、智能目录、安全付款等；客户服务，即完成电子订单、售后服务、电子购物及电子交易。

电子商务的主要目标是不断改进商业和管理的过程，进一步提高企业竞争力。作为其主要手段的电子购物和电子贸易等方式正是通过实现市场、订货、支付和运送等各个商贸环节在网上运行，以降低成本，提高经济效益，更好地满足消费者的需求。企业信息化就是企业用信息化的功能去推动企业的管理、生产和销售。电子商务意味着提高企业内部的生产效率，提高供应链的效率，使业务得到发展。电子商务的真正潜力在于能用更好、更经济、更高效的方法在网上完成交易活动的全部内容。

一般，企业引入电子商务时，首先，需将企业信息放到因特网上，如产品目录、企业联系方式等；其次，提供一定程度的交互功能，主要用于为客户服务；再者，提供一种安全保密的因特网文件传递服务，这项服务就像把文件放入信封交给一名办事员或快递公司一样安全，而且能大大节约费用。由于电子商务是在因特网上进行的，网络是电子商务最基本的构架。因此，实现电子商务的关键还在于全球化的信息系统。这个信息系统能够为世界各地的人们传送、接收各种类型的信息以及处理各种电子交易提供必要的基础构架。

**3. 我国汽车电子商务的现状和展望**

根据尼尔森2014年6月发布的《全球汽车消费需求调查报告》显示，在调查所覆盖的60个国家和地区中，中国消费者的汽车需求位列全球第六，成为全球汽车行业最重要的市场之一。总的来看，我国汽车企业电子商务发展水平还处于探索阶段，具体体现在三个方面：第一，我国汽车电子商务信息化水平仍相对较低，系统实施与网站构架仍有待进一步提高，这在一定程度限制了国内众多汽车企业电子商务的发展；第二，国内汽车企业供应链管理还不完善，采购、生产和销售等各环节存在弊端，效率低下，造成成本居高不下；第三，售后服务工作不到位，汽车制造商与客户之间没有建立起可靠的沟通纽带，导致客户售后问题不能及时解决。近年来，我国各大汽车企业纷纷建立互联网销售平台，汽车交易网站也如雨后春笋一般涌现。虽然我国汽车企业网站日益增多，但是网站的质量参差不齐。优秀的汽车企业网站不仅可以在自己的网站上进行品牌宣传，而且在售后、咨询等方面也为客户建立起了良好的平台，自身品牌的影响力不断增强。而一些汽车企业网站仅仅是汽车企业的"面子工程"，网站无人维护，网站内容长期不更新，网站只把一些品牌汽车的图片进行陈列，企业网站深层次的市场效能并未得到充分发挥。目前来看，成功开展汽车电子商务，建立制造商和客户间沟通纽带的企业仍是凤毛麟角。

目前，国内的汽车电商共有四种类型：第一种是综合性购物网站，如天猫、京东等综合电商巨头；第二种是厂商自建平台，如上汽车享、东风DNX等；第三种是汽车垂直网站，如易车网、汽车之家等；第四种是汽车经销商平台，如庞大集团。近年来我国汽车售后服务占汽车经销商净利润的比重逐渐上升，电子商务在这个发展过程中功不可没。汽车电商O2O的模式受大家喜爱颇多，它既能为消费者提供线上的汽车资讯、交流平台，又能提供线下的提车、保养、维修等系列售后服务，从而实现线上、线下无缝对接和互补联动。

在未来，4S店的功能将由营销转变为服务，易车网的总裁李斌先生提出了"电子商务就是服务"的主张。他认为，基于中国汽车业信息化水平较低的现状，电子商务平台必须与信息服务直接关联，为网上的电子商务增加信息发布渠道，使电子商务落到实处。互联网和电子商务只是工具和手段，绝不是目的，只有全方位的服务才能真正满足汽车企业不断增长的对高附加值的信息的需求。消费者在决策前，需要进行长期的信息收集以考证是否符合需要。汽车对服务的依赖程度较高，没有专业背景的传统电商很难将经销商的利益捆绑到价值链中。汽车电子商务在中国有其特殊性，有其成熟完善的产业链以及国家政策制约。预计将来的汽车4S模式终究会形成只有售后服务这1S功能。汽车电子商务的发展将会给汽车4S店带来革命性的改变。一方面，主机厂承担了主要的网上销售任务，汽车4S店的主要功能将从营销转变为服务，而其盈利模式也将从销售转至售后和附加服务；另一方面，随着营销和库存成本大幅度下降，4S店可能出现多品牌的发展路线，消费者可以在同一4S店内享受不同品牌汽车服务，并且4S店也可以享受规模经济带来的效益。汽车电子商务不仅仅向消费者提供产品，还要提高资讯和系列配套服务，所以，它的实现依赖于多方平台的相互配合。未来的汽车电子商务模式将以制造商官网直销和第三方平台销售为主。网络经销商平台提供价格比较、汽车资讯等服务，4S店提供试驾、提车、维修等售后服务，在网络和实体多边配合下，形成紧密联合的汽车电子商务。

汽车电子商务给汽车经销商、汽车产商和消费者都带来了很大的利益，对整个汽车行业的发展有着极大的推动作用，未来的时间里，汽车电子商务势在必行，将成为汽车行业未来的主要营销模式，必定会给整个汽车行业带来嬗变。

## 2.6 案例分析

### 2.6.1 销售汽车经典案例

2015年某月，一对年轻夫妻在展厅订购了一台凯迪拉克豪华版XTS。客户之前并不了解凯迪拉克XTS，起初只是收到通用别克的短信，短信上说明购置通用凯迪拉克可以享受置换补贴，所以顺路到展厅看看车型。客户对这款车型以及这个品牌并不了解，为什么能在第二次到店就成功签单？下面就来看看该案例的经过，通过接待需求分析、产品介绍、试乘试驾、二次回访、促成交易五个环节分析成功的重要因素。

**1. 接待需求分析**

销售顾问在客户进店后马上了解到客户收到了置换补贴的短信。这个客户是别克客户，根本不了解凯迪拉克，只是抱着随便看看的想法。销售顾问进行分析：收到短信马上一家人来看车，说明客户有购车动机，也有购买力，在购车时间上也锁定在近期，所以销售顾问在接下来的介绍工作中特别积极主动。随后了解到客户并不了解凯迪拉克，销售顾问就着重介绍了凯迪拉克品牌历史文化和地位，在介绍时非常自信，同时也将这份自信传达给了客户，让客户认可了凯迪拉克豪华品牌的地位。

2. 产品介绍

销售顾问询问了客户所关注的对比竞品车型，了解到是宝马5系标配，销售顾问分析该客户具有较大的购买力，可以尝试推荐豪华版XTS。销售顾问认为客户不了解XTS，在介绍XTS豪华版时着重强调凯迪拉克的科技感和安全舒适优越感，以此来引起客户的兴趣。而且客户是做电子商务的，接受新事物的能力比较强。销售顾问就一一介绍了XTS的安全策略，结合场景演绎，并通过CUE系统演示，同时向客户介绍了手机应用功能。在介绍时，销售顾问也在观察客户的表情，同时也跟客户互动，发现客户对这些配置是非常好奇而且称赞的。销售顾问非常主动地向客户全方面介绍了XTS的核心技术和豪华配置。在介绍的同时，也说明了试驾的一些感受，为后期试驾验证做了很好的铺垫。

3. 试乘试驾

邀请客户试乘试驾，全面展示静音、加速、音响、平稳、互动等优势，这时客户已经迫不及待亲身体验，顺其自然地换位试驾。让客户体验试乘时的体验点，引导客户尝试正常的驾驶体验，注意观察客户的表情和互动对话，及时称赞车子的每个体验点的优势，引导客户认同。从客户的简单反馈中掌握客户对车型的爱好程度，进一步判断其购买可能性。试乘试驾结束后，为了取得客户的认可，销售顾问使用了一个技巧，引导客户与他人分享试驾体验的感觉。再次与客户互动，以获得客户对试乘试驾的认可和称赞。

考虑到客户是抱着只是看看的想法到店的，虽然对产品非常认同，销售顾问尝试促成交易，客户还是决定再考虑一下。销售顾问就谈了一些用车感受，以及旧车的处理情况，介绍了置换补贴的手续，并给出合理报价。再次强调此款车的性价比。离别之际，销售顾问与客户约定下次到店时间，再次探寻客户对车的认可程度，判定为A级。

4. 二次回访

销售顾问第二天回访客户，是否喜欢这款车型，是否在考虑范围内。客户表示非常喜欢，有机会再到店看看。销售顾问尝试邀约到店，邀请客户进行旧车评估，并向客户传达周末活动，询问客户价格预期。客户表示可以，销售顾问将客户级别提高到H级。与客户约定周六到店，客户却没有来，销售顾问当天致电再次邀约周日是否有空。客户在电话里回复能够来店。

5. 促成交易

七天后客户成功邀约到店，尝试交易，但客户仍有点犹豫，销售顾问随即向客户播放了一段XTS在道路上行驶的精彩视频，非常豪华的画面消除了客户的犹豫心理。销售再次向客户介绍了凯迪拉克超高的安全配置，强调此车物有所值，并让评估师免费做了旧车评估，最终销售顾问的专业讲解和诚意赢得了客户的信赖，成功下单。

该案例能够成功下单，主要取决于销售顾问在需求分析方面做得非常到位，能够抓取客户反馈的信息，做出正确的判断分析。销售顾问在销售过程中介绍非常详细，让初次体验凯迪拉克的客户充分了解了凯迪拉克并建立信赖感。通过了解渠道来源、竞品价格等信息判定客户的购买能力和预算。基于客户不了解凯迪拉克，销售顾问在介绍产品时做了很多工作，全方位介绍，增加了客户停留时间，获取了更多的信息，同时向客户展示了更多的产品核心和品牌魅力。根据客户的特点重点介绍品牌及安全配置，因为客户不了解品牌的特性。介绍

时非常有逻辑,先把客户的品牌观念引导过来,再介绍车型的魅力。在回访中,能够及时跟进回访,询问客户的喜好程度,并设置好再次到店的理由。客户没有按约定到店,销售顾问当天及时关注客户情况,用诚意打动客户,使之再次到店。

在销售中,针对这类并不了解车型的客户,可以借鉴以上销售顾问的做法和经验去争取更多有意向的客户,引导成功订单。

## 2.6.2 汽车市场调研案例

东风公司对辽宁大连地区汽车市场调研案例

**1. 调研目的**

公司为了能尽快实现建设国内最强、国际一流汽车制造商的奋斗目标,计划加大新产品的开发力度,成为永续发展的百年东风,面向世界的国际东风,在开放中自主发展的东风。

**2. 调研对象**

目标客户群以及潜在客户等。

**3. 调研内容**

1)消费者对汽车的偏好。

2)消费者的收入水平及购买能力。

3)消费者对东风汽车的品牌认知度及满意度。

4)消费者的购车意向及原因。

5)消费者对汽车价格及售后服务的要求。

**4. 调研项目**

本次调研的主要项目有:不同的消费者对东风汽车产品、对市面上类似产品的认知度和满意度,消费习惯,购买途径,可接受价格范围,对本产品及其促销方式、广告宣传效果的意见与建议等。

**5. 调研方法**

(1) **问卷设计思路** 采用问卷法和访问法相结合的调研方法,问卷发放人员为经过专业培训的人员,在问卷的发放过程中同时进行访问。将在大连地区发放 1000 份问卷。在不同时段与地区进行,选择不同年龄阶段、不同收入水平的人群,力求问卷的广泛性。

(2) **样本设计**

此次问卷设计如下:

东风公司对辽宁大连地区汽车市场调查问卷

您好!我们正在进行关于消费者对东风汽车满意度以及认可度的调查,希望您能配合并给予最公平的客观建议。谢谢您在百忙之中抽时间配合我们的调查,谢谢!(请在选项上画"√")

1. 您的性别 [单选题] [必答题]

男　女

2. 您的年龄 [单选题] [必答题]

20~25　　25~30　　30~40　　40~55　　55 以上

3. 您的最高学历 [单选题] [必答题]

高中　　中专　　技校　　大专　　本科　　研究生及以上

4. 您的个人月收入（包括各种来源）［单选题］［必答题］

1000元以下　　1001～2000元　　2001～3000元　　3001～5000元　　5000元以上

5. 您的职业状况［单选题］［必答题］

政府部门管理人员　　国有企业管理人员　　外企、私企员工　　事业单位（学校、医院）工作人员　　专业人士（医生、律师、记者等）　　其他

6. 您现在是否已有汽车［单选题］［必答题］

有　　没有

7. 如果您有车，您对您的汽车满意度如何［单选题］［必答题］

非常满意　　较满意　　一般　　不满意　　非常不满意

8. 如果您没有汽车，那么如果您要买车的话您会买哪种车［单选题］［必答题］

轿车　　越野车　　商务车　　其他

9. 您所能承受的汽车价位［单选题］［必答题］

3～5万元　　10万元左右　　20万左右　　20～40万　　50万以上

10. 您在购车时关注的车辆信息是［单选题］［必答题］

安全性　　环保性　　性价比　　舒适性

11. 影响您买车的关键因素［单选题］［必答题］

造型　　油耗　　品牌　　价格　　性能　　其他

12. 您买车的用途［单选题］［必答题］

私人用　　商用　　两者都有

13. 您通过何种途径了解汽车信息［单选题］［必答题］

报纸　　电视　　广播广告　　展销会　　网络　　朋友介绍

14. 您最担心购车后会出现什么问题［单选题］［必答题］

车辆质量　　售后服务　　安全性　　其他

15. 您最喜欢的汽车颜色［单选题］［必答题］

红　　黑　　白　　银　　蓝　　绿　　其他

16. 您喜欢这种颜色的原因［单选题］［必答题］

体现个性　　体现时尚　　体现稳重　　视认性好　　有助于提升安全性　　其他

17. 购车时是否会考虑购买二手车［单选题］［必答题］

是　　否

18. 采取的购车方式［单选题］［必答题］

一次性支付　　按揭贷款

19. 最吸引您的促销方式［单选题］［必答题］

降价　　送售后服务　　其他增值服务　　送礼品

20. 您对东风汽车有什么建议？

-------------------------------------------------------------------------------

再次感谢您在百忙之中填写我们的问卷，祝您一切顺利！您将获得我们的精美礼品一份。

#### 6. 调研经费

| 费用项目 | 数量 | 金额(元) | 费用项目 | 数量 | 金额(元) |
|---|---|---|---|---|---|
| 策划费 | 1 | 1000 | 电话费 | — | 500 |
| 交通费 | — | 800 | 汇总整理费 | — | 1000 |
| 调查人员工资 | 10 | 1000 | 礼品费 | 400 | 800 |
| 问卷制作费 | 1000 | 500 | 合计 | — | 5600 |

#### 7. 调研组织及人员

1）问卷设计：3 人。

2）资料整理：5 人。

3）问卷发放与回收：10 人。

#### 8. 调研时间安排

1）9 月 17 日—9 月 20 日，制定方案，设计调查问卷。

2）9 月 21 日—9 月 25 日，发放与回收问卷。

3）9 月 25 日—9 月 29 日，调查问卷及相关资料的整理与分析，得出结论。

### 2.6.3 汽车细分市场案例

帕萨特是大众汽车最为重要的车型之一，主要针对中高级轿车市场。上海大众汽车有限公司在 2000 年将帕萨特投放到中国市场，根据中国用户对轿车的审美观、使用要求而重新设计（加长轴距）。从 2005 年到现在，帕萨特一直是中国汽车市场上销售较好、性价比较高的中型车。

#### 1. 帕萨特细分市场因素分析

上海大众在推出帕萨特轿车时，综合考虑了人口因素、政策因素、心理因素和行为因素。

1）对于公务车市场，主要采用排量标准进行市场细分，面向 B 级车市场，采用排量为 1.4T 和 1.8T 的小排量发动机，以此来达到中国政府部门的公务车采购要求。

2）对于非公务车市场，则采用价格标准进行市场细分，面向普通用户市场。通过国产率先将 B 级车的价格下调到 20 万元以下，突出了产品的性价比。

3）得益于上海大众桑塔纳早期的良好品质，帕萨特注重品质维护和品牌形象的塑造，形成了一大批忠实的消费者。

#### 2. 大众对帕萨特的产品定位

（1）帕萨特轿车潜在消费者的背景特征

1）30~50 岁的男性。

2）受过高等教育。

3）中高级管理人员（包括公司高级白领、小企业老板等）。

4）年收入 10 万~30 万元。

（2）帕萨特轿车潜在消费者的消费特征

1）有一定的驾驶经验和爱好。

2）目前自己已有车。

3）有成就感和责任心。

# 第3章

# 汽车物流

本章在物流理论的指导下,结合我国汽车产业的发展,不断探索汽车物流的内在本质规律,力求系统阐述汽车物流研究及应用的主要内容。本章在分析汽车物流的特点及分类的基础上,分别详细介绍了汽车产品的采购物流、汽车产品的生产物流、汽车产品的逆向物流、汽车物流供应链管理以及汽车行业第三方物流。最后通过案例来阐明汽车物流的特点及流程。

## 3.1 汽车物流概述

### 3.1.1 汽车物流的概念

物流定义的表达形式多种多样,总的来说,物流就是物品从供应地向接收地的实体流动过程,根据实际需要,将运输、储存、装卸、搬运、包装、流通加工、配送、信息处理等基本功能进行有机结合。

随着汽车工业的飞速发展,汽车保有量迅速攀升,汽车已经成为我国经济和人们生活的重要组成部分。然而,目前物流成本在汽车商品价格中占有很大的比重,所以降低汽车物流成本成为人们关注的焦点。

从供应链的角度出发,本书将汽车物流定义为:汽车物流是指汽车制造企业(包括汽车零部件制造企业)所进行的集现代运输、仓储、装卸、包装、配送及物流信息于一体的综合性物流活动,是沟通原料供应商、生产厂商、批发商、零件商、物流中心及最终用户的桥梁,也是实现汽车商品从生产到消费各个流通环节有机结合的活动。

汽车物流活动过程包括采购物流(原材料的供应物流)、生产物流、销售物流和逆向物流。汽车整车及其零部件的物流是各个环节衔接十分紧密的高技术行业,是国际物流业公认的最复杂、专业性最强的领域。简单地说,汽车物流的概念就是把物流定义中的产品或商品特指为汽车,包括汽车整车及其零部件。因此,广义的物流概念与研究内容在汽车物流领域也有一定的通用性。

### 3.1.2 汽车物流的特点

#### 1. 整合与协调性

汽车物流的重点是整合与协调。汽车物流以汽车制造企业为核心,通过物流和信息拉动供应商的原材料供应,从而推动分销商的产品分销及客户服务。所以,实现供应与需求的直接相互协调显得十分重要。

### 2. 技术复杂性

汽车物流的技术复杂程度居各行业物流之首。保证汽车生产所需零部件能够按时按量到达指定地点十分重要，汽车的高度集中生产带来产品的远距离运输以及大量的售后配件物流，这一系列过程构成了十分复杂的系统工程。

### 3. 服务专业性

汽车生产的技术复杂性决定了为其提供保障的物流服务必须具有高度的专业性。供应物流需要专用的运输工具和工位器具，运输工具的档次直接关系到运输速度的快慢。要想保证运输质量，就必须实现运输工具的高度专业性配合；生产物流需要专业的零部件分类方法，使汽车企业具有高度专业化的物流理念；销售物流和售后物流需要服务人员具备相应的汽车保管、维修专业等相关知识。也就是说，要实现物流功能的专业化，要求从事汽车物流的工作人员在具备专业化物流理念的同时，也要对汽车制造的相关内容有必要的了解。

### 4. 网络的先进性

汽车物流是一种高度的资本密集、技术密集和知识密集型行业。随着现代科技的发展，计算机网络已经全面规划了汽车供应链中的物流、商流、信息流、资金流，并且构建电子商务采购和销售平台，通过应用条码技术、EDI 技术、电子订货系统、POS 数据读取系统、GPS 系统等信息技术，有效地获取需求信息，使汽车物流更加高效，以满足客户需求。

## 3.1.3 汽车物流的基本要素

汽车物流的基本要素由四个方面组成。

### 1. 人的要素

人是汽车物流系统的核心要素，是确保汽车物流顺利进行的根本保障。从业务要求的角度出发，汽车物流从业人员除了需要具备一般物流专业的知识外，还需要对汽车构造、生产、特性、运输等相关汽车专业知识有所了解。

### 2. 资金要素

资金是汽车物流得以完成的动力保证。汽车物流的实现要求人员、技术、设施以及设备的有机结合，这一切需要资金作为保障，离开资金，汽车物流的目标将很难实现。

### 3. 物的要素

汽车物流中物的要素包括为劳动对象（汽车）服务的一切物的条件，也包括为汽车产品提供物流服务的劳动工具和劳动手段，如各种物流设施、设备、工具，以及各种消耗材料等。

### 4. 信息要素

信息是汽车物流运作的基础，也是汽车物流发展的重要基础。从某种意义上说，汽车物流的现代化就是实现汽车物流的信息化。汽车物流信息包括汽车物流系统中所有处理的信息。

## 3.2 汽车物流的分类

在不同领域，物流的对象、目的、范围和范畴不同，由此形成了不同的物流类型，但目前还没有产生统一的物流分类方法和标准。对于汽车物流的分类也在探索之中，下面将根据汽车物流的对象性质、供应链运作流程和活动范围进行分类。

### 3.2.1 按物流作业的对象性质进行分类

汽车物流具体作业对象涉及汽车整车、汽车零部件（新件和回收件）等。根据具体作业对象的性质，可将汽车物流划分为汽车整车物流和汽车零部件物流。由于性质不同，其物流的运作方式也有区别。汽车整车物流的运作流程较为清晰，物流活动内容主要与汽车制造企业、销售企业相联系；而汽车零部件的运作流程较为复杂，物流活动内容除了与汽车制造企业、销售企业相联系外，还与汽车零部件生产、汽车维修、汽车整车及零部件回收等企业相联系，物流作业涉及面广，运作内容较为复杂。

### 3.2.2 按供应链运作流程进行分类

汽车生产选择供应链运作流程是由汽车生产的性质决定的，汽车供应链运作流程中，汽车生产流程是供应链运作流程的核心，核心企业（汽车制造企业）协调和整合供应链运作流程是关键，汽车物流功能的专业化是确保供应链运作流程的基础，利用计算机网络技术全面规划供应链运作流程是汽车供应链运作流程的发展方向。按照以上供应链运作流程的不同，可将汽车物流划分为汽车供应物流、生产物流、销售物流、回收物流和废弃物流。

**1. 汽车供应物流**

汽车供应物流是指为汽车生产提供原材料、零部件或其他物料时所发生的物流活动。汽车制造企业、汽车维修企业购入原材料、零部件，以及汽车消费者购买汽车的物流过程称为汽车供应物流。

**2. 汽车生产物流**

汽车生产物流是指汽车制造企业在生产过程中发生的围绕原材料、在制品、半成品、产成品等进行的物流活动。汽车生产物流包括从汽车制造企业的原材料购进入库起，直到汽车制造企业成品库的成品发送出去为止的物流活动的全过程。

**3. 汽车销售物流**

汽车制造企业或流通企业售出汽车产品或零部件的物流过程即为汽车销售物流。

**4. 汽车回收物流**

汽车产品在生产及流通过程中有许多要回收并加以利用的物资，由于汽车产品还不能完全做到等寿命使用，所以即使在汽车产品报废后，仍有相当一部分物资可以回收利用，如发动机总成及其零部件、变速箱总成及其零部件等，也涉及大量其他的可回收物资。主要目的有两个：一是通过回收，继续使用可用的总成或零部件；二是通过再生技术将回收的物资制成零部件使用。

**5. 汽车废弃物流**

汽车废弃物流是指将汽车产品中失去原有使用价值的物品，根据实际需要进行收集、分类、加工、包装、搬运、储存等，并将其分类后送到专门处理场所的物流活动，即伴随某些产品共生的副产品，以及消费中产生的废弃物（如垃圾）等进行回收处理的物流过程。汽车产品中涉及大量的化工材料和有害物质，这些材料大部分已没有再利用的价值，但如果不加以妥善处理，就地堆放，就会妨碍生产甚至造成环境污染，对这类废弃物的处理产生了汽车废弃物流。为了更好地保障生产和生活的正常秩序，有效地遏制物流活动造成的环境污染，对废弃物的研究显得十分重要。

### 3.2.3 按物流活动范围进行分类

按照汽车物流活动的地域范围不同，可以将汽车物流分为地区物流、国内物流和国际物流。

**1. 汽车地区物流**

汽车地区物流是指按照某一行政区域或经济区域来划分的内部物流。研究汽车地区物流对于提高所在地区的汽车物流活动效率，以及保障当地居民的生活和环境具有很重要的作用。

**2. 汽车国内物流**

汽车国内物流是指为国家的整体利益服务、在自己国家的领地范围内开展的汽车物流活动。汽车国内物流作为汽车经济的一个重要方面，应该纳入国家汽车总体建设规划。我国的汽车物流事业是国家现代化建设的重要组成部分。因此，汽车国内物流的建设投资和发展必须从全局着想，清除部门和地区分割所造成的物流障碍，尽早建成一些大型汽车物流项目，为国民经济发展提供服务。

**3. 汽车国际物流**

汽车国际物流是相对汽车国内物流而言的，是汽车产品和汽车零部件在不同国家之间的物流。它是汽车国内物流的延伸和进一步扩展，是跨国界、流通范围大的汽车产品的流通，也是国际贸易的重要组成部分。

## 3.3 汽车产品的采购物流

在现代企业的经营管理中，采购显得越来越重要。一般情况下，采购是发生在企业外部，向供应商购买商品的一种商业行为。由于采购过程中伴随着物质资料所有权的转移，同时有着物流、信息流和资金流等活动，与产品和商品销售密切相关，所以说采购属于生产者进行市场营销的经济活动，它不仅是一个商流的过程，也是一个物流的过程。采购对不同行业、不同类型的企业，或者同一企业的不同环节的要求是不同的，它是需求方为获得与自身需求一致的货物、服务、技术和信息而必须进行的所有活动。因此可以这样描述："采购是企业的物流之源、质量之本、效率之始。"

### 3.3.1 采购管理目标

在汽车供应链系统中，采购的管理目标就是正确计划用料，寻找汽车企业物料供应的源头，评估所选供应商，强化采购管理，发挥盘点功效来确保产品质量，避免供给中断，影响运作。

汽车企业采购部门负责确定采购标准，选择合适的供应商，确定采购成本，管理采购订单，合理地进行采购管理，最终达到采购目标，这个目标具体包括以下六点。

（1）**正确计划用料** 采购部门应该明确采购需求，配合销售目标与销售计划，正确计划用料并严格进行检查，防止次品或者废料的产生，同时加强用料支出控制，防止采购成本支出浪费。

**(2) 适当存量管理** 要适时、适当地供应物料,避免造成浪费和不足。为了保证整个汽车企业的生产得到连续不断的原材料供给,应该有计划地适当库存,便于供给和周转,提高库位使用率。

**(3) 强化采购管理** 要适时、适质、适量、适地地供应材料,充分了解并掌握市场行情,并与供应商协调配合,保持良好关系,同时寻求替补供应商。

**(4) 发挥盘点功效** 消除料账差异,确保材料的准确性及其存量合理。

**(5) 确保产品品质** 确保材料品质,加强对进货验收的控制,确保产品的品质符合采购要求,进而增强材料的使用性。

**(6) 降低成本** 在保证产品质量和数量的前提下,努力实现成本的最低化,同时还可以以旧换新,做到物尽其用。

从某种程度上来说,采购的目标等同于整个物流环节的目标。采购是整个供应链中比较重要的一部分,因此,它的目标服从且有助于实现整个供应链管理的整体目标。

## 3.3.2 采购流程及优化

### 1. 采购的基本流程

对于汽车企业来说,采购的基本流程虽与其他企业略有不同,但大体上模式相同。通常一个完整的汽车采购的基本流程包括确认需求、确认供应商、洽谈合同、进货控制、入库、对账和结算等几个步骤。

**(1) 确认需求** 确认需求是指汽车企业的采购部门收到采购请求并制订采购计划。首先汽车制造企业计划部门向采购部门提出所需要的设备或原材料,采购部门进行项目可行性研究。在这个阶段,采购部门将发现的问题向上级部门汇报,客户内部也在酝酿采购计划中的有关问题,如考虑预算等问题。上级部门同意后进行项目立项,组建由使用部门、技术部门、财务部门、决策部门等人员共同组成的项目采购小组,把采购的汽车产品汇总,制订采购计划和签发采购单,并下达采购任务。通常采购申请包括申请部门名称、申请理由、需求数量和计量单位、需求的送货时间和地点、成本预算情况等信息。不同的采购部门使用不同的采购申请单,表3-1是一般汽车企业所使用的汽车产品采购申请单。

表3-1 汽车产品采购申请单

| 日期: | 年 | 月 | 日 | | | | 编号: | |
|---|---|---|---|---|---|---|---|---|
| 申请部门 | | | 部门编号 | | | 项目编号 | | |
| 需求时间 | | | 收货地址 | | | 联系人 | | |
| | | | | | | 联系电话 | | |
| 申请理由 | | | | | | | | |
| 采购对象 | | | | | | | | |
| 采购项目描述 | 名称 | 规格 | | 用途 | 数量 | 需求日期 | 预计单价 | 金额 |
| | | | | | | | | |
| 预算情况 | 年度预算 | | 已用预算 | | 部门可用预算 | | 预算编号 | 尚余预算 |
| | | | | | | | | |
| 审核 | 财务部 | | | | 申请人 | | | |
| | 使用部门经理 | | | | 预算负责人 | | | |

（2）确认供应商　确认供应商的过程是指在确定汽车产品采购需求后，对供应商进行选择的过程，也就是采购流程的招标阶段。采购标准制定好以后，将其以标书的形式发布出去，表明采购意向。准备投标的汽车零部件生产厂制定投标方案并进行投标。投标完成后，采购部门还要审阅投标建议书，就相关采购资本项目与投标供应商洽谈，然后对每个投标者的标书进行评估，这种评估主要是对供应商提出的价格和费用、产品质量、交付情况和服务水平等方面进行评价，同时还要考虑选择供货的方式和采购形式。汽车制造企业一般会选择与两家以上的供应商进行洽谈，以便进行评估和比较，得到更好的商业条件，最后选择合适的供应商。

（3）洽谈合同　确定了供应商之后，汽车制造企业的采购部门要与供应商进行多次商务谈判，确定采购价值、汽车产品的技术标准和规格、数量以及付款方式等采购条件，并努力争取一些附加价值，然后以书面形式确定下来，签订采购合同。采购合同是供需双方的法律依据，必须按照合同法规的要求拟定，合同的内容要简明扼要，文字清晰，字意确切。最后交付产品，实施安装。合同的签订并不意味着交易的结束，而是供货的开始，供货商要按合同认真履行承诺，准时交货，否则要承担所造成的损失。

（4）进货控制　采购合同洽谈完毕后，汽车制造企业的采购部门有责任督促供应商按时送货，根据采购订单上要求的供货日期，向供应商反复确认到货日期，直至零部件到达。若有送货需求的改变，采购部门应及时与供应商进行协商。同时，还要注意对进货量的控制。对进货量的控制通常采用定性分析法和定量分析法相结合的方法进行。

（5）入库　入库分为实物入库和单据入库。实物入库是指收货员收材料之前需确认供应商的送货单是否具备以下信息：供应商名称、订单号、存货编码、数量。如果订单上的信息与采购订单不符，询问采购员是否可以收下。单据入库是指采购员根据检验合格单，将检验单上的数据输入到资料库中，便于以后对账。采购人员对到达的货物验收合格后才能入库，以确保所到货物的质量、数量与订购要求相符。若有不符合的物品，要进行订单退货。

（6）对账、结算　汽车制造企业采购部门的结算部门对采购订单、收货报告、入库信息及发票信息进行核对，然后支付货款。汽车零部件的结算要注意财物规定和结算办法。

2. 汽车制造企业采购物流的优化

汽车制造企业采购物流是一项复杂的系统工程，汽车制造企业的物流采购成本在汽车制造企业总成本中占据极大的比例。当前，市场经济飞速发展，使得越来越多的企业面临严峻的形势，所有的企业都在加紧改革，在降低自己成本的同时寻求其他可节省费用的渠道。物流的利润空间很大，因此受到了汽车制造企业的重视。汽车制造企业物流采购优化管理策略具体如下。

（1）选择运输方式　生产汽车需要多种原材料，受我国生产技术的限制，有的还需要进口，这就直接导致汽车物流的多样性。现阶段，物流负责的货物运输方式主要有三种：其一，将货物直接送达指定的地方。其二，将所有的货物放在一起，由一家物流公司集中送到另一家物流公司。这种方式适用于同类的大量产品。其三，配载运输。根据货物的不同进行集中分类运输。由于物资的种类及性能区别，导致依靠任何一种单一的物流运输方式都是不能满足运输需求的。物流公司运输的费用主要是跑路产生的成本，因此，选取合适的运输路线，将会大大降低物流的运输成本。此外，还要根据物资的性质选择不同的运输方式，避免因为货物的问题造成不必要的麻烦。

（2）选择最佳运输手段

1）实施拼装整车运输。实质上就是将零散的物资集中起来运输，这种运输方式极大地降低了运输费用，被广泛地运用到商业物资的送达过程中。物资集中的方式就是各个物流的分点将一条线路的物资交给一家物流公司，只要线路具有共同性，就可以使用这种拼装整车的运输方式。

2）实施托盘化运输。托盘化运输，顾名思义就是将运输的物资单元化，这种运输方式主要针对易损坏或者价值高昂的产品。采用这种运输方式可以对物资起到很好的保护作用。

3）实施集装箱运输。集装箱给人的第一印象就是封闭，即安全性能好，这种运输方式费用较低。此外，随着科技水平的不断提高，物资的装卸也越来越机械化、智能化，这就大大降低了成本。这种运输方式在物资的长途运输环节应用广泛。

（3）采用第三方物流服务　随着科技的不断发展，人们的认识不断加深，第三方物流已成为世界经济的重要组成部分和利润增长点。为了适应市场的需要，迄今为止，第三方物流也越来越正规化、标准化，从而也使得物流运输的费用大大降低了，这对于企业的发展是十分重要的，因为这将直接决定企业的生产成本，生产成本如果居高不下，就会严重影响企业的综合竞争力。目前第三方物流公司的规范化主要体现在以下几个方面：第一，运输的费用大大降低。由于物流管理的规范性，使得无论是运输范围还是相关服务都已非常完善。此外，各个配送点的分布也是经过严格测算的，这就大大降低了成本。第二，低库存成本，高库存周转率。物流公司的工作效率相当高，几乎不存在货物堆积现象，这就节省了建造储藏室的费用，降低了基础设施建设成本。第三，降低了企业对于物流的基础设施建设费用。第三方物流服务公司依靠其专业的人才与设施大大提高了运输效率，降低了企业的成本消耗，节省下的大量资金可用于改革创新，扩大企业的经营范围。

综上所述，汽车制造企业采购物流成本优化管理还存在诸多的空间与技术手段，同时在汽车制造企业的发展中也将占据越来越重要的地位。

### 3.3.3　采购的成本控制

**1. 采购成本的含义和构成**

采购成本包括直接成本和间接成本。直接成本指直接消耗的原料，通常指那些能够被具体而准确地归入某一特定生产部件的成本。间接成本指那些在工厂的日常运作过程中发生的，不能直接归入任何一种生产部件的成本。

成本包括可变成本、半可变成本和固定成本。大多数直接成本是可变成本，它们随着生产部件数量的变化而成比例地变化；固定成本通常不随产量的变化而改变。

汽车制造企业采购成本的构成是汽车产品采购预算的一个重要因素，采购部门要对采购成本进行有效的管理，不断加以完善，规范企业的采购活动，提高工作效率，使企业能够以低成本提供优质的商品和服务。

**2. 采购的战略成本控制**

控制采购成本对一个企业的经营业绩来说至关重要。采购成本下降不仅体现在汽车制造企业现金流出的减少，而且直接体现在汽车产品成本的下降、利润的增加以及企业竞争力的增强。如果企业能够估算供应商的产品和服务的成本，就可以控制采购物流，在谈判中压低采购价格，减少材料成本支出，从而控制采购成本，尽可能实现利润的最大化。

战略成本核算流程分以下四个步骤：

(1) **估计供应商的产品或服务成本** 要做到对采购成本的全面控制，就应该对供应商的成本状况有所了解，只有这样，才能在价格谈判中占主动地位。要估计供应商的成本，必须了解产品的用料、制造该产品的人员数量以及所有直接用于生产过程的设备的总投资额，可参观供应商的设施，观察并适当提问以获得更多有用的信息。

估计供应商的成本之后，企业就可以规划一个使自己获利的谈判。但是，若想建立长久的供需关系，就一定要争取双赢，在自己获得较高利益的同时，保证对方同时获利。

(2) **对竞争对手进行分析** 对竞争对手进行分析的目的是明确其成本态势，为企业提供必要的信息，使其在市场中占主动地位。

竞争力评估指的是对竞争对手的业务、投资、成本、现金流做出精细的研究，它不仅仅是了解并估计竞争对手的产品和服务的成本，而且还要分析自身的优势以及对手的优势，分析优劣势的形成是源于战略上的差异，还是源于各自所处的环境，或是源于企业内部结构、技术、管理等一系列原因。然后从消除劣势，保持优势入手，制定在竞争中战胜对手的策略。通过对竞争对手的分析，找到努力的方向，在竞争中保持领先。

(3) **设定企业的目标成本并发现需改进的领域** 在实施改善成本面貌前，企业必须先估计竞争对手的成本，将其与自己的实际成本相比较，发现需要改进的领域，计算改进所带来的价值。

(4) **实施流程和产品持续改进** 企业考虑任何举措都要从长期和短期效果两方面考虑。现金流能够反映产品改进对财务状况的长期影响状况。通过计算年度实际或预测的现金流入和流出，企业可以指定一个保证财务顺利进行的计划，确保企业的正常运转。

所以，采用战略成本法来评估和指导其竞争力，可以实现持续改进甚至达到最优绩效，以使企业对所购买产品的成本构成与控制技术有一个全面的了解与把握。

## 3.4 汽车产品的生产物流

### 3.4.1 生产物流概述

生产物流（production logistics）是指在生产过程中，从原材料采购，到在制品、半成品等各道生产程序的加工，直至制成品进入仓库全过程的物流活动。

这种物流活动是与整个生产工艺过程相伴而生的，实际上已经构成了工艺过程的一部分。过去人们在研究生产活动时，主要关注单个的生产加工过程，而忽略了将每一个生产加工过程串在一起，也忽略了和每一个生产加工过程同时出现的物流活动。例如，产品不断地离开上一个工序，进入下一个工序，便会不断发生搬上搬下、向前运动、暂时停止等物流活动，实际上一个生产周期中，物流活动所用的时间远多于实际加工的时间。所以，关于企业生产物流的研究的潜在内容是非常多的。

**1. 生产物流系统的概念**

生产物流是企业生产过程中发生的涉及原材料、在制品、半成品和产成品等所进行的物流活动。国家标准《物流术语》（GB/T 18354—2006）中将生产物流定义为："生产过程中，原材料、在制品、半成品、产成品等在企业内部的实体流动。"

具体来讲，企业的生产物流活动是指在生产工艺中的物流活动。一般是指原材料、燃料、外购件投入生产后，经过下料、发料，运送到各加工点和存储点，以在制品的形态，从一个生产单位（仓库）流入另一个生产单位，按照规定的工艺过程进行加工、储存，借助一定的运输装置，在某个点内流转，又从某个点内流出，始终体现着物料实物形态的流转过程。

### 2. 生产物流的组织

**（1）生产组织与生产物流组织**

1）生产组织。生产组织是指为了确保生产的顺利进行所进行的各种人力、设备、材料等生产资源的配置。生产组织包括生产过程的组织和劳动过程的组织。生产过程的组织主要是指生产过程的各个阶段、各个工序在时间上、空间上的衔接与协调。它包括企业总体布局、车间设备布置、工艺流程和工艺参数的确定等。在此基础上进行劳动过程的组织，不断调整和改善劳动者之间的分工与协作形式，充分发挥其技能与专长，不断提高劳动生产率。

生产过程组织是指为了提高生产效率，缩短生产周期，对生产过程的各个组成部分从时间和空间上进行合理安排，使它们能够相互衔接、密切配合，设计与组织工作的系统。生产过程组织包括空间组织和时间组织两项基本内容。生产过程组织的目标是使产品内在生产过程中的行程最短，时间最短，占用和耗费最少，效率最高，能取得最大的生产成果和经济效益。企业必须根据其生产目的和条件，将生产过程中空间组织与时间组织有机结合，采用适合自己生产特点的生产组织形式。

2）生产物流组织。生产物流组织和生产过程组织是同步进行的。伴随着生产过程的空间组织和时间组织，生产物流也存在着如何进行合理的空间和时间组织的问题。

生产物流空间组织是指企业内部各生产阶段或生产单位的组织及其空间位置的安排，目标是缩短物流在工艺流程中移动的距离。

生产物流时间组织是指一批加工对象在生产过程中各生产单位、各道工序之间在时间上的衔接和结合方式，目标是缩短物流在工艺流程中移动的时间。

**（2）生产物流的空间组织** 开展生产物流的空间组织工作通常要考虑以下几个问题：

1）应包括哪些经济活动单元。
2）每个单元需要多大空间。
3）每个单元空间的形状如何。
4）每个单元在设施范围内的位置。

生产物流的空间组织一般有工艺专业化组织形式、对象专业化组织形式和成组工艺组织形式三种专业化的组织形式。

**（3）生产物流的时间组织** 生产物流的时间组织指一批加工对象在生产过程中各生产单位、各道工序之间在时间上的衔接和结合方式。通常一批物流有顺序移动方式、平行移动方式和平行顺序移动三种典型的移动方式。

1）顺序移动方式。当一批生产加工对象在完成上道工序后，整批地转到下一道工序生产加工。顺序移动方式下，一批零件的生产周期按下式计算，移动方式如图3-1所示。

$$T_{\text{sh}} = n \sum_{i=1}^{m} t_i$$

式中，$n$ 为零件批数；$m$ 为工序数；$t_i$ 为第 $i$ 道工序上的单件工时；$T_{\text{sh}}$ 为顺序移动方式下一批零件的生产周期。

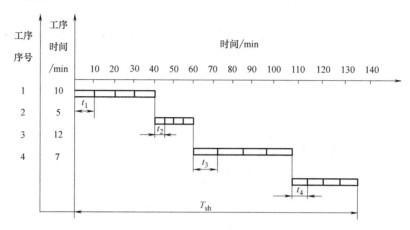

图 3-1　顺序移动方式

**例**　已知 $n=4$，$t_1=10$，$t_2=5$，$t_3=15$，$t_4=10$；求 $T_{sh}$（需要有时间单位）。

**解**　$T_{sh} = 4×(10+5+15+10)$ min $= 160$ min

2）平行移动方式。指每个产品或零件在上道工序加工完后，立即转到下道工序加工，使各个零件或产品在各道工序上的加工平行地进行，如图 3-2 所示。若用 $t_L$ 表示工序时间最长的工序时间，其他指标含义同顺序移动方式，则

$$T_P = \sum_{i=1}^{m} t_i + (n-1)t_L$$

式中，$t_L$ 为最长工序单件时间；$T_P$ 为平行移动方式下一批零件的生产周期。

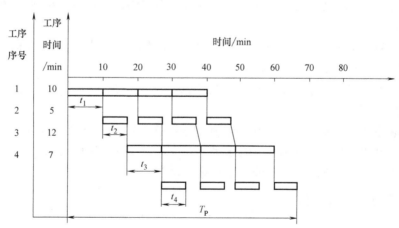

图 3-2　平行移动方式

**例**　如上例，已知 $n=4$，$t_1=10$，$t_2=5$，$t_3=15$，$t_4=10$；求 $T_P$（需要有时间单位）。

**解**　$T_P = (10+5+15+10)$ min $+(4-1)×15$ min $= 85$ min

3）平行顺序移动方式。指一批零件或产品既保持每道工序的平行性，又保持连续性的作业移动方式，如图 3-3 所示。若用 $t_j$、$t_{j+1}$ 表示相邻两道工序用时，则生产周期按下式计算：

$$T_{\text{P-sh}} = n \sum_{i=1}^{m} t_i + (n-1) \sum_{j=1}^{m-1} (t_j, t_{j+1})$$

式中，$t_j$ 和 $t_{j+1}$ 分别为相邻两道工序比较短的时间工序单位工时；其他符号含义同顺序移动方式。

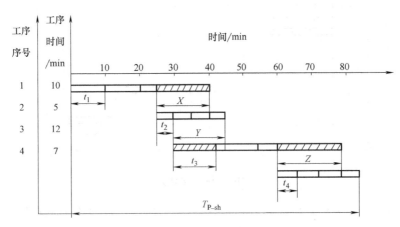

图 3-3 平行顺序移动方式

**例** 仍按上例，已知 $n=4$，$t_1=10$，$t_2=5$，$t_3=15$，$t_4=10$；求 $T_{\text{P-sh}}$（需要有时间单位）。

**解** $T_{\text{P-sh}} = 4 \times (10+5+15+10) \text{min} - (4-1) \times (5+5+10) \text{min} = 100 \text{min}$

**3. 生产物流管理的基本内容及对象**

企业生产物流的活动始于原材料的入库，止于产成品的出库，包含了从原材料采购、保存与发放、车间生产过程半成品的运送、产成品的入库、存放与外运等过程。

按照流体的类型，生产物流可以分为原材料及零配件部件物流、半成品物流、产成品物流和回收物流。

（1）**原材料、零配件部件物流** 指有计划地从供应商企业采购原材料、零配件部件，并进行存放和提供生产加工需要的活动。

（2）**半成品物流** 指生产活动过程中的半成品从上一道工序（或车间）到下一道工序（或车间）的物流活动。

（3）**产成品物流** 指成品从生产线到产成品仓库或者直接到下游企业的物流活动。

（4）**回收物流** 指生产过程中的废弃物丢弃或再生所发生的物流活动。

可以看出，生产物流的基本功能包括运输、储存、装卸、搬运、包装、信息处理等。

### 3.4.2 生产物流的管理

**1. 生产物流的组成**

汽车生产流程主要为冲压、焊装、涂装、总装四大工艺。冲压是汽车生产四大工艺的第一道工序，承担汽车车身片件的冲压成型任务。按照设计好的车身标准，把铁皮用巨型厚重的冲压设备冲压成种类小的片件。焊装是第二道工序，负责把前一工序冲压成型的车身片件通过烧焊、点焊等组焊成车身。第三道工序是涂装，把车身进行油漆喷涂。总装为最后一道工序，把汽车各类部件，如发动机、前后桥、座椅、线束等组装在车身内，组成一台合格的整车，即市场上出售的商品车。

一般除了被喷涂的车身（车壳）外，其他零部件全部为外购或外协加工的。假设某月要生产 100 台汽车，那么发动机、前后桥、座椅、玻璃、轮胎、橡胶件等零部件要提前三个月或一个月订货，必须在组装的前一天到货（最早不超过三天），存放在企业仓库里。汽车制造企业通常会设置为物管部，负责对外来部件的保管与生产工位上的配送。企业内部物流主要是汽车零部件配送到工位和四大工艺部在制品（毛坯）的物料转接过程，汽车生产物流如图 3-4 所示。

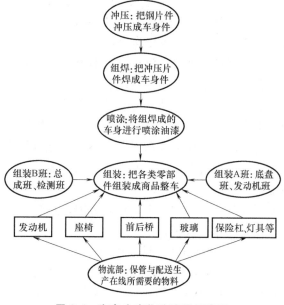

图 3-4　汽车生产物流流程示意图

**2. 生产物流的库存管理**

（1）**库存概述**　物料的存储现象由来已久，但是把存储问题作为一门学科来研究，是 20 世纪以后的事情。早在 1915 年，哈里斯就提出了"经济订货批量"问题，研究如何从经济的角度确定最佳的库存数量。"经济批量"的提出，从根本上改变了人们对库存问题的传统认识，是对库存理论研究的一个重大突破，可以说，该理论是现代库存理论的奠基石。

库存是指一个组织机构因今后销售或使用需要而持有的所有物品和材料（包括原材料、半成品、成品等不同形态）。有人将库存定义为存放在仓库中的物品；一方面，由于它不能马上为企业制造经济效益，同时企业还要为库存物资承担资金、场地、人员占用而产生的成本，存在需要控制的一面；另一方面，由于运作中存在着不可避免的不确定因素，因此库存也是企业经营中所必备的，具有积极的一面。因此，控制库存量是企业管理中的经常性工作。

（2）**汽车制造企业库存管理**　库存管理是汽车物流与供应链管理的核心内容之一，设定一定水平的库存，其目的是保证汽车物流与供应链运行的连续性，满足网点的不确定需求。汽车生产物流与供应链的库存同供应链的不确定性有很密切的关系。汽车生产库存管理，即管理和控制汽车销售商和备件供应商的不确定性以及汽车需求的不确定性。从备件供应商配送备件到主机厂备件配送中心的上游物流和供应链环节，其间不确定性因素有经济性制造批量波动、制造原材料采购周期波动、供应商制造能力波动、制造组织方式变化、物流组织方式变化和突发性产品质量问题；汽车销售和备件需求不确定性因素有需求预测水平的偏差、季节性需求波动和质量事件影响。对于一个相对独立的企业而言，汽车销售和备件需求变化独立于人们的主观控制能力之外，其需求数量与需求出现的概率是随机的、不确定的、模糊的。汽车和备件库存管理可研究和关注的内容非常多，汽车和备件库存管理的主要目的是对汽车和备件库存水平进行精细化控制。

汽车生产物流库存管理的本质就是汽车配件的库存管理与控制，它与汽车的生产和销售及市场占有状态直接相关，影响着汽车生产和客户满意度，也决定着企业生产物流的绩效。

1) 汽车和备件的需求特性。汽车和备件物流活动管理者必须知道备件的需求量变化曲线，汽车和备件需求具有规律性、季节性和随机性的特点。一种车型需要管理的备件可以达到几千种，单品种备件的需求经历四个阶段：导入期、增长期、成熟期和衰退期。汽车备件需求与装配该零部件的整车市场保有量有关，即随着整车市场保有量的增加而增加，当整车市场保有量下降时，汽车备件的需求呈下降趋势。汽车备件需求具有生命周期性。

在新车型推向市场后，因备件需求有一定时间上的滞后期，所以初期备件消耗量不大，应采取谨慎的库存策略。随着整车市场保有量的增加，备件需求量会迅速增长。可通过备件消耗的历史记录预测存储点的库存水平。如果车型停止生产制造，车型市场保有量会逐渐减少，备件消耗量也会逐渐下降。不同功能的备件，其生命周期演变中数量需求变化的趋势也不同。新车型投放市场初期，备件只有零星的需求；随着整车保有量的增加，备件需求量逐渐增加；当整车市场保有量趋于稳定后，备件的需求量也相对稳定下来；当整车市场保有量逐渐下降时，备件的需求量逐渐衰减，直至为零。在汽车备件生命周期的不同阶段，需采用不同的备件库存管理策略。

2) 汽车备件的库存策略。基于市场需求量的差异，汽车备件的库存策略有如下四类：

① 日库存策略。即将备件的库存量控制在一天的备件需求量波动范围内。此策略适用于备件需求数量高的品种。备件品种的产品特征是空间尺寸大，备件的生产制造地在备件配送中心附近，备件供应商具备每周按采购订单供应备件的能力。适应的备件品种有汽车前、后保险杠和汽车前照灯、轮胎等。

② 周库存策略。即将备件的库存量控制在一周的备件需求量波动范围内。此策略适用于备件需求数量较高的品种，备件供应商具备每周按采购订单供应备件的能力。适用的备件品种有火花塞、汽油滤清器等。

③ 月库存策略。备件按月消耗补充库存，80%的备件品种适于此策略。

④ 非库存策略。备件的年需求量小于三件的备件品种适宜采用此策略。当备件的年需求量大于三件时，备件的库存策略由不建立库存变为库存件。

进行库存需求预测时，常常会遇到一些特殊的问题，如汽车备件启动库存问题、尖峰需求问题。新车型备件启动库存问题是物流管理者常常面临的问题。因为它需要预测备件和服务的需求水平，但又没有足够的、可用于预测的历史经验数据，所以该问题不好解决。在汽车备件启动库存的品种选择上，可以利用类似车型投放初期，客户需求订单的备件品种分布情况和需求模式，估计新增备件的预期需求。尖峰需求的随机波动非常大，趋势非常模糊，如下雪等恶劣天气，汽车前照灯和翼子板的尖峰需求会出现，由于时间序列波动的幅度大，很难用数学方法准确预测尖峰需求，库存管理者需要寻找导致尖峰需求的原因，利用这些因素进行预测。应将尖峰需求与其他有规律的需求区分开，分别使用不同的方法。跟踪和识别这类备件的需求趋势中的例外点、异常点或特殊情况，避免出现大量的客户订单不能满足或者在满足了尖峰需求之后，持续地按尖峰需求重新订购，以至于库存量大于正常水平的状况。如果备件的体积占用空间大，就容易导致配送中心物流设施和面积的尖峰需求转变为正常持续的能力需求，放大对物流设施和能力的需求。

汽车备件明细表系统规范了所有备件名称代码，通过备件名称代码或设备名称检索，分析历史车型类似备件的需求，预测新备件的市场需求。表3-2为备件名称代码和需求量分析表。

表 3-2 备件名称代码和需求量分析

| 功能码 | 备件名称码 | 备件名称 | 备件需求量与整车市场保有量的百分比(%) |
|---|---|---|---|
| 1A1513 | 160 | 机油滤清器 | 5.00 |
| 3V5A01 | 12610 | 空调 | 0.03 |
| 322A01 | 14101 | 前照灯总成 | 2.50 |

表3-2中显示汽车机油滤清器的需求量与市场保有量的百分比为5.00%,即整车市场保有量为100辆时,汽车机油滤清器的需求量是5件。通过这样的分析,在新车型投放初期,根据车型的年度产量计划,就可预测初期的备件需求量。

假定一个车型在3月份投放市场,根据当年产量,则机油滤清器的需求量预测见表3-3。

表 3-3 机油滤清器需求量预测

| 月份 | 3 | 4 | 5 | 6 | 7 | 8 | 9 | 10 | 11 | 12 |
|---|---|---|---|---|---|---|---|---|---|---|
| 车型保有量/辆 | 1000 | 3000 | 5000 | 8000 | 11000 | 14000 | 17000 | 20000 | 23000 | 27000 |
| 需求量/件 | 50 | 150 | 250 | 400 | 550 | 700 | 850 | 1000 | 1150 | 1350 |

汽车备件在其生命周期的四个阶段中,市场需求量是非线性的,汽车备件需求量与整车市场保有量的比例在生命周期的不同阶段,其比例值是不同的,需要重点关注车型项目启动初期的比例值和正常管理状态下的比例值。经过对几个车型预测量和实际需求量的跟踪,来修订和调整汽车备件需求量与整车市场保有量的比例值。通过预测,可预见性地了解在汽车备件物流供应链上的物流量,可有效组织和策划汽车备件供应链上的采购活动,以及从供应商到备件配送中心的前端物流活动,装载单元规划将预测结果转换为物流活动各方需要的信息,如交货期、价格、装载单元规划、运输批次、操作计划控制等。

新车型备件启动库存的组织方式一般由汽车备件商务营销部门提出每个网点的库存计划,汽车备件物流供应链管理部门按商务营销部门的需求组织备件的配送。在这种组织模式下,网点数量影响着备件启动库存采购的数量,若汽车销售网点为400个,每个网点库存1件,则每个启动库存备件至少需要采购400件,该数量可能大于备件实际的市场需求量。备件市场需求量具有区域不均衡性,可能导致部分区域的备件需求量不足,而另一部分区域的备件需求量过剩的情况。因此,备件启动库存组织方式逐渐演变为非强制性方式,由每个网点根据需求订购所需要的备件,汽车主机厂不再统一配送指定的备件品种和数量到网点。此组织模式使备件物流与供应链更加灵活,要求汽车销售网点和汽车主机厂计划部门具备预测能力。

3)备件库存控制。备件物流活动管理者关注如何以最小的库存满足客户订单的要求,以最接近客户订单需求量的高频率、小批量的补货方式达到用更少的库存满足客户需求的目标。

连续补货策略可将库存控制在最低水平,其可实施的前提条件如下:

① 供应商通过物流服务商送达货物,物流服务商每天派出固定的运输车辆配送货物,不单独增加运输次数,并具有准时交货的能力。

② 信息在供应商和中间物流商、备件配送中心之间共享。

③ 供应商的经济批量与连续补货数量基本持平,库存没有转移到供应商或物流服务

商处。

④ 供应商的生产制造具有计划性和稳定性，消除了供应渠道中可能出现的不确定性。

⑤ 备件产品质量稳定。

在不增加企业的生产启动成本和采购订货成本的前提下，设定经济补货量，逐渐趋近一天的客户需求量。

因为存在采购的规模经济效应，供应商又临近备件配送中心，可通过与供应商和中间物流商建立紧密的协作关系，在供应链上共享生产制造计划及客户需求信息，减少供应链上的反应时间和波动。对需求量大的备件品种，可采取选择合适的备件供应商提供连续补货的供应策略，以实现与需求一致的备件在供应链上流动的效果。尽管与其他库存策略相比，这种供应策略中管理供应渠道需要付出更多的精力，但能够在备件供应链前端渠道转运过程中保持最低的库存，降低物流设施的投资并提高对客户的服务水平。适时管理、快速反应和压缩时间，可以最大限度地降低供应渠道中所需的库存量，控制方法如下：

① 管理备件供应商前端制造计划，控制并缩减供应链周转时间。作为供应链的源头，供应商制造计划水平会影响供应链的时间、库存和成本等绩效参数。

② 整合备件供应链上下游信息。整合的内容包括：需求预测、库存规划、采购订货、运输规划、信息交流平台以及生产流程等。

③ 实现备件物流供应链上一体化的信息交流，仅传递数据是远远不够的，数据不能代表信息，还需要对数据进行收集、分析和传递。供应商和第三方物流服务商将数据输入各自系统中后，再向他们的二级供应商传递数据。因此，数据的收集、分析、传递工作需要耗费大量的时间；相反，如果信息与信息系统能实现一体化，就可以加强信息传递的时效性，缩短信息传递时间，提高信息的准确性。

④ 有选择性地实施一体化战略。选择与供应链上关键的供应商和第三方物流服务商，共同实施一体化战略。

⑤ 分析库存的流动形式和存储地点，加快库存的周转速度。

### 3.4.3　汽车生产过程的物流控制

**1. 汽车制造企业生产物流的组成**

汽车生产过程物流包含车身流和零部件配送流两个子领域，处于汽车供应链中游，属于企业内部物流与供应链。车身流因其存在于企业内部供应链并与工业领域紧密相连，尚未被供应链管理的研究者知晓和重视；而零部件配送流因其处于内部供应链和外部供应链的结合部位，是第三方物流服务商的业务重点，已经被业界广泛知晓。而两者之间是密切相关的，前者的绩效是整个物流与供应链管理水平的体现，用于指导后者，后者的运作质量是前者绩效的保证。

车身流指的是一个完整的整车制造过程，即按照作业计划完成焊接底盘总成后，经过焊装的各个工艺流程完成白车身，经过涂装的各个工艺流程完成车身颜色，再经过总装配和商业化流程，最后进入成品车库的全过程。车身流起于焊装制造指令的下达点，止于成品整车下线的商业化点，其流程如图 3-5 所示。

在整个制造过程中，装配顺序卡是整个车身流的指导文件，衡量车身流绩效状况的指标就是遵守这个指导文件的程度。

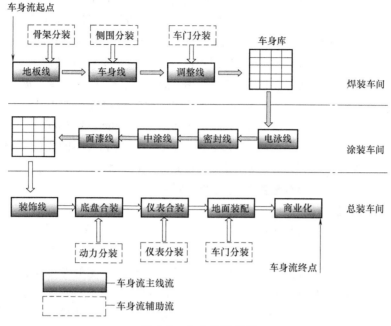

图 3-5 车身流流程图

车身制造计划的执行阶段，以装配顺序卡作为计划执行与控制的指导文件。在这个装配顺序卡中，每一辆车都有一个唯一的制造令，一条装配线对应一个装配顺序卡。焊装车间导入制造令的时间点和空间点就是车身流的起始点，用以拉动焊装车间各前端工位进行生产。

**2. 汽车企业生产物流的控制**

以约束理论（Theory Of Constraints，TOC）为依据的生产物流计划与控制可以确保整个生产过程和工作过程快速有序地进行，能够有效防止不适当地追求局部效率而损害全局效率的现象，从而最大限度地提高整个系统的效益。

企业生产物流，尤其是制造企业的生产物流，是伴随着产品生产制造过程而发生的，产品的生产制造过程实质上是一个物流过程。企业生产物流的控制主要体现在对生产物流流动速度和物料数量的控制上。随着人们对物流活动对生产促进作用的认识越来越深刻，近年来出现了以物料流动的通畅程度为标准来识别生产控制优先度的生产管理理论。对于各工序能力负荷相对稳定的制造企业，在有了 MRP（物资需求计划）所需要的基础数据（如产品结构文件、加工工艺文件、提前期、库存量及设备情况等信息）后，就能以约束理论为依据，对生产和物流活动进行计划和控制。

尽管 TOC 产生的时间不长，却取得了令人瞩目的成就，是继 MRP 和 JIT（准时制生产方式）之后出现的又一项组织生产的新方式，该理论已经在西方各国得到了比较广泛的应用。约束理论已从单一的生产计划方法发展成为一套用于复杂系统分析与性能持续改进的管理哲学。

（1）TOC 的产生　　20 世纪 80 年代中期由以色列物理学家 E. 高德拉特（E. Goldratt）首创最优化生产技术（Optimized Production Technology，OPT）。1992 年，E. 高德拉特撰写出版了一本畅销作品《目标》，这本作品以小说的形式介绍了他的 OPT 思想。这是一套用于安排人力和物料调度的计划方法。最初，E. 高德拉特是为他朋友的一家处于困境的制造厂设计的这套方法。该厂使用这套方法后，迅速摆脱了困境。在此基础上，E. 高德拉特和他的同事们又进一步开发了适用于制造的系统软件，并申请了专利。为了有助于 OPT 的运算原理被理解，E. 高德拉特描述了 OPT 的九个原理。由于 OPT 在管理思想上很有特点，并在生产实践中取得了明显的经济效益，已被国际上一些大企业重视并采纳，如通用汽车公司、通用电气公司、菲利浦、柯达等。E. 高德拉特在 OPT 的基础上进一步扩展了应用范围，发展了约束理论。这一理论现已成为一种可用于多种行业的解决问题的方法。

E. 高德拉特创立了全球性的"高德拉特学会"（Avraham Y. Goldratt Institute，AGI）。这一学会开设的改进生产、分销和项目管理等课程中，有一个共同的主线，就是 TOC 理论。OPT 和 TOC 的基本原理就是分清主次，集中精力解决主要矛盾，——提高瓶颈资源的利用率，因此特别适用于单件、小批量类型的生产运营管理。

（2）TOC 系统的基本概念

1）瓶颈。所谓瓶颈（bottleneck），是指制约生产系统产出的关键生产资源。生产资源由生产能力的主要特征决定，可以是机器，也可以是人力资源或生产场地等。因此生产系统中的瓶颈，有可能是制约系统产量的某种机器设备或具有高技能的专门操作者，也可能是掌握某种知识与能力的管理人员或技术人员。瓶颈资源的能力小于对它的需求，瓶颈是限制系统输出的因素，当物流或服务流经过瓶颈位置时，若安排不当，常常会出现停顿。大多数企业一般都存在瓶颈问题。如果企业没有瓶颈，那就意味着存在多余的能力。为了充分利用能力，企业很可能会在运营上做一些调整，以降低成本。如果减少生产批量（同时增加了设备的调整次数）或减少能力（解聘人力或租出设备），其结果又会促使瓶颈产生。所以，生产系统是一个动态的系统，瓶颈与非瓶颈在一定的条件下会互相转换。

2）非瓶颈。非瓶颈（non-bottleneck）是指能力大于需求的资源。也就是说，非瓶颈资源有空闲时间。正因为如此，非瓶颈资源不应该连续工作，否则会使它生产出多于需求的产品。

3）能力约束资源。能力约束资源（Capacity Constrained Resource，CCR）是指其利用率接近实际生产能力的资源。当生产安排不合理时，CCR 有可能转化为瓶颈。例如，在单件小批量生产的企业里，CCR 可能需要加工来自不同工序的工件。当排序不合理时，这些工件的到达无法让 CCR 连续工作，此时在 CCR 上就出现了等待的时间。当等待的时间大于原计划的空闲时间时，CCR 就转化成瓶颈。

4）能力的平衡。生产能力的平衡是指生产系统内各阶段、各类型的生产能力与负荷都是均衡的。其具体含义如下：

① 生产系统各阶段的生产能力是相等的，即每一阶段可完成的零件品种数量都是相等的。

② 所完成的产品数是以平均工时来计算的，如果工序全天生产能力为 8h，能力利用率假设为 90%，工序单件工时为 10min，则

$$该工序每天可完成产品数 = 60 \times 8\text{min} \times 90\% \div 10\text{min} = 43.2（个）$$

③ 能力的利用率在各阶段是平衡的。若某一阶段生产能力的利用率是 90%，则按照能力平衡观点，要求每一阶段能力的利用率都是 90%。

5）物流的平衡。物流的平衡，是指物流在各阶段是畅通的，具有准时、准量的特点，即在规定的时间内，物流按照需要及时到达。

绝大多数企业都尝试着使内部各阶段能力平衡，以达到能力充分利用和降低成本的目的，并以此考核各个部门。但事实上，由于需要的多变性，引起对企业各阶段各类型能力需求的比例失衡，在这种情况下要求能力平衡实际上是很难达到的，因为这种能力平衡意味着需要不断地对能力投资并同时产生大量成品和在制品积压。况且，即使不断进行能力投资，也无法真正达到能力平衡。因为只有当各工作地输出时间为一常量或者标准差很小时，这种平衡才可能实现。也就是说，只有在使用专用设备、高效自动化设备时，才有可能实现这种平衡。

6）企业业绩的衡量标准。为了实现企业目标，必须对企业业绩进行衡量。同时使用两套衡量体系，一套从财务角度衡量，另一套从运营角度衡量。

(3) TOC 系统的基本思想　TOC 的基本思想由九条具体原则来描述，而有关生产物流计划与控制的算法和软件，也是按照这九条原则提出和开发的。

1）追求物流的平衡，而不是能力的平衡。一个理想的生产过程，企业希望既实现物流的平衡，又实现能力的平衡。但这种情况在单件、小批量的生产类型下很难出现，其原因就是存在瓶颈资源。在设计建立一个新企业时，总要使生产过程各环节的生产能力实现平衡，这时往往可以做到物流平衡与能力平衡并举。但对于一个已投产的企业，特别是多品种的单件、小批量的制造企业，由于市场需求时刻都在变化，加上科学技术日新月异，使原来平衡的能力变得不平衡了，而且这种不平衡是绝对的，即使采取一些措施使能力达到了平衡，这种平衡关系很快又会被打破。在这种情况下，若一定要追求能力平衡，那么企业的生产能力虽被充分利用了，但生产出来的产品并非符合需求配套的比例关系和市场的需求，多余的部分就成为库存积压下来，这将给企业造成极大的浪费。因此 TOC 强调追求物流的平衡，以求生产周期最短，在制品最少。这一点在现代企业生产管理的各种方法中（如 JIT、ERP 等）都是首先被强调的。

2）瓶颈处的损失将影响整个系统。既然瓶颈资源是制约整个生产系统产出的关键资源，那么瓶颈资源工作的每一分钟都直接贡献于生产系统的产出。所以，在瓶颈资源上损失一小时，就意味着整个生产系统损失一小时。为取得生产系统的最大产出，就应该保证瓶颈资源 100%的利用率。在 TOC 系统中，通常采用下述措施来提高瓶颈的产出量：

① 在瓶颈工序前设置质量检查站，保证流入瓶颈工序的工件 100%都是合格品。
② 在瓶颈工序前设置缓冲环节，以使瓶颈不受前面工序生产率波动的影响。
③ 加大瓶颈设备的生产批量，以减少瓶颈设备的调整次数，从而增加瓶颈设备总的基本生产时间。
④ 减少瓶颈工序中的辅助生产时间，以增加设备的基本生产时间。

3）系统的总物流量取决于瓶颈资源的通过能力。由于非瓶颈资源的利用程度是由瓶颈资源的能力来决定的，系统的总物流量取决于瓶颈资源的通过能力，因此系统的利用程度应根据物流平衡的原则，由瓶颈资源的通过能力决定。如果非瓶颈资源满负荷工作，它生产出来的在制品是瓶颈资源加工不了的，就会增加库存，从而引起浪费。

4）在非瓶颈资源上节省时间是没有意义的。由于系统的能力受瓶颈资源的制约，因此在非瓶颈资源上节省时间除了会增加非瓶颈资源的空闲时间外，对整个系统来说也不会产生作用。而且，在非瓶颈资源上节省时间和提高生产率往往需要代价，并且这种代价的付出不能获得经济效益，因此是没有意义的。那些不区分瓶颈与非瓶颈而一味强调提高生产率的做法是不可取的。

5）瓶颈控制了库存和产销率。产销率是指工业企业在一定时期已经销售的产品总量与可供销售的工业产品总量之比，它反映工业产品生产实现销售的程度，即生产与销售衔接程度。所以它受到企业的生产能力和市场的需求量这两方面的制约，而它们都是受瓶颈控制的。如果瓶颈存在于企业内部，表明企业的生产能力不足，因受到瓶颈能力的限制，相应的产销率也会受到限制；而如果企业所有的资源都能维持高于市场需求的能力，则市场需求就成了瓶颈。这时，即使企业能多生产，但由于市场承受能力不足，产销率也不能提高。同时，由于瓶颈控制了产销率，所以企业的非瓶颈与瓶颈实现同步，它们的库存水平只要能维持瓶颈上的物流连续稳定性即可，过多的库存只是浪费。这样，瓶颈也就相应地控制了库存。

6）对瓶颈工序的前导工序和后续工序应采用不同的计划方法。由于瓶颈制约了整个生产系统的产出，因此 TOC 计划系统在制订生产物流计划时，首先要排定各种工件在瓶颈资源上的所有工序的加工时间。而这些工件不在瓶颈资源上的工序，则根据已排定的在瓶颈资源上的所有工序的加工时间而定。而这些工件不在瓶颈资源上的工序，则由瓶颈工序的开工时间从后往前决定前工序的开工、完工时间，即采用拉动方式编制计划。对于在瓶颈工序后的工序，则由瓶颈工序的完工时间从前往后决定后工序的开工、完工时间，即采用推动方式编制计划。采用这样的计划方式，在瓶颈工序之前可以使工件不会过多地积压以及在瓶颈工序之后迅速流出。

7）运输批量不一定等于加工批量。运输批量是在工序间运输一批零件的数量。一个加工批量一般不会在全部加工完后才运输，一般来说，运输批量可以等于加工批量，但不会大于加工批量。运输批量小于加工批量的好处是可以缩短加工周期，减少在制品库存，但增加了物流搬运次数。确定加工批量与运输批量时主要应该综合考虑减少运输工作量和运输次数以及保证生产的连续性和减少工件的等待时间等因素。由于确定批量的依据不同，因此所确定的加工批量和运输批量也不一定相同。

8）各工序的加工批量是可变的。同一种工件在瓶颈资源和非瓶颈资源上采用不同的加工批量，以使生产系统有尽可能大的产出和较低的成本。由于瓶颈资源约束整个生产系统的产出，因此，为提高其有效能力，常采用较大的加工批量；而非瓶颈资源本来就负荷不足，因此主要考虑物流平衡及减少在制品库存而采用较小的加工批量。

9）提前期不是固定的期量标准，而是作业计划的结果。作业计划应该在考虑了整个系统资源的约束条件之后再进行安排。由于单件小批量生产类型在编制作业计划时，计划期内部分资源已有不同程度的占用，这时作业计划若全部采用反工艺顺序从后往前编排，那么排到前面时会由于许多资源已被占用而使作业计划不可行，这样就要做很大的调整，造成大量的返工。TOC 不采用这样的作业计划方式，而是在考虑了计划期内资源的约束条件后，按一定的优先级原则编排作业计划。

因此，TOC 计划体系下的提前期，是综合考虑资源负荷、排队时间、加工批量等因素后的作业计划的结果，而不像 MRP Ⅱ 系统（MRP Ⅱ 系统是一个集采购、库存、生产、销售、财务、工程技术等为一体的计算机信息管理系统）是一个固定的期量标准。

(4) TOC 条件下的生产物流计划与控制——DBR 系统

1）DBR 系统的概念。为保证 TOC 计划的顺利实施，企业在制订计划时就要以寻求与企业能力的最佳配合为目标，一旦一个被控制的工序（即瓶颈）建立了一个动态的平衡，其余的工序应相继与这一被控制的工序同步。TOC 的计划和控制是通过 DBR（drum-buffer-rope）系统来实现的，即鼓-缓冲-绳索系统。

① 鼓。任何一个生产系统都需要设置控制点来对生产系统的物流进行控制。那么应该如何设置控制点的位置呢？若生产存在瓶颈，则瓶颈就是最好的控制点。在 TOC 系统里，这个控制点成为鼓（drum），因为它敲出了决定生产系统其他部分运转的节拍，像"击鼓传花"游戏一样，由鼓点决定传花的速度及工作的起止时间。由于瓶颈的能力小于对它的需求，所以把瓶颈作为控制点就可以确保前工序不过量生产，避免前工序生产出瓶颈无法消化的过量制品；当生产系统不存在瓶颈的时候，就把能力约束资源作为鼓点。

找出瓶颈之后，可以通过编制详细的生产作业计划，在保证对其生产能力的成分合理利用的前提下，适时满足市场对本企业产品的需求。从计划和控制的角度看，"鼓"反映了系统对瓶颈资源的利用。

② 缓冲。TOC 系统最突出的特点是充分发挥瓶颈的作用，确保瓶颈始终有工作可做，使受瓶颈约束的物流达到最优。因为瓶颈约束控制着系统的"鼓的节拍"，即控制着企业的生产节拍和产销率，所以一般按有限能力，用排序方法对关键资源排序。为了充分利用瓶颈的能力，在瓶颈上可采用扩大批量的方法来减少调整准备时间。同时要对瓶颈进行保护，使之不受其他因素波动的影响。为此，一般要设置缓冲（buffer），以防止可能出现的由于生产的随机波动而造成的瓶颈等待任务的情况。

一般来说，缓冲分为库存缓冲和时间缓冲两类。库存缓冲也就是安全库存，用以保证非瓶颈工序出现意外时瓶颈工序的正常运行。而时间缓冲则是要求瓶颈工序所需的物料提前提交的时间，以解决由于瓶颈工序和非瓶颈工序在生产批量上的差异可能造成的对生产的延误问题。

③ 绳索。缓冲的设置保证了企业的最大产出率，但也相应产生了一定的库存。为了实现在及时满足市场需求的前提下的最大效益，必须合理安排一个物料通过各个工序的详细的作业计划，这就是 TOC 中的绳索（rope）。即在生产的组织中，物料供应与投放由一个详细的作业计划——"绳索"来同步。绳子控制着企业物料的进入（包括瓶颈的上游工序与非瓶颈的装配），其实质和"看板"思想相同，即由后道工序根据需要向前道工序领取必要的零件进行加工，而前道工序只能补充动用的部分。实行的是一种受控生产方式。在 TOC 中就是受控于瓶颈的产出节奏，也就是"鼓点"。没有瓶颈发出的生产指令，就不能进行生产，这个生产指令是通过类似"看板"的物资在工序间传递的。

通过"绳索"系统的控制，使得瓶颈前的非瓶颈设备均衡生产，加工批量和运输批量减少，可以减少提前期以及在制品的库存，而同时不使瓶颈待料。所以，"绳索"是瓶颈对其上游机器发出生产指令的媒介。

应用约束理论可以重点突出地确保整个生产过程或工作过程快速有序地进行，能够有效防止不当地追求局部效率而损害全局效率的现象发生，从而最大限度地提高整个系统的效益。在 DBR 管理模式下，企业可以在现有的资源条件下，不增加人力、物力和财力，紧靠转变管理思路、调节系统运作和挖掘内部潜力，就能显著提高经济效益。

2) DBR 系统的实施步骤。在鼓-缓冲-绳索系统中，"鼓"的目标是使产出率最大；"缓冲"的目标是对瓶颈进行保护，使其生产能力得到充分利用；"绳索"的目标是使库存最小。所以在具体操作时有几个关键步骤：

① 识别企业的真正约束（瓶颈）所在是控制物流的关键。一般来说，当需求超过能力时，排队长的机器就是"瓶颈"。如果管理人员知道一定时间内生产的产品及其组合，就可以按物料清单计算出要生产的零部件。然后，按零部件的工路线及工时定额，计算出各类机床的任务工时，将任务工时与能力工时比较，负荷最高、最不能满足需求的机床就是瓶颈。找出瓶颈之后，把企业里所有的加工设备划分为关键资源和非关键资源。

② 基于瓶颈约束，建立产品出产计划。建立产品出产计划的前提是使受瓶颈约束的物流达到最优，因为瓶颈约束控制着系统的"鼓的节拍"，即控制着企业的生产节拍和产销率。为此，需要按有限能力计划法进行生产安排，在瓶颈上扩大批量，设置"缓冲器"。对非约束资源安排作业计划，采用无限能力倒排法，使之与约束资源上的工序同步。

③ 设置"缓冲"并进行监控，以防止随机波动，不至于出现约束资源等待任务的情况。

④ 对企业物流进行平衡，使得进入非瓶颈的物料被瓶颈的产销率所控制，即充分发挥"绳索"的信息传递作用。

## 3.5 汽车产品的逆向物流

在我国学者的文献中，将汽车逆向物流定义为以顾客满意和保护环境为目的，将汽车产品、资源和相关信息从供应链下游向上游回流的过程。它包括退回物流和废弃物物流两大部分。其中，退回物流指不合格产品的返修、退货以及周转使用的包装物等从需方返回到供方的物品流动。如在运输过程中因商品不合格或型号、数量有误而造成的产品退回，以及将使用过但仍有利用价值的产品回收后，经过重新维修加工作为商品出售。此外还有可再利用的物品的回收分类与再加工。废弃物物流指对物流过程中产生的无用物资进行运输、装卸、处理、回收、检测、分类等，并送到专门处理场所的物流活动。可以说，相对退回物流，废弃物物流具有更大的社会效益。为了减少资金的消耗，同时更好地保障生活和生产的正常秩序，对废弃物资进行综合利用是很有必要的。

### 3.5.1 汽车逆向物流的内容

根据汽车逆向物流定义的介绍及包括的内容，汽车逆向物流体系主要由以下几方面的内容构成。

**1. 汽车召回**

产品召回制度源于20世纪50年代的美国汽车行业。经过多年实践，美国、日本、欧洲、澳大利亚等国对缺陷汽车召回都已形成了比较成熟的管理制度。汽车召回制度实质上就是将那些出现了缺陷、威胁到消费者安全的车辆返回到制造商，对其产品存在的缺陷进行维修、改进。该制度的实行有利于促进汽车业供应商整体绩效的提高。

汽车作为一种复杂的机电一体化的产品，在设计制造过程中出现缺陷是难以避免的，但其性能和质量的可靠性直接关系到消费者的人身安全。因此，国际上普遍采用汽车召回制度来保护消费者的权益。2016年，我国召回汽车199次，涉及车辆1135万辆。这是我国自从实施汽车召回制度以来，首次突破千万大关。其中，自主品牌车企发起的召回共计15起，涉及召回车辆12万余辆。我国汽车召回制度实施以来，为社会挽回直接经济损失超200亿元。汽车企业主动召回缺陷产品，可以有效避免安全事故的发生，保障汽车消费者的权益，体现汽车企业对用户的责任感。在现代生产中，科技创新是许多企业追求的目标，较短周期的创新产品的生产体系及其生产工艺的不成熟可能增加出现缺陷产品的风险。随着产品召回制度的形成，产品召回的次数和数量呈现增长趋势。

#### 2. 汽车退回

汽车退回主要是指缺陷产品及担保期退货，以及下游企业因平衡库存需要、运输中商品受损、产品本身有缺陷及未销售完产品的退货等。在大规模生产配送过程中，以及运输及存储等各环节都有可能造成产品的缺陷，对于此类问题产品，消费者在购买以后可以进行退货，供应链上游企业可以向制造商退货。此外，还应考虑本身无缺陷的产品，因消费者使用方法不当或企业员工对产品了解不够，未严格把关而引起汽车退回。

#### 3. 生产过程中产生的废弃物

主要是指汽车制造企业在汽车生产过程中产生的报废零部件、边角废料，以及回收的不合格产品和其他副产品，这类废弃物来自企业自身的内部生产，如加以合理利用，可以帮助企业节约资源，降低制造成本。

#### 4. 包装材料的回收

包装材料的回收是逆向物流的一个重要内容，包括一些包装物，如箱、托盘、集装箱等，这类包装不需要再加工处理就可以直接再利用。运输包装不仅回流周期短，而且重复利用率高，回收价值大。此外，包装材料还包括整车及零部件在运输过程中的废弃包装物，如车内座椅包装及具有回收利用价值且易造成环境污染的其他包装物。

#### 5. 报废汽车的回收处理

报废汽车是汽车逆向物流中最重要的组成部分。任何一种产品都有其使用年限，汽车在经过一定时间的运行之后，其零部件会有不同程度的磨损，废气排放量变大，安全性能变低。无论从保护人身安全角度，还是保护环境角度出发，都必须对达到使用年限及相应磨损程度的汽车进行报废。对报废汽车的不合理处置将对社会带来严重的负面影响，而且会引发资源的枯竭以及自然环境的恶化。通过对报废汽车的回收处理，可以获得可投入再生产的资源，从而大大节省了资源。在我国，报废汽车的回收拆解和合理利用是节约资源和国家原生资源保护性开发的重要举措。

### 3.5.2 汽车逆向物流的组织与管理模式

以汽车产品召回为例来说明。

#### 1. 汽车召回的概念及流程

汽车召回，指按照我国《缺陷汽车产品召回管理规定》要求的程序，由缺陷汽车产品制造商进行的消除其产品可能引起人身伤害、财产损失的缺陷的过程，包括制造商以有效方式通知销售商、修理商、车主等有关方面关于缺陷的具体情况及消除缺陷的方法等事项，并由制造商组织销售商、修理商、车主等通过修理、更换、收回等具体措施有效消除其汽车产品缺陷的过程。汽车召回程序如图 3-6 所示。

#### 2. 汽车产品缺陷的报告、调查和确认

制造商确认其汽车产品存在缺陷，应当在 5 个工作日内以书面形式向主管部门报告。制造商在提交上述报告的同时，应当在 10 个工作日内以有效方式通知销售商停止销售所涉及

的缺陷汽车产品，并将报告内容通告销售商。境外制造商还应在 10 个工作日内以有效方式通知进口商停止进口缺陷汽车产品，将报告内容报送商务部并通告进口商。

当销售商、租赁商、修理商发现其经营的汽车产品可能存在缺陷，或者接到车主提出的关于汽车产品可能存在缺陷的投诉时，应当及时向制造商和主管部门报告。

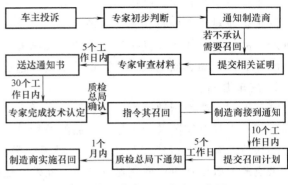

图 3-6　汽车召回程序示意图

车主发现汽车产品可能存在缺陷，可通过有效方式向销售商或主管部门投诉或报告。主管部门根据其指定的信息系统提供的分析、处理报告及其建议，认为必要时，可将相关缺陷的信息以书面形式通知制造商，并要求制造商在指定的时间内确认其产品是否存在缺陷及是否需要进行召回。制造商在接到主管部门发出的通知，并确认汽车产品存在缺陷后，应当在 5 个工作日内以书面报告形式向主管部门提交报告，并按照缺陷汽车产品主动召回程序实施召回。

制造商能够证明其产品不需要召回的，应向主管部门提供详实的论证报告，主管部门应当继续跟踪调查。必要时，可委托国家认可的汽车质量检验机构对相关汽车产品进行检验。检测结果确认其产品存在缺陷的，应当书面通知制造商实施主动召回，有关缺陷鉴定、检验等费用由制造商承担。如果制造商仍拒绝主动召回，主管部门应责令制造商按照相应规定实施指令召回程序。

**3. 缺陷汽车产品主动召回程序**

制造商确认其生产且已售出的汽车产品存在缺陷决定实施主动召回的，应当按要求向主管部门报告，并应当及时制定包括以下基本内容的召回计划，提交主管部门备案。

1）有效停止缺陷汽车产品继续生产的措施。

2）有效通知销售商停止批发和零售缺陷汽车产品的措施。

3）有效通知相关车主有关缺陷的具体内容和处理缺陷的时间、地点和方法等。

4）客观公正地预测召回效果。

境外制造商还应提交通知进口商停止缺陷汽车产品进口的措施。

制造商在向主管部门备案的同时，应当立即将其汽车产品存在的缺陷、可能造成的损害及其预防措施、召回计划等，以有效方式通知有关进口商、销售商、租赁商、修理商和车主，并通知销售商停止销售有关汽车产品、进口商停止进口有关汽车产品。制造商需设置热线电话，解答各方询问，并在主管部门指定的网站上公布缺陷情况供公众查询。

制造商依规定提交报告之日起 1 个月内，制定召回通知书，向主管部门备案，同时告知销售商、租赁商、修理商和车主，并开始实施召回计划。制造商按计划完成缺陷汽车产品召回后，应在 1 个月内向主管部门提交召回总结报告。

**4. 缺陷汽车产品指令召回程序**

我国制定颁布了《缺陷汽车产品召回管理规定》等法规来规范缺陷汽车产品召回程序。主管部门依规定经调查、检验、鉴定确认汽车产品存在缺陷，但制造商拒不召回的，应当及时向制造商发出指令召回通知书。国家认证监督管理部门责令认证机构暂停或收回汽车产品强制性认证证书。对境外生产的汽车产品，主管部门会同商务部和海关总署发布对缺陷汽车产品暂停进口的公告，海关停止办理缺陷汽车产品的进口报关手续。在缺陷汽车产品暂停进口公告发布前，在运输途中的，或已到达我国但尚未办理海关手续的缺陷汽车产品，应由进口商按海关有关规定办理退运手续。

主管部门未批准召回计划的，制造商应按主管部门提出的意见进行修改，并在接到通知之日起10个工作日内再次向主管部门递交修改后的召回计划，直至主管部门批准为止。

制造商有合理原因未能在此期限内完成召回的，应向主管部门提出延长期限的申请，主管部门可根据制造商的申请适当延长召回期限。

制造商应自发出召回通知书之日起，每3个月向主管部门提交符合要求的阶段性召回进展情况的报告；主管部门可根据召回的实际效果，决定制造商是否应采取更为有效的召回措施。对每一辆完成召回的缺陷汽车，制造商应保存符合要求的召回记录单。召回记录单一式两份，一份交车主保存，一份由制造商保存。

主管部门认为制造商所进行的召回未能取得预期的效果，可责令制造商采取补救措施，再次进行召回。如制造商对审查结论有异议，可依法申请行政复议或提起行政诉讼，在行政复议或行政诉讼期间，主管部门的决定暂不执行。

主管部门应及时公布制造商在中国境内进行的缺陷汽车召回、召回效果审查结论等有关信息，通过指定网站公布，为查询者提供有关资料，并向商务部和海关总署通报进口缺陷汽车的召回情况。

## 3.6 汽车物流供应链管理

汽车物流是指汽车供应链上原材料、零部件、整车以及售后配件在各个环节之间的实体流动过程，对汽车制造企业来说，还包括生产计划制订、采购订单下放及跟踪、物流清单维护、供应商的管理、运输管理、进出口、货物的接收、仓储管理、发料及在制品管理和生产线的物料管理、整车的发运等。汽车物流在汽车产业链中起到桥梁和纽带的作用。汽车物流供应链管理要求汽车企业对其供应链流程进行整合，通过汽车物流的功能整合、过程整合和资源整合来全面整合汽车供应链。供应链管理是汽车制造企业提高效率、降低成本、实现大规模定制的有效切入点。

### 3.6.1 供应链管理概述

供应链管理（Supply Chain Management，SCM）是目前国际上最引人注目的企业管理新思想之一，是一种系统化、集成化、敏捷化的先进的管理模式。英国供应链管理专家马丁·克里斯托夫（Martin Christopher）认为，21世纪企业间的竞争将转变为供应链价值之间的竞争，竞争的目的就是供应链整体利润最大化。目前，美国、欧洲、日本等发达国家和地区对供应链的研究越来越深入，应用也越来越广泛，最著名的是美国生产和库存管理协会（American Production and Inventory Control Society，APICS），现在更名为"The Educational Society for Resource Management"，在SCM纵深研究上被认为是SCM技术领域发展的原动力。许多国际著名的大企业如宝洁、惠普、通用、沃尔玛等都已在SCM的实践中获得巨大收益。

**1. 供应链的概念和内涵**

（1）**供应链的概念**　供应链一经提出，经过几十年的研究和发展，国内外学者围绕其内涵概括做出了不同的定义模式。

早期的观点认为供应链是制造企业中的一个内部过程，沟通企业的原材料、零部件和产成品的流动。管理学家迈克尔·波特在其著作《竞争优势》中提到的"价值链"与此概念相似。此时的供应链概念局限于企业的内部操作层上，注重企业自身的资源利用。后来供应链的概念延长到企业的外部环境中，转变为通过在链中不同企业的流转过程，将原材料转换成产品，送达最终用户，这是更大范围、更为系统的概念。

美国生产和库存管理协会字典第九版中将其定义为：供应链是包含了由企业内部和外部为顾客制造产品和提供产品的各职能部门所形成的价值链。

2006年我国发布实施的国家标准《物流术语》（GB/T 18354—2006）把供应链定义为"生产及流通过程中，涉及将产品或服务提供给最终用户所形成的网链结构"。

华中科技大学马士华教授编著的《供应链管理》一书中，将供应链定义为："供应链是围绕核心企业，通过对信息流、物流、资金流的控制，从采购原材料开始，制成中间产品以及最终产品，最后由销售网络把产品送到消费者手中的，将供应商、制造商、分销商、零售商，直到最终用户连成一个整体的功能网链结构模式。"

清华大学蓝伯雄教授认为，供应链就是原材料供应商、制造商、分销商、运输商等一系列企业组成的价值增值链。原材料零部件依次通过"链"中的每个企业，逐步变成产品，交到最终用户手中，这一系列的活动就构成了一个完整的供应链（从供应商的供应商到客户的客户）的全部活动。

美国的物流专家史蒂文斯认为，"供应链是通过增值过程和分销渠道控制从供应商的供应商到用户的用户的流，它开始于供应的源点，结束于消费的终点。"

（2）**供应链的内涵**　从众多的对供应链的界定和论述中，可以看出供应链的内涵：

1）供应链是一条增值链，强调其价值增值的内涵。

2）供应链是从简单链条发展到上下游企业无限扩大的复杂功能性链条，再发展到网络系统，突破了链条的概念，从拓扑结构来看，它是一个网络，且其中心是供应链的核心企业，它的服务对象是产品或服务的最终用户。它有五个评价指标：速度、柔性、质量、成本和服务。

3）供应链分析企业内部各部门以及企业之间的关系，停留在微观经济管理的角度，强调的是企业层面的内涵。供应链实质上是围绕核心企业而进行的业务联合，是一个范围扩展的企业模式。具体地说，供应链就是围绕核心企业，通过对信息流、物流、资金流的控制，将产品生产和流通中涉及的原材料供应商、制造商、分销商、零售商以及最终用户连成一体的功能网链结构，如图3-7所示。

图3-7所示是供应链的一般结构，它

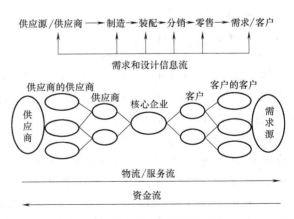

**图3-7　供应链的网络结构模型**

由所有加盟企业组成，其中核心企业可以是制造商，也可以是零售商，节点企业在需求信息的驱动下，通过供应链的职能分工与合作，以资金流、物流和服务流为媒介实现整个供应链的不断增值。由供应链的结构模型也可看出，供应链是一种开放的动态系统，它与外部环境有着密切的联系，同时它又是竞争与合作的统一体。

**2. 供应链管理的概念和定义**

供应链管理起源于二战后期同盟国军队对后勤保障系统的研究。后来，商业企业和运输企业于20世纪60年代开始运用军队后勤的部分原理来进行物流管理。

20世纪70年代末，随着信息时代的到来以及技术的不断创新，国际分工日益细化，合作与协作向纵深发展，同时也导致了市场全球化竞争的加剧。企业要想在这种严峻的竞争环境下生存下去，单靠自身的力量是远远不够的，必须以协同的方式，将企业内外部的资源进行有效的整合，从而促使人们不断地探索新的经营与运作模式。供应链管理理念正是基于不断发展的经济大背景，在长期生产实践的积淀中孕育雏形；经济全球化进一步加速了供应链管理思想的形成；第二次世界大战后，快速发展的物流使得供应链管理思想得到充分应用，从而促进了供应链管理理念的产生和发展。供应链管理理念的产生和发展如图3-8所示。

供应链管理作为管理学的一个新概念，已经成为管理哲学的一个新元素。目前对供应链管理没有统一的将其定义，经典描述有以下几种：

1）美国经济学家伊文思（Evens）认为，供应链管理通过前馈的信息流和反馈的物料流及信息流，将供应商、制造商、分销商，直到最终用户连成一个整体的管理模式。

2）英国经济学家哈兰德（Harland）将供应链管理描述成对商业活动和组织内部关系、与直接采购者的关系、与第一级或第二级供应商的关系、与客户关系等整个供应链关系的管理。

3）供应链管理学会将其定义为，供应链管理是为了满足终端客户的真实需求，设计和管理跨域公司界限的无缝、增值流程。

4）美国经济学家弗雷德 A·库琳（Fred A. Kuglin）在其《以顾客为中心的供应链管理》一书中，把供应链管理定义为："制造商与它的供应商、分销商及用户，即整个'外延企业'中的所有环节协同合作，为顾客所希望并愿意为之付出的市场提供一个共同的产品和服务。这样一个多企业的组织，作为一个外延的企业，最大限度地利用共享资源（人员、流程、技术和性能评测）来取得协作运营，其结果是高质量，低成本，迅速投放市场并获得顾客满意的产品和服务。"

5）俄亥俄州立大学的兰伯特教授认为，供应链管理是对从最终用户直到原始供应商的关键流程的集成，它为客户和其他有关者提供价值增值的产品、服务和信息。在全球供应链论坛上，他对这个概念做了更详细的阐述：供应链是为从最终用户到最初供应商的所有客户及其他投资人提供价值增值的业务流程。它包括两个相向的流程结合：一是从最终用户到初始供应商的市场需求信息的逆流而上的传导过程；二是从初始供应商向最终用户的顺流而下不断增值的产品和服务的传递过程。供应链管理就是对这两个核心业务流程实施一体化运作，包括统筹安排、协同运作和统一

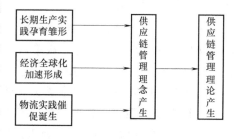

图3-8 供应链管理理念的产生和发展

协调。

对这些不同的定义,美国学者乔 D. 威斯纳（Joel D. Wisner）对其进行了归纳综合。他认为,一系列的为消费者提供最终产品和服务的公司,以及使生产、运送、服务和原材料、零部件、成品循环成为可能的各种职能,称为一个链。供应链管理的不同定义中,"贯穿始终的思想就是在供应链参与者之间协作或整合与产品相关的行为,来提高运营效率、质量与客户服务,为所有协作的公司获得持续的竞争优势"。

供应链管理是一种集成的管理思想和方法,它执行供应链中从供应商到最终用户的物流的计划和控制等职能,是对供应链中的物流、资金流、信息流、业务流等进行的计划、组织、协调、控制的一体化管理过程。供应链管理的基本概念是建立在合作竞争信念之上的,它能够通过共享信息和共同计划提高整个物流系统的效率,使物流渠道从一个松散连接着的独立企业的群体,变为一种致力于提高效率和增加竞争力的合作联盟。供应链管理主要通过控制和协调供应链节点企业的行为方式,达到降低系统成本、提高产品质量、改善服务水平等目的,从而全面提高整个供应链系统的综合竞争力。

### 3.6.2 汽车物流供应链的构成及关键点

汽车工业发展到现在,已经没有哪家汽车制造商能够独立完成从零件生产、整车装配到最终把汽车卖到客户手中的全过程,如世界第四大工业企业和第二大小汽车和卡车制造商——美国汽车工业的鼻祖福特汽车公司,每天要从世界各地大约 4000 家供应商处购买零部件,而且还要和成千上万的零售商和批发商进行交易。

从供应链的运作特征来看,汽车物流主要包括如下几个方面。

**1. 汽车供应物流**

汽车供应物流包括采购部门完成原材料、零件的向外采购活动,然后供应部门将生产所需的零配件及原材料从内部仓库取出,搬运到各车间的物流活动。人们经常将这段位于生产物流前的物流活动称为供应物流。

**2. 汽车生产物流**

汽车生产物流是指汽车制造企业在原材料和零部件进入车间后,由生产流程和工艺所决定的物流活动。生产物流起源于原材料、零部件等,从生产车间的"入口"开始进入生产线,直到产品离开产品库,贯穿了生产的全过程,并与生产过程同步。

**3. 汽车销售物流**

汽车销售物流是指整车从汽车制造企业到用户或分销商的物流。它与汽车制造企业的销售部门配合共同完成商品车的销售任务,是企业物流的最后一个环节。

**4. 汽车回收物流**

汽车回收物流中的废旧物资主要有报废的成品、半成品、零部件,加工钢材产生的边角余料以及各种包装废弃物等。汽车回收物流是指将废旧物资通过一定的手段回收、加工、重新投入使用所经过的一系列的流动过程。

按其在供应链中节点的位置和特点,可将其归纳为以下三个方面:

（1）**汽车物流供应链的上游** 汽车物流供应链的上游是汽车原材料生产、零部件配套行业。据 2003 年 12 月 18 日《新京报》计算,汽车产业附加值的 70% 是通过零部件创造的,零部件业对汽车工业起到举足轻重的作用,其质量高低直接影响着汽车产业的效益水平。同时，随着汽车工业中整车行业间的相互独立和剥离，整车制造企业将对其所需的零部件实行全球采购，以较少的资金采购质量最好、技术最先进、交货期最短的零部件作为"最佳采购原则"。为适应全球采购的需要，西方国家汽车企业集团已形成一级供应商与二级及以下供应商相结合的梯形供应网络体系。而零件制造企业也可以将自己的产品自由地向全球的整车制造企业销售。这一变革为全球的汽车零部件供应商提供了前所未有的销售空间和商机。在汽车零部件企业日益专业化的今天，越来越多的汽车零部件制造商已加入到全球化汽车供应链当中去。

汽车行业上游供应链的管理，有助于提高上游业务运行的生产率，增加供应链上的可预见性和持续改进能力，降低库存和成本，通过供应商合理化和物料合理化过程来优化供应分配，利用供应商绩效和质量数据来降低欺骗风险，利用可靠的供应保障来降低缺货风险、最大化购买能力，同时提高了通用部件的利用率，最终降低企业总成本。

**(2) 汽车物流供应链的中游**　汽车物流供应链的中游是整车制造企业，是整个供应链的核心企业。随着时代的不断变迁，汽车的生产方式经历了从大规模生产、精益生产到模块化生产的演变。分述如下：

1) 大规模生产。20世纪初，福特公司在制造T型车时创造出影响整个世界工业的生产流水线生产工艺，大幅度降低了生产周期和成本，同时也降低了售价，造就了世界汽车生产巨头——福特汽车公司。在那个时代，采用流水线这种大规模生产方式已经成为现代汽车生产方式的主流，这种方式一直延续到20世纪80年代。当时的汽车生产都是以"大而全"的汽车生产厂商为中心，围绕少数几种车型来进行，零部件生产依附或从属于汽车厂商。

2) 精益生产。精益生产是起源于日本丰田汽车公司的一种生产管理方法，它是针对企业生产活动中存在的多种浪费现象，发展了如准时化生产、少人化、全面质量管理、并行工程等一系列具体方法，来消除一切浪费，实现企业利润最大化的一套独具特色的生产经营体系。精益生产中最具特色的方法是它在组织生产中追求消灭物流浪费。

3) 模块化生产。模块化生产方式的特点是"集成与共享"，是将具有某一功能或几项功能的零部件子系统集成在一起，用模块的变化组合去改变汽车的差异。它改变了传统的采购体系和整车生产方式，省去了冗余的中间环节，在降低运营成本的同时，更保证了整车质量。同时，模块化充分调动了零部件供应商的主观能动性，使他们有更广阔的发展空间。整车企业可以集中精力做品牌和市场开发，以"强而精"的内部资源配置替换"大而全"的生产布局，零部件企业则在技术创新上下功夫，具备更强的独立开发能力，与整车厂的关系由"受制"转为"互动"。采用模块化生产模式有利于提高汽车零部件的品种、质量和自动化水平，提高汽车装配质量，缩短汽车的生产周期。在现代高速发展的信息时代，更能满足用户高质量、短时间、个性化、智能化的要求。

从现阶段来看，由于我国汽车供应链的结构比较松散，加之受到前期计划经济的影响，使得我国汽车制造企业具有较强的控制力，对零部件供应商的发展有一定的影响。由于供应链中"牛鞭效应"的存在，使销售商的订单波动的幅度很大。

**(3) 汽车物流供应链的下游**　汽车供应链的下游是汽车销售服务行业，其实质是围绕汽车产品的售后服务而形成的综合服务业，是分布在全国各地的多家专营店，它直接面对广大的最终用户和消费者。就目前情况来看，汽车服务业的发展趋势是建立以汽车制造企业为主导、全球一体化、五位一体（新车销售、零部件供应、旧车回收、售后服务和信息反馈）

的汽车营销体系。

根据现代市场理念,汽车供应链是一个市场需求拉动链,客户需求直接并强烈影响着产品的开发、生产、销售和服务的全过程。整车制造企业根据销售订单组织生产与原材料、零配件的采购;零配件配套供应企业根据整车制造企业的采购订单提供配套件。由客户、分销商网络、维修网络以及整车厂构成了市场需求信息反馈通路,这条通路引导着汽车制造企业的新产品开发及生产的大方向。一个完善、强大的分销和售后服务体系很大程度上决定着汽车企业市场份额的大小,分销物流是决定产品投放市场速度的另一个重要因素。

从供应链上下游关系来看,美系车企业的整车厂和零部件厂的关系更为紧密,他们与供应商之间的业务交往更多的是采用面对面交往,而不是通过电邮或电话,他们在产品设计和工艺改进方面能互相交换许多有价值的建议,这种亲密的合作关系就为双方共同营造完美的价值链、降低企业成本提供了良好的基础。

### 3.6.3 汽车物流供应链的模式和特点

我国现行的汽车物流供应链模式主要是供产销一体化的自营物流,即企业产品原材料、零部件、辅助材料等的购进物流、汽车产品的制造物流与分销物流等物流活动全部由汽车制造企业完成。制造企业即是企业生产活动的组织者、实施操作者,又是企业物流活动的组织者与实施者。

在这种模式下,制造商对供应物流、制造物流及分销物流拥有完全的控制权,能够掌握第一手客户信息,有利于改善客户服务和对整个物流进行协调与控制。但是,随着物流业务的不断扩大,供应全球化和电子商务对汽车产品物流的信息化、自动化和柔性化提出了全新的要求,要求制造商具有更加强大的物流实力,不断加大对物流的投入以适应电子商务发展的需要。这些变化对自营物流而言,不但加重了制造商的资金负担,而且也不能充分发挥分工的经济优势,降低了汽车产品的总体物流效率。同时,自营物流居于整车制造企业内部,往往只从整车制造企业的利益出发,过多地强调保障整个制造企业生产的连续性,因此会要求零部件制造企业提供远大于实际需要的库存。

汽车工业从专业化的原材料供应、汽车零部件加工、零部件配套、整车配套到汽车分销及售后服务已形成了一整套的供应—制造—销售—服务供应链体系结构模式,如图3-9所示。

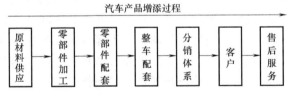

图3-9 汽车物流供应链结构模式

汽车物流供应链是最典型的供应链组织结构模式,具有如下特点:

(1)**以汽车制造企业为供应链的核心企业** 汽车制造企业作为供应链的物流调度与管理中心,担负着信息集成与交换的任务,在产品设计、制造、装配等方面具有强大优势,其不但可以拉动上游供应商的原材料供应,也可以推动下游分销商的产品分销及客户服务。对于供应链的整合、协调、战略合作伙伴关系的构建,供应链物流模式的创新起着不可替代的协调与控制作用。

(2)**汽车供应链管理重点** 汽车供应链管理的重点在于核心企业对供应链的整合、协调,同战略合作伙伴关系的构建,供应链物流模式的创新,供应商与分销商的管理,产、供、销关系的协调与控制等。

（3）**供需间的关系十分密切** 汽车制造商和供应商形成共同开发产品的组织，持久合作。供应商提供具有技术挑战性的零部件；伙伴成员共享信息和设计思想，共同决定零部件或产品以及重新定义能够使双方获益的服务。

（4）**物流配送功能的专业化** 原材料及汽车零部件供应商、汽车生产商的物流配送体系与其主业剥离，社会化、专业化的物流体系逐渐完善，以汽车物流为纽带整合供应链，第三方物流配送中心完成汽车供应链物流配送任务。

（5）**计算机网络应用于供应链** 利用计算机网络技术全面规划汽车供应链中的物流、商流、信息流、资金流，构建电子商务采购和销售平台，通过条码技术、EDI 技术、电子订货系统、POS 数据读取系统等信息技术，做到供应链成员能够及时有效地获取需求信息并及时响应，以满足顾客需求。汽车行业信息系统模型包括产品与工艺的协同设计平台、供应链的协同规划与响应平台、分布协同的售后服务平台。

### 3.6.4　汽车物流供应链管理内容和流程

汽车物流供应链管理主要从我国汽车制造企业物流现状出发，改变企业的战略战术，引入第三方物流和供应商管理库存（VMI）思想，将物的流动从供应物流到生产物流，再到整车物流，整合成一个系统，有效实施供应链物流一体化管理。其主要内容包括如下几个方面：

**1. 供应物流管理**

在供应链管理环境下，要求采购活动以订单驱动方式进行，采购的目的从"为库存采购"转变为"为订单采购"，采购工作要保证做到恰当的数量、恰当的时间、恰当的地点、恰当的价格和来源。通过统一采购和整合供应商管理及建立采购管理信息系统来实现供应物流的一体化，提高物流速度，实现资源的合理配置，节省大量的流动资金，保障生产的顺利进行。

**2. 库存管理**

在供应链管理模式下，库存是实现供应链物流一体化的缓冲器，着眼点从单个企业开展，到供应商、制造商、销售商组成的整个供应链范围，供应链节点上的企业之间是一种合作博弈的关系，通过合作共同降低缺货、积压造成的库存风险，最终达到"双赢"的目的。我国汽车企业库存管理基本朝着供应商库存的方向发展，不仅解决了库存管理，还可采用多级库存、联合库存等多种方法。

对于供应商而言，替汽车制造商管理指定的库存，做到即需即供，实际上就是得到了采购合同，实现了定向销售的目的，这种销售不仅速度快成本低，而且通过汽车制造商传递出采购方向，使供应商迅速把握市场，及时调整产品策略，安排生产，增加整个生产的柔性，缩短采购与生产周期，消除预期外短期产品需求导致的额外成本，降低对安全库存的需求。

对汽车制造商而言，通过意向性的采购合同，确保了需求，降低了缺货率；同时将库存放在供应商仓库里，随用随送，降低了挤压率，按约定方式支付款项，不仅改变了传统采购方式，实现了自动补货，还在资金方面实现了零库存，降低了库存管理和供应商管理的成本，而供应链库存环节的成本降低使得最终产品价格降低，增加了竞争力及销售收入。

### 3. 生产物流管理

汽车的生产物流过程主要是指将零部件送到生产现场，一般包括零部件供应商、入库检验、入库、生产现场四个部分。在实施物流一体化的战略后，就要求供应物流同企业的生产物流能够有效衔接，汽车生产物流一般要经过冲压、焊接、涂装和总装四个主要环节。通常采用的生产方式都是混流生产，生产线旁的物流位置有限，上万种零部件准确地运送到消耗点是物流配送的难点。为了保证生产的流畅性，必须进行准确的零部件调配和物流信息跟踪。

### 4. 整车物流管理

整车物流是汽车销售的重要环节，是企业收回资本，实现利润的关键。产品汽车从生产流水线下线后，通过各种运输工具运往销售总库及各地分销库，最终到达消费者手中。在整车物流管理中，主要包括汽车产品入库、整车库存和在途库存管理、销售流程的控制等几个环节。现阶段我国整车物流管理是将汽车产品的分销物流一部分由第三方物流公司负责，另一部分由制造商自己完成，最后再慢慢过渡到完全由第三方物流公司负责，而且整车物流管理在很大程度上依靠整车物流管理系统。

### 5. 物流信息一体化

在整个汽车物流管理中，如果把企业与企业之间的联络看成是一系列的线的话，这些单个企业就是线上的结点。要使整个物流管理得以实现，最基本的就是实现这些结点的内部信息化，但如果缺乏对这些物流信息的管理整合，就必然产生"信息孤岛"现象，无法实现真正意义上的供应链管理。因此，需构建面向整个供应链的汽车企业物流管理信息系统，这个系统将整合前面各个子系统，起到连接和共享作用。

## 3.7 汽车行业第三方物流

### 3.7.1 汽车行业第三方物流概述

#### 1. 第三方物流概述

由于供应链的全球化，物流活动变得越来越复杂，物流成本越来越高，资金密集程度也越来越高。利用外协物流活动，公司可以节省物流成本，提高服务水平。这种趋势首先在制造业出现，公司将资源集中用于最主要的业务，而将其他活动交给第三方物流企业，这样就促进了第三方物流的发展。汽车行业物流外包的现象也逐渐普及，汽车行业第三方物流企业迎来了发展机遇。

"第三方"是相对于"第一方"发货方和"第二方"收货方而言的。自20世纪90年代以来，第三方物流（Third Party Logistics，TPL）作为一种新的物流形态，受到广泛的关注。

我国国家标准《物流术语》（GB/T 18354—2006）中将第三方物流定义为："由供方和需方以外的物流企业提供物流服务的业务模式。"这一定义明确了"第三方"的内涵，即物流服务提供者作为发货人（甲方）和收货人（乙方）之间的第三方，代表甲方或者乙方来执行物流功能。但笔者认为这一定义的外延过于宽泛，对于"物流企业"和"物流服务"所涵盖的范围界定不明。

在美国的有关著作中，第三方物流的定义是：非货主企业通过合同的方式确定回报，承担货主企业全部或一部分物流活动。所提供的服务包括与运营相关的服务、与管理相关的服务以及两者兼而有之的服务，无论是哪种形态，都必须高于过去的公共运输业者（common carrier）和契约运输业者（contract carrier）。与国家标准《物流术语》（GB/T 18354—2006）相比，这一定义除了强调"第三方"不拥有货物所有权外，特别突出了第三方物流企业与传统仓储业的重大区别，即管理功能和契约式共同利益。

日本对于第三方物流的理解是：供方和需方以外不拥有商品所有权的业者为第三方，向货主企业提供物流系统，为货主企业全方位代理物流业务，即物流的外部委托方式。它强调物流全系统、全方位代理。

还有一些其他术语，如合同物流（contract logistics）、外协物流（outsourcing logistics）、全方位物流服务公司（Full-Service Distribution Company, FSDC）等，也能基本表达与第三方物流相同的概念。

近年来，随着全球经济的不断发展，跨国公司、外资企业在我国不断增多，外国第三方物流企业开始进入我国。与此同时，我国商业、粮食、外贸等储运企业以及一些交通运输、货运代理企业也在积极扩展经营范围，延伸服务项目，改进服务方式，逐步实现由传统物流企业向第三方物流企业的转化。但总的来说，我国理论界和实务工作者对第三方物流的探索和研究才刚刚开始，我国第三方物流的发展还处于起步阶段。目前，我国使用第三方物流服务主要以跨国公司、外资企业为主，国内只有少数知名企业使用第三方物流服务，大多数企业由于种种原因还未涉足这一领域。

**2．汽车行业第三方物流概述**

20世纪80年代，随着物流一体化由企业内部物流活动的整合转向跨越企业边界的不同企业间的协作，供应链的概念应运而生。供应链是围绕核心企业，通过对信息流、物流、资金流的控制，从采购原材料开始，制成中间产品以及最终产品，最后通过销售网络把产品送到消费者手中，将供应商、制造商、分销商、零售商直到最终用户连成一个整体的功能网链结构模式。

21世纪是经济全球化、物流无国界的时代，汽车全球化竞争的加剧，使汽车企业间的竞争上升为供应链之间的竞争。汽车产业链很长，汽车制造商为降低成本，以尽可能低的供应链运作成本快速响应客户多样化的需求，要达到供应链整体效益最佳的目的，就必须努力构建以自己为核心的供应链体系，强调各成员企业的共赢和战略合作关系。为获得最优的供应链整体竞争力，汽车行业第三方物流的发展将呈现以下趋势，如图3-10所示。

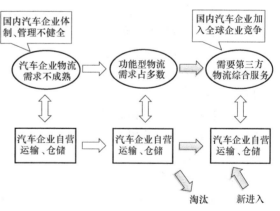

图3-10　汽车行业第三方物流发展趋势

## 3.7.2　汽车行业第三方物流服务的方案设计

汽车行业第三方物流服务方案设计的基本内容包括：

**1. 物流需求描述**

物流需求可以被分成从属需求和独立需求。这里重点对从属需求进行说明。从属需求包括垂直和水平两种。垂直从属需求可以以零部件为例，如轮胎，它们可以被装配成制成品，如汽车。在这种从属需求的情况下，轮胎的需求取决于汽车装配计划。垂直从属可以通过几个渠道分层次地展开，如原材料供应商、零部件制造商、装配作业和配送商等。水平从属需求是一种特别的情况，它在每一个装运项目中都包括了附属物、促销项目或经营者手册等。例如，买一辆小汽车就免费提供汽车保险。在这种水平需求的情况下，需求的项目并非完成制造过程所需要的，而有可能是完成营销过程所需要的。

对于第三方物流企业来说，最重要的是要了解服务对象和对基本项目需求（独立需求）的确定。并在此基础上掌握从属需求。为此，应加强与服务对象的联系，及时了解他们的存货与需求的生产比例。

**2. 物流系统结构设计**

物流系统结构设计是第三方物流服务方案设计的重要内容。一个好的系统结构应该能够在适当的时间与地点为适当的客户提供适当数量的产品，并使整个过程的物流费用最少。即系统设计的目的就是要找到运送和接收产品的最经济的途径，并同时维持或提高客户服务的质量，也就是使利润最大化和服务最优化的途径。通常来讲，这样的结构设计应注意以下几个方面：

1）应建立物流中心的数量。
2）物流中心的地理位置。
3）每个物流中心的存货量。
4）每个物流中心的服务质量和规范。
5）应利用的各种运输方式。

物流系统结构的设计需经过下述七个步骤：

1）物流系统结构的数据收集。
2）明确送货要求。
3）建立数据库。
4）设计多个系统结构方案。
5）预估年度操作费用。
6）比较相关方案。
7）制定方案细节。

对第三方物流企业来说，在进行系统结构分析时，所需要的重要数据之一便是交付要求时间，也就是从订购开始直到货物被接收为止的这段时间。如果交付天数不能确定，那么就必须做一个客户服务差距的分析。差距分析包括一系列对内部员工和客户的直接询问，其目的是查明客户对服务预期与实际需求之间的差异。差距分析是一种逼近与降低费用有关的客户服务价值的尝试，也就是分析是较快的速度更重要还是较低的价格更重要。

在第三方物流系统的设计中，必须注重"系统概念"。系统概念强调的是为完成预定目标所需的总体综合努力。依靠系统分析可以克服将物流功能处理为彼此独立的工作环节的弊端，可以在很大程度上检查特定功能是如何被组合起来而形成一个整体的，而这个整体要比个别的部分或功能的总和更大。实施系统一体化要确认各个功能区域之间妥协的可能性和必要性。总之，系统物流结构一体化的要点是，在制订一项创新的战略合作计划时，对功能间的互换代价必须进行评价，功能间的相互作用会在一体化中产生卓越的绩效。

**3. 物流系统的日常管理**

对于提供第三方物流服务的企业来说，物流服务项目的日常管理与监控能力已成为能否开拓和保持业务的关键因素。物流服务项目的监控是以正确的成本与效益的衡量为基础的。物流监控系统必须建立衡量客户服务满意度、存货可得性以及成本控制三方面的标准。

物流配送系统管理的第一个重点是将重心放在重要数据上，而不是浪费时间整理琐碎无用的资料，有用的数据将有助于发现和纠正监控系统中尚未发现的问题。物流配送系统管理的第二个重点是确定适当的报告周期，理想的情况是把时间间隔或报告周期建立在可控活动的基础上。另外，对物流配送系统成本的监控是第三方物流企业可以为客户进行的一项重要活动。对成本监控有两个方面：

1）按主要功能（运输、仓储等）设备成本来划分的总成本。

2）生产效率，即描述一次作业、一个人或一台机器效率的投入产出比。

### 3.7.3 汽车行业第三方物流管理

汽车行业第三方物流管理就是对汽车行业第三方物流企业物流过程中的包装、流通加工、仓储、装卸搬运、运输、配送、物流信息等活动进行计划、组织和控制，即通过物流管理组织对整个物流活动进行的计划、组织和控制工作。下面将着重介绍汽车行业第三方物流的运输管理、仓储管理、配送管理、成本管理和绩效评价等业务管理。

**1. 汽车行业第三方物流运输管理**

运输是物流的主要功能之一，它改变了物品的时间状态和空间状态，将空间上相隔的供应商和需求者联系起来，并使供应商能在合理时间内将物品提供给需求者。运输提供了物品位移和短期库存的职能。

运输条件是企业选择工厂、仓库、配送中心等地点需要考虑的主要因素之一。按照运输工具及运输设备的不同，运输主要包括铁路运输、公路运输、水路运输、航空运输和管道运输五种主要方式。各种运输方式都有其自身的特点，并且分别适合运输不同距离、不同形式、不同运费负担能力和不同时间需求的物品。

（1）运输管理的概念　汽车行业第三方物流企业的运输管理是指汽车行业中的第三方物流企业依托企业物流信息系统，对整个运输过程的各个部门、各个环节及其业务活动、运输计划、发运、接运、中转等活动中的人力、物力、财力和运输设备进行合理组织，统一使用，调节平衡，实时控制，监督执行，力求用同样的劳动消耗，运输更多的货物，在为客户提供优质服务的同时，实现自己企业的利润最大化。

（2）运输管理的内容　汽车行业第三方物流企业的运输管理和其他企业的运输管理一样，主要包括运输决策、运输过程管理和运输结算管理三方面内容。详述如下：

1）运输决策。决策能力是第三方物流公司的核心竞争力。运输决策是整个运输管理的前期工作，对运输管理起着举足轻重的作用，是企业在运输作业前就运输方式、运输工具、运输路线、运输时间选择、运输成本预算、运输人员配备和运输投保等进行选择，制定最优方案的过程。它还包括决策所必须进行的对客户资源、服务项目及运输源的管理。

2）运输过程管理。运输过程管理是整个运输管理的核心部分。它包括对发运、接运、中转和运输安全的管理以及对伴随商品流动而进行的人员流动、资金流动的管理。发运管理包括落实货源、检查包装标记、安排短途搬运、办理托运手续等工作。接运管理包括对交接手续、接卸商品、仓位准备、直拨等程序的管理。中转管理应注意中转的衔接，还应在加固包装、清理更换破损等方面加强工作，以提高运输质量。运输安全管理包括建立各项运输安全制度，防止运输事故发生；当事故发生后，应及时进行处理，避免积压扯皮，长期悬而不决。

3）运输结算管理。运输结算管理是物流企业运输管理的最后环节，主要包括运输费用结算与财务处理，还可以包括索赔、处理他人索赔、运输设备的维修与采购等。

以上三方面的内容，在实务操作中主要体现在运输方式及服务方式的选择、运输路线的选择、车辆调度与组织以及运费的确定与审议。

**2. 汽车行业第三方物流仓储管理**

仓储在物流系统中有着调整时间和调节价格的作用，同时仓储业务的多种多样又决定了仓储管理的重要性。仓储管理也正随着经济的发展不断出现新的动态，因而学习和掌握仓储管理方法是很有必要的。

（1）**仓储管理的基本原理**

1）仓储的集约化法则。仓储的集约化法则就是集中仓储策略。其最大优点就是能够降低总体库存水平，节约仓储运作成本。所以在满足客户需求及维持一定的服务水平的前提下，尽量实行集中仓储。

$$SS_2 = \sqrt{\frac{N_2}{N_1}} \times SS_1$$

式中，$SS_2$ 为所有新仓库累计的安全库存；$SS_1$ 为所有旧仓库累计的安全库存；$N_2$ 为新的仓库数量；$N_1$ 为旧的仓库数量。

2）仓储管理的差异化原则（20/80 法则）。80%的利润来自20%的客户，所以要将有限的最佳服务能力用在最有价值的客户身上。另外，产品的特征不同，客户的服务需求也就不同，所以要针对客户的特殊需求展开差异化服务，以建立自己的服务品牌和信誉，提高自己的物流服务价值。

3）物流总成本最低法则。物流系统的规划和设计不是追求某个单一物流环节的成本最低，而是追求物流的总成本最低。也就是，不是追求运输成本最低，也不是追求仓储成本最低，而是追求物流总成本最低。或者说，在客户服务水平确定的情况下，追求物流服务成本最低。

（2）**仓储的业务管理**

仓储管理包括货物的入库管理、在库管理和出库管理三大部分。其中，在库管理是指对库中作业的管理，特指货物包装、拆卸、库中调配、再加工等典型的物流服务。通过对出入库数量的计算，可以得出准确的库存结存量，另外，还可以根据物流订单信息进行库存预测。

1）入库管理。仓库作业过程的第一个步骤就是验货收货，物品入库。它是物品在整个物流供应链上的短暂停留，而准确的验货和及时的收货都能够提高此环节的效率。一般来讲，在仓库的具体作业过程中，入库主要包括以下三个步骤：核对入库凭证、入库验收和记账登录。

2）在库管理。仓库作业的第二个步骤是存货保管，物品进入仓库进行保管，需要安全地、经济地保持好物品原有的质量水平和使用价值，防止由于不合理的保管措施所引起的物品磨损和变质或者流失等现象，具体步骤为：堆码、养护和盘点。

3）出库管理。仓库作业的最后一个步骤是发货出库。仓库管理员根据提货清单，在保证物品原有质量和价值的情况下，进行物品的搬运和简易包装，然后发货。仓库管理员的具体操作步骤为：核对出库凭证、配货出库和记账清点。

**3. 汽车行业第三方物流配送管理**

（1）配送管理的概念　　汽车行业第三方物流配送管理是指为了以最低的配送成本达到客户所满意的服务水平，对配送活动进行的计划、组织、管理、协调与控制。按照管理进行的顺序，可将配送管理划分为三个阶段：计划阶段、实施阶段和评估阶段。

1）计划阶段。配送计划是为了实现配送预期而做的准备性工作。首先，配送计划要确定配送所要达到的目标，以及为实现这个目标所进行的各项工作的先后顺序；其次，要分析研究在配送目标实现的过程中可能发生的任何不确定性因素，尤其是不利因素，并做出应对这些不利因素的对策；最后，制定贯彻和指导实现配送目标的人力、物力和财力的具体措施。

2）实施阶段。配送计划确定以后，为实现配送目标，就必须把配送计划付诸实施。配送的实施管理就是对正在进行的各项配送活动进行管理。它在配送各阶段的管理中具有最突出的地位，因为在这个阶段，各项计划将通过具体的执行而得到检验。同时，实施阶段也把配送管理工作与配送各项具体活动紧密结合在一起。

3）评估阶段。在一定时期内，对配送实施后的结果与原计划的配送目标进行对照、分析，这就是对配送的评价。通过对配送活动的评价，可以判断配送计划的科学性及合理性，确认配送实施阶段的成果与不足，从而为今后制订新的计划、组织新的配送提供宝贵的经验。

（2）配送管理的内容　　从不同的角度来看，配送管理所包含的内容也不同。

1）配送模式管理。配送模式是指企业对配送所采取的基本战略和方法，具体包括5W1H（即What、Why、Who、Where、When、How）的内容。企业选择何种配送模式，主要取决于以下几方面的因素：配送对企业的重要性、企业的配送能力、市场规模与地理范围、保证的服务及配送成本等。根据国内外的发展经验及我国的配送理论与实践，目前我国主要的配送模式有自营配送模式、共同配送模式、共用配送模式和第三方配送模式。

2）配送作业管理。不同产品的配送可能有其独特之处，但配送的一般流程大体相同。配送作业流程的管理就是对流程中的各项活动进行计划和组织。

3）对配送系统各要素的管理。从系统的角度看，对配送系统各要素的管理主要包含人的管理、物的管理、财的管理、设备管理、方法管理和信息管理等。

4）对配送活动中具体职能的管理。从职能上划分，配送活动主要包括配送计划管理、配送质量管理、配送技术管理及配送经济管理等。

**4. 汽车行业第三方物流成本管理和绩效评价**

（1）物流成本管理

1）物流成本管理的意义。物流成本是指伴随着物流活动而发生的各种费用，是物流活动中所消耗的物化劳动和活劳动的货币表现。物流成本由三部分组成：①伴随着物资的物理性流通活动发生的费用以及从事这些活动所必需的设备、设施费用；②完成物流信息的传送和处理活动所发生的费用以及从事这些活动所必需的设备和设施费用；③对上述活动进行综合管理所发生的费用。

物流成本管理的意义在于，通过对物流成本的有效把握，利用物流要素之间的效益背反（也叫二律背反）关系，科学、合理地组织物流活动，加强对物流活动过程中费用支出的有效控制，降低物流活动中的物化劳动和活劳动的消耗，从而达到降低物流总成本，提高企业和社会经济效益的目的。也就是说，物流成本管理不应该理解为管理物流成本，而是通过对物流成本的把握和分析，去发现物流系统中需要重点改进的环节，从而达到改善物流系统的目的。

2）物流成本管理环节。物流成本管理的具体环节包括物流成本的预测、物流成本决策、物流成本计划、物流成本控制、物流成本核算和物流成本分析等。分述如下：

① 物流成本预测。物流成本预测是指人们对未来一种未知或不确定的成本的支出，在事先掌握历史资料，调查研究和分析当前各种技术经济条件、外界环境变化及可能采取的管理措施的基础上，做出合乎客观发展规律的定量描述和逻辑推断。合理的物流成本预测可以提高物流成本管理的科学性和预见性。在物流成本管理的许多环节都存在预测问题，如仓储环节的库存预测、流通环节的加工预测、运输环节的货运周转量预测等。

② 物流成本决策。物流成本决策是指为了实现目标物流成本，在现有已知资料的基础上，借助一定的手段、方法进行计算和判断，比较各种可行方案在不同状态下产生的物流成本，或将预测的物流成本与收益进行比较，从中选定一个技术上先进、经济上合理的最佳方案的过程。

③ 物流成本计划。物流成本计划是一项以货币指标反映企业在计划期内物流活动情况的综合性计划。物流成本计划是根据成本决策所确定的方案、计划期的生产任务、降低成本的要求及有关资料，通过一定的程序，运用一定的方法，以货币形式规定计划期物流各环节耗费水平和成本水平，并提出保证成本计划顺利实现所采取的措施。物流成本计划是物流企业计划体系中的重要组成部分，是物流成本决策的具体化和数量化，同时也是企业组织物流成本管理工作的主要依据。

④ 物流成本控制。物流成本控制是指在物流企业的整个经营过程中，按照既定的目标，对构成物流成本的一切耗费进行严格的计算、调节和监督，及时揭示偏差，并采取有效措施纠正不利的差异，发展有利的差异，使物流实际成本被控制在预定的目标范围之内。

⑤ 物流成本核算。物流成本核算是根据企业确定的成本计算对象，采用相应的成本计算方法，按规定的成本项目，将一系列的物流费用进行归集与分配，从而计算出各物流活动成本计算对象的实际总成本和单位成本。通过物流成本核算，可以如实地反映出生产经营过程中的实际耗费；同时，它也是对各种活动费用实际支出的控制过程。

⑥ 物流成本分析。物流成本分析是在成本核算及其他有关资料的基础上，运用一定的方法，揭示物流成本水平的变动，进一步确定影响物流成本变动的各种因素。通过物流成本分析，可以提出积极的建议，采取有效的措施，合理地控制物流成本。

（2）绩效评价

1）绩效管理的概念。绩效是一个多义的概念，一般认为绩效指经过评价的工作行为、方式及其结果，也就是说绩效包括了工作行为、工作方式以及工作行为的结果。

管理学认为绩效可以分为员工绩效和组织绩效。员工绩效是指员工在某一时期内的工作结果、工作行为和工作态度的综合。而组织绩效是指组织在某一时期内完成组织任务的数量、质量、效率及盈利的状况。

绩效管理是指管理者为了达到组织目标对各级部门和员工进行绩效计划制订、绩效辅导实施、绩效考核评价、绩效反馈面谈、绩效目标提升的持续循环过程，其目的是持续提升组织和个人的绩效。绩效管理的目的在于通过激发员工的工作热情和提高员工的能力、素质，达到改善公司绩效的效果。

绩效管理是一个持续的交流过程，该过程是完成由员工和直接主管人员之间达成的协议的过程，并且在协议中对有关问题提出明确的要求和规定。关键的一点是，绩效管理工作是上级与员工一起完成的，并且最好是以共同合作的方式来完成。因为它对员工本身、上级和企业都有益。绩效管理是一种协同提高绩效的工具，它意味着上级同员工之间持续的双向沟通，是二者共同学习和提高的过程。因此，整个绩效考核的核心工作就是沟通。

2）物流部门绩效考核。作为一个利润中心，物流部门的绩效考核主要是在一定的物流费用率下的物流部门收益考核和效用考核。

物流部门收益考核：

物流毛收益=年物流服务收入总额/年物流服务支出总额

物流费用率=年物流费用总额/年销售额

物流部门收益=物流毛收益管理费用×物流费用率权重×修正系数

虽然物流部门是一个利润中心，其利润贡献的最直接衡量指标是销售收益，但为了达到降低物流成本的目的，物流销售收益必须是一定物流费用率下的收益，超过规定的物流费用率，部门收益就要打折扣（这里的物流费用只包括运输费用、仓储费用、管理费用，不包括存货成本等）。如果实际物流费用率比标准费用率高出很多，超过权重上限，则部门收益为零，甚至为负数。物流费用率标准的制定采用目标期望法，为达到费用率逐年降低的目标，可依据前一年的物流费用率确定本年度的物流费用率，同时排除能源、劳动力的价格上涨或下跌，以及交通法规等变化所带来的影响。

物流部门效用考核：

物流效用增长率=物流费用年比上一年增长率/销售额比上一年增长率

合理的增长率应该小于1。如果增长率大于1，则物流费用具有降低的空间。

物流部与产品事业部的物流费用结算，初期按照实际发生的物流费用计量，在形成一个稳定的产品运距预算后，物流费用应按照产品运距计量。

运营费用比率=所支付的仓库租金和汽运铁路运费/支出总额

运营费用比率可作为物流部门的考核指标，也可作为物流部门考核配送中心的指标。

## 3.8 汽车物流发展新技术

汽车物流以汽车或相关产品为服务对象，实现汽车供应链上原材料、零部件、整车以及售后配件在各个环节之间的实体流动，是集现代运输、仓储、保管、搬运、包装、产品流通及物流信息于一体的综合性服务行业。我国汽车产业的高速发展为汽车物流行业提供了巨大的发展空间。随着汽车物流需求的快速增长,汽车物流行业近几年来又出现了很多新的技术与方法,这些先进的技术推动着高效汽车物流的运作。

### 3.8.1 信息技术和自动化技术的普遍应用

如今汽车产业物流系统的建设与升级越来越依靠物流设备与技术的进步,尤其是信息技术和自动化技术得到普遍应用。

几乎所有大的汽车制造企业都建立了自己的物流系统运作信息平台。由于每个厂家的生产组织、运营管理等情况各不相同,这些系统一般都是汽车企业自己开发的,其中很多子系统使用了已经成熟的物流信息系统,包括 WMS(仓库管理系统)和 TMS(运输管理系统)。以 WMS 和 TMS 为主建立起物流管理平台,可以与 ERP 系统进行对接,并通过权限等级管理,使产业链各个环节的供应商、服务商都能够使用该系统。一旦有销售和采购订单从 ERP 系统形成,物流管理平台就可以对实物的进出情况进行精细化管理。

近些年快速发展起来的运输过程透明管理技术,也使得汽车物流系统的运营效率大大提升。运输过程透明化系统的作用是:保障运输时效,对运输过程进行全程监控管理;降低库存成本,运用运输控制与调整代替库存来保证时效;保障运输安全,保证做到零部件的及时、正常供应。采用该系统,汽车制造企业可加强对第三方物流公司的控制力与管理能力。

为了实现整个物流链的成本降低,汽车制造生产物流的发展呈现出全物流链(供应、生产、销售、逆向物流)一体化规划及运作的特点。在此过程中,利用信息化、自动化、计算机、网络等技术,可以实现少人化、智能化物流。随着汽车行业的高速发展,不管是生产环节还是物流环节,对自动化技术的要求也在不断提升。高效率、高可靠性、智能化、高品质是汽车生产的发展趋势,应用的自动化技术有工业网络接口、UHF 超高频 RFID、AS-interface 总线设备、视觉检测产品、安全(SIL)产品、智能安全控制系统、3D 检测等。德国是汽车行业最发达的国家之一,其将工业 4.0 作为提升其工业竞争力的战略,汽车行业将是最先感受到这一变化的行业之一。对于"智慧工厂"最核心的要求就是设备之间的相互沟通,传感器网络、工业物联网将是未来的发展趋势。作为自动化领域底层检测设备供应商,倍加福公司清晰感受到这些变化,其产品应用遍布汽车生产物流及零部件物流环节,在物流自动化领域主要集中在位置检测、高精度线性定位、运动控制、自动识别等方面。如,最受用户青睐的有基于 Data Matrix 二维条码视觉检测技术的线性定位系统 PCV(Position Code Vision),该系统广泛应用于 EMS 输送、升降环节等应用领域;UHF 超高频 RFID 系统,可用于远距离车身识别或批量零部件识别;R2000 激光 2D 测量设备,可用于 AGV 小车智能定位;OPC120 条码读取设备可直接读取通过 DPM 方式刻在汽车零部件上的二维条码。这些产品提高了物流设备的自动化程度,从而满足了用户对可靠性、灵活性、智能化、绿色节能等方面的要求。

此外,在汽车物流外包中,零部件供应物流和生产物流的一体化整合是关键。而通过推行包装规范化和区域(集货)或循环取货来整合供应物流和生产物流,可以实现一体化的物流运作。通过制定包装、装卸、运输、仓储、搬运及分装标准规范,可以确保物流过程的品质。在这一方面,物流技术设备供应商已有较多成熟的解决方案得到应用。

### 3.8.2 互联网力量融入汽车物流行业——oTMS

随着网民规模的不断扩大，互联网开始渗透到日常生活的各个方面，开始推动传统行业的转型。oTMS是国内领先的一站式运输服务平台，基于首创的社区型"SaaS平台+移动App"模式，将货主、第三方物流公司、运输公司、司机和收货人无缝互联，形成一个基于核心流程、平衡、多赢的现代运输商业网络，带给客户全新的管理体验，创造更多的商业机会。在一站式运输服务平台oTMS之上，迄今已有1500余家货主和承运商与oTMS合作。通过"SaaS平台+移动App"的技术手段，oTMS构建起的运输业务闭环将这些市场上的运力资源汇集起来。在带给货主更有效的运输管理工具的同时，对于平台上的承运商们来讲其价值同样巨大。

oTMS的工作流程为：通过对云端和智能手机技术的创新使用，将货运环节中的各方连接到同一平台上，从而减少冗余的日常操作，实现信息实时共享，关键节点信息更新及异常情况监测等。

华通物流在业务量较大且服务品质要求较高的宝马业务线率先部署了oTMS系统。最令团队满意的是oTMS良好的开放性与兼容性、强大的连接能力，以及全程透明化的管理所带来的服务体验的提升。

oTMS基于云平台的纵向协同网络，打造信息和工具闭环。其一是开放接口及快速部署体现云计算模式的明显优势。其二是强大的连接性直击管理痛点。其三是oTMS全程透明的方式让企业体会到了与以往系统的不同。

在汽车运输这样复杂链条的管理上，oTMS不仅为承运企业提供了便捷有效的管理工具，更重要的是激发了企业的服务竞争力，尤其是对上游货主客户的吸引力。华通物流将oTMS的成功应用介绍给客户，很多客户表示出浓厚的兴趣，这对于提升市场竞争力帮助巨大。

自2016年12月26日起，oTMS携手华通物流，书写"互联网+汽车物流"新篇章，从而让公司的整体业务管理能力跨上更高的阶梯。以往运输行业的环境并不理想，价格战等恶性竞争情况很普遍。但是，当价格被压缩到接近极限时，承运商的服务能力将成为竞争加码的要素。

oTMS云平台上的在线招投标平台同样引起了华通物流的兴趣。华通物流在整车运输领域里积累了较多的业务优势，有真实且优质的历史数据沉淀在oTMS平台上，加上oTMS平台上聚集的优质货主资源，更多业务机会将在此显现。

所谓"工欲善其事，必先利其器"，oTMS与华通物流的成功实践再次印证了在"互联网+"与传统运输领域深入融合的当下，各方都可以通过oTMS这样的领先平台找到突破管理瓶颈的方法，也让oTMS创新的产品与理念真正为其业务带来价值的提升，这是一个行业的领先者最大的竞争力所在。

## 3.9 案例分析

汽车产品的采购物流相关案例。

**长安汽车公司的采购成本优化管理**

从汽车企业成本发生的类型来看，主要有采购成本、加工成本和管理成本等。供应商的采购成本根据所从事行业的不同，占到总成本的55%～70%，主机厂采购成本所占比例更是达到70%，如果能有效降低采购成本，就抓住了成本优化的关键。长安汽车股份有限公司决定以增强供应链竞争力的采购成本优化管理作为突破口，全面实施成本优化战略。

**1. 优化管理方案**

1）采用以市场为导向的目标成本法，建立新车型配套采购价格管理新模式。汽车行业通常采用成本加成法来制定配套件的采购价格和整车销售价格。即在完全成本的基础上加一个利润额，构成所制定的价格。按照这种方法制定的价格很可能得不到市场接受，也不容易满足新车型开发的进度要求。因此，长安汽车股份有限公司决定用目标成本法取代成本加成法。

2）确定单车材料总成本。首先，通过市场调研确定既能被市场接受，又符合公司战略意图的新车型单车目标销售价格，然后由成本管理人员计算出该产品必须承受的制造成本、期间费用以及可以接受的目标利润，在上述指标基本确定以后，就可以计算出新车型单车材料总成本。

3）制定零部件技术系数。零部件技术系数是指单一零部件占整车材料成本的比重。技术系数是在基准车型零部件价格系数的基础上，经产品开发部门根据结构、材料、工艺等技术因素的变化，综合评估每个零部件的变化程度，将原价格系数给予适当修正后确定的该零部件占新车型整车材料成本的比重。

4）建立价格管理新模式。采用招、议标相结合，价、量相结合的方法制定"已定点未定价"和改型配套零部件的采购价格，建立价、量、点三合一的改型车配套零部件采购价格管理新模式。"已定点未定价"的零部件属于遗留问题。改型配套零部件的定价任务也很重，虽然公司现在生产的车型只有一个平台，但衍生车型品种却有数百个，它是新品定价的重要组成部分。

**2. 采取措施**

1）该公司针对配套零部件供货状态及质量状况的复杂性，将招标与议标相结合。针对配合供应商生产能力不均衡，"假两家，真独家"或产品质量状况不稳定的情况，采用以财务部主导、相关部门参与的议标方式确定价格。议标方式的引入使得整个"改进方法"能够处理各种复杂情况。对生产能力均衡、产品质量状况稳定、没有特殊保护需要的零部件采用招标的方式制定价格。

2）对需要议标的零部件，财务部先制定目标价格，然后由供应商报价，公开开标后按供应商报价高低排出第一标和第二标的顺序，依次和财务部谈价。经过这一轮谈判，如果供应商接受目标价格，就到达了议标的目的，如果都不接受目标价格，直接转为招标。

3）对需要招标的零部件，确定以"价量结合"的方式来制定配套零部件采购价格，对供应商投标价格最低的，公司从订货数量上给予支持，鼓励供应商依靠自身综合实力从规模中获得收益。

若一个配套零部件有两家供应商供货，一般按7：3执行第一标和第二标供货比例。有三家配套供应商的，按6：3：1的供货比例执行。对一个配套零部件存在既有国外引进又有国内供应商供货的情况，首先明确引进数量比例，剩余部分再由国内供应商通过招、议标方式投出的价格确定订货比例分配方案。

4）利用成本函数原理。建立价量曲线指导成熟车型配套零部件降价运作管理新模式。单位产品成本会随产量的增加而逐步降低，主要在于摊薄固定成本。如果能准确建立零部件的成本—产量模型，便可以根据整车产量的变化，准确测算零部件的成本下降幅度。

5）按零部件的加工工艺分类，成立了以财务和技术为核心的机加、冲焊、电器、橡塑、总装杂件和发动机共六个调研小组，抽调了财务、技术和配套处等部门40多位业务骨干人员参加。

调研小组按零部件价格排序，分别从成本构成、加工工艺和技术含量三方面分层逐步筛选，结合产品重要性和降价潜力性分析，选择了100个零部件进行调研，其价值占采购价值的70%，保证了样本量足够大。

以公司的采购总金额和供应商的成本费用数据作为基准，将所有采购零部件分为汽车、发动机两大系列，每个系列再细分为机加、冲焊、电器、橡塑、总装杂件五大行业，分别建立起分行业的成本—产量数学模型，计算出当采购金额在各种不同增幅情况下固定成本的下降幅度，就可以绘制出各个行业的价量曲线，用以指导与供应商的谈判与合作。

**3. 实施效果**

通过试验采购成本优化管理，长安汽车股份有限公司的供应链成本结构更为优化，和供应商的关系更为紧密，供应链的综合竞争能力显著增强，新车型开发比基准车型单车采购成本下降22%，至今已为公司节约采购成本5000万元。运用目标成本法制定零部件价格，客观上也促使供应商积极采取措施，不断挖潜降低成本，供应商在成本下降中获利30%。通过这样持续的努力，促使主机厂和供应商都成为行业的成本领先者。

增强了产品"性价比"竞争力，显著提高了企业经济效益，公司依托客观反映供应商成本状况的价量曲线，随着采购数量的大幅增加，逐年降低外购配套零部件的采购价格，共节约采购成本17亿多元，弥补了公司同期整车降价损失的50%，有力支撑了公司经济效益的显著提升。

采购成本优化管理一改行业沿用数十年的成本加成定价法，创造性地采用目标成本法和标准成本体系法，显著改善了产品成本状况，在围绕新品定价、供应商布点和供应商采购比例的整个管理流程中，将各个有关职能部门连接为一体，杜绝了职能和信息的孤岛现象，杜绝了管理环节的暗箱操作，逐渐形成了价、量、点三合一的管理模式，以定价为中心，以定量和定点为筹码，采用先定价后布点、价低优先定点、优价定量的方式，从而尽量降低采购成本。

汽车产品的生产物流相关案例。

**滚动生产计划**

众所周知，汽车的生产环节总是处于两股相互矛盾的力量当中：一方面，需要考虑如何充分利用现有的固定资产规模，尽可能满足大批量和满负荷生产的要求；另一方面，需要与客户需求的动态变化保持高度的一致性（包括为客户的定制化，采用与销售同步的"一个流"生产等）。

滚动的生产计划是实际指导汽车生产运营的操作性文件，随着时间的推移，不断保持定期更新。滚动计划的主要作用是：

1）配合财务部门安排资金，为保证资金运转提供依据。

2）为生产周期较长的产品投料提供依据。
3）配合采购部门对进口件进行采购。
4）指导配套供应商对生产周期较长的零部件组织生产准备。
5）指导生产线的执行。
6）指导供应商的日常供货计划。

由于中、长期的滚动计划对物流与供应链中最前段部分的运作有着确定的指导意义，所以滚动计划在实践中是以季度为跨度进行计划滚动的。所谓"季度"滚动计划，实际上是对"即将到来的三个月"的生产安排（俗称"一加二"计划），其中第一个月的安排就是市场部门的"月度要货计划"，而对应的月度滚动计划的制订部门通常是汽车生产的制造工程部门；后两个月的安排是市场部门的"要货预测计划"，采购部门据此对供应商下达对应的滚动要货计划（即预订单）。因此，季度滚动计划受采购合同的约束，要求有一定的准确率（在日本，一般水平为加减10%；根据我国的实际经验，国内供应商可接受的水平一般为加减15%），或根据汽车零部件生产特性与供应商约定。

汽车产品的逆向物流相关案例。

### 一汽专用汽车有限公司的逆向物流体系

一汽专用汽车有限公司成立于2003年，是中国第一汽车集团公司下属的全资子公司，其前身是中国第一汽车集团公司专用车厂。公司共有职能部门16个，生产车间5个，具有年产专用车底盘1.5万辆，后桥及车架总成1.5万台·份，汽车零部件150万件，锻压5000吨的生产能力。公司现已开发出越野车、载货车、水泥搅拌车、自卸车、牵引车、罐式车、起重举升车、特种结构车、仓栅车、军车和消防车等整车和底盘11个系列213个车型，其中水泥搅拌车底盘和起重机底盘等畅销全国，汽车零部件生产形成中、后桥和齿轮半轴两大总成系列。

一汽专用汽车有限公司实力十分雄厚，具有健全的销售网络和完善的售后服务体系，产品销往辽宁、北京、山西、河南、重庆、陕西等20多个省市，初步形成以东北、西北和华东地区为主的三大格局的销售基地。在逆向物流方面，公司采用的是传统的企业物流管理模式，企业内各个逆向物流相关部门制订生产作业计划和库存数据，达到准时供货和合理的库存量，从而控制物流的成本最低。汽车下线以后，首先由事业部组织各销售分公司储备科运送至库场，进行售前的入库储存和维护保养。图3-11为一汽专用汽车有限公司逆向物流渠道示意图。

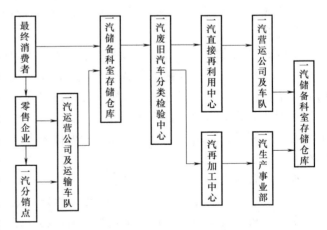

图3-11 一汽专用汽车有限公司逆向物流渠道示意图

营销公司下达售出指令后，由各分公司销售科分别通知储备科与运营公司办理车辆及单据的交接工作。营运公司负责联系车队进行运输，由各车队的车辆负责向全国各个经销站和分拨中心运输，形成了结构复杂、层次繁多的传统销售物流体系。在该体系中，生产部是销售物流的起点；营销公司是营销、物流管理层；各分公司储运科是仓储层；营运公司是仓储和运输的衔接者；各运输车队构成了干线运输层，而全国各分拨中心或经销地点形成了物流的终点。而这个体系的相反方向就是其逆向物流的流程。

通过这一流程，一汽专用汽车有限公司可以及时、全面地了解顾客的需求，了解造成逆向物流的真正原因，加强企业管理，改进生产方式，提高产品质量。由于没有中间环节，可以大大缩短流通时间，有利于公司及时把握市场脉搏，提高市场占有率。汽车制造商自营渠道优势可以使一汽专用汽车有限公司对供应链有较强的控制能力，使企业盘活了原有资产，降低了企业交易成本，避免企业商业机密的泄露以及提高企业的品牌价值。一汽专用汽车有限公司可以运用自身掌握的资料有效协调物流活动的各个环节，以较快的速度解决物流活动管理过程中出现的问题，获得供应商、销售商以及最终顾客的第一手信息，改善了客服服务，能够对整个物流进行协调和控制。

# 第4章

# 汽车金融服务

汽车金融主要涉及与汽车产业相关的金融服务，贯穿汽车研发、生产、流通、消费等各个环节，其描述的是从资金供给者到资金需求者的流通模式，是汽车业与金融业相互渗透的必然结果。本章在介绍汽车金融服务国内外发展现状基础上，着重对车辆售后所涉及的办证与纳税、金融信贷、保险与理赔、汽车租赁等服务的基本内容进行了探讨，并结合一定的实际案例对相关概念进行详细讲解。

## 4.1 汽车金融服务的基本概念、作用与发展状况

### 4.1.1 汽车金融服务的定义

汽车金融服务是指在汽车的生产、流通与消费环节中融通资金的金融活动，是在汽车研发设计、生产、流通、消费等各个环节中所涉及的资金融通的方式、路径，或者说是一个资金融通的基本框架，即资金在汽车领域是如何流动的，从资金供给者到资金需求者的资金流通渠道。它主要包括为最终用户提供零售性消费贷款或融资租赁，为经销商提供批发性库存贷款，为各类汽车用户提供汽车保险，为汽车服务企业提供营运资金等活动，具有资金量大、周转期长、资金运动相对稳定和价值增值等特点。它是汽车制造业、流通业、服务维修业与金融业相互结合渗透的必然结果，并与政府有关法律、法规、政策，以及金融保险等市场相互配合。当前汽车金融模式如图4-1所示。

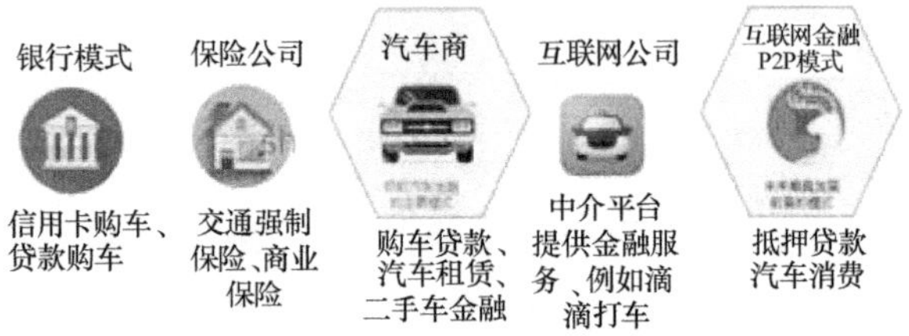

图 4-1 当前汽车金融模式

汽车金融是汽车产业与金融的结合，是当前产业金融的重要领域。汽车金融通过资源的资本化、资产的资本化、知识产权的资本化、未来价值的资本化实现产业与金融的融合，促进其互动发展，从而实现价值的增值。

汽车金融的发展除了要发展各种汽车金融产品，按揭利率，还要为汽车金融参与主体提供解决方案，在钱志新的《产业金融》一书中就提出了全生命周期汽车金融服务体系，并列举了各种金融工具应用及案例。同时提出了一系列解决方案，如汽车制造商整体解决方案、汽车经销商整体解决方案、汽车保险公司整体解决方案、汽车金融机构整体解决方案等。

## 4.1.2 汽车金融服务的作用

在世界经济受到金融危机冲击的影响下,将汽车消费作为拉动我国内需新的增长点并将汽车消费市场发展纳入到国民经济和社会发展规划具有十分重要的意义。汽车消费信贷作为一种重要的经济手段已经越来越受到关注。它不仅可以调节汽车供求矛盾,而且可以提高居民购买力、扩大内需,对国民经济的发展起到了重要的推动作用。对于我国汽车市场而言,已经形成一个巨大的买方市场,发展个人汽车消费信贷对于有效刺激消费、扩大内需有着极其重要的作用。因此要坚持汽车消费市场与我国经济社会协调发展,坚持汽车消费与汽车生产和流通联动发展,做大做强我国汽车消费市场;建立和完善汽车市场体系,营造汽车消费市场发展的良好环境,促进汽车消费市场全面发展。

随着我国汽车业的不断发展,我们应该正视汽车金融发展中存在的种种问题,同时要吸取国外先进的汽车金融公司的经验,使我国的汽车金融服务业逐步做强做大,使我国的老百姓都能享受到我国汽车金融公司的服务。

第三产业既有独立发展的特性,又有依靠第一、第二产业推动其发展的需求。国民经济中的第三产业和作为第二产业的汽车业的"高度关联性"体现在两方面:一是在汽车产品的最终价值分配中,第三产业占有较高的比例;二是汽车产业的预投入对第三产业的预投入有较大的带动作用,后者占前者的比重约为30%~80%。也就是说,汽车工业的一定投入可以导致主要相关服务业增加30%~80%的投入。这里的主要相关服务业包括批发和零售贸易、储运、实业和商业服务、社会和个人服务等。

汽车金融服务通过自身以及汽车产业在就业方面的较强安置能力,对扩大劳动力就业发挥了积极作用。汽车金融服务所惠及的相关服务部门一般具有很强的直接就业安置能力,如汽车修理业、运输业、销售和管理部门、研究咨询,以及汽车使用部门基本都属于劳动密集型行业,具有较强的就业吸纳功能。

此外,虽然汽车制造部门的就业吸纳能力没有汽车服务业强,但它也是第二产业部门在安置就业方面较强的行业。1997年德国汽车产业500万总就业人口中,汽车工业的直接就业为67万人,配套工业行业的间接就业为98万人。同年,中国与汽车工业相关的主要上游产业的完全就业人数为273万人,与汽车工业直接就业人数之比为1.5。通过上述数据可以看到,发展汽车金融对于扩大就业具有重要的现实意义。

汽车金融服务利用这种"高度关联性",一方面以其自身的发展直接推动第三产业的发展,另一方面以汽车产业为媒介,通过"价值转移""引致投资"和"投资乘数效应"等方式,又间接对第三产业的发展提供有力的支持。

汽车金融服务对汽车经销商可以起到提供存货融资、营运资金融资及设备融资的作用。对于汽车销售商来讲,只有借助于汽车金融和汽车金融服务公司,才能实现批发和零售资金的相互分离。同时,汽车金融服务还有利于汽车制造企业和汽车销售企业开辟多种融资渠道,如商业信用、金融授信,即通过专门的金融机构(汽车金融服务公司)向社会筹集资金用于汽车金融服务,主要方式有直接融资和间接融资等。

汽车金融服务可以为汽车用户提供消费信贷、租赁融资、维修融资、保险等业务。高折旧率是汽车消费的一个重要特点,如果以全款购车,不仅要承担投资回报率大于贷款利率的损失，而且要承担高折旧率的损失。因此，对消费者而言，汽车信贷不仅可以解决支付能力不足的问题，更重要的是可降低消费者资金运用的机会成本。而伴随汽车生产技术的发展，汽车的重置价值不断降低，进一步加速了汽车的折旧过程。这样，汽车消费的高折旧特点无疑大大拓展了对相关金融服务的市场需求。

汽车金融服务在经济发展中的重要作用毋庸置疑，汽车产业多是发达国家或者发展中国家的支柱产业。将汽车产业与金融结合起来，在宏观上和微观上都有其重要意义。

**1. 汽车金融服务的宏观作用**

在宏观上，汽车金融服务对于国民经济具有重要的作用，主要表现在以下几个方面。

**（1）调节国民经济运行中生产与消费不平衡的矛盾**　从汽车金融服务最基本的职能上来说，汽车金融服务的产生和发展调节了国民经济运行中生产和消费不平衡的矛盾。生产力的发展加速了生产社会化和消费社会化，在产品结构变化中，价值高的汽车等家庭耐用消费品生产的发展引起电子工业和材料工业的发展，并带动整个产业结构和技术结构体系的变革，这种变革强烈地刺激了人们的消费需求和潜在消费需求，然而社会满足这种消费需求的能力却非常有限，而汽车金融服务的产生调节了国民经济运行中生产和消费不平衡的矛盾，刺激了消费。

**（2）发展汽车金融服务不仅能平衡汽车供需之间的矛盾，而且能解决整个生产流通消费的资金运转问题**　汽车金融服务机构的大部分资金来自消费者的存储，同样它应该而且也可以在汽车的生产性信贷和汽车的消费性信贷之间做合适的分配，以调节和保证社会消费基金与社会生产基金之间的平衡。

**（3）充分发挥金融体系调节资金融通的功能，提高资金的使用效率**　汽车金融的独特功能在于它能够充分发挥金融体系调节资金融通的功能，通过汽车金融机构的专业化分工，实现汽车生产领域和流通领域资金的相互分离，以改善汽车产业的资金循环。并在此基础上，进一步理顺流通领域的资金流向，更多地由专业化的汽车金融机构以购买汽车贷款支持证券或商业票据等方式，间接参与汽车金融业务，从而加快资金在汽车业和金融业之间的流转速度，降低资金风险，提高资金的使用效率，最终促进汽车业和金融业取得持续、稳定、协调发展。

**（4）汽车金融服务的发展有助于推动汽车产业结构的优化和升级**　建立完善的汽车金融体系，可以通过资产证券化、商业票据等金融工具筹集资金，对上游配件企业进行融资，支持其设备更新和技术改造，进而推动生产效率的提高和成本的降低。还可以通过对下游经销商的融资，建设标准的品牌专营店，提供优质的售后服务，增强品牌竞争力，促进汽车产业的融合和发展。

汽车金融服务通过乘数效应以及与其他产业的高度关联性，促进了国民经济的发展。

汽车金融服务能够推动汽车产业的发展，对国民经济发展产生了巨大的投资乘数效应："乘数"是经济学中的一个基本概念。乘数理论反映了现代经济的特点，即由于国民经济各部门的相互联系，任何部门最终需求的变动都会自发地引起整个经济中产出、收入、就业等水平的变动，后者的变化量与引起这种变动的最终需求变化量之比即是乘数。

**2. 汽车金融服务的微观作用**

在微观上，汽车金融服务对汽车制造企业、汽车经销商、汽车消费者和汽车金融服务市场等具有重要作用。

（1）**对制造商而言** 汽车金融服务是实现生产和销售资金相分离的主要途径，提高了资金的使用效率。

汽车金融服务对汽车制造商可以起到维护销售体系、整合销售策略、提供市场信息的作用。

对汽车制造企业来讲，企业要实现生产和销售资金的相互分离，必须有汽车金融服务。有了汽车金融服务，就会大大改善制造企业和经销商的资金运用状况，提高资金的使用效率。

（2）**对经销商而言** 汽车金融服务是实现批发和零售资金分离的途径，是现代汽车销售体系中一个不可缺少的基本组成部分。

批发资金是用于经销商库存周转的短期资金，零售资金是用于客户融资的中长期资金，两者性质不同。汽车金融服务对汽车经销商可以起到提供存货融资、营运资金融资、设备融资的作用。

通过对经销商的库存融资和对客户的消费信贷，可以促进汽车销售过程中批发资金和零售资金的相互分离，从而便于进行资金管理和风险控制，提高资金收益率。同时，汽车金融服务还有利于汽车制造企业和汽车销售企业开辟多种融资渠道，如商业信用、金融授信。

（3）**对消费者而言** 汽车金融服务可以对汽车用户提供消费信贷、租赁融资、维修融资、保险等业务。

汽车金融服务的发展能够完善个人金融服务体系。

以信用经济为特征的市场经济拥有高度发达的金融服务体系。在这个金融服务体系中，个人金融服务和公司与法人金融服务共同构成了其基本组成部分。个人金融服务是指专门为个人提供融资、信用贷款、投资理财等多项服务的金融业务，包括房地产金融、汽车金融、教育金融等。

汽车金融服务在个人金融中占有重要的地位，目前是仅次于房地产金融的一项金融服务。市场经济在对汽车金融服务发展提出要求的同时，也为汽车金融服务发展创造了必备的条件，表现为市场经济所创造出的巨大的国民财富和迅速增加的国民收入，为汽车金融服务的发展提供了坚实的物质基础和良好稳定的环境基础，从而促进了汽车金融服务规模的扩大和品种的多样化。

市场经济法律制度的完善和消费信用制度的建立，保障了汽车金融服务交易双方的正当权益，促进了汽车金融的健康发展。在市场经济条件下，消费者的信用消费信心增强，对未来预期消费的提前实现有了较大的需求，也有利于汽车金融服务的发展。总之，汽车金融服务提高了汽车生产、服务、消费的资金使用效率，增大了金融服务的使用力度。

**3. 发展汽车金融服务对我国的重要意义**

在欧美等发达国家，汽车金融服务经过近百年的发展，目前已经成为位居房地产金融之后的第二大个人金融服务项目，是一个规模大、发展成熟的产业。

发展汽车金融服务对我国来说有着非常重要的意义，主要表现在以下几个方面。

（1）**汽车金融服务在21世纪初期中国经济的增长中发挥支撑作用** 从一般意义上讲，汽车金融服务是工业化国家在汽车工业现代化和金融服务现代化进程中的必经之路，是市场经济发展完善和成熟的基本标志，是提高国民消费能力和水平的要求，同时也是人们对物质需求的正常延续和满足。

汽车金融服务在21世纪初期我国经济增长中发挥着支撑作用。21世纪前10年，我国经济的较高速增长主要依赖于两个基本的拉动力量：一是住房的商品化和私有化，二是私人汽车拥有率的迅速上升。

但是我国经济在高速稳定增长的过程中，还将继续受到需求不足的制约，这种需求仍主要来自于居民消费需求不足。汽车金融服务可以在一定程度上减轻21世纪初期我国消费需求不足的矛盾。同时，在一定时期内，社会投资需求不足仍将是制约我国经济较快增长的一个因素。投资需求的扩大既依赖于消费需求的变动，也取决于民间投资的增长。

目前我国民间投资的规模已经很大，在积极向生产性投资方向引导的同时，需要开辟消费品市场的消费通道，而发展汽车消费、用汽车金融服务来诱导和启动庞大的个人储蓄，是支持国民经济较高速持续增长的一个动力。

(2) **汽车金融服务推动我国在2001—2010年期间建立起"汽车消费主导型"的市场格局** 按照国民经济发展的自身规律和我国经济发展的实际情况，从21世纪开始，我国进入一个汽车消费的高速增长时期。从2003，我国民用汽车保有量为23829254辆，其中轿车、轻型客车有14788082辆，分别是1990年的4.08和11.03倍。

1990—2003年，中国汽车保有量年平均增长11.49%，而轿车、轻型客车保有量年平均增长20.81%。

即使1996—1999年汽车拥有量的年均增长速度为7.4%，而轿车、轻型客车保有量仍以年均15.39%的高速增长。2000—2003年，汽车拥有量的年均增长速度为13.18%，轿车、轻型客车保有量仍以年均18.93%的高速增长。

2011—2020年，汽车需求增长进一步出现超常规的高速度和加速度，我国已经进入一个汽车消费高速增长的时期。

汽车金融服务有助于引导庞大的国内私人储蓄的分流，形成对国民经济支柱产业的投资控制。

发展气候产业需要大量的投资，尤其在国际汽车工业竞争很激烈的情况下更是如此。同时发展汽车产业还需要一系列的配套条件，如交通设施的建设，也需要大规模的固定资产投资。

虽然在经济全球化的条件下，发展中国家可以利用外资来解决经济建设中的资金缺口，但如果一个发展中国家要保持自身在重点产业或支柱产业中的较大自主权和控制权，就要求本身对该产业有较强的投资能力。尽管迄今为止我国仍是一个人均收入水平较低的发展中国家，但作为世界上最大的人口大国，从总量上来说我国却是一个经济实力较强的国家。

其他国家的发展实践和经验证明，汽车金融服务正是这样一套行之有效的方法。通过发展汽车金融服务业，可以充分发挥其分流储蓄、引导消费的功能，最终形成对国民经济的巨大投资能力和对国民经济支柱产业的投资控制能力。

(3) **汽车金融服务有助于利用好我国汽车存量资产，使其发挥更大的经济效益** 汽车工业是经济规模要求较高的资本密集型产业，一个国家发展汽车工业需要汽车制造业和与之配套的工业基础。我国现阶段的工业基础超过了世界主要汽车生产国在汽车工业由起步进入迅速发展时期的工业水平。相对于人均来说，我国已经是一个工业发展程度很高的国家，工业及制造业的比重远远超过了人均收入水平所反映的工业化阶段，达到了工业化国家的水平。

这种从产业结构角度来看工业过度扩张的现象，为汽车工业这样具有高度产业关联性的特殊性提供了较强的工业基础。

### 4.1.3 国外汽车金融服务业的现状与发展

汽车产品出现在 20 世纪初，当时还属于一种奢侈品。国外银行由于汽车价格过高，不轻易对汽车消费发放贷款，致使汽车消费受到抑制，制造厂商资金循环受到限制。为了刺激消费，制造商开始向消费者提供分期付款业务，汽车销售量得到迅速增长，但制造商流动资金短缺的问题却更加加剧了。随着经营规模和市场份额的逐渐扩大，汽车公司开始采取向社会募集资金融资的方式维持公司的扩展和运营，这种模式的出现既解决了制造商应收款项过大和流动资金短缺的问题，也刺激了汽车消费，让更多人可以买得起汽车。汽车金融就在这样的背景下逐渐发展起来了。

关于汽车金融发展现状方面，苏珊·麦克吉（2015）指出，接下来的金融危机可能会对美国的汽车金融造成危机。投资证券在次级汽车贷款行业飙升，有造成汽车金融次级抵押贷款市场崩盘的风险。

### 4.1.4 我国国内汽车金融服务业的发展现状

我国国内有关汽车金融产业的研究起步较晚，研究步伐紧跟国外研究，初期研究主要围绕汽车信贷业务和商业银行开展汽车金融业务的模式，后期逐步转向汽车金融的战略、盈利、风险、融资机制等理论框架研究，近年来也有学者开始关注对汽车金融产生影响的因素研究，例如消费者行为模式对汽车金融的影响，也是一个较为热门的课题。如张永强（2013）从内外部环境、监管政策、市场竞争、风险控制、经营模式、产品创新、营销管理等多视角考虑商业银行汽车消费信贷业务的发展，通过实证、借鉴对比、博弈论三种方法，最终验证出，家庭自用和操作合规对汽车消费信贷产品风险可控性；短期而言，中国商业银行依旧占据强大的市场竞争力；完整的汽车消费信贷操作模式以商业银行作为中心，与借款人、汽车经销商以及保险公司（或担保公司）等相关利益主体联合构成。张新星、刘勇（2011）指出，中国汽车金融服务的融资方式中，汽车信贷依旧占据绝对主要地位，少数公司拥有融资租赁方式，信托租赁、再融资等融资方式没有开展。盈利模式主要是银行为主体的直客式汽车贷款盈利模式。面对如此单一的盈利模式，建议我国汽车金融公司应与银行合作，合理开发汽车金融产品，适当运营投资型汽车金融产品，以促进我国汽车金融服务未来市场的拓展。

综上所述，目前为止的国内外相关研究主要集中于汽车金融发展现状，以及汽车金融盈利模式、信用风险管理等某一特定方面，缺少多方面、全方位的综合分析，国内对省级或区域层面汽车金融的研究成果更是缺乏。

## 4.2 汽车消费信贷

### 4.2.1 汽车消费信贷的定义及兴起

汽车消费信贷是信贷消费的一种形式。消费信贷是零售商、金融机构等贷款提供者向消费者发放的主要用于购买最终商品和服务的贷款,是一种以刺激消费、扩大商品销售、加速商品周转为目的,用未来收入做担保,以特定商品为对象的信贷行为。汽车消费信贷即用于购买汽车的消费信贷。在我国它是指金融机构向申请购买汽车的用户发放人民币担保贷款,并联合保险机构、公证机构为购车者提供保险和公证,再由购买汽车的用户分期向金融机构归还贷款本息的一种消费信贷业务。

在国外,尤其是发达国家,信贷消费十分普遍。例如,美国信贷消费的历史最早,消费信贷业务也最发达,借助消费信贷进行消费是美国居民的一个重要消费行为特征。目前,美国、西欧等工业发达国家和地区消费信贷的规模在整个信贷额度中所占的比重已达到相当高的程度。而且,无论是在美国、英国、新加坡、西班牙、法国,还是日本、丹麦、挪威等国家,它们的金融机构都向消费者提供分期付款的消费信用业务。

汽车个人信贷消费在我国起步较晚。它是由早期的汽车分期付款销售业务转化而来的。当时银行没有介入,只是由汽车生产厂家和经销商联手,目的是扩大汽车的消费,市场反应并不热烈。随着我国汽车工业的发展,国家大力提倡个人汽车消费,并采取一系列政策措施,培育汽车市场成熟发展。随着我国城市道路交通建设步伐的逐渐加快,以及城镇居民收入水平的不断提高,个人汽车消费需求出现较大增长。1998年,中国人民银行颁布《汽车消费信贷管理办法》,允许汽车消费信贷在四家国有独资商业银行进行试点,2001年末全国汽车消费信贷余额为436亿元,而2008年末这一数字就增加到1583亿元。同时国家已经推出的包括汽车消费信贷、改革汽车税费制度等一系列旨在鼓励汽车消费的政策,将最终促进个人轿车市场的全面启动。而中国银行业监督管理委员会也于2008年1月24日发布了《汽车金融公司管理办法》,以期规范和促进汽车消费信贷的发展,汽车消费信贷迎来一个新的发展高潮。

### 4.2.2 汽车消费信贷的模式及在我国的发展

**1. 汽车消费信贷的模式**

汽车消费信贷一般有三种模式。

(1) **以车供车贷款** 申请者如不愿或不能采取房屋抵押、有价证券质押的形式申请汽车消费贷款,可向保险公司购买履约保险,收到保险公司出具的履约保证保险承保确认书,便可到银行申请此种模式的贷款。

(2) **住房抵押汽车消费贷款** 以已出契证的自由产权住房做抵押,提交有关申请材料,交齐首期款并办妥房产抵押登记手续,便可获得此种模式的贷款。

(3) **有价证券质押汽车消费贷款** 以银行开具的定期本外币储蓄存单和银行承销的国库券或其他有价证券等做质押,可以申请此种模式的贷款。

**2. 汽车消费信贷的发展**

我国汽车信贷市场在不同的历史发展时期,具有不同的阶段性特征,可划分为起始阶段、发展阶段、竞争阶段和有序竞争阶段。

(1) **起始阶段**(1995—1998年9月) 我国汽车消费信贷市场的起步较晚。1995年,当美国福特汽车财务公司派专人来我国进行汽车信贷市场研究的时候,我国才刚刚开展了汽车消费信贷理论上的探讨和业务上的初步实践。这一阶段恰逢国内汽车消费相对低迷,为了刺激汽车消费需求的有效增长,一些汽车制造企业联合部分国有商业银行,在一定范围和规模之内，尝试性地开展了汽车消费信贷业务，但由于缺少相关经验和有效的风险控制手段，逐渐暴露和产生一些问题，以至于中国人民银行曾于1996年9月下令停办汽车信贷业务。

这一阶段一直延续到1998年9月中国人民银行出台《汽车消费贷款管理办法》，其主要特点为：

1）汽车制造企业是这一时期汽车信贷市场发展的主要推动者。

2）受传统消费观念影响，汽车信贷尚未为国人广泛接受和认可。

3）汽车信贷的主体——国有商业银行，对汽车信贷业务的意义、作用以及风险水平尚缺乏基本的认识和判断。

(2) **发展阶段**（1998年10月—2002年末） 中国人民银行继1998年9月出台《汽车消费贷款管理办法》之后，1999年4月又出台了《关于开展个人消费信贷的指导意见》，至此，汽车信贷业务已成为国有商业银行改善信贷结构、优化信贷资产质量的重要途径。与此同时，国内私人汽车消费逐步升温，北京、广州、成都、杭州等城市私人购车比例已超过50%。面对日益增长的汽车消费信贷市场需求，保险公司出于扩大自身市场份额的考虑，适时推出了汽车消费贷款信用（保证）保险。银行、保险公司、汽车经销商三方合作的模式，成为推动汽车消费信贷高速发展的主流做法。

这一阶段的主要特点为：

1）汽车消费信贷占整个汽车消费总量的比例大幅提高，由1999年的1%左右，迅速升至2002年的15%。

2）汽车消费信贷主体由四大国有商业银行扩展到股份制商业银行。

3）保险公司在整个汽车信贷市场中的作用和影响达到巅峰，甚至一些地区汽车信贷业务能否开展取决于保险公司是否参与。

(3) **竞争阶段** 从2002年末开始，中国汽车信贷市场开始进入竞争阶段，其最明显的表现为：汽车消费信贷市场已经由汽车经销商之间的竞争、保险公司之间的竞争，上升为银行之间的竞争，各商业银行开始重新划分市场份额，银行的经营观念发生了深刻的变革，由过去片面强调资金的绝对安全，转变为追求基于总体规模效益之下的相对资金安全。一些在汽车消费信贷市场起步较晚的银行，迫于竞争压力，不得已采取"直客模式"，另辟蹊径。

这一阶段的主要特点是：银行"直客模式"与"间客模式"并存。

银行不断降低贷款利率和首付比例，延长贷款年限，放宽贷款条件和范围。竞争导致整个行业平均利润水平下降，风险控制环节趋于弱化，潜在风险不断积聚。

保险公司在整个汽车信贷市场中的作用日趋淡化，专业汽车信贷服务企业开始出现，中国汽车消费信贷开始向专业化、规模化发展。

(4) **有序竞争阶段（2003年至今）** 长期以来积聚的信贷风险在一些地区已表现出集中爆发的态势，纵观整个中国汽车信贷市场，正在逐步由竞争阶段向有序竞争阶段发展，衡量标准为：汽车信贷市场实现分工分业，专业经营，专业汽车信贷服务企业已成为整个市场发展的主导者和各方面资源的整合者以及风险控制的主要力量。银行成为上游资金提供者，汽车经销商和汽车制造企业成为汽车产品及服务的提供者。产业趋于成熟，产品设计更具有市场适应能力，风险率控制在一个较低的水平。

### 4.2.3 汽车消费信贷实务

**1. 申请汽车贷款的条件及流程**

（1）**申请个人汽车贷款的条件**　《汽车贷款管理办法》第九条规定，借款人申请个人汽车贷款，应当同时符合以下条件：

1）是中华人民共和国公民，或在中华人民共和国境内连续居住一年以上（含一年）的港、澳、台居民及外国人。

2）具有有效身份证明、固定和详细住址且具有完全民事行为能力。

3）具有稳定的合法收入或足够偿还贷款本息的个人合法资产。

4）个人信用良好。

5）能够支付本办法规定的首期付款。

6）贷款人要求的其他条件。

（2）**申请经销商汽车贷款的条件**　《汽车贷款管理办法》第十四条规定，借款人申请经销商汽车贷款，应当同时符合以下条件：

1）具有工商行政主管部门核发的企业法人营业执照及年检证。

2）具有汽车制造商出具的代理销售汽车证明。

3）资产负债率不超过80%。

4）具有稳定的合法收入或足够偿还贷款本息的个人合法资产。

5）经销商、经销商高级管理人员及经销商代为受理贷款申请的客户无重大违约行为或不良信用记录。

6）贷款人要求的其他条件。

（3）**申请机构汽车贷款的条件**　《汽车贷款管理办法》第十九条规定，借款人申请机构汽车贷款，应当同时符合以下条件：

1）具有企业或事业单位登记管理机关核发的企业法人营业执照或者事业单位法人证书及法人分支机构营业执照、个体工商户营业执照等证明借款人主体资格的法定文件。

2）具有稳定的合法收入或足够偿还贷款本息的个人合法资产。

3）能够支付本办法规定的首期付款。

4）无重大违约行为或不良信用记录。

5）贷款人要求的其他条件。

**2. 贷款金额**

《汽车贷款管理办法》第二十二条规定，贷款人发放自用车贷款的金额不得超过借款人所购车价格的80%；发放商用车贷款的金额不得超过借款人所购汽车价格的70%；发放二手车贷款的金额不得超过借款人所购汽车价格的50%。

《汽车贷款管理办法》中所称汽车价格，对新车是指汽车实际成交价格（不含各类附加税、费及保费等）与汽车制造商公布的价格的较低者，对二手车是指汽车实际成交价格（不含各类附加税、费及保费等）与贷款人评估价格的较低者。

**3. 贷款期限**

《汽车贷款管理办法》第六条规定，汽车贷款的贷款期限（含展期，不得超过5年），其中，二手车贷款的贷款期限（含展期）不得超过3年，经销商汽车贷款的贷款期限不得超过 1 年。

**4. 贷款的基本计算方法**

《汽车贷款管理办法》第五条规定，汽车贷款利率按照中国人民银行公布的贷款利率规定执行，计、结息办法由借款人和贷款人协商确定。

一般采用每月等额还本付息办法，以一个月为一期，目前贷款购车期限最长不超过 60 期（即 5 年），但需要根据用户情况及车型和用途确定。若所购车辆为二手车，最长期限一般不超过 36 期（即 3 年）。

贷款购车需支付的费用包括保险费用、担保费用、银行贷款利率、车辆购置附加税、验车上牌各项费用、车船使用税。

月供款与贷款人总利息计算公式为

$$月供款 = 贷款额（万元）\times 每月还款额$$
$$贷款总利息 = 月供款 \times 贷款期数 - 贷款本金$$

### 4.2.4 汽车消费信贷风险分析

我国现在已经进入一个汽车消费高速增长时代，其一，对于汽车需求增长的区域性倾斜问题，汽车金融将起到良好的缓解作用。其二，汽车消费信贷不仅可以满足大规模的资金需求，还有助于推动我国汽车及相关产业发展。汽车产业链条始终面临资金短缺的问题，汽车消费信贷可以为其提供资金支持，改善厂商与经销商的资金短缺问题，提高资金利用率，推动汽车产业的发展。由于汽车产业具有较长的产业链条，汽车产业的发展可以带动上游产业，如轮胎、钢铁、电子机械产业、石油化工等产业的发展，推动整体国民经济发展。

汽车消费信贷的出现，转变了消费者的购车模式，在自身可负担的还款能力之内，可以享受提前消费。1998 年后，我国汽车消费信贷迅速发展，专业的汽车金融服务公司逐渐成立，其依托于汽车金融服务公司与所属汽车制造企业的密切联系及经销商网络，为消费者提供专业化、个性化的汽车信贷服务。我国汽车消费信贷发展迅速。据《工业技术经济》期刊中《国内外汽车消费信贷模式比较分析》一文显示，我国汽车消费信贷比例低于 20%，远低于国际平均水平 70%，仍有较大的发展提升空间。

我国汽车消费信贷虽然发展较为迅速，但由于缺乏经验，相应的法律法规、个人信用体系等都不健全，其内部存在的风险也逐渐显现出来。

收益与风险并存，只有防止、化解汽车消费信贷中的风险才能保证汽车消费信贷的稳步发展。近几年，我国汽车金融出现贷款违约率不断攀升、保险赔付率过高等现象，这些风险问题体现了我国汽车金融风险管理存在的问题。汽车金融具有较快的发展速度，极大地促进了汽车产业、汽车金融服务公司的发展，但在取得成果的同时，需要合理把控不良贷款增长率，提高自身服务水平和质量，做到对风险的严格监控，以促进我国汽车金融服务业的稳步、快速发展。

## 4.3 汽车保险与理赔

21 世纪以来，我国汽车产业高速发展，汽车保有量快速增加，汽车保险业蓬勃发展。保险公司和维修企业需要大量具有专业知识的汽车保险与理赔人才。

本节依据当前我国最新的汽车保险与理赔政策法规，阐述了汽车保险、投保、承保、核保、理赔等保险实务，同时列举了汽车保险与理赔的典型案例。

## 4.3.1 汽车保险的定义

汽车保险，即机动车辆保险，简称车险，是指对机动车辆由于自然灾害或意外事故所造成的人身伤亡或财产损失负赔偿责任的一种商业保险。汽车保险是财产保险的一种，伴随着汽车的普及，机动车辆保险已成为我国财产保险业务中最大的险种。机动车辆保险已涵盖汽车危险事故的大部分，我国交通运输部已强制购车人员购买机动车辆保险，以保证在车祸事故中，受害人的正当权益得到保障。

**1. 汽车保险的有关特点**

除道路交通事故外，汽车本身也面临着风险。与其他处于静止状态的财产一样，汽车本身也受自然灾害和意外事故的威胁，如汽车超速行驶、酒后驾车、疲劳驾驶等，都有可能导致车辆自身损毁的直接损失以及车辆停驶引起的间接经济损失。另外，汽车本身也会造成风险，如车辆制动系统出现故障等，也有可能导致车辆自身损毁的直接损失以及车辆停驶引起的间接经济损失。

**（1）汽车保险的基本特点**

1）保险标的出险率较高。汽车是陆地上的主要交通工具。由于其经常处于运动状态，总是载着人或货物不断地从一个地方开往另一个地方，很容易发生碰撞及意外事故，造成人身伤亡或财产损失。由于车辆数量的迅速增加，一些国家的交通设施及管理水平跟不上车辆的发展速度，再加上驾驶人的疏忽、过失等人为原因，交通事故频繁发生，汽车出险率较高。

2）业务量大，投保率高。由于汽车出险率较高，汽车的所有者需要以保险方式转嫁风险。各国政府在不断改善交通设施，严格制定交通规章的同时，为了保障受害人的利益，对第三者责任保险实施了强制保险。

保险人为了满足投保人转嫁风险的不同需要，对被保险人提供了更全面的保障，在开展车辆损失险和第三者责任险的基础上，推出了一系列附加险，使汽车保险成为财产保险中业务量较大、投保率较高的一个险种。

3）扩大保险利益。在汽车保险中，针对汽车所有者与使用者不同的特点，汽车保险条款一般规定，不仅被保险人本人使用车辆时发生保险事故时保险人要承担赔偿责任，而且凡是被保险人允许的驾驶人使用车辆时，也视为其对保险标的具有保险利益。如果发生保险单上约定的事故，保险人要承担事故造成的损失，保险人须说明汽车保险的规定以"从车"为主。凡经被保险人允许的驾驶人驾驶被保险人的汽车造成保险事故的损失，保险人须对被保险人负赔偿责任。

此规定是为了给被保险人提供更充分的保障，并非违背保险利益原则。但如果在保险合同有效期内，被保险人将保险车辆转卖、转让、赠送他人，被保险人应当书面通知保险人并申请办理批改。否则，保险事故发生时，保险人对被保险人不承担赔偿责任。

4）被保险人自负责任与无赔款优待。为了促使被保险人注意维护、养护车辆，使其保持安全行驶技术状态，并督促驾驶人注意行车安全，以减少交通事故，保险合同上一般规定：驾驶人在交通事故中所负责任，车辆损失险和第三者责任险在符合赔偿规定的金额内实行绝对免赔率；保险车辆在保险期限内无赔款，续保时可以按保险费的一定比例享受无赔款优待。以上两项规定，虽然分别是对被保险人的惩罚和优待，但目的是一致的。

（2）保险理赔的基本特点　汽车保险与其他保险不同，其理赔工作也具有显著的特点。理赔工作人员必须对这些特点有一个清醒和系统的认识，了解和掌握这些特点是做好汽车理赔工作的前提和关键。

1）被保险人的公众性。我国的汽车保险的被保险人曾经是以单位、企业为主，但随着个人拥有车辆数量的增加，被保险人中单一车主的比例逐步增加。这些被保险人的特点是他们购买保险具有较大的被动色彩，加上文化、知识和修养的局限，他们对保险、交通事故处理、车辆修理等知之甚少。另一方面，由于利益的驱动，检验和理算人员在理赔过程中与其在交流过程中存在较大的障碍。

2）损失率高且损失幅度较小。汽车保险的另一个特征是保险事故虽然损失金额一般不大，但事故发生频率高。保险公司在经营过程中需要投入的精力和费用较大，有的事故虽理赔金额不大，但仍然涉及对被保险人的服务质量问题，保险公司同样应予以足够的重视。从个案的角度看赔偿的金额不大，但积少成多也将对保险公司的经营产生重要影响。

3）标的流动性大。汽车的功能特点决定了其具有相当大的流动性。车辆发生事故的地点和时间的不确定性，要求保险公司必须拥有一个运作良好的服务体系来支持理赔服务，主体是一个全天候的报案受理机制和庞大而高效的检验网络。

4）受制于修理厂的程度较大。在汽车保险的理赔中扮演重要角色的是修理厂，修理厂的修理价格、工期和质量均直接影响汽车保险的服务。因为大多数被保险人在发生事故之后，会认为由于有了保险，保险公司就必须负责将车辆修复，所以在车辆交给修理厂之后就很少过问。一旦因车辆修理质量或工期，甚至价格等出现问题，均将保险公司和修理厂一并指责。而事实上，保险公司在保险合同项下承担的仅仅是经济补偿义务，对于事故车辆的修理以及相关的事宜并没有负责义务。

5）道德风险普遍。在财产保险业务中汽车保险是道德风险的"重灾区"。汽车保险具有标的流动性强，户籍管理存在缺陷，保险信息不对称等特点，而且汽车保险条款不完善，相关的法律环境不健全，汽车保险经营管理中存在一些问题和漏洞，给了不法之徒可乘之机，汽车保险欺诈案件时有发生。

**2. 汽车保险的发展**

**（1）国外汽车保险发展历程**

1）汽车保险的发源地——英国。

英国法律事故保险公司于1896年首先开办了汽车保险。当时签发了保费为10~100英镑的第三者责任保险单，汽车火险可以加保，但要增加保险费。1899年，汽车保险责任扩展到与其他车辆发生碰撞所造成的损失。1901年开始，保险公司提供的汽车险保单已具备了现在综合责任险的条件，在上述承保的责任险范围内，增加了碰撞、盗窃和火灾等险种。1906年，英国成立了汽车保险有限公司，该公司的工程技术人员每年为保险车辆免费检查一次，其防灾防损意识领先于其他保险大国。1945年，英国成立了汽车保险局。英国现在是世界保险业第六大国，仅次于美国和日本。据英国承保人协会统计，1998年在普通保险业务中，汽车保险业务首次超过了财产保险业务，保险费达到了81亿英镑，汽车保险费占每个家庭支出的9%，足见其重要地位。

英国的汽车保险发展历史悠久,但直到现在,这个行业仍然竞争激烈,在这个崇尚市场自由的国度,生存着大大小小的私有化保险企业,仅仅是从事汽车保险这一业务的企业,就多达上百家。电话车险是英国各大保险公司十分倚重的销售渠道之一,这种销售方式起源于1985年,并成为英国车主购买车险的主流渠道。网销车险崛起速度也非常快,近年来隐约有与电销渠道并驾齐驱的势头。

2) 汽车保险的发展成熟地——美国。

美国被称为"轮子上的国家"。1889年汽车保险在美国问世,美国车险市场准入和市场退出都相对自由,激烈的市场竞争和较为完善的法律法规,使美国成为世界上最发达的车险市场。1899年汽车碰撞损失险保单问世,1902年开办汽车车身保险业务。1919年,马萨诸塞州率先立法规定汽车所有人必须于汽车注册登记时,提出保险单或以债券作为车辆发生意外事故时赔偿能力的担保,该法案被称为《赔偿能力担保法》。1925年,马萨诸塞州通过了汽车强制保险法,并于1927年正式生效,成为美国第一个颁布汽车强制保险法的州。

经过多年的发展,美国形成了一套复杂但又相当科学的费率计算方法,这套方法代表了国际车险市场上的最高水平。尽管美国各州车险费率的计算方法有差异,但是它们有一个共同点,就是绝大多数的州都采用161级计划作为确定车险费率的基础。在161级计划下决定车险费率水平高低的因素有主要因素和次要因素。主要因素包括被保险人的年龄、性别、婚姻状况及机动车辆的使用状况。次要因素包括机动车的型号、车况、最高车速、使用地区、数量及被保险人驾驶记录等。这两个因素共同决定了被保险人所承担的费率水平。

除了传统的汽车销售商代理保险方式以外,直销方式在美国已很普遍。现在美国主要有三种直销方式:①利用互联网发展车险市场的B2C模式。美国车险业务约有30%都是通过这种网络直销方式取得的。绕过了车行代理这一环节,交易费用减少了,保险费率自然就下来了,同时这也促进了保险公司的业务扩张。②利用电话预约投保的直销模式。这种模式的优点在于成本较低,不需要大量的投入去构建网络平台。③由保险公司向客户直销保险。保险公司的业务人员可以直接到车市或者以其他的方式,把车险产品直接送到客户的面前。这种方式的优点是省去客户的很多时间,业务人员能够面对面地解答客户对于车险产品提出的问题,挖掘市场潜力。

**(2) 我国汽车保险发展历程**

1) 萌芽时期。中国的汽车保险业务的发展经历了一个曲折的过程。汽车保险进入中国是在鸦片战争以后,但由于中国保险市场处于外国保险公司的垄断与控制之下,加之旧中国的工业不发达,中国的汽车保险实质上处于萌芽状态,其作用与地位十分有限。

2) 试办时期。新中国成立后的1950年,创建不久的中国人民保险公司就开办了汽车保险业务。但是因宣传不够和认识的偏颇,不久就出现了对此项保险的争议,有人认为汽车保险以及第三者责任保险对于肇事者予以经济补偿,会导致交通事故的增加,对社会产生负面影响。于是,中国人民保险公司于1955年停止了汽车保险业务。直到20世纪70年代中期,为了满足各国驻华使领馆等外国人对汽车保险的需要,开始办理以涉外业务为主的汽车保险业务。

3) 发展时期。1980年,中国人民保险公司逐步全面恢复中断了近25年之久的汽车保险业务,以适应国内企业和单位对汽车保险的需要,适应公路交通运输业迅速发展、事故频发的客观需要。但当时汽车保险仅占财产保险市场份额的2%。

随着改革开放的发展，社会经济和人民生活也发生了很大的变化，机动车辆迅速普及和发展，机动车辆保险业务也随之得到了迅速发展。1983年将汽车保险改为机动车辆保险，使其具有更广泛的适用范围，在此后近20年时间里，机动车辆保险在中国保险市场，尤其在财产保险市场中始终发挥着重要作用。1988年时，汽车保险的保费收入就已超过了20亿元，占财产保险份额的37.6%，第一次超过了企业财产险（35.99%）。同时，从1988年到2014，机动车辆保险一直保持着财产保险第一大险种的地位，并拥有高增长率。在此期间，机动车辆保险条款、费率以及管理也日趋完善，尤其是中国保监会的成立，进一步完善了机动车辆保险的条款，加大了对于费率、保险单证以及保险人经营活动的监管力度，加速建设并完善了机动车辆保险中介市场，对全面规范市场，促进机动车辆保险业务的发展起到了积极的作用。

4）最新改革。2014年7月，保监会向各财险公司发布了《关于深化商业车险条款费率管理制度改革的指导意见（征求意见稿）》，拟将商业车险费率分为基准纯风险保费、基准附加费用、费率调整系数三个部分计算，并要求保险行业协会按照大数法则，建立商业车险损失数据的收集、测算、调整机制，动态发布商业车险基准纯风险保费表。商业车险费率市场化改革也正式试点运行。

## 4.3.2 汽车保险的作用与分类

**1. 汽车保险的作用**

（1）**促进了汽车工业的发展，扩大了对汽车的需求** 从目前经济发展状况来看，汽车工业已成为我国经济健康、稳定发展的重要动力之一，汽车产业政策在国家产业政策中的地位越来越高。汽车产业政策要产生社会效益和经济效益，要成为中国经济发展的原动力，离不开汽车保险与之配套服务。汽车保险业务自身的发展对于汽车工业的发展起到了有力的推动作用。汽车保险的出现解除了企业与个人对使用汽车过程中可能出现的风险的担心，一定程度上提高了消费者购买汽车的欲望，扩大了对汽车的需求。

（2）**稳定了社会公共秩序** 随着我国经济的发展和人民生活水平的提高，汽车作为重要的生产运输和代步工具，成为社会经济及人民生活中不可缺少的一部分，其作用越来越重要。汽车作为一种保险标的，虽然单位保险金不是很高，但数量多而且比较分散。车辆所有者为了转嫁使用汽车带来的风险，愿意支付一定的保险费投保在汽车出险后，从保险公司获得经济补偿。由此可以看出，开展汽车保险既有利于社会稳定，又有利于保障保险合同当事人的合法权益。

（3）**促进了汽车安全性能的提高** 在汽车保险业务中，经营管理与汽车维修行业及其价格水平密切相关。原因是在汽车保险的经营成本中，事故车辆的维修费用是其中重要的组成部分，同时车辆的维修质量在一定程度上体现了汽车保险产品的质量。保险公司出于有效控制经营成本和风险的需要，除了加强自身的经营业务管理外，必然会加大事故车辆修复工作的管理，在一定程度上提高了汽车维修质量管理的水平。

**2. 汽车保险的分类**

（1）**汽车交通事故责任强制保险** 机动车交通事故责任强制保险简称交强险，是指由保险公司对被保险机动车发生道路交通事故造成本车人员、被保险人以外的受害人的人身伤亡、财产损失，在责任限额内予以赔偿的强制责任保险。交强险是责任保险，其保险标的是被保险机动车造成的第三人损害。

交强险规定被保险人在使用被保险机动车过程中发生交通事故，致使受害人遭受人身伤亡或者财产损失，依法应当由被保险人承担的损害赔偿责任，保险人按照交强险合同的约定负责赔偿。

**（2）汽车商业保险**

1）汽车损失险。汽车损失险承保保险车辆遭受保险责任范围内的自然灾害或意外事故造成车辆本身的损失。

汽车损失险的保险责任一般采用列明风险责任的方式，只有列明的自然灾害和意外事故造成的保险车辆的直接损失，保险人才承担赔偿责任。

2）汽车第三者责任险。被保险车辆（汽车、电车、电瓶车、摩托车、拖拉机、各种专用机械车、特种车等）发生保险责任事故，致使第三者人身伤亡或者财物受损，被保险人依法应负经济赔偿责任。

被保险人或其允许的合格驾驶人在使用保险车辆过程中，发生意外事故，致使第三者遭受人身伤亡或财产的直接损毁，依法应当由被保险人支付的赔偿金额，保险人依照我国《道路交通事故处理办法》和保险合同的规定给予赔偿。但因事故产生的善后工作，保险人不负责处理。

3）全车盗抢险。保险车辆全车被盗窃、抢劫或抢夺，经县级以上公安刑侦部门立案证实，满60天未查明下落，由保险人按照保险金额与车辆出险时的实际价值中的低者并扣除一定的绝对免赔率予以赔付；保险车辆在被盗窃、抢劫或抢夺期间受到损坏或车上零部件设备丢失需要修复的合理费用，由保险人按实际修复费用计算赔偿，最高不超过全车盗抢险保险金额。

4）自燃损失险。保险车辆在使用过程中，因本车电器、线路、供油系统发生故障及运载货物自身原因起火燃烧，造成保险车辆的损失，以及被保险人在发生本保险事故时，为减少保险车辆损失所支出的必要合理的施救费用，保险人在保险单该项目所载明的保险金额内，按保险车辆的实际损失计算赔偿；发生全部损失的，按出险时保险车辆实际价值在保险单该项目所载明的保险金额内计算赔偿。

5）车身划痕损失险。车身划痕损失险也称油漆单独损伤险，此险种一般适用于已投保车辆损失保险的家庭自用或非营业用、使用年限在3年以内、9座以下的客车（不同保险公司亦有不同规定）。对于车辆无明显碰撞痕迹的车身划痕损失，保险人负责赔偿。但该损失若是被保险人及其家庭成员、驾驶人员及其家庭成员的故意行为造成的，保险人不予赔偿。

目前该险种因道德风险太大且无法控制，导致赔付率过高，部分保险公司已停止开展此业务。

6）车上人员责任险。保险车辆发生意外事故，造成车辆上人员的人身伤亡，依法应由被保险人承担的经济赔偿责任，由保险人负责赔偿。但是对于违章搭乘人员的人身伤亡、车上人员因疾病、分娩、自残、殴斗、自杀、犯罪行为造成的自身伤亡或在车下时遭受的人身伤亡，保险人可以免除责任。

7）玻璃单独破碎险。承保保险车辆风窗玻璃或车窗玻璃的单独破碎损失，但对于安装、维修车辆过程中造成的玻璃单独破碎不予负责。投保人与保险人可协商选择按进口或国产玻璃投保。保险人根据协商选择的投保方式承担相应的赔偿责任。

8）不计免赔特约险。办理了本项特约险的汽车发生所投保基本险或附加险的保险事故造成损失，对其在符合规定的金额内按基本险或附加险条款规定计算的免赔金额，保险人负责赔偿。

9）新增加设备损失险。承保保险车辆在行驶过程中，发生碰撞等意外事故，造成车上需新增加设备的直接损失，保险人在保险单该项目所载明的保险金额内，按实际损失计算赔偿。

10）车上货物责任险。发生意外事故，致使保险车辆所载货物遭受直接损毁，依法应由被保险人承担的经济赔偿责任，由保险人负责赔偿。但是对于货物因哄抢、自然损耗、本身缺陷、短少、死亡、腐烂、变质造成的损失，违法、违章载运或因包装不善造成的损失及车上人员携带的私人物品损失，保险人不承担赔偿责任。

### 4.3.3 汽车保险实务

保险公司承保业务的流程大体相近，大致经历以下环节：保户投保，包括保户填写投保单，缴纳保费；保险公司承保、签订保险合同，包括核保、出具保单，出具保费的收据；保险标的发生损失，保户向保险公司提出索赔，保险公司查勘，属于保险责任的，保险公司支付赔偿，不属于保险责任的，保险公司拒绝赔偿；续保等。本节重点介绍汽车保险业务的投保与承保的基本业务环节，理赔环节将在后续章节具体介绍。

**1. 保险投保**

**（1）投保人投保过程中应注意的问题** 由于各家保险公司推出的汽车保险条款种类繁多，价格不同，因此投保人在购买汽车保险时应注意如下事项：

1）合理选择保险公司。投保人应选择具有合法资格的保险公司营业机构购买汽车保险。汽车保险的售后服务与产品本身一样重要，投保人在选择保险公司时，要了解各公司提供服务的内容及信誉度，以充分保障自己的利益。

2）合理选择代理人。投保人也可以通过代理人购买汽车保险。选择代理人时，应选择具有执业资格证书、展业证及与保险公司签有正式代理合同的代理人；应当了解汽车保险条款中涉及赔偿责任和权利义务的部分，防止个别代理人片面夸大产品保障功能，回避责任免除条款内容。

3）了解汽车保险内容。投保人应当询问所购买的汽车保险条款是否经过保监会批准，认真了解条款内容，重点条款的保险责任、除外责任和特别约定，被保险人的权利和义务，免赔额或免赔率的计算，申请赔偿的手续，以及退保和折旧等规定。此外还应当注意汽车保险的费率是否与保监会批准的费率一致，了解保险公司的费率优惠规定和无赔款优待的规定。通常保险责任比较全面的产品，保险费比较高；保险责任少的产品，保险费较低。

4）根据实际需要购买。投保人选择汽车保险时，应了解自身的风险和特征，根据实际情况选择个人所需的风险保障。对于汽车保险市场现有产品应进行充分了解，以便购买适合自身需要的汽车保险。

5）购买汽车保险的其他注意事项。①对保险重要单证的使用和保管。投保者在购买汽车保险时，应如实填写投保单上规定的各项内容，取得保险单后应核对其内容是否与投保单上的有关内容完全一致。对所有的保险单、保险卡、批单、保费发票等有关重要凭证应妥善保管，以便在出险时能及时提供理赔依据。②如实告知义务。投保者在购买汽车保险时应履行如实告知义务,对与保险风险有直接关系的情况应当如实告知保险公司。③购买汽车保险后,应及时缴纳保险费,并按照条款规定,履行被保险人义务。④合同纠纷的解决方式。对于保险合同产生的纠纷,消费者应当依据在购买汽车保险时与保险公司的约定,以仲裁或诉讼方式解决。⑤投诉。消费者在购买汽车保险过程中,如发现保险公司或中介机构有误导或销售未经批准的汽车保险等行为,可向保险监督管理部门投诉。

(2) **保险公司或代理人应提供合理的保险方案** 在开展汽车保险业务过程中,保险公司或代理人应从加大产品的内涵、提高保险公司的服务水平入手,在开展业务的过程中为投保人或被保险人提供完善的保险方案。

1) 保险方案制定的基本原则。

① 充分保障的原则。即保险方案的制定应建立在对于投保人的风险进行充分和专业评估的基础上,根据对于风险的了解和认识制定相应的保险保障方案,目的是通过保险的途径最大限度地分散投保人的风险。

② 公平合理的原则。即保险人或代理人在制定保险方案的过程中应贯彻公平合理的精神。所谓合理就是要确保提供的保障是适用和必要的,防止提供不必要的保障。所谓公平主要体现在价格方面,包括与价格有关的赔偿标准和免赔额的确定,既要合法,又要符合价值规律。

③ 充分披露的原则。即保险人在制定保险方案的过程中,应根据保险最大诚信原则的告知义务的有关要求,将保险合同的有关规定,尤其是可能对于投保人产生不利影响的规定,要向投保人进行详细的解释。以往汽车保险业务出现纠纷的重要原因之一就是保险公司或代理人出于各种目的的考虑,在订立合同时没有对投保人进行充分的告知。

2) 制定保险方案前的调查工作。在制定保险方案之前应对投保人或潜在被保险人的情况进行充分的调查,根据调查结果进行分析是制定保险方案的必要前提。调查的主要内容有:①了解企业的基本情况,包括企业的性质、规模、经营范围和经营情况;②了解企业拥有车辆的数量、车型和用途,了解车况、驾驶人素质情况、运输对象、车辆管理部门等;③了解企业车辆管理的情况,包括安全管理的目标、对于安全管理的投入、安全管理的实际情况、以往发生事故的情况以及分类等;④了解企业以往的投保情况,包括承保公司、投保险种、投保金额、保险期限和赔付率等情况;⑤了解企业投保的动机,防止逆向投保和道德风险。

3) 保险方案的主要内容。保险方案是在对投保人进行风险评估的基础上提出的保险建议书。首先,应当包括从专业的角度对投保人可能面临的风险进行识别和评估。其次,在风险评估的基础上提出保险的总体建议。再次,应当对条款的适用性进行说明,介绍有关的险种并对条款进行必要的解释。最后,对保险人及其提供的服务进行介绍。其具体内容有:①保险人情况;②投保标的风险评估;③保险方案的总体建议;④保险条款以及解释;⑤保险金额以及赔偿限额的确定;⑥免赔额以及适用情况;⑦赔偿处理程序以及要求;⑧服务体系以及承诺;⑨相关附件。

**2. 保险承保**

(1) **填写投保单** 投保人购买保险,首先要提出投保申请,即填写投保单,交给保险人。投保单是投保人向保险人申请订立保险合同的依据,也是保险人签发保单的依据。投保单的基本内容有:投保人的名称、厂牌型号、车辆种类、号牌号码、发动机号码及车架号、使用性质、吨位或座位、行驶证、初次登记年月、保险价值、车辆损失险保险金额的确定方式、第三者责任险赔偿限额、附加险的保险金额或保险限额、车辆总数、保险期限、联系方式、特别约定、投保人签章。

（2）**核保** 核保是保险公司在业务经营过程中的一个重要环节，是指保险公司的专业技术人员对投保人的申请进行风险评估，决定是否接受这一风险，并在决定接受风险的情况下，决定承保的条件，包括使用的条款和附加条款，确定费率和免赔额等。

1) 核保的意义：防止逆选择，排除经营中的道德风险；确保业务质量，实现经营稳定；实现经营目标，确保持续发展。

2) 核保的主要内容。

① 投保人资格。对于投保人资格进行审核的核心是认定投保人对保险标的拥有保险利益，汽车保险业务中主要是通过核对行驶证来完成的。

② 投保人或被保险人的基本情况。投保人或被保险人的基本情况主要是针对车队业务的。通过了解企业的性质、是否设有安保部门、经营方式、运行主要线路等，分析投保人或被保险人对车辆的技术管理状况，保险公司可以及时发现其可能存在的经营风险，采取必要的措施降低和控制风险。

③ 投保人或被保险人的信誉。投保人与被保险人的信誉是核保工作的重点之一。对于投保人和被保险人的信誉调查和评估逐步成为汽车核保工作的重要内容。评估投保人与被保险人信誉的一个重要手段是对其以往损失和赔付情况进行了解，那些没有合理原因，却经常更换保险公司的被保险人往往存在道德风险。

④ 保险标。对保险车辆应尽可能采用"验车承保"的方式，即对车辆进行实际检验，包括了解车辆的使用和管理情况，复印行驶证、购置车辆的完税费凭证，拓印发动机与车架号码，对于一些高档车辆还应当建立车辆档案。

⑤ 保险金额。保险金额的确定涉及保险公司及被保险人的利益，因此往往是双方争议的焦点，因此保险金额的确定是汽车保险核保中的一个重要内容。在具体的核保工作中应当根据公司制定的汽车市场指导价格确定保险金额。

⑥ 保险费。核保人员对于保险费的审核主要分为费率适用的审核和计算的审核。

⑦ 附加条款。主险和标准条款提供的是适应汽车风险共性的保障，但是作为风险的个体是有其特性的。一个完善的保险方案不仅解决共性的问题，更重要的是解决个性问题，附加条款适用于风险的个性问题。特殊性往往意味着高风险，所以在对附加条款的适用问题上，更应当注意对风险的特别评估和分析，谨慎接受制定条件。

（3）**接受业务** 保险人按照规定的业务范围和承保的权限，在审核检验之后，有权做出承保或拒保的决定。

（4）**缮制单证** 缮制单证是在接受业务后填制保险单或保险凭证等手续的程序。保险单或保险凭证是载明保险合同双方当事人权利和义务的书面凭证，是被保险人向保险人索赔的主要依据。因此，保险单质量的好坏，往往直接影响汽车保险合同的顺利履行。填写保险单有以下要求：单证相符、保险合同要素明确、数字准确、复核签章、手续齐备。

### 4.3.4 汽车保险理赔

**1. 交通事故现场勘查**

（1）**现场勘查工作流程**

1) 交通警察应当向现场人员了解交通事故的基本情况，寻找见证人，记录有关情况和见证人的联系方法,在勘查现场的同时或者之后进行询问。

2) 交通警察应当按照现场勘查有关法规、标准和勘验技术要求,认真细致地勘查现场,调查取证。

3) 交通警察应当按照《道路交通事故勘验照相》等所要求的标准,拍摄并制作"交通事故照片"。死亡两人以上的,应当对尸体进行编号,逐一拍照,并记录尸体的原始位置。

4) 交通警察应当按照道路交通事故现场图绘制、道路交通事故图形符号等所要求的标准,绘制交通事故现场图。

5) 交通警察应当按照《交通事故痕迹物证勘验》等所要求的标准,勘验,采集,提取痕迹、物证,并制作交通事故现场勘查笔录。

6) 现场勘查完毕,应当对现场图、现场勘查笔录进行复核,发现错误应及时更正。确认无误后,应当由勘查现场的交通警察、当事人或者见证人在《交通事故现场图》上签名。当事人不在现场、拒绝签名或者无见证人的,应当在《交通事故现场图》上注明。

7) 现场勘查结束后,交通警察应当向当事人发送联系卡。

8) 现场勘查结束后,交通警察应当组织清理现场,登记、保存当事人遗留物品和有使用价值的物品。通知殡葬服务单位或者有停尸条件的医疗机构将尸体运走存放。能移动的事故车辆应当立即移走,无法移动的,将事故车辆拖移至不妨碍交通的地点或者停车场内,对暂时无法拖移的,须开启事故车辆的危险报警灯,并按规定在车后设置危险警告标志。清理现场恢复交通后,交通警察方可撤离现场。

9) 交警部门应当及时核查交通事故伤亡人员身份,并告知其家属伤者就医的医疗机构或者存放尸体的单位。

10) 责人批准,可以保留部分或全部现场,并视现场范围大小安排警力进行警戒,待条件具备后再继续勘查。保留全部现场的,原警戒线不得撤除;保留部分现场的,只对所保留部分进行警戒。

**(2) 现场勘查的内容** 交警现场勘查记录应具体记录下列勘查内容:

1) 现场的具体地点和位置、周围环境、路段地形地物、肇事车辆与现场其他物体、痕迹的相互位置。

2) 现场道路状况。如路形、路质、路宽、视线等。

3) 肇事车辆痕迹。如车辆碰撞、挫划印痕、油漆脱落印迹,以及车上头发、皮屑、血迹、手印等痕迹的部位、形状、特征及位置。

4) 现场路面痕迹。如轮胎印迹、制动拖印长度、车辆停止位置及状态等。

5) 车辆检查鉴定情况。如车辆转向制动、传动系统、仪表、灯光、发动机效能状况等。

6) 伤亡检查情况。如伤者的受伤部位、血迹部位、尸体位置及与车辆的距离等。

7) 身心调查。调查当事人的身心状态,如健康状况、心理状态、疲劳度、是否饮酒及服用药物等情况。

对于变动现场,记录时应将变动原因(人为的或自然的、伪造的或逃逸的)及现场所见的反常现象叙述清楚,便于辨别事故的发生过程,正确分析事故的原因和责任。

**2. 交通事故定损与核损**

**（1）交通事故定损流程**

1）道路交通事故车物损失价格鉴定的工作程序。

① 道路交通事故处理机关受理交通事故后，需对受损车物损失价格进行评估鉴定的，应及时委托价格主管部门进行车物损失价格鉴定。

② 对车物勘估时，价格主管部门应派出两名以上经鉴定中心审核批准的评估人员。评估人员根据勘估后确认的车物受损情况，按修理、更换或重置的价格费用评估准则，计算损失金额，做出鉴定结论，出具价格鉴定书，并加盖鉴定单位印章。原则上鉴定结论应在交通事故发生后 7 天内做出，如情况特殊，经交警大队批准可延期 7 天。

③ 价格鉴定书经交警大队确认加盖事故处理专用章后生效，并由事故处理经办民警发给当事人。

④ 交通事故车物损失价格鉴定结论经公安交通管理部门确认生效后，任何单位或个人均不得随意更改。当事人如对经确认的鉴定结论不服或有异议，可在收到鉴定结论 5 天内向交警支队申请重新鉴定。交警支队受理后应及时转交同级价格主管部门重新评估鉴定，同级价格主管部门要在 10 天内做出重新鉴定结论。重新鉴定书经交警支队事故处理科确认加盖事故处理专用章后生效。

2）车辆损失的评估准则。

① 车辆损失的评估鉴定。应遵循修复为主、更换为辅的原则进行损失评估，在保证使用寿命、主要性能和外观恢复或接近事故前状况的前提下节约费用。

评估中确定更换的零部件和维修工时费，一律按事故发行时当地市场平均价格水平计算。

② 由于道路交通事故造成的车辆完全毁坏（指修复价格超过该车现行市场价格 50% 以上的），按事故发生时发生地市场同类型新车的价格水平及该车的成新率计算损失价格。

③ 事故受损车辆严格按照先鉴定、后维修的原则。事故车辆经评估后，车主有权在损失鉴定金额范围内自行选择合乎质量要求的修理厂进行修复。在修复过程中发现车辆存在当次事故造成的，但鉴结论书中未有载明的隐损部位，由修理厂及车主及时写下书面报告（附照片），通知鉴定机构，待鉴定机构做出补充鉴定后方可继续进行修复工作；离开当地地区维修的车辆不做补充鉴定。

④ 凡机动车辆转向、制动、行驶、传动系统损坏的，修复后须经公安交通管理部门指定的机动车辆安全技术检测站检测，凭检验合格证到交通事故处理机关办理手续后方准上路行驶。

3）道路交通事故造成财物损失的评估鉴定。

① 全新的物品，按事故发生时发生地市场同类物品平均价格计算其损失金额。

② 已使用过的物品，按事故发生时发生地市场同类物品平均价格及该物品的成新率折合计算其损失金额。

③ 可修复使用的物品，按照修理费计算其损失金额。

4）道路交通事故造成道路设施、建筑物损坏的评估鉴定。

属于能维修使用的，按照其维修费用计算损失金额；属于完全毁坏的，按事故发生时的重置成本计算其损失金额。

(2) 交通事故核损流程

1) 根据收集的各种医疗相关单证，如门诊或急诊病历、出院小结、住院病历、医疗费凭证、医疗费用清单等，结合医保药品目录和治疗项目规定，仔细审核，在系统中缮制医疗核损意见书，对于住院的必须审阅住院病历和医嘱单。

2) 对不合理部分提出质疑，要求合理评定，并把处理经过详细记录在交通事故案件跟踪记录表中，或再补充资料或做相关调查，必要时也可借助司法程序进行重新认定。

3) 协助被保险人调解、结案流程。

① 协助被保险人参与调解、结案工作。应首先取得被保险人的书面授权，并事先申明参与调解的结果并不构成保险公司的理赔承诺。

② 交通事故核损员可以协助被保险人参与事故的处理过程。对一些复杂有争议的交通事故，同被保险人一起到交警部门协助调解。根据法律规定，协助被保险人确定赔偿项目及金额，尽可能减少保户不合理费用的支出。

③ 对于存在与保险赔偿有关的争议的案件，还可视被保险人请求和涉案金额，协助被保险人参与与第三者的诉讼，提供必要的医疗知识及法律服务。

④ 参与过程及结果应及时记录在系统中的交通事故案件跟踪记录表中。

4) 单、证收集。关于交通事故案件索赔时需要的单、证要求，应事先由交通事故案件调查员或事故车辆查勘定损员书面告知被保险人。

在事故处理结案后，被保险人提交有关人身损害赔偿的票据、病历、证明文件、事故责任认定书及调解书、法院判决书及仲裁书等相关资料，由单、证收集人员进行初审，并打印单证收集表交被保险人。

**3. 理赔工作的基本原则**

汽车理赔工作涉及面广，情况比较复杂。在赔偿处理过程中，特别是在对汽车事故进行查勘工作过程中，必须提出应有的要求，坚持一定的原则。

(1) **树立为保户服务的指导思想，坚持实事求是的原则**　整个理赔工作过程体现了保险的经济补偿职能。当发生汽车保险事故后，保险人要急被保险人所急，千方百计避免扩大损失，尽量减轻因灾害事故造成的影响，及时安排事故车辆修复，并保证基本恢复车辆的原有技术性能，使其尽快投入生产运营。

及时处理赔案，支付赔款，以保证运输生产单位（含个体运输户）生产、经营的持续进行和人民生活的安定。

在现场查勘时，事故车辆修复定损以及赔案处理方面，要坚持实事求是的原则，在尊重客观事实的基础上，具体问题具体分析，即严格按条款办事，并结合实际情况进行适当灵活处理，使各方都比较满意。

(2) **重合同，守信用，依法办事**　保险人是否履行合同，就要看其是否严格履行经济补偿义务。因此，保险方在处理赔案时，必须加强法制观念，严格按条款办事，该赔的一定要赔，而且要按照赔偿标准及规定赔足；不属于保险责任范围的损失要做到不滥赔，同时还要向被保险人讲明原因，拒赔部分要讲事实、重证据。

要依法办事，坚持重合同和诚实守信，只有这样才能树立保险的信誉，扩大保险的积极影响力。

（3）坚决贯彻理赔原则

1）主动。就是要求保险理赔人员对出险的案件积极、主动地进行调查，了解和勘查现场，掌握出险情况，进行事故分析，确定保险责任。

2）迅速。就是要求保险理赔人员查勘、定损处理迅速、不拖沓，抓紧赔案处理，对赔案要核得准，赔款计算案卷缮制快，复核、审批快，使被保险人及时得到赔款。

3）准确。就是要求从查勘、定损到赔款计算，都要做到准确无误，不错赔、不滥赔、不惜赔。

4）合理。就是要求在理赔工作过程中本着实事求是的精神，坚持按条款办事。在许多情况下，要结合具体案情准确定性，尤其在对事故车辆进行定损过程中，要合理确定事故车辆维修方案。

**4. 理赔工作流程**

"投保容易、理赔难"是投保人普遍反映的一个问题。下面结合各大保险公司的规定，整理出简易理赔流程图（图 4-2）。只要按照保险公司的要求，按照流程逐项完成，一般情况下保险理赔不会太复杂。不管是自己撞车、撞别人车，还是被别人撞，大致的索赔流程如下：

图 4-2　汽车保险理赔流程图

（1）**车辆出险和报案**　出险后投保人首先要做的是，及时向各自承保公司和交通管理部门报案，告知保险公司损坏车辆所在地点，以便对车辆查勘定损。一方面让保险公司知道投保人发生了交通事故，另一方面也可以向保险公司咨询如何处理、保护现场，保险公司会告知如何向对方索要事故证明等。

（2）**取得交警证明**　出示行驶证、驾驶证、身份证，现场交警填写交通事故确认书。现场交警根据各方陈述，对事故进行勘察后做出事故认定及责任划分，如无争议，填写交通事故责任认定书，车主签字确认。

（3）**填写出险单**　出示上述 3 证和保险单证，理赔员完成现场查勘初步定损工作，签收审核索赔单证，填写机动车辆保险出险/索赔通知书，双方签字确认。

（4）**理赔员审核定损**　事故确认完毕，各方车辆应立即到车险理赔服务点的驻场定损点进行损失确定，填写机动车保险事故车辆损坏项目确认单。如无争议，双方签字确认，理赔员开具任务委托单，确定维修项目及维修时间。

(5) **送修理厂修理** 如果是在保险公司推荐的修理厂修理事故车,修完后,可以将索赔材料交给修理厂,并向修理厂出具一份向保险公司代为索赔的委托书,然后支付自己应该支付的部分修理费(比如保险公司免赔的部分),就可以直接提车。如果自己选择修理厂修理,修完车后,要先向修理厂支付修理费,然后拿着所有的索赔材料到保险公司的理赔部门索赔。

(6) **保险公司复核后赔付结案** 车辆修复及事故处理结案后,准备保险索赔所需资料:

1) 机动车辆保险单及批单正本原件、复印件。
2) 机动车辆保险出险/索赔通知书。
3) 相关行驶证、驾驶证、身份证复印件。
4) 相关赔款收据、汽车修理费发票等原件。
5) 交通事故责任认定书。

### 4.3.5 汽车保险事故理赔实例

**案例 1**

商业第三者责任强制保险的赔付顺序与赔款额计算方法

**【案情】**

2005 年 2 月 3 日上午 9 时,文某驾驶一辆核载 5 人的小轿车,带着妻子刘某及其他 4 人一行 6 人沿公路由东向北行驶至一弯道时,遇郑某驾驶的核载 1.9 吨的中型普通货车载着 11.5 吨煤矸石由北往南行驶。会车过程中,小轿车驶入相向车道,两车正面碰撞后,小轿车被推后 20 米,造成文某本人及 5 位乘车人当场死亡、两车受损的特大交通事故。

交通事故发生后,某县公安交警大队根据现场勘察、当事人陈述、证人证言证实,文某驾车超员 1 人,在限速、交通事故多发地段超速行驶,会车驶入相向车道是交通事故的主要原因。根据《道路交通安全法实施条例》第 91 条的规定,文某应承担主要责任。郑某驾驶中型普通货车,严重超载,在限速、交通事故多发地段超速行驶,其过错加重了交通事故的损害后果,根据《道路交通安全法实施条例》第 91 条的规定,应承担次要责任。5 位乘客不承担责任。

另外查明,被告人郑某的肇事车的实际所有权人是某实业公司。该车已在某县某保险公司进行了投保,第三者责任险责任限额为 50 万元。交通事故发生后,为及时处理后事,该实业公司先行赔付了每个受害人家属 1 万元。

除文某妻子外的其他 4 位乘车人的家属分别向某县人民法院起诉,请求法院判令文某的亲属、交通事故次要责任人郑某及供职的实业公司、某县某保险公司一并赔偿经济损失共计 113 万余元。在诉讼期间,文某和刘某的亲属也分别起诉,要求判令对方司机郑某及其单位某实业公司、某保险公司赔偿 40% 的经济损失共计 23 万余元,法院予以合并审理。

法院审理后认为:文某驾车超速,驶入对方车道是导致交通事故发生的主要原因,应承担 80% 的赔偿责任。鉴于文某已死亡,其赔偿责任应由其继承人在文某的遗产范围内承担。被告郑某驾驶货车超载、超速,负交通事故次要责任,应承担 20% 的赔偿责任。鉴于货车已投保,根据保险条款规定,保险公司应承担 20% 中的 85% 的赔偿责任,但精神损害抚慰金不在保险范围内。某实业公司作为郑某的工作单位,应对郑某在工作时发生的交通事故承担连带赔偿责任。法院判决,被告文某的继承人分别赔偿 4 位乘车人的近亲属经济损失

70.4549 万元的 80%，即 56.3607 万元；被告郑某分别赔偿受害人 4 位乘车人、文某近亲属的经济损失计人民币 120.3494 万元的 20%，即 24.069 万元，精神抚慰金共 1 万元，扣除已付款 4.8 万余元，郑某还应赔偿 18.269 万元；某实业公司对郑某的赔偿款承担连带责任；某保险公司承担赔偿款 20 余万元。

**【案例分析】**

本案发生时由于尚未实行交强险制度，保险公司承保的是商业性第三者责任险。第三者是投保机动车发生交通事故时的受害人，但不包括被保险人或其允许的驾驶人及他们的家庭成员和本车上的一切人员。第三者责任险的每次交通事故最高赔偿限额根据不同车辆种类可以由投保人选择确定，当然不同的责任限额，保费也不同。另外，商业性第三者责任险都规定了一定的交通事故责任免赔率和绝对免赔率，当发生保险合同规定的特定情形时，保险公司加算一定的免赔率。

在交强险制度实施后，机动车除了投保交强险外，还可以投保商业性第三者责任险。发生交通事故后，承保交强险的保险公司先行赔付第三者的人身和经济损失，不足的部分，如果当事人还投保了商业性第三者责任险，由承保公司就余额中不超过责任限额的部分按照当事人应承担的民事赔偿比例赔付。

被保险人按交通事故责任比例应付的赔偿金额在减去交强险赔偿限额后低于商业性第三者责任险赔偿限额时，赔偿额计算公式为：

$$赔款=(第三者的人身和财产总损失额-交强险限额)×责任比例×(1-交通事故责任免赔率)×(1-绝对免赔率)$$

当被保险人按交通事故责任比例在减去交强险赔偿限额后，应付的赔偿金额超过赔偿限额时，赔偿额计算公式为

$$赔款=赔偿限额×(1-交通事故责任免赔率)×(1-绝对免赔率)$$

## 4.4 汽车租赁

### 4.4.1 汽车租赁的定义与分类

**1. 汽车租赁的定义**

汽车租赁业被称为交通运输服务行业，具有无须办理保险、无须年检维修、车型可随意更换等优点，以租车代替买车来控制企业成本，这种在外企中十分流行的管理方式，正慢慢受到国内企事业单位和个人用户的青睐。

汽车租赁是指将汽车的资产使用权从拥有权中分开，出租人具有资产所有权，承租人拥有资产使用权，出租人与承租人签订租赁合同，以交换使用权利的一种交易形式。

**2. 汽车租赁的分类**

按照不同的分类标准，汽车租赁具有不同的分类方法，常见的有按照租赁期长短划分和按照经营目的划分两类。汽车租赁具有租赁期短，租用方便，由出租方提供维修保养等租后服务等特点。中国汽车租赁企业由于经营时间短，规模和实力有限，多采用分散独立经营的模式，但随着中国经济的发展和租赁市场的成长，这种模式难以为顾客提供方便快捷的服务，限制了企业的市场开拓和经营规模的扩大，难以为企业提供持续健康发展的空间。汽车

租赁企业在经历了最初的市场培育之后，经营模式必将走上连锁经营或与制造企业合作的道路。

**（1）按照租赁期长短划分** 1997年颁布实施的《汽车租赁试点工作暂行管理办法》中规定，按照租赁期的长短可将汽车租赁分为长期租赁和短期租赁。在实际经营中，一般认为15天以下为短期租赁，15~90天为中期租赁，90天以上为长期租赁。

长期租赁是指租赁企业与用户签订长期（一般以年计算）租赁合同，按长期租赁期间发生的费用（通常包括车辆价格、维修维护费、各种税费开支、保险费及利息等）扣除预计剩存价值后，按合同月数平均收取租赁费用，并提供汽车功能、税费、保险、维修及配件等综合服务的租赁形式。

短期租赁是指租赁企业根据用户要求签订合同，为用户提供短期内（一般以小时、日、月计算）的用车服务，收取短期租赁费，解决用户在租赁期间的各项服务要求的租赁形式。

**（2）按照经营目的划分** 汽车租赁按照经营目的划分为融资租赁和经营租赁。融资租赁是指承租人以取得汽车产品的所有权为目的，经营者则是以租赁的形式实现标的物所有权的转移，其实质是一种带有销售性质的长期租赁业务，在一定程度上带有金融服务的特点。经营租赁指承租人以取得汽车产品的使用权为目的，经营者则是通过提供车辆功能、税费、保险、维修、配件等服务来实现投资收益。

## 4.4.2 汽车租赁的经营模式

**1. 企业租车**

承租方需提供营业执照副本、组织机构代码证书、企业信息卡、企业法人身份证、公章、委托书。

承租方经办人还需提供本人本市户口本、身份证、驾驶证。

**2. 个人租车**

1）承租方应按要求携带有效证件如身份证、驾驶证、户口簿等，与业务部门签订租车合同。

2）承租方应严格履行租赁公司规定的合同条款。

3）承租方应预付全部租金，抵押金不能视为租金。

4）承租方提供转账支票，必须待款进账后方可办理租车手续。如出现空头支票，将上报公安机关，一切责任自负。

5）承租方按24小时为一个租车日，每天限行公里数根据各地租赁公司不同而定，超一公里收取相应的租金，剩余公里数累计在租车时可以与租赁公司洽谈。

6）承租方在使用过程中，若违反租赁公司的有关规定，租赁公司有权在任何时候收回车辆，并终止合同。

**3. 外籍人员租车**

租车人需提供本人护照、本市居留证1年以上、中国驾驶执照，还要找一名本市户口担保人。

担保人需提供本人户口本、身份证、担保承诺书。

## 4.4.3 汽车租赁企业的运营管理

**1. 租赁步骤**

（1）**了解手续** 在租车之前一定要做好足够的准备工作，对于租车的一些手续要有所了解。

（2）**选择车辆** 租车在选择车辆的时候一定要谨慎，不同的车辆在价位和服务上都是不同的，选择最适合自己的车才是最重要的。

（3）**选择企业** 企业的选择标准是很明确的，口碑好、规模大的企业是首选。这样的租赁企业没有一定的优劣，服务和口碑是最重要的。

**2. 双方的义务和责任**

汽车租赁公司的责任和义务：

1）保证车辆租出时性能良好，备胎、随车工具等齐全有效，并与汽车租赁人交接清楚。

2）负责有关规定的车辆各类保险、各类税费及管理费。

3）负责对租出的车辆进行正常的修理和定期保养。

4）负责对租出车辆到指定汽车修理厂进行维修。

5）协助汽车租赁人处理发生的交通事故和按保险公司规定办理索赔手续。

汽车租赁和承租人需要承担以下义务和责任：

1）车辆的正常维修、保养、年审和保险由汽车租赁企业负责。因承租人原因而延误车辆的保养或年审，由此造成的损失由承租人全部承担。

2）在租赁期内，承租人要按《车辆使用手册》操作及保养车辆。在出车前，必须进行常规检查，如检查机油、制动油、冷凝水、轮胎气压和灯光等，若发现问题，须速送租车企业指定的维修点维修，否则后果自负。

3）承租人在租赁期内，有义务妥善保管好、使用好所租用的汽车及其有关的证件，保持车身清洁，直到归还租赁企业为止。如有遗失，应及时通知租赁企业及有关部门。

## 4.5 汽车置换服务

### 4.5.1 汽车置换服务概述

汽车置换是指消费者用二手车的评估价值加上另行支付的车款，从品牌经销处购买新车的业务。汽车置换从狭义上来说就是"以旧换新"。广义上的汽车置换，则是指在以旧换新业务的基础上，还同时兼容二手车整备、跟踪业务及二手车再销售，乃至银行按揭贷款等一系列业务整合，从而使之成为一种独立的汽车金融服务方式。

本节主要讨论以旧车交易为核心的广义的汽车置换业务。通过"以旧换新"来开展二手车交易，使车辆更新程序简化，促使二手车市场和新车市场互相带动，共同发展。可以用来置换的旧车必须是证件齐全有效、非盗抢、非走私、距报废年限1年以上、尾气排放符合要求、无机动车产权纠纷的、允许转籍的所有在用汽车。置换的新车为客户所需的各类国产、进口汽车，客户既可通过支付新旧车之间的差价来一次性完成车辆的更新，也可以通过其原有二手车的再销售来抵扣新车车款的分期付款方式。

品牌专卖店可用"以旧换新"的方式促进新车的销售。汽车置换在国内外已相当普遍，经营模式也已相当成熟。以美国为例，很多汽车品牌专卖店都会有经营二手车的业务。随着汽车普及率的提高，以及换车周期逐渐缩短，未来置换购车必将呈上升态势。

2017年2月7日，中国汽车流通协会对2016年全年二手车市场形势进行了分析。流通协会发布的数据显示，2016年全年，我国二手车销量首次突破千万辆大关至1039.07万辆。

### 4.5.2 汽车置换服务的业务体系

**1. 旧车收购**

旧车置换要对二手车进行收购，首先要建立起二手车的质量认证和价格评估体系，对每一辆欲收购的二手车进行统一的质量认证和价格评估，从而以统一的价格标准收购符合质量要求的二手车。

能否成功发挥二手车收购功能的关键在于是否能够建立起二手车的收购网络。这个网络可以由散点的二手车社会回收站和固定的大批量二手车的收购点两部分组成。前者主要针对私车用户待更新的二手车而设；后者则针对成批定期的二手车单位收购而设。

**2. 旧车整修翻新**

二手车通过整修翻新，可以大大提升二手车的价值，同时也能提升旧车置换公司在客户心目中的影响。目前，这项业务已在欧美国家广泛开展。德国的旧车置换公司在销售旧车的同时加上整修翻新业务，不仅提高了收益率，还提升了公司的整体形象。

**3. 旧车配送**

要根据各地区二手车保有量和消费量的不同，以及各地不同的环境，在各地区间开展二手车的配送业务，平衡各地区的二手车供需关系，推动二手车交易市场的发展，建立二手车配送网络，为开展二手车交易打下基础。

**4. 旧车销售**

在开展二手车的销售之前，首先要对二手车销售区域进行统一的规划，在此基础上，以各个销售区域为单位进行二手车的销售。主要有以下几种销售方式：

1) "二手车超市"销售。以某一汽车置换公司的总体品牌为出发点，建立二手车超市，对各种品牌的二手车进行统一销售。

2) 特许经营销售。建立二手车贸易特许经营体系，建立二手车销售网点，通过汽车置换公司的特许经销商对各种品牌的二手车进行统一销售。

3) 与新车同地销售。即借用新车的车辆展示厅的一部分，用来展示与新车为同品牌的二手车，借新车的销售来促进二手车的销售。

4) 互联网销售。在网上建立二手车交易平台，通过互联网进行二手车销售。

### 4.5.3 汽车置换操作实务

(1) 旧车置换的相关法规咨询　可用于旧车置换的旧机动车必须符合如下规定：

1) 旧车须经公安交通管理机关申请临时检验，检验合格，在行驶证签注检验合格记录方可进行交易。

2）军队转地方的退役车不满 2 年的，不能交易置换。

3）据报废时间不足 1 年的，一律不能办理过户、转籍手续。

4）延缓报废的旧车不准办理过户、转籍手续。

5）旧车来历手续不明、不全，不能交易置换。

6）走私、拼装等非法车，不能交易置换。

7）华侨、港澳台同胞捐赠免税进口汽车，只限接收单位自用，不准转让或转卖（经海关审定同意者除外）。

8）各种车辆产权证明（行驶证、营运证、机动车登记证书、购车发票、机车交易凭证、具有法律效力的判决书、拍卖凭证以及政府批文等）不全，不能交易置换。

9）各种规费（如车辆购置税、车辆保险费、车船使用税等）不全，不能交易置换。

10）凡伪造、仿冒、涂改文件（凭证、票据、证照）的，不但不能交易，还要扣车，转交有关部门查处。

11）抵押车、封存车、海关免税期内以及其他不准过户、不准转籍的车辆需由车主在相关管理部门办理解禁手续后，方可进行交易。

**（2）旧车置换的相关法规咨询** 作为旧车置换服务的提供者应随时了解行情，向消费者提供以下信息：

1）新车价格。

2）旧车交易价格。

3）维修价格。

4）维修工时定额及其工时价格。

5）配件价格。

6）价格变动指数。

7）通货膨胀率。

8）银行储蓄、借贷利率。

9）各种税种和税率。

10）交易费用。

11）旧车交易的验证费、转籍过户费、牌证费、管理费等。

12）各种险种和费用。

13）鉴定估价费。

### 4.5.4　旧车鉴定估价的基本方法

在旧车置换的交易过程中，旧车价格。是买卖双方最关心的问题。卖车者怕收购方所给的评估价格过低，而买车者则担心车辆有隐患，价不符实。想要避免在二手车的交易过程中上当受骗，汽车的买卖双方就必须掌握一些汽车鉴定估价的基本方法，了解目前国内二手车的价格评估的方法和原则。

旧机动车评估方法，根据不同的评估目的、价值标准和业务条件，一般分为市价法（又称市场价格比较法）、收益法、成本法和处置清算法四种。

## 4.5.5 汽车置换的手续办理

**1. 旧机动车的手续**

旧机动车的手续是指机动车上路行驶,按照国家法规和地方法规应该办理的各项有效证件和应该缴纳的各项税费凭证。旧机动车专属特殊商品,只有手续齐全,才能发挥机动车辆的实际效用,才能构成车辆的全价值。

(1) **车辆购置附加税** 2000年10月22日,国务院颁布《中华人民共和国车辆购置税暂行条例》,规定了从2001年1月1日起开始向有关车辆征收车辆购置税,原有的车辆购置税附加费取消。国家决定对所有购置车辆的单位和个人,包括国家机关和单位一律征收车辆购置附加税,其目的是切实解决发展公路运输事业和国家财力紧张的突出矛盾,将车辆购置附加税作为中国公路建设的一项长期稳定资金来源,车辆购置附加税由税务部门负责征收工作,基金的使用由交通运输部按照国家有关规定统一安排,车辆购置附加税的征收标准,一般在车辆价格的10%左右。

车辆购置附加税的征收范围:

1) 国内生产和组装(包括各种形式的中外合资和外资企业生产和组装的)并在国内销售和使用的大客车、小客车、通用型载货汽车、越野车、客货两用汽车、摩托车(二轮、三轮)、牵引车、半挂牵引车以及其他运输车(如厢式车、集装箱车、自卸汽车、液罐车、分装颗粒状物散装车、冷冻车、保温车、牲畜车、邮政车等)和挂车、半挂车、特种挂车等。

2) 国外进口的(新的和旧的)前款所列车辆。

对下列车辆免征车辆购置附加税:

1) 设有固定装置的非运输用车辆。

2) 外国驻华使领馆自用车辆,联合国所属驻华机构和国际金融组织自用车辆。

3) 其他经交通运输部、财政部批准免征购置附加费的车辆。

(2) **机动车车辆保险费** 机动车辆保险是各种机动车辆在使用过程中发生道路事故造成车辆本身以及第三者人身伤亡和财产损失后的一种经济补偿制度。保险费用各地区有所差别,缴纳时按本地区保险费用标准交付。保险险种主要有以下几种:机动车交通事故责任强制保险、车辆损失险、第三者责任险、车辆风窗玻璃单独破碎险、乘客意外伤害责任险、驾驶人意外伤害责任险和机动车辆盗抢险。其中,机动车交通事故责任强制保险(以下简称"交强险")是我国首个由国家法律规定实行的强制保险制度。《机动车交通事故责任强制保险条例》规定:交强险是由保险公司对被保险机动车发生道路交通事故造成受害人(不包括本车人员和被保险人)的人身伤亡、财产损失,在责任限额内予以赔偿的强制性责任保险。第三者责任险是强制性的,是必须投保的。

(3) **车船使用税** 国务院1986年发布《中华人民共和国车船使用税暂行条例》规定,凡在中华人民共和国境内拥有车船的单位和个人,都应该依照规定缴纳车船使用税,这项税收按年征收,分期缴纳。

(4) **客、货运附加费** 客、货运附加费是国家本着取之于民、用之于民的原则,向从事客、货营运的单位或个人征收的专项基金。它属于地方建设专项基金,各地征收的名称叫法不一,收取的标准也不尽相同。客运附加费的征收是用于公路汽车客运站、点设施建设的专项基金;货运附加费的征收是用于港航、公路和车船技术改造的专项基金。

## 2. 旧机动车交易中证件的识伪

机动车是高价商品，一方面违法者总是试图寻求突破口，从中获取暴利；另一方面用户利益一旦受到损失，不仅金额巨大，而且往往带来许多难以解决的后续问题。因此要防止假冒欺骗行为。

旧机动车交易的手续证件和税费凭证，违法者都可能仿造，他们伪造的主要目的有：一是将非法车辆挂上伪造牌号，携带伪造行驶证非法上路行驶，以蒙骗公安交通管理部门的检查；二是伪造各种税费凭证，企图拖、欠、漏、逃应缴纳的各种规费；三是在交易中通过伪造证件，蒙骗用户，从中获取暴利。常见的伪造证件和凭证有机动车号牌、机动车行驶证、车辆购置附加费凭证、准运证。

（1）**机动车号牌的识伪**　非法者常以非法加工、偷牌拼装等手段伪造机动车号牌。我国机动车号牌生产实行准产管理制度，凡生产号牌的企业，必须申请号牌准产证，经省级公安交通管理部门综合评审，对符合条件的企业发给《机动车号牌准产证》，其号牌质量必须达到公安行业标准。号牌上加有防伪合格标记。机动车号牌的识伪方法：一是看号牌的识伪标记；二是看号牌底漆颜色深浅；三是看白底色或白字体是否涂以反光材料；四是查看号牌是否按规格冲压边框，字体是否模糊等。

（2）**机动车行驶证的识伪**　国家对行驶证制作也有统一的规定，为了防止伪造行驶证，行驶证塑封套上有用紫光灯可识别的不规则的与行驶证卡片上图形相同的暗记，并且行驶证上要按要求粘贴车辆彩色照片，因此机动车行驶证最好的识伪方法就是查看识伪标记；查看车辆彩色照片与实物是否相符；将被驶证上的印刷字体字号、纸质、印刷质量与车辆管理机关核发的行驶证式样进行比较认定。一般来说，伪造的行驶证纸质差，印刷质量模糊。

（3）**车辆购置附加税缴纳凭证的识伪**　车辆购置附加税单位价值大，有些单位和个人千方百计逃避附加税的征收，造成漏征现象；有些地方的少数不法分子伪造、倒卖车辆购置附加税缴纳凭证，他们对那些漏税或来历不明的车辆，在交易市场上以伪造凭证蒙骗坑害用户，从中获取暴利。车辆购置附加税缴纳凭证真伪的识别方法，一是用对比法进行认定，二是到征收机关查验。

（4）**准运证的识伪**　一段时期以来，伪造"准运证"的现象十分突出，有时这些假证还会在路途检查中蒙混过关。

因此，购买车辆时要注意这些证件的真伪和有效性。识伪方法有以下几种：一是请当地地市以上的工商行政管理机关、内贸管理部门或公安车辆管理部门帮助认定；二是自己寻找现行的由国家内贸部门会同有关部门下发的"准运证"式样进行对比认定。国家内贸部门发放的"准运证"式样是不定期更换的，要注意"准运证"的时效性。

# 4.6　汽车金融服务新技术

## 4.6.1　汽车金融服务赶上"互联网+"潮

与传统的贷款买车、换车相比，汽车金融服务自2015年10月起又多了一个渠道。某信用卡公司与某互联网公司，宣布联合推出"某联名信用卡"以满足爱车族的服务需求。这是信用卡公司在"互联网+"时代对"金融互联网化"的大胆尝试,更是国内信用卡行业首次涉足互联网汽车金融。此"联名信用卡"为银联单币标准卡,分普卡和金卡两个级别。持卡人尊享多重好礼,既省钱,又省心。"使用该卡刷卡加油即可享受 3%现金返还,并可在每季度免费获赠汽车保养代金券,网上购买车险还可在折后享额外 3%优惠补贴,以及免息免手续费分期付车险。"此外,该信用卡还将免费赠送持卡客户高额驾驶人意外险和道路救援等专属汽车服务(含首年全国范围内的紧急路边维修、100 公里拖带及紧急送油服务),为客户带来高品质的汽车生活。新开卡客户,还可享受全年免费洗车服务。

对于信用卡公司和互联网公司的跨界合作,业内人士均给予了积极的评价。有分析称,互联网企业与传统企业之间的"相加"模式,在"联互网+"的企业生存环境下也会拥有更多的发展机会与发展可能,受到两个行业内的广泛关注。这也预示着互联网汽车金融服务将不断创新,依托广阔发展空间,带给中国消费者颠覆性的用卡、用车优质体验。

### 4.6.2 车贷 ABS 快速发展

2016 年 2 月,央行等八部委联合印发《关于金融支持工业稳增长调结构增效益的若干意见》,明确提出要加快推进住房和汽车贷款资产证券化、应收账款证券化。华创证券分析师周冠南表示,由于汽车贷款具有分散性好、可循环购买等特点,是一类典型的资产证券化基础资产。中信证券指出,我国汽车抵押贷款证券化(车贷 ABS)从 2014 年起进入快速发展期,发行数量和规模迅猛增长,汽车消费贷款在 ABS 中的占比不断提升。截至 2016 年 12 月 7 日,我国共发行 41 单车贷 ABS,其中,36 单由汽车金融公司发行,5 单由商业银行发行;总规模达 1030.55 亿元,占总体 ABS 的比重为 5.76%。中信证券指出,"我国车贷 ABS 由商业银行和各汽车金融公司发起。银行受到资本充足率的约束,需要将非标资产转成标准资产或直接实现非标资产出表,发行车贷 ABS 就成为一个较好的选择,不仅可以提高资产周转率,本身还存在一定的套利空间。对于汽车金融公司,一方面,外资公司有发行 ABS 进行融资的惯例,在已发行车贷 ABS 的 9 家汽车金融公司中,大部分都由外资主导;另一方面,当前 ABS 的发行利率具有一定优势,与直接发债的差别已经不大,发行车贷 ABS 为汽车金融公司拓宽了融资渠道。"

### 4.6.3 关于汽车保险理赔服务模式存在问题的解决措施

**1. 针对汽车保险赔付率高的解决措施**

针对这个问题,政府部门应该加强交通道路环境的管理,从根源上减少交通事故的发生率。一方面需要新交规的不断完善来规范驾驶行为,预防交通事故,另一方面驾驶人员也应当自觉遵守交通规则,增强自身的安全意识,并且在日常的生活中注重汽车的维修和保养,保证车况处于良好的状态,就能大大减少交通事故隐患的发生。保险公司需要严格按照相关保险规定的保险金额进行理赔,不能纵容客户非法理赔的要求,否则只会导致保险公司失去信誉,让其他客户效仿,最终形成恶性循环。对于汽车投保人来说,应当树立正确的投保理念,购买车险的主要目的是将巨额损失平均分摊到可能会面临相同风险的投保人身上,但是在出现小金额的损失时,汽车被保险人通常认为没有必要浪费时间和精力去寻求保险金额的赔付。

**2. 针对汽车保险欺诈骗赔的解决措施**

由于我国汽车保险行业起步较晚，大多数人对保险没有形成一个全面的认识，对欺诈骗赔的现象不够警惕，给不法分子提供了可乘之机。因此保险公司应当与政府相关部门联合起来，加强保险法律法规的宣传力度，增强人们的保险意识，提高人们对于欺诈骗赔问题危害性的认识。另外，汽车保险公司也可以设置奖惩机构，对于欺诈骗赔的不法分子进行严惩，而对于举报欺诈骗赔行为的人进行奖励。保险公司也应当加强对汽车修理厂的审查和监督，在对汽车修理厂各方面进行考察后再选择合格的汽车修理厂进行合作。一旦发现参与欺诈骗赔的汽车修理厂，不仅要立即终止合作，而且还应当追究其法律责任。

# 第5章

# 汽车美容装饰与改装

汽车美容装饰与改装是指通过保养、护理以及增加附属物品等手段，对汽车进行翻新，使汽车外观洁亮如新、寿命延长、技术性能提高的方法。本章将在相关基本概念、基本分类介绍的基础上，分别对以下方面进行讨论：汽车美容中的洗车、打蜡、漆面护理等项目的注意事项及基本操作要领，汽车装饰中的太阳膜鉴别、安装及操作注意事项，汽车改装中的发动机、底盘各部分改装理论、改装品的选择等。

## 5.1 汽车美容

### 5.1.1 汽车美容的定义

汽车美容，是指针对汽车各个部位不同材质所需的保养条件，采用不同性质的汽车美容护理产品及施工工艺，对汽车进行全新的保养护理。

"汽车美容"源于发达国家，英文名称为"Car Beauty"或"Car Care"。由于汽车工业的发展，社会消费时尚的流行，以及人们对事物猎奇、追求新异思想的影响，这些国家的新车款式更新换代速度非常快，追新族们为得到新车而不愿让旧车贬值，因而在汽车消费与二手车市场之间，汽车美容装饰业也就应运而生。换句话说，汽车美容是工业经济高速发展、消费观念进步以及汽车文化日益深入人心的必然产物。随着社会进步及人类文明程度的不断提高，汽车正以大众化消费品的姿态进入百姓生活，因而汽车的款式、性能以及汽车的整洁程度，无一不体现出车主性格、修养、生活观及喜好。所以许多人想让自己的"座驾"看起来干净漂亮、用起来风光舒适。围绕这一目的所进行的一系列活动，就是许多人眼里笼统意义的"汽车美容"。

而今天的汽车美容由于借鉴了人类"美容养颜"的基本思想，被赋予仿生学新的内涵，正逐步形成现代意义的汽车美容。汽车美容新概念，不只是简单的汽车打蜡、除渍、除臭、吸尘及车内外的清洁服务等常规美容护理，还包括利用专业美容系列产品和高科技技术设备，采用特殊的工艺和方法，对漆面增光、打蜡、抛光、镀膜及深浅划痕处理，全车漆面美容，底盘防腐涂胶处理和发动机表面翻新等一系列养车技术，以达到"旧车变新，新车保值，延寿增益"的功效。

### 5.1.2 汽车美容的作用及分类

**1. 汽车美容的作用**

汽车美容的作用主要体现在满足汽车养护客观要求、美学要求和个性化要求三个方面。

（1）汽车美容是汽车养护的客观要求　汽车在使用和停放过程中，由于日晒、风吹、雨淋等，车身表面要受到以下几个方面的侵害：

1）阳光中紫外线对汽车表面的侵害。汽车漆面长期经阳光照射，阳光中的紫外线会导致漆层内油分大量损失，使漆面日益干燥，出现失光、异色、斑点甚至龟裂等现象。

2）大气中有害气体对漆面的损害。由于大气污染，空气中的二氧化硫、二氧化氮等有害气体含量日益增加，汽车在高速行驶中，车体与空气摩擦使车身表面形成一层强烈的静电层，静电吸附的灰尘、有害气体分子附着物逐渐增厚，时间久了就会形成一层顽固的交通膜，持续损伤漆面，导致原来很光亮的车身变得暗淡无光。

3）雨水对漆面的侵害。工业污染的不断加重，使雨水中的二氧化硫、二氧化氮及其他有害物质的含量越来越高，导致酸雨的形成，从而使漆面受到侵害。在热带、海边等地区的潮湿空气中盐分含量很高，也会使车身漆面受到侵蚀。

4）其他因素对汽车漆面的损害。汽车在树荫处停放会黏附树胶、鸟粪等有害物；汽车在运行中因碰擦会使汽车漆面划伤；另外，路面沥青和脏物等黏附于漆面也会使漆面受到损害。

上述原因会使汽车漆面受到种种伤害，要想使汽车始终保持美丽容颜，就必须对漆面进行必要的护理作业。这种护理作业就是汽车美容。

（2）汽车美容是美学上的要求　汽车与人是一个密不可分的整体，人的视觉是美的伯乐，凡同汽车打交道者，其视点大多集中在车辆美学角度上。汽车美容护理集清洁、打蜡、除尘、翻新及漆面处理于一身，由表及里还给汽车生命的又一青春的同时，尽可能让车辆风采永存。

（3）汽车美容是车主形象的映射　如同现代个人包装，人需要整洁、得体、不同档次的服饰来表征个人的某些内在意识、个性气质乃至生活观念和生活态度。而汽车作为与车主朝夕相处的附属品，无疑成了车主形象表征的重要组成部分，所以对汽车进行美容可以协助车主塑造一个全新的自我。

**2. 汽车美容的分类**

通常，可以根据汽车的实际美容程度与美容作业的部位对汽车美容进行分类。

（1）根据汽车的实际美容程度分类　根据汽车的实际美容程度，汽车美容可分为一般汽车美容、汽车修复美容和专业汽车美容三种类型。

1）一般汽车美容。一般汽车美容就是常说的洗车、打蜡。该方法首先将汽车表面的污物、尘土除去，然后打蜡以增加车身表面的光亮度，起到粗浅的美容效果。其不良后果为：清洗不彻底容易导致漆膜划伤，产生细微划痕；水洗后擦拭不彻底，某些部位留有水渍，水分蒸发以后形成水痕，影响表面光泽；在无法擦干的地方，如车身门缝、窗边凹槽处，容易产生水汽，加重漆膜的腐蚀。因而这是一种对汽车有破坏性的美容，应尽量避免采用这种美容方法。

2）汽车修复美容。汽车修复美容是在车身漆面或内饰件表面出现某种缺陷后所进行的恢复性美容作业。其恢复的缺陷主要有：漆膜病态、漆面划痕、斑点及内饰件表面被划破。可根据缺陷的范围和程度不同，分别进行表面处理、局部修补、整车翻修及内饰件修补更换等美容作业。相对于一般汽车美容，汽车修复美容是在设备、工具比较齐全，有一定修复和美容工艺的较正规的汽车美容店进行的，因而能满足汽车美容的基本要求，达到一个较理想的美容护理效果。

3) 专业汽车美容。专业汽车美容不仅仅包括对汽车的清洗、打蜡，更主要的是根据汽车实际需要进行维护。它包括对汽车护理用品的正确选择与使用、汽车漆膜的护理（如对各类漆膜缺陷的处理、划痕的修复美容等）、汽车装饰、精品选装等内容，是一个非常复杂的系统工程。一般认为，专业汽车美容是通过先进的设备和数百种用品，经过几十道工序，从车身、内饰、发动机、钢圈、轮胎、底盘、保险杠、油路、电路、空调系统、冷却系统、进排气系统等各部位进行彻底的清洗、保养和维护，达到使整车焕然一新的效果和目的。

**(2) 根据美容作业的部位分类** 根据美容作业的部位可将汽车美容分为车身美容、内饰美容、漆面处理、汽车防护和汽车精品五部分。

1) 车身美容。车身美容服务项目包括高压洗车，去除沥青、焦油等污物，上蜡增艳与镜面处理，新车开蜡，钢圈、轮胎、保险杠翻新与底盘防腐涂胶处理等项目。

经常洗车可以清除车表尘土、酸雨、沥青等污染物，防止漆面及其他车身部件受到腐蚀和损害。适时打蜡不但能给车身带来光彩靓丽的效果，而且多功能车蜡能够无微不至地呵护爱车，可以防紫外线、防酸雨、抗高温、防静电。

2) 内饰美容。内饰美容服务项目可分为车室美容、发动机美容及行李箱清洁等项目。其中，车室美容包括仪表台、顶棚、地毯、脚垫、座椅、座套、车门内饰的吸尘清洁保护，以及蒸汽杀菌、冷暖风口除臭、室内空气净化等项目；发动机美容包括发动机冲洗清洁、喷上光保护剂、做翻新处理以及三滤（燃油滤清器、机油滤清器和空气滤清器）和蓄电池等的清洁、检查、维护项目。

对车内进行及时的除尘、清洁，以及对内饰件的翻新修补可以改变整个车内环境。至于发动机美容，更是让车辆延长使用寿命的必要措施。那些附着在发动机机体上的尘土、油污及各种酸碱物质如果不及时清除，就会与金属发生氧化反应而腐蚀机体。另外，发动机机体上的橡胶和塑料也会因腐蚀老化而失去弹性，产生龟裂，严重时还会导致发动机出现故障。

3) 漆面处理。漆面处理服务项目可分为氧化膜、飞漆、酸雨处理，漆面深浅划痕处理，漆面部分板面破损处理及整车喷漆。

由于汽车很多时候都暴露于露天环境，漆面容易逐渐变色、变粗糙、失去原有光泽。漆面处理不仅能使车辆永葆"青春"，还能复原车主不慎造成的划痕及破损，从而更好地保护车身，使汽车保值。

4) 汽车防护。汽车防护项目包括贴防爆太阳膜、安装防盗器、静电放电器、语音报警装置等。汽车防护虽然对汽车的美观不产生直接影响，但却能很好地呵护车辆本身。

5) 汽车精品。汽车精品是汽车的点睛之处，也是一种汽车生活文化的体现，它致力于把汽车营造成一个主流的生活空间。汽车精品包括车用香水、蜡掸、护目镜、脚垫、把套、座垫等，汽车精品带给人们的是一种贴身的关怀。

### 5.1.3 汽车美容常规项目简介

**1. 车身美容**

车身美容作为汽车美容服务的前提和基础，是日常美容施工中最广泛、最普遍的作业项目，主要包括汽车清洗，去除沥青、焦油，汽车打蜡，新车开蜡，镀铬件翻新和轮胎翻新。

（1）汽车清洗

1）"传统洗车"与"美容洗车"的区别。"美容洗车"与"传统洗车"有着本质上的不同，主要表现为：

① 目的和作用不同。"传统洗车"主要以去除车表的泥土、灰尘等污物为目的；"美容洗车"则是在此基础上，内涵扩大至漆面保养范畴。"传统洗车"正逐步被"美容洗车"所代替。

② 使用材料及工具不同。"传统洗车"用的洗衣粉、肥皂水、洗洁精已经被"美容洗车"的专业洗车液所代替。专用洗车液呈中性，选用非离子表面活性剂制成，能使污渍分子分解浮起而轻易被洗掉，其化学成分不会破坏原车蜡分子的存在，还兼有保护作用。高压水枪在汽车清洗中的应用，不但提高了清洗作业的质量，极大地保护了漆面，同时提高了清洗作业的效率。

③ 施工技术不同。"传统洗车"主要依靠人力来完成从冲洗、清洁到擦干等工序，而"美容洗车"更多地借助于现代化的设备和高性能的清洗用品，降低了人力消耗，改善了作业条件，提高了劳动生产率。

④ 对环境的影响不同。"传统洗车"作业场所一般不规范，随时随地就可实施，这样既影响城市形象，又对环境造成污染，还造成水资源浪费。"美容洗车"作业场所固定，配套设备齐全，采用循环水再生利用技术，节约能源，最大限度地减少环境污染，降低作业成本。

2）汽车清洗时机的选择。

① 按气候变化情况选择。一般情况下，连续晴天时，汽车表面只是一些浮尘沉积，可采用一般简单的清洗方法，进行日常清洗除尘，大约一周做一次全车清洗工作即可。连续雨天时，雨水在车身表面停留一段时间后，会留下水印痕迹。若是酸雨，对车身的侵蚀作用更为严重。所以，需及时将车身上的泥水异物冲掉，并将表面擦干。雨停天晴之时，应及时全面彻底地将汽车外部清洗一次。时晴时雨时，需要频繁对汽车清洗，因此尽量在雨停之后，对汽车仅进行一般清洗，保持车身表面清洁干净。

② 按行驶路况选择。当行驶路况恶劣，如施工工地，沙尘、污泥将侵蚀车身，需及时清洗汽车。特别是工地的沥青、水泥浆等侵蚀物，更需及时彻底清洗。在沿海或热带多雨地区，海岸的露水或盐雾易对车身产生腐蚀且较严重；热带高温潮湿，也易使车身表面受到侵蚀，均需及时对汽车进行清洗护理。山区道路不佳，路面砂石、尘土较多，尤其有雾或雨天行车，车身更易受污泥侵蚀，一般都应及时进行清洗护理。

③ 其他因素。汽车因停放在工地旁受工程中的水泥或其他粉尘波及，或在行驶途中被偶遇的强附着喷涂料所污染，如路经喷洒沥青路段、通过喷涂油漆天桥等，需停车及时将污物除净，并进行适当护理。

3）汽车清洗方法。目前洗车行业常用的洗车方法有电动洗车、非接触式洗车、高压水枪洗车、无水洗车等。

① 电动洗车。电动洗车分为半自动洗车和全自动洗车两种。两者的共同点是洗车时，驾驶人将待洗的汽车驶入洗车机车道中将发动机熄火，拉紧驻车制动器手柄，驾驶人可离开车内也可留在车内，紧闭车门、车窗。不同点是，半自动洗车需要操作人员人工操作洗车机上的功能按钮，全自动只需洗车厂人员或驾驶人按下机器上的起动按钮，剩下的事情由全自动洗车机自动完成。全自动洗车机是利用自动清洗机对汽车外表进行全方位的自动清洗，如

图 5-1 所示。全自动洗车清洗速度快、效率高。同时，由于采用了集中的污水处理和回收利用系统，较好地解决了环保和水资源浪费的问题。

电动洗车步骤：
- 寻找汽车的污秽部分。
- 做好洗车准备，开始清洗（分人工与机器清洗）。
- 人工清洗完毕，汽车进入洗车机的内部。
- 洗车机开始喷水，喷完水后滚刷开始运转。
- 滚刷清洗车身右侧、左侧及上侧。
- 清洗完成后开始喷水蜡，洗车机将水蜡擦亮。
- 最后将车吹干，完成一次洗车。

图 5-1 全自动洗车

② 非接触式洗车。非接触式洗车采用非接触理念，将洗车与养护相结合，洗车时能给车辆以更多的保护，真正做到了无损洗车。但因水蜡、洗车液等成本偏高，所以费用较一般洗车高。非接触式洗车如图 5-2 所示。

非接触式洗车步骤：
- 首先用高压水流形成一道雨墙，以各种角度从前至后冲刷车辆，以冲掉车上的灰尘及缝隙中的泥沙。
- 将 pH 值为 7（呈中性）的专业洗车液喷到车身上，自动感应的喷头会根据车身形状，沿着车身和底盘自动进行反复清洗。

图 5-2 非接触式洗车

- 清洗结束后将一层保养车漆的水蜡喷到车身上，给车体以滋润。
- 根据车身形状的自动仰俯出风口发出的强气流迅速吹干车身。
- 工作人员使用高压空气把缝隙中的残余水冲掉。

③ 高压水枪洗车。目前，汽车美容店洗车以高压水枪洗车为主，规范的洗车步骤应该包括冲车、泡沫清洗、冲洗和擦车等四个步骤。

- 冲车。先用高压水枪将整车冲湿，然后用水枪冲洗车身上的树叶、泥沙等污物。冲洗顺序为车顶、发动机盖、车身、行李箱、车裙、轮胎、底盘。整个冲洗过程应当始终由一个方向向另一边的斜下方以赶水的方式进行，尽量避免正反方向来回冲洗，以免将污物冲回已经冲洗干净的部位，如图 5-3 所示。

- 泡沫清洗。即用泡沫清洗机将清洗剂与水混合变成泡沫，并在高压下将泡沫喷到车身外表，浸润几分钟，依靠泡沫的吸附作用，

图 5-3 冲车

使清洗液充分地渗透于车身表面的污垢。

➤ 冲洗。待擦洗完毕后,再用高压水枪将车身表面泡沫及污水冲洗干净。冲洗顺序同第一次洗车一样,但这时应以车顶、上部和中部为重点。因为第一次冲洗时已经将车身下部冲洗的比较干净并进行了一定的擦洗,而且冲洗中部以上的部位时向下流动的水基本能够将下部及底部冲洗干净,所以下部和底部一带而过即可。

冲洗的质量标准为:车体无泥沙、无污垢、无漏擦之处。

➤ 擦干。先用不脱毛纯棉毛巾沿车前后擦两遍,吸去多余水分,再用麂皮擦干漆面、玻璃,然后用不脱毛纯棉毛巾擦车门内边、保险杠、发动机盖、行李箱边沿及燃油箱盖内侧等处的多余水分,并用干毛巾擦干前面所留下的水痕,最后用气枪把缝隙和接口处的水分吹干。

④ 无水洗车。无水洗车是近几年兴起的一种新的洗车方式,它是采用物理清洗和化学清洗相结合的方法,集清洗、上光、上蜡于一体的现代洗车工艺。其主要特点是没有污水排放,操作简单,不需场地设备和能源,车停在什么地方就可在停车点当场清洗,十分方便,成本较低。无水洗车采用的无水亮洁剂是一种环保产品,内含污渍悬浮剂、强力渗透剂、表面活性剂等多种成分,将其喷在车上后,渗透剂先渗透到污渍的下面软化污垢,同时悬浮剂起作用把污渍悬浮起来使污渍与车漆产生间隙,最后表面活性剂起作用去除污渍。

4) 汽车清洗的注意事项。为保持车容整洁,应经常对汽车进行清洗,在进行汽车清洗作业时,应注意以下几点。

① 洗车时应选用专用洗车液,任何车身漆面均不能用洗衣粉、洗洁精等含碱性成分的普通洗涤用品,以免使车身漆面失去光泽,甚至使车漆干裂,造成不可挽回的损失。

② 洗车时最好使用软水,尽量避免使用含矿物质较多的硬水,以免车身干燥后留下痕迹。

③ 在进行冲车时,水压不宜太高,水枪喷嘴与车身应保持一定的距离。

④ 洗车各工序都应遵循由上到下的原则。

⑤ 擦洗车身漆面时,应使用软毛巾或海绵,并检查其中是否裹有硬质颗粒,以免划伤漆面。

⑥ 车身粘有沥青、油渍等污物时,要及时用专用清洗剂进行清洗。

⑦ 洗车时,应进行最后一道吹干工序,不能省略。车身的隙缝之间的水滴如果不吹干的话,时间久了将会形成顽固的水垢,难以去除。

⑧ 不要在阳光直射下洗车,以免车表水滴干燥后留下斑点,影响清洗效果。

⑨ 若发动机罩还有余热,应待冷却后再进行清洗,防止温差太大伤及漆层。

⑩ 北方严寒季节不要在室外洗车,以防水滴在车身上结冰,造成漆层破裂。

(2) 汽车打蜡

1) 车蜡的作用。大家都知道汽车打蜡能够有效地保护漆面,使其永葆亮丽风采。那么,车蜡如何来实现上述功效,就要从车蜡的作用谈起。目前市场上各品牌车蜡主要作用可归结为以下几种。

① 防水作用。汽车经常暴露在空气中,免不了受风吹雨淋,当水滴存留在车身表面,在天气转晴,强烈阳光照射下,每个小水滴就是一个凸透镜,在它的聚焦作用下,焦点处温度达 800~1000℃,造成漆面暗斑,极大地影响了漆面的质量及使用寿命。另外,水滴易使

暴露金属表面产生锈蚀。

② 抗高温作用。车蜡的抗高温作用原理是对来自不同方向的入射光产生有效反射，防止入射光使面漆或底色漆老化变色。

③ 防静电作用。汽车静电的产生主要有两个来源，一方面是由纤维织物，如地毯、座椅、衣物等的摩擦产生的；另一方面是由于汽车在行驶过程中，空气中的尘埃与车身金属表面相互摩擦产生的。无论是哪种原因产生的静电，都给乘员带来诸多不便，甚至造成伤害。车蜡防静电作用主要体现在车表静电防止上，其作用原理是隔断尘埃与车表金属摩擦。由于涂覆蜡层的厚度及车蜡本身附着能力不同，它的防静电作用有一定的差别，一般防静电车蜡在阻断尘埃与漆面摩擦的能力方面优于普通车蜡。

④ 防紫外线作用。其实，车蜡防紫外线作用与它的抗高温作用是并行的，只不过在日光中，紫外线的特性决定了紫外光较易于折射进入漆面，防紫外线车蜡充分地考虑了紫外线的特性，使其对车表的侵害得以最大限度地降低。

⑤ 上光作用。上光作用是车蜡的最基本作用，经过打蜡的车辆，都能改善其表面的光亮程度，使车身恢复亮丽本色，如图5-4所示。

2）车蜡的正确选用。由于不同车辆所处的运行环境千差万别，有的在城市，有的在乡村，有的在山区，有的在干旱地区，有的在多雨地区等。在这些不同的环境及气候条件的作用下，汽车涂面所要承

图5-4 打蜡前后对比

受的外界刺激各不相同。因此，应该有针对性地为车辆选择具有最佳保护效果的车蜡。

① 根据车蜡作用选择。

➤ 对抛光蜡来说，素色漆与金属漆的抛光蜡应区分使用。例如，金属漆使用专用的抛光蜡后不但可增加涂面光泽，而且能使金属或珍珠的闪光效果更清澈，更富立体感。作业时，粗抛蜡一定要先用，涂膜抛亮后再换用细抛蜡，颠倒使用不但浪费，而且还达不到应有的抛光效果。

➤ 镜面处理蜡是对涂面进行增光处理的专用蜡，其保护作用不如保护增光蜡。

➤ 保护增光蜡含有许多成分，可在涂面上形成一层保护膜，抵御紫外线、酸雨、静电、粉尘、水渍等的侵害。

➤ 一般的砂蜡均对涂面有较强的研磨作用，处理不好极易将涂膜磨穿而造成不必要的损失。因此在一般性美容中，尽量不采用砂蜡。

➤ 含硅车蜡在进行涂面处理前应尽量避免使用，因为涂膜一旦沾有硅质，涂面修补就很难进行。

➤ 机蜡可以配合专用抛光机使用，手蜡直接用手涂擦抛光。

② 根据涂面状况选择。

➤ 对于中高档轿车，由于其面漆的质量较高，宜选择高档进口车蜡；对于普通轿车或其他车辆，则可选用珍珠色或金属漆系列涂料的车蜡。

➢ 新车或新喷涂车辆,应选用上光蜡,以保持车身的光泽和颜色;旧车或涂面有漫射光痕的车辆,可选用研磨蜡对其进行抛光处理。

➢ 风干漆与烤漆都可做抛光处理,但所用的抛光蜡各不相同,用错会造成涂膜变软、裂口及变色。

③ 根据季节不同选择。夏季一般光照较强,宜选用防高温、防紫外线能力强的车蜡。

④ 根据车辆行驶环境选择。当汽车经常行驶在较差环境中,应选用保护作用较强的硅酮树脂类车蜡。

⑤ 根据车漆的颜色来选择。浅颜色涂面与深颜色涂面所用的抛光蜡不能混用。在选用车蜡时,一般深颜色的涂面选用黑色、红色或绿色车蜡,浅颜色的涂面则选用银色、白色或珍珠色系列的车蜡。

除了以上五方面以外,在选用车蜡时,一定要选用正规产品,不应选用"无中文标志说明""无生产日期""无注意事项"的"三无产品"。图5-5所示为几种常用车蜡。

图 5-5 常用车蜡

3)打蜡的程序。汽车打蜡的正确顺序如图5-6所示。

图 5-6 打蜡顺序

① 汽车清洗。车打蜡前,必须对车辆进行彻底清洗。切记不能盲目使用洗洁精和肥皂水,如无专用的洗车水,可用清水清洗车辆,将车体擦干后再上蜡。如果车身表面的油漆已经褪色或氧化,必须在清涂掉旧的和氧化了的油漆后,才能打蜡。

② 研磨。研磨也称为打底,就是将老化的烤漆磨去,打蜡成败取决于事前的打底工作,因为烤漆表面若凹凸不平,不容易上蜡,蜡也无法形成均匀的膜,要磨亮也很困难;使用含有研磨剂的复合蜡打底处理时,在烤漆膜较薄的部分,最好用遮蔽用胶带贴起来保护。磨光时以 30cm×30cm~40cm×40cm 的区域为单位来磨,或将车身分成若干个区域仔细来研磨,如果研磨的面积太大,会造成涂抹不均匀。

③ 上蜡。上蜡分手工上蜡和机械上蜡两种,手工上蜡简单易行,机械上蜡效率高。无论是手工上蜡还是机械上蜡,都要保证漆面涂得均匀。

➢ 手工上蜡。首先将适量的车蜡涂在专用打蜡海绵上,然后按一定顺序往复直线涂抹,涂抹也要分段、分块进行。但不必用力擦,以免将原漆擦掉。每道涂抹区域应与上道涂抹区域有1/5~1/4的重叠,防止漏涂及保证涂抹均匀。上蜡时,手的力度要均匀,用大拇指和小拇指夹住上蜡的海绵,手掌和其余三个手指按住海绵,再按直线方式进行涂抹。

➢ 机械上蜡。将车蜡涂在打蜡机海绵上,具体涂抹过程与手工上蜡相似,值得注意的是，在边、角、棱处的涂抹应避免超出漆面，而在这方面手工涂布更容易把握，如图5-7所示。

上蜡的层数要视车漆状况决定，并不是越多越好，太多的蜡不但会使抛光产生困难，增加抛光工作量，而且还容易粘上灰尘。摩擦时产生刮痕如果上得太薄，又无法填补车身的缝隙。通常新车需要上蜡1~2层，旧车可上3~4层。

④ 抛光。根据不同车蜡的说明，一般上蜡后5~10min即可进行抛光。抛光时遵

图5-7 上蜡

循先上蜡先抛光的原则，然后用手工抛光或用抛光机将其打亮，以保证抛光后的车表不受污染。

手工抛光时应先用手背感觉车蜡的干燥程度，以刚刚干燥而不粘手为宜。手工抛光作业通常使用无纺布按一定的顺序做往复直线运动，适当用力挤压，以清除剩余车蜡。使用抛光机进行处理时，应等车蜡完全干燥后才能进行，抛光机转速应设置较低，一般控制在1000r/min以下，抛光时要注意用力均匀以及抛光方向的一致性，以保证抛光后光线漫射面一致，体现深度的光泽。

⑤ 完饰。抛光后要检查整个车身的护理质量，特别较显眼的地方，如果发现蜡上得不均匀，产生无序的反光现象可用洗得很干净的绒布或无纺布轻轻地擦，也可以在车身表面的蜡上喷水将其溶解后，再用布均匀推开，或者用抛光机重新进行抛光，直到光线反射面一致为止。如果想使车蜡保留的时间长些，可以在打完蜡的车身上喷抹一层护车素，既可保护车蜡，又可提高车身表面的光泽度，还可以起到防晒、防雨及防酸的作用。

4）打蜡注意事项。汽车打蜡的质量好坏，不但同车蜡的品质有关，而且同打蜡作业方法关系密切，要做到正确打蜡，在汽车打蜡时应注意以下几点。

① 掌握好上蜡的频率。由于车辆行驶的环境与停放场所不同，所以打蜡的时间间隔也应有所不同。一般有车库并经常在良好道路上行驶的车辆，每3~4个月打蜡一次，否则应1~2个月打蜡一次。但这并非硬性规定，一般通过目视或用手触摸车身，感觉发涩、无光滑感就可再次打蜡。

② 打蜡前应使用专业洗车液清洗车身。一定要用专业洗车液清洗车身外表的泥土和灰尘，切记不能盲目使用洗涤剂或肥皂水。

③ 在打蜡作业中绝对要防止烤漆面被刮伤。打蜡作业中要求操作人员将手表、戒指等全部摘下来。

④ 应在环境清洁、阴凉且无风沙处给汽车打蜡。漆面过热或强烈阳光直射时不可打蜡。因为阳光的直射会使车表温度升高，车蜡附着能力下降，影响打蜡效果。如果打蜡场所及周围环境不清洁，沙尘会在车身上附着，不但会影响打蜡质量，而且极易产生划痕。

⑤ 打蜡作业要按顺序连续完成。打蜡时，应该用打蜡海绵块按顺序在车体上直线往复进行，不可把蜡液倒在车上乱涂，一次作业要连续完成，不可涂涂停停。

⑥ 抛光作业要在规定时间内进行。切记不要刚上蜡就抛光，要让车蜡能够在车漆表面

有一定的凝固时间,且抛光运动也是直线往复。未抛光的车辆决不允许上路行驶,否则再进行抛光易造成漆面划伤。

⑦ 如发现漆面破损应停止打蜡。打蜡时,若打蜡海绵上出现与车漆相同的颜色,可能是漆面已经破损,应立即停止打蜡,必须在清除掉褪色和氧化漆后,才能进行打蜡作业。

⑧ 应采用柔软的海绵涂蜡。涂蜡时尽量采用柔软的海绵或软质的不脱毛毛巾或棉布进行均匀涂抹。

⑨ 不可在玻璃上涂蜡。不要在车窗和风窗玻璃上涂蜡,否则玻璃上形成的油膜很难擦干净。

⑩ 打蜡作业结束应仔细清除残蜡。抛光结束后要仔细检查,清除厂牌、标志内空隙及钥匙孔周围、纤细的边缘或转角部分、铁板与铁板之间、橡胶制品的边条缝、车牌、车灯、门边等处的残存车蜡,防止产生腐蚀。

**2. 漆面护理**

**(1) 汽车漆面美容的目的**

1) 延长汽车的使用寿命。当汽车漆面出现失光、划痕及破损时,由于这些缺陷有的已经超出了涂层范围,伤及金属基材,如果不及时进行漆面处理会使基材金属产生腐蚀,漆面破损恶化,影响汽车钣金的使用寿命。因此,要根据汽车的使用情况及环境状况,及时地对汽车漆面进行美容护理。

2) 保持车容整洁美观。随着汽车技术的发展及人们对汽车使用要求的提高,现代汽车特别是高中级轿车不仅要有良好的使用性能,还要追求线条流畅的车身,豪华亮丽的外表及装饰。车辆出现不同程度的划伤及破损时,会使汽车原有的亮丽车身受到影响,使汽车原有的漂亮外观失去应有的风采。经常对汽车漆面进行美容护理,就会使车身保持和恢复其应有的美观。

3) 利于创造良好的城市环境。随着社会进步,人们越来越多地关注自己的生存环境,如污染、噪声等。在国内许多城市已着手环境美化工程。汽车作为城市形象移动广告,无疑是环境的重要支撑。保持良好的车表形象,可以使城市多一道亮丽的风景线,创造美好的生存环境。

**(2) 汽车漆面美容的主要内容**

1) 漆面失光处理。汽车在使用过程中,免不了风吹、日晒、雨淋及受到空气中有害物质的侵蚀,致使漆面逐渐失去原有光泽。在汽车美容作业中采用特殊处理工艺与方法,配合专门的护理品,可以有效地去除失光,再现漆面亮丽风采。

2) 漆面浅划痕处理。由于使用中摩擦及日常护理不当,久而久之,会在漆面上出现轻微划痕,这种划痕在阳光下尤其明显,如图5-8所示。在汽车美容作业中,一般采用抛光研磨的方法对漆面上出现的浅划痕予以去除。

图 5-8 漆面划痕

3）漆面深划痕处理。汽车漆面深划痕多为硬性划伤所致，当用手拭划痕表面，会有明显的刮手感觉。目前在汽车美容行业中，在深划痕处理工艺上，虽然称谓命名不同，但从实质特点上看，仍采用喷涂施工来完成。

4）喷漆。喷漆是汽车美容作业中要求最为严格、技术含量最高的施工项目。当汽车漆面出现划伤、破损及严重腐蚀失光等现象时，即可采用喷漆工艺来恢复汽车的昔日风采。

（3）汽车漆面失光的原因

1）日常保养不当。

① 洗车不当。洗车时使用了碱性较强的清洗剂，久而久之，漆面易出现失光。

② 擦车不当。车表附有尘埃，不宜用抹布或毛巾擦拭。因尘埃中有一些硬质颗粒状物质，在擦拭时，易使车表漆面出现细小划痕。

③ 不注意日常打蜡保护。日常保护中不打蜡或不及时打蜡，使漆面受到紫外线、酸雨等不应有的侵蚀。

④ 暴露环境恶劣。汽车行驶环境中存在酸雨和盐雾及其他化学微粒，会对漆面造成一定腐蚀；汽车停放环境不容忽视，汽车有80%左右的时间处于停车状态，在无库房情况下，沿海地区易受盐雾侵蚀；化学工业区易受到化学气体及酸雨侵蚀；北方冬季易受寒冷风雪的侵蚀。

⑤ 汽车运行中形成交通膜，造成漆面失光。

2）透镜效应。透镜效应是指当车表漆面上存有小水滴时，由于水滴呈扁平凸透镜状，在阳光的照射下，对日光有聚焦作用，焦点处的温度高达 800~1000℃，从而导致漆面被灼蚀，出现用肉眼看不见的小孔洞，有些孔洞深达金属基材。由于透镜效应致使漆面被灼伤，若灼伤范围大，分布密度较高，漆面就会出现严重程度的失光。因此，在汽车使用中应注意：一是炎热天气用冷水给车表降温，要擦净漆面残存水滴；二是在雨过天晴时要将车表雨滴擦净。

3）自然老化。车辆在运行及存放中，即使车主对车辆各方面保护工作都很细致，漆面暴露在风吹、日晒及雨淋环境中，久而久之也会出现自然氧化、老化现象。

（4）漆面养护

1）漆面的日常护理。汽车车漆膜的日常护理主要有车辆的停放、车辆的清洁和擦拭、车漆膜光艳护理和定期检查等工作。

① 车辆的停放。为防止腐蚀性的灰尘和有害气体对车身表面产生腐蚀，车辆应尽量停在停车库或停车棚内，以防日晒、风吹和雨淋等自然侵蚀造成漆膜老化、龟裂及失光。

如果没有车库，应用汽车护理套进行遮盖。这样就能有效防水、防紫外线辐射、防腐蚀和对漆面无磨损等，能较好地防止露天停放的汽车受到高温、紫外线、尘埃及化学污染物等侵害。

② 车辆的清洁和擦拭。定期的车辆清洁和正确的擦拭，是保护汽车车漆膜不受伤害的基本条件。根据道路和环境等条件，如果在尘埃较少的高速公路行驶，车辆在入车库时，只要掸除车身的灰尘或每周清洗一次就可以了。若汽车行驶在泥泞路段或有化学污染的地区，最好每天清洗一次。特别要注意的是，不要因一时贪便宜或省事，用碱性较高的清洗剂（如洗衣粉）来清洗车身，这样容易使车漆膜龟裂。

日常护理的操作要点有如下几点。

➢ 雨天应每天清洗一次车辆。洗去车身漆面上的泥水，可用清洁的自来水冲洗，冲洗压力应小于7MPa，冲洗后用柔软的干毛巾将水痕擦干即可。

➢ 晴天应每隔2~3天清洗车辆一次，其清洗方法和要求同雨天一样。

➢ 冲洗后擦拭时，要沿车身纵向直线擦拭，擦拭用的柔软干毛巾或细海绵，应洁净、无沙粒，否则会在漆面上留下轻微划痕。

➢ 清洗之后，用纯棉柔软的细毛巾蘸上保护乳液在漆面上涂匀擦拭；然后打磨抛光，可手工进行，也可用抛光机进行；在进行打磨抛光时，应在阴凉无风处进行操作，否则会影响打磨抛光的效果。

③ 车漆膜光艳护理。为了预防漆膜受到阳光和有害物质的侵蚀，必须对清洗后的车漆表面进行上光护理。常用到的上光护理材料主要有各种上光蜡（如光亮蜡）、增亮剂等，其主要成分是聚乙烯乳液、硅酮等高分子材料，这些材料易在油漆表面生成高分子保护膜，从而起到保护漆膜、增加光亮度、防紫外线和酸等侵蚀之功能。

④ 定期检查。在日常护理中，应对全车车膜进行定期的检查，以确定缺陷的种类和分布情况，为以后的护理做好准备。

➢ 定期检查车漆表面是否残留未被清洗掉的沥青、酸雨以及其他污渍。

➢ 定期检查车漆表面是否有橘皮、网纹等漆膜缺陷。

➢ 定期检查车身表面是否有划痕，如有划痕应进行研磨、打蜡处理。若划痕很深，伤及底漆，应进行补漆处理。仔细检查车身表面各缝隙及塑料件上是否有刮痕及污渍，如果有刮痕及污渍，应进行修补处理。

2）漆面的冬季养护。

① 严冬对车身漆面的影响。严冬加重了对车身漆面的腐蚀。严冬时节，气温变化大，在这种恶劣的气候条件下，会使车身漆面受到腐蚀的程度加重。

酸雨、工业污染物加重了对车身漆面的腐蚀；酸雨、工业污染物再加上冬季的冰雪，往往混合覆在车身漆面表面上；冬季对车身漆面的清洗养护次数减少。这些因素加重了对车身漆面的腐蚀。

② 冬季车身漆面的养护方法。当行车之后，若车身漆面上有雨、雪、冰粒等异物吸附，应及时用适当的清洗方法，将上述异物、污垢除去。一般雨水泥浆可用高压水冲洗法冲去雨水泥浆，然后用干净的拭布擦拭干净，或用压缩空气吹干；在下雪天行车，车身漆面上会堆积一层薄雪，只要是还未结冰，去除雪比较容易，也可用高压水冲洗，然后擦干即可；在冬季行车，往往遇到的先是雨夹雪，后又是气温急降，车身漆面上很容易附着一层薄冰和积雪，这时可用蒸汽洗车机或热水洗车机进行冲洗，然后擦干即可。具体的清洗护理方法，可根据实际条件选用，以去除雨、雪、冰等异物和污物。

根据车况的实际需要，可进行一般养护和高级养护。

➢ 一般养护。当清洗干燥之后，可打蜡抛光养护。例如，选用黄金镜面蜡养护，该产品是一种高性能的护理型天然蜡，含有巴西棕榈和聚碳酸酯，对漆面的渗透力极强，可使漆面光亮如镜，且能保持长久，可有效地护理汽车漆面，手工打蜡和机器打蜡均可。

➢ 高级养护。清洗干燥之后，可选用镜面釉进行养护。镜面釉以高分子聚合物为主要成分，不含硅和蜡。打上镜面釉之后进行强力抛光，然后再上一层镜面釉，能形成一层光亮保护膜，可提高漆面硬度和耐高温能力，能增加抗腐蚀、抗氧化的能力，其功效能长久保持。

> "隐形车衣"养护法。在国外，普遍采用含"特氟龙"的高分子聚合物的上光保护剂，在国内则称为"隐形车衣"养护法。该产品具有极强的密封、抗酸碱、抗腐蚀功能。这种产品是冬季、沿海地区及工业区车辆保护的必备用品。保养一次可保持三四个月，常年均可用于汽车养护。

3）漆面养护注意事项。厚度仅为 $20\mu m$、莫氏硬度仅为 $0.4\sim0.6$（相当于 $2H\sim4H$ 铅笔芯硬度）的轿车面漆，必须如同呵护肌肤那样精心护理，方能保持轿车鲜丽的色彩。为此，在使用养护中要注意以下几点。

① 车辆使用前、中、后，要及时地清除车体上的灰尘，尽量减少车身静电对灰尘的吸附。

② 雨后及时冲洗。雨后车身上的雨渍会逐渐缩小，使雨水中酸性物质的浓度逐渐增大，如果不尽快用清水冲洗雨渍，久而久之，就会损害面漆。

③ 洗车应该在发动机冷却后进行，不要在烈日或高温下清洗车辆，以免洗涤剂被烘干而留下痕迹。自己动手冲洗车辆时，要用专用洗涤剂中性活水，不得使用碱性大的洗衣粉、肥皂水和洗涤灵，以防洗掉漆面中的油脂，加速漆面老化。如在洗车场洗车，应防止洗车员使用脱蜡洗涤剂，以免漆面受到伤害。特别是行驶在沿海或污染严重地区的车辆，应坚持每天冲洗一次车辆。

④ 擦洗车辆要用干净、柔软的擦布或海绵，防止混入金属屑和沙粒，勿用干布、干毛巾、干海绵擦车，以免留下划痕。擦拭时，应顺着水流的方向自上而下轻轻地擦拭，不得划圈和横向擦拭。

⑤ 对一些特殊的腐蚀性极强的痕迹（如沥青、鸟粪、昆虫等），要及时清除。对此，必须用专用清洁剂清洗，不可随意使用刀片刮削或用汽油清除，以免伤害漆面。

⑥ 在车辆维修保养中，注意不要用带有油污的脏手触摸车身漆面，或用油抹布随意擦洗漆面，不要将粘有油污的工具或含有有机溶剂的擦布置于车身上，以免产生化学反应，留下印痕或使漆面过早褪色。

⑦ 漆面若无明显的划痕，不要轻易进行二次喷漆，防止漆色不合或结合不好而弄巧成拙。

⑧ 车辆长期停驶，应停在车库或通风良好的地方，冬天应用专用车身罩覆盖。临时停放时，要选择阴凉的地方，避免阳光暴晒。

⑨ 防止对车身漆面进行强烈冲击、磕碰和划伤。如发现漆面有伤痕、凹陷或脱落，应及时进行修补。对此，最好是到美容店修补，以防得不偿失。

⑩ 对镀光金属件的清洗，应使用炭精清洗剂，定期对其上蜡进行保护。特别是车身表面的焊接点和接缝处，要及时清洗擦干，防止锈蚀。

⑪ 对车身装饰件的清洗，要用质量较好的洗涤剂，上蜡时不要擦抹过重，避免穿透漆层而露原形。

⑫ 不定期对漆面进行上蜡保护，并定期（每季度一次）到汽车美容店进行养护，及时恢复车身漆面的亮丽光泽度。

除此之外，还可粘贴汽车漆面保护膜。3M漆面保护膜（犀牛皮）为无色透明的漆面保护膜，具有超强韧性，可用于保护车身保险杠、发动机罩、前后车门、后视镜等烤漆漆面，保护车漆面不被轻微擦撞而刮掉漆。

### 5.1.4 汽车美容常用装备

汽车美容施工是一项庞大且复杂的系统工程。在汽车美容数十年的发展完善过程中，其作业设备和用品已渐成熟，呈多样化、系列化、百家争鸣的局面。但无论是国外进口的设备及美容用品，还是国内生产的产品，它们的作用及功效在近20年的国内汽车美容实践中得到检验，已被广大业内人士所认同。汽车美容作业的设备和用品，详见表5-1。

表 5-1 汽车美容作业的设备和用品

| 序号 | 美容项目 | 具体作业项目 | 设备及用品 | 选用要点 |
|---|---|---|---|---|
| 1 | 车身美容 | 汽车清洗 | 龙门滚刷清洗机、小型高压清洗机、麂皮、毛巾、板刷、清洗护理二合一清洗剂、水系清洗剂、玻璃清洗剂、沥青清洁剂、轮胎清洗保护剂、黑镀清洗保护剂、银镀清洁保护剂、清洁上光剂等 | 小型美容企业宜选用小型高压清洗机<br>北方冬季宜选用调温式清洗机<br>不宜选用碱性清洗剂洗车 |
| | | 汽车打蜡 | 打蜡机、打蜡海绵、无纺布毛巾及各种保护蜡、上光蜡、防静电蜡、镜面釉等 | 根据汽车漆面性质、特点及汽车运行环境选用车蜡<br>镜面釉是非蜡质保护剂 |
| 2 | 内饰美容 | 车室美容 | 吸尘器、高温蒸汽杀菌器、喷壶、毛巾、真皮、塑料、纤维织物清洁保护剂、真皮上光保护剂、真皮与塑料上光翻新保护剂、地毯清洁剂等 | 不宜用碱性清洁剂进行车室清洁<br>纤维织物清洁剂一般可用于地毯清洁 |
| | | 发动机美容 | 喷壶、毛巾、发动机表面活性清洗剂、机头光亮保护剂、清洗油等 | 不宜用酸碱类清洁剂 |
| 3 | 漆面处理 | 浅划痕及车身漆面失光处理 | 抛光机、不同粒度的抛光剂、还原剂、漆面增艳剂、漆面保护剂 | 抛光后需进行还原处理 |
| | | 深划痕处理 | 调色涂料、抛光机、镜面釉钻石镜面蜡、海绵 | |
| | | 喷漆 | 喷漆间、烤漆房、空压机、喷枪、砂纸、刮板、底漆、腻子、中涂漆、面漆 | 宜选用喷漆烤漆两用房<br>修补施工宜选用快干型涂料 |

## 5.2 汽车装饰

### 5.2.1 汽车装饰的定义

汽车装饰是指在原厂车的基础上通过加装、改装或更新车上的装备和附件，以提高汽车的美观性、装饰性和安全性的行为。所增加的附属物品称为汽车饰品或汽车装饰件。

### 5.2.2 汽车装饰的作用及分类

**1. 汽车装饰的作用**

汽车装饰种类很多，装饰的位置不同，能起到美观作用，还能起到保护作用。有的是改变汽车行驶安全的装饰，如汽车的导流板、防擦条装饰等。还有的是改变汽车舒适性的装饰，如车上的静电带装饰等。总的来说，汽车装饰的作用体现在美观性、实用性和舒适性三个方面。

1）美观性。通过在车身上粘贴各种各样的图案或加装导流板来改变车身的风格，使车身绚丽多彩、流线突出，看起来更加美观。

2）实用性。根据车内有限的空间选用一些小巧、美观、实用的饰物，如附加头枕、转向盘套、防盗系统、倒视镜等，可以减轻驾驶人的驾驶疲劳、改善视野以及提高汽车安全性。

3）舒适性。通过安装音响以及加装手机支架、纸巾盒等设备，使乘员在乘车过程中可以完全放松，让乘坐汽车成为一种享受。

**2. 汽车装饰的分类**

汽车装饰主要有两种分类方法：一类是按照装饰部位进行分类，另一类是按照装饰作用进行分类。

**(1) 按照装饰部位进行分类**

1）汽车外部装饰。汽车外部装饰包括车顶、车窗、大包围、车灯、车轮、底盘等的装饰。

2）汽车内部装饰。汽车内部装饰包括地板、门内护板、门边饰板、篷壁、座椅、仪表板等的装饰。

3）汽车精品装饰。汽车精品装饰包括车载电子电器设备、通信设备、智能设备、防盗防护设备安装。

**(2) 按照装饰作用进行分类**

1）美观类，如个性贴花、车身大包围装饰、安装空气扰流组件等。

2）舒适类，如天窗装饰、座椅装饰、桃木装饰等。

3）娱乐类，如安装各种视听设备、娱乐设备等。

4）防盗类，如安装各种防盗设备和工具等。

5）保护类，如安装保险杠、防撞胶条、防滚架等。

6）便利类，如安装电动门窗、集控门锁、车载电话、电子导航装置等。

7）实用类，如安装车载冰箱、车载氧吧、车载货架等。

8）安全类，如安装倒车雷达、可视倒车装置、汽车安全预警装置等。

### 5.2.3 汽车装饰常规项目简介

**1. 汽车太阳膜装饰**

(1) 太阳膜的作用　汽车太阳膜（防爆隔热纸）自进入我国汽车美容市场以来，受到了业内人士和广大爱车族的青睐，其原因来自于汽车太阳膜卓越的功能，如图5-9所示。

1）创造最佳美感。汽车太阳膜能改变汽车玻璃颜色，创造美感。

2）提高防爆性能。汽车太阳膜可以提升意外发生时汽车的安全水平，使汽车玻璃破碎可能性降到最低，最大限度地避免意外事故对乘员的伤害。

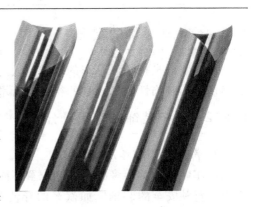

图5-9　太阳膜

3）提高空调效能。汽车太阳膜的隔热率可达50%~95%，有效地降低汽车空调的使用，节省燃油，提高空调效能。

4）抵御有害紫外线。紫外线辐射具有杀菌作用，但对人的肌肤也具有侵害力，对于乘员来说，长时间乘车时，人体基本上处于静止状态，此时更易受到紫外线伤害，造成皮肤疾病。汽车太阳膜可有效阻挡紫外线，保护乘员的肌肤。

5）保证乘车隐秘性。汽车太阳膜单向透视性能阻绝外面的目光，保护车主隐私。

**（2）太阳膜质量的鉴别方法** 市面上出售的车膜品种繁多，质量差异很大。一般普通膜的使用期在两年左右，优质的防爆太阳膜使用期在5年以上。车膜质量的鉴别主要是通过看、摸、试三种方法。

1）通过看车膜的透光率、颜色以及是否起气泡来鉴别车膜的质量。汽车太阳膜无论颜色深浅，透视性能均良好。在夜间、雨天也能保持良好视线，保证行车安全。而普通色膜采用的是普通染色工艺，靠颜色隔热，所以颜色深，从车里向外看总有雾蒙蒙的感觉。

2012年9月1日起实行的《机动车运行安全技术条件》规定："前风窗玻璃及风窗以外玻璃用于驾驶人视区部位的可见光透射比应大于等于70%。所有车窗玻璃不得张贴镜面反光遮阳膜。公路客车、旅游客车和校车所有车窗玻璃的可见光透射比均应大于等于50%，且不得张贴有不透明和带任何镜面反光材料的色纸或隔热纸"。公安部门明文规定，前风窗玻璃贴膜的透光率必须达到70%。这是因为前风窗玻璃是驾驶人获取交通信息的主要通道，所以，前风窗玻璃必须选择反光度较低、色泽较浅的太阳膜。

汽车太阳膜是一种高科技产品，它采用金属溅射工艺，将镍、银、钛等金属涂于高张力的天然胶膜上，无论在贴膜过程中还是日后的使用过程中都不会出现掉色、褪色现象。汽车太阳膜的颜色多种多样，再加上自然柔和的金属光泽，使得汽车太阳膜可以搭配各种颜色、款式的汽车。普通汽车太阳膜是将颜色直接融在胶膜中，撕掉上层塑料纸后，用力刮粘贴面，会有颜色脱落现象，这种膜使用一两年就会褪色。

撕开车膜的塑料内衬后再重新合上，劣质车膜会起泡，而优质车膜合上后完好如初。

2）通过车膜的手感鉴别车膜质量。汽车太阳膜手感厚实平滑，好的汽车太阳膜表面经过硬化处理，长期使用不会划伤表面。普通膜手感薄而脆，摇动玻璃后，会在膜上留下一道道划痕。

3）通过试验鉴别车膜质量。剪下一小块膜，在地下摩擦或用化油器清洗剂试验，容易掉色的就是劣质膜，而擦不掉颜色的就是优质膜。另外，对车膜的隔热性只凭肉眼看和手摸是很难鉴别的，可以通过一个简单的测试方法来做比较。在一个碘钨灯上放一块贴着车膜的玻璃，用手感觉不到一丝热的是优质车膜，而立即有烫手感觉的，则是隔热性较差的劣质车膜。

**（3）汽车太阳膜的粘贴** 贴膜是一项操作技术性高、工艺难度大的工作。做好贴膜除了有扎实的操作技术外，还要做好以下准备工作：一是要准备好贴膜所用的主要工具，如抛光辊、电热吹风机、喷水壶、不锈钢板尺、各类刮刀、黏土。二是将专用研磨剂及一些清洁用品准备好。接下来就是如何运用这些工具及用品，按一定的工序进行贴膜了。对于新旧车贴膜工艺差别较大，主要是由于新车玻璃状况好且没有贴过任何东西，所以新车没有必要进行平整光滑处理且清洁处理也相对简单多了。下面就旧车贴膜工艺和新车贴膜工艺分别进行介绍。

汽车太阳膜的表面涂有一层水溶性胶粘剂，其上有一层透明保护膜，施工时必须将这层透明保护膜撕去，在需贴膜的玻璃和胶粘剂上喷上清水，将汽车太阳膜粘贴于玻璃表面上，用塑料刮刀将其刮平，去除内部的气泡和多余的水分，晾干后，汽车太阳膜便能牢固地黏附于玻璃上。具体贴膜工艺如图5-10所示。

图 5-10　贴膜工艺

1）准备。粘贴车膜前需做好以下准备工作：一是环境准备，为确保车膜粘贴质量和效果，整个安装车间要做到封闭无尘；二是工具准备，应准备喷雾器、不起毛的擦洗布、棉毛巾、擦洗垫、刮刀和可替换刀片、清洁剂、刮板、重型切刀（可断开刀片）、白塑料硬卡片、放工具的围裙等工具；三是调制粘贴溶液，粘贴溶液由清水与中性溶液配制而成。

2）玻璃外侧清洁。在玻璃外侧喷洒清水，用手触摸一遍，因为人手的敏感度最强，能感触出稍大的尘粒；然后，用专用刮刀清除黏附的污垢；同时，要注意玻璃橡胶压条缝隙的清洁；最后，喷洒一遍清水。

3）下料。

① 粗裁剪。根据玻璃尺寸裁剪合适的汽车太阳膜，裁剪的尺寸要稍微放大一点，给定型裁剪留出余地，裁剪时要注意防皱。

② 定型裁剪。将待贴玻璃外表面喷湿，把裁下的汽车太阳膜贴合在玻璃上（应将汽车太阳膜有保护膜的一面向外），用裁纸刀沿玻璃轮廓修整，使其与玻璃轮廓相吻合。

由于车窗玻璃有一定的弧度，对于不能吻合的部位，用电热吹风机进行适当收缩，一边加热一边用塑料刮刀挤压玻璃上的气泡和水分，使膜变形，直至与玻璃的曲面完全吻合。特别注意，温度不可过高，以免损坏太阳膜。

4）粘贴。

① 玻璃内侧的清洁。玻璃内侧面为真正的贴膜面，清洁时一定要彻底。首先对驾驶室进行喷雾处理，包括空间、座椅和地板，使空气中的灰尘能沉降下来，减小座椅和地板扬尘对贴膜的影响。在玻璃上喷洒清水，用刮刀将黏附物刮除干净。

② 粘贴汽车太阳膜。粘贴前应进一步清洁待贴玻璃，保持玻璃的清洁，在玻璃表面喷洒一层清水，将裁剪好的汽车太阳膜的保护层去掉，在胶粘层上喷上一层清水，这样可以减少膜的黏性，并容易去掉静电引起的吸附物。将膜贴到玻璃上，左右滑动，正确定位后，再往膜上稍微喷点水，用刮刀由中间向两边刮压，将玻璃和膜之间的水分和气泡挤出。最后完成边角处的刮贴。

5）检查。汽车太阳膜粘贴完毕后应仔细检查粘贴质量：一是检查粘贴是否牢固，尤其是边角部位；二是检查有无气泡；三是检查车膜有无褶皱；四是检查有无刮痕。如发现问题应返工。

（4）粘贴汽车太阳膜注意事项

1）粘贴前，必须保证玻璃的绝对清洁，玻璃上残留有任何细微的粉尘，均会影响汽车太阳膜的黏附力和透视率。

2）粗裁剪时，裁定的尺寸要稍微放大一点，以便给贴膜时留有余地。

3)电热吹风机的温度不可过高,以免损伤汽车太阳膜。

4)前风窗玻璃贴膜尤其要慎重。一是对膜的质量要求严,透光度要高,隔热性要好,防爆性要强;二是前风窗玻璃的弧度大,面积大,必须整张贴,所以施工的难度高,这就要求在贴膜时需选择好的商家,不仅要注意膜的质量,还要观察其贴膜的工艺水平。

5)在汽车太阳膜粘贴后的2~3天内,不要升降车窗。

6)在汽车太阳膜粘贴后的5~7天内,不要用水清洗车窗及开启除雾开关,如果要清理车内玻璃请用湿毛巾或海绵小心擦拭。让膜在这段时间内保持干燥。由于水分未干,膜有些变形是正常的。记住,膜干得越快越好。

**2. 汽车语音报警系统装饰**

**(1) 汽车语音报警系统的作用** 汽车语音报警系统可以及时向驾驶人及乘员提供汽车运行信息,有效地保障乘员及车辆的安全,减少意外交通事故及麻烦。常用的汽车语音报警系统主要有汽车报警系统、关门报警系统及倒车报警系统三大类。

**(2) 倒车报警系统**

1)倒车报警系统分类。在各种语音报警系统中,倒车报警系统的应用最为广泛。目前常用的倒车报警系统主要有以下几种:

① 铁将军汽车倒车报警系统。铁将军5886倒车报警系统通过两个进口超声波探头探测汽车尾部与障碍物之间的距离,并提供三个阶段的警示音及变色LED闪光指示。多重采样探测及防误报等专利技术的应用,保证了其警示的准确性。铁将军5886倒车报警系统的探测范围如图5-11所示。

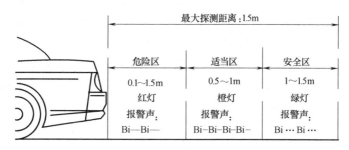

图5-11 铁将军5886倒车报警系统探测范围

② 永博数字式汽车倒车报警雷达。永博402-201型汽车倒车报警雷达采用流线型设计,可探测车尾与任何障碍物之间的精确距离,并通过数字进行显示,显示器左右各有一个发光指示灯,用来指示车尾障碍物的左右位置。与此同时,声音报警装置根据障碍物与车尾距离的不同,可分三档进行声音报警,如图5-11所示。

2)倒车报警系统安装。汽车倒车语音示警系统虽然种类繁多,但其安装方法大体上可分为粘贴式安装和开孔式安装两种。无论使用哪种方法进行安装,探头(感应器)的离地距离及宽度均应符合要求,如图5-12

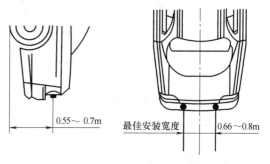

图5-12 探头最佳安装位置

所示。

① 粘贴式安装。粘贴式安装适用于粘贴式探头，特点是安装时不需在车体上开孔，安装迅速，其具体安装操作方法如下：

➢ 将附带的橡胶圈套到探头上，使其引线向下并与地面保持垂直，如图 5-13 所示。

➢ 用电吹风机将双面贴加热，然后撕去面纸，将探头粘贴到确定的部位上干固 48h。在确定探头粘贴位置时应注意不得将探头安装于汽车的最尾处，以免撞坏探头；探头必须粘贴在垂直平面上，如图 5-14a 所示，否则将影响使用效果；侧视 90°应无障碍物，如图 5-14b 所示，以免误报警。

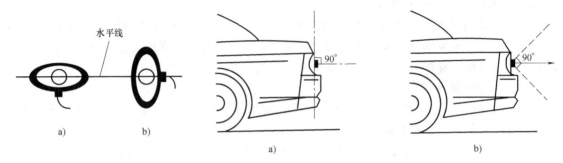

图 5-13　探头引线方向
a) 正确　b) 不正确

图 5-14　探头安装方向和视角
a) 探头安装方向　b) 探头视角

➢ 安装 LED 灯、控制盒及蜂鸣器。安装时，LED 灯应位于仪表台易被驾驶人视线观察到的位置上；控制盒应位于安全、不热、不潮湿、不易溅水的位置；蜂鸣器一般安装在后风窗玻璃前面的平台上；探头屏蔽线应防止压扁和刺穿。

② 开孔式安装。开孔式安装只适用于开孔式探头，安装此种探头时应先在车尾或保险杠上合适的位置开孔，将胶套安装在已开好的孔内，然后将接好线的探头从背面安装到探头胶套中，如图 5-15a 所示。背面空间较小时，也可先将探头套于胶套中，然后将胶套与探头一起从外面塞入已打好的孔中，如图 5-15b 所示。

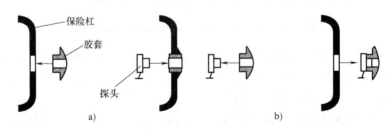

图 5-15　开孔式探头安装方法
a) 安装方法一　b) 安装方法二

采用开孔式安装时，可通过喷涂的方法改变探头的颜色，使之与车身或保险杠的颜色相匹配。

### 5.2.4　汽车装饰常用装备

**1. 外部装饰工具、设备及材料**

**(1) 汽车外部装饰的主要工具**　汽车外部装饰工具分为特种喷涂装饰用的工具和其他

外部装饰用的工具两种。

1) 特种喷涂装饰用的工具。特种喷涂装饰用的工具有喷涂装饰通用工具和特种喷涂装饰专用工具。

喷涂装饰是汽车外部装饰的主要内容,所使用的绝大部分工具,均为喷涂维修中的通用工具。

喷漆器是一种特种喷涂装饰专用工具,喷漆器的压力为34.5~345kPa,正常工作压力约为206kPa。大多数喷漆器的额定排气量为0.02m³/min。喷漆器主要分为两种,即单作用式和双作用式。单作用式喷漆器在压下手指控制杆时可以得到空气,转动后针调节螺钉可以控制喷漆量,但工作时不能改变喷漆量。如果需要改变喷漆量,则必须先停止喷涂作业,转动后针调节螺钉,才能改变喷漆量,显然使用起来不够方便。双作用喷漆器使用广泛,有多种喷头可供选择,进一步提高了多用性。这种喷漆器一般适用于非常精密的喷涂,压下手指控制的前杆就可以获得空气,把杆拉回就可以喷出适量的油漆。

2) 其他外部装饰用的工具。除喷涂装饰外,常用的汽车外部装饰工具都是汽车维修组装时使用的通用工具,如电钻、锤子、活扳手、螺钉旋具及各种钳子等,可根据施工时的具体情况选用。

**(2) 汽车外部装饰的主要设备**

1) 喷涂装饰用的通用设备。喷涂用的通用设备主要是空压机、喷枪,以及与喷涂车间配套使用的水、电、压缩空气等动力设施,如动力电源开关柜、蒸汽锅炉房或蒸汽机、自来水及控制系统等。

2) 维修装饰用的其他机械设备。汽车维修装饰用的其他机械设备包括与汽车维修有关的汽车零部件、在装饰时进行拆卸和安装用的机械设备等。例如,钻床、电钻、轮胎拆装机、汽车举升机、各种型号的砂轮机、研磨机及抛光机等。这些设备的配置与企业的规模有关,规模较大的汽车美容装饰企业,设备比较齐全。

**(3) 汽车外部装饰的主要材料**

1) 喷涂装饰用的材料。喷涂装饰用的材料有主要喷涂材料和辅助材料。

为了提高汽车的装饰效果,应使用一些具有高性能的涂料进行喷涂,以达到理想的效果,常用主要喷涂材料有:

① 69幻彩超级特别珍珠漆系列。69系列珍珠漆特有超级变幻方式,能使面漆产生特有的变幻色彩,使装饰效果更好一些。

② D800双组分镜面清漆、D880双组分高厚膜超级清漆。D880双组分高厚膜超级清漆与BC系列磁漆配合使用,喷完BC磁漆之后,再喷上两道D800或D880清漆,可以使车身表面达到优质的镜面效果,提高装饰性能。

③ 特种高亮清漆1360、0200。本品为高固型双组分清漆,有极好的流平性,光泽度特别高且硬度好,同时可快速干燥和抛光,适用于大、小面积修补及整车喷涂,为名贵轿车高品质喷涂首选。

另外,在进行汽车装饰喷涂时,除了装饰面漆的选择比较特殊以外,其余用的辅助材料与维修喷涂和美容喷涂时类似。

2) 其他外部装饰材料。汽车外部装饰材料中,除了油漆以外,绝大部分是塑料、橡胶等材料制作的汽车零部件,例如,保险杠分格栅、防撞条、车体板、窗框架、灯框架、散热器固定框等。橡胶制品零部件主要有轮胎、密封条等；此外还有很少一部分金属或有色金属外部装饰件。例如，铝合金的轮毂、车轮装饰条、玻璃窗框、车身装饰压条；不锈钢装饰件有不锈钢脚踏板、旗杆灯的旗杆、门的外把手等。这类材料的比例较小，主要的还是塑料、橡胶及玻璃等制品。

**2. 内部装饰工具、设备及材料**

（1）**内饰中常用的工具** 汽车内饰中常用工具分为通用工具、缝纫裁剪用工具、专用工具三种。

1）通用工具。

① 扳手。扳手是用以拆装螺栓或螺母的工具。以爪口的宽度来确定扳手的尺寸。大多数成套的英制扳手包括 1/6～1in（1in＝25.4mm）的尺寸范围。米制成套扳手通常包括 6～19mm 的扳手。也可有更小或更大尺寸的扳手。

② 旋具。用于旋紧或松开顶端带形槽的螺钉工具。按顶部槽的形状，将旋具分为一字槽、十字槽及其他特种型专用旋具。

③ 钳子。在汽车内饰的拆装中，常用的钳子有组合钳、尖嘴钳、可调钳等。

④ 锤子。在进行装饰的拆装中，锤子是不可缺少的工具。最常用的有球头锤和橡胶锤两种。

⑤ 其他工具。在装饰工作中还用到钢卷尺、钢直尺、不锈钢板尺、通用刀、组合多功能旋具、刮刀等。

2）缝纫裁剪用工具。在内饰中，经常遇到裁剪和缝纫工作。常用的工具有皮尺、曲尺、直尺、剪刀以及划线笔。

3）专用工具。

① 拉铆枪。如图 5-16 所示，拉铆枪是用于无须在铆钉的背后留加工孔的情况，有相当高的强度，使用数量足够的铆钉所形成的接点是非常牢固的。在装饰或维修中，弹射铆钉连接是最简易、费用最少的连接方式。

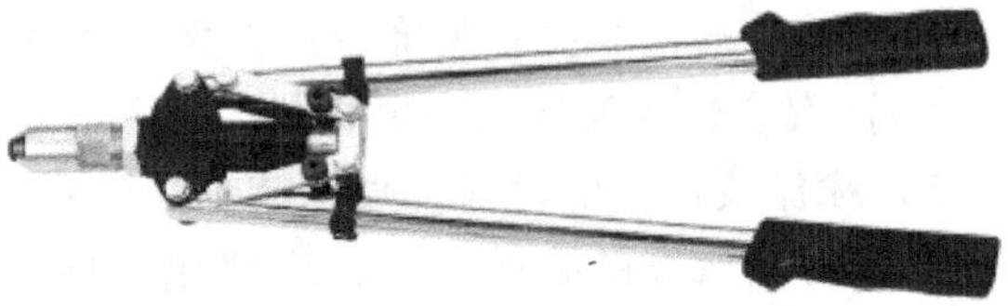

② 拆装工具。在装饰件的拆装中，需用一些专用工具，其中大部分在随车工具箱中备有。

图 5-16 拉铆枪

（2）**内饰常用的设备**

1）内饰中的通用设备。

① 蒸汽供给系统。在进行汽车内部装饰时常常需要用蒸汽，在装饰车间内应有蒸汽供给系统，这个系统的设备必须保证装饰所需的蒸汽供给及质量。

② 压缩空气供给系统。压缩空气是汽车内部装饰中常使用的一种动力，在装饰车间内必须有压缩空气设备及供给系统，以保证供给必要的压缩空气。

③ 水、电供给系统。汽车内部装饰工作离不开水、电，在装饰车间内必须有水、电供给系统，保证汽车内部装饰所用的水、电供给。

2）动力设备。

① 气动螺钉旋具。动力螺钉旋具有电动螺钉和气动螺钉两类，图 5-17 所示为气动螺钉旋具。气动螺钉旋具具有灵活性强、重量轻、使用安全、操作和维修费用低等特点。与电动

螺钉旋具不同，气动螺钉旋具始终在冷态下运转，即使经常使用也不会烧坏。气动螺钉旋具可用于各种类型的螺钉拆装。

② 手提式真空吸尘器。真空吸尘器是汽车装饰和维修中的常用设备，用于清除车内的尘土及异物。真空吸尘器分为干式真空吸尘器和湿式真空吸尘器两种类型。在汽车装饰清洗时，最常用的是手提式真空吸尘器，如图5-18所示。

③ 热风枪。热风枪（图5-19）在汽车美容装饰和维修中有许多用途，是不可缺少的设备。它可用于所有乙烯树脂车顶的装饰和维修，也可用于其他塑料件的装饰和维修，如面板的热压装配作业和快速干燥。在粘贴施工中，为加速胶粘剂的固化，采用热风枪加热，可提高粘贴施工速度和质量。

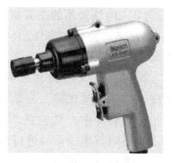

图 5-17 气动螺钉旋具

图 5-18 手提式真空吸尘器

图 5-19 热风枪

④ 热空气塑料焊机。热空气塑料焊机采用陶瓷或不锈钢制成的电热元件来产生热空气（232～343℃），通过喷嘴喷到塑料上。空气由车间的压缩空气系统供应，不可使用氧气或其他可燃气体。这种热空气塑料焊机的焊炬筒体相当热，若皮肤长时间与热空气直接接触就会导致烧伤。焊炬与焊条一起使用，焊条直径一般为5mm左右。

⑤ 缝纫机。在装饰中，对纺织用品、塑料皮革制品，有相当一部分需要进行裁剪缝制，所用的主要设备是缝纫机。这里所用的缝纫机要求较高，一般应以电为动力，要求吃厚能力足够。有时内饰件缝制时，需两层以上重叠起来，甚至缝合一些复合材料，则厚度就更大了。图5-20所示为电动缝纫机。

图 5-20 电动缝纫机

⑥ 电动裁剪机。单件生产装饰品时，一般采用手工剪刀进行裁剪。当成套生产时，为了提高生产率，应采用电动裁剪机（图5-21）进行裁剪，有时将同类的十余件重叠起来，一次裁剪出10余个单片。显然，裁剪的效率比手工裁剪提高了10多倍，且每片的形状尺寸都是一样，能保证裁剪质量。

**(3) 内饰常用的主要材料**

1) 布饰面料。布饰面料按其原料的组成，可分为纯棉织品、纯毛织品、化纤织品和混纺织品。

2) 皮革面料。皮革面料是由动物的皮经加工而成的面料，主要有牛皮、羊皮和猪皮等。皮革面料是汽车装饰中的高级装饰面料，在高级轿车的装饰中，驾驶室、座椅、仪表板、顶盖内衬、车身内护面都采用优质的黄牛皮面料进行装饰。车内的一些附件，如转向盘、把手、安全拉手等也都用真皮面料进行装饰。

3) 橡胶装饰材料。橡胶分为天然橡胶和合成橡胶两大类。合成橡胶主要有丁苯橡胶、丁腈橡胶、丁基橡胶和氯丁橡胶等。橡胶制品在汽车上应用很多，主要用于汽车轮胎、电线电缆、密封胶垫、密封条、汽车垫板、胶粘剂等。

图 5-21 电动裁剪机

用于汽车的橡胶制品，既有普通的使用环境，又有严酷的不可预测的使用环境。橡胶材料的属性有力学特性、热特性、化学特性等，这些特性会因聚合物种类、配合剂的种类和数量的不同而不同，必须认识到这种情况。另外，还必须认识到橡胶材料会因使用时的动态机械应力和环境老化因素而发生结构变化，从而引起特性的改变。

4) 塑料。塑料的特性表现在重量轻、不会锈蚀、耐冲击性好、透明度高、耐磨性好、绝缘性好、导热性低，一般成型性、着色性好，加工成本低等。在汽车设计中采用大量的塑料，可以综合地反映出对汽车设计性能的要求，即轻量化、安全、防腐、造型和舒适性等，且有利于降低成本，节约材料资源。但由于塑料尺寸稳定性普遍差，热膨胀率大、易燃烧、易老化等，许多特性不能与金属材料相比。因此，汽车所用塑料不是单一的某一品种，而是经过改性的，因此，又称为"改性塑料"。

随着塑料新品种的不断开发，塑料在汽车领域的应用不断扩大，纳米复合材料、可喷涂和免喷涂塑料、塑料配光镜和塑料玻璃、纤维增强热塑性塑料等已得到了应用。

5) 金属材料。金属材料一直是汽车制造业的最主要用材，随着高分子材料的发展，以及汽车轻量化、安全性要求的日益提高，高分子材料在汽车制造用材中已占据了一席之地，相应地，金属材料所占比例下降得较快。

金属板料根据其厚度不同可分为薄板、中板和厚板，一般厚度小于 3.2mm 的板料称为薄板，厚度为 3.2~5mm 的称为中板，厚度在 5mm 以上的称为厚板。根据其材质不同，金属板料又分为钢铁金属板料和非铁金属板料。钢铁金属板料是以铁元素为基体的铁碳合金，包括碳素钢、合金钢、铸铁和铸钢；非铁金属材料是指铁碳合金以外的其他金属材料，如铝、铜、锡、铅、镁等。

6) 胶粘剂。目前，从整个汽车制造过程所涉及的工作部位和功能角度出发，可将车用胶粘剂大致分为焊装工艺用胶、涂装工艺用胶、内饰件用胶、装配件用胶、特殊工艺用胶五大类别。

## 5.3 汽车改装

随着汽车工业的不断发展及人们生活水平的不断提高，很多人已经拥有了自己的汽车，如何使自己的爱车具有适合自己的个性并满足特定的需求，越来越受到人们的关注，在这种情况下，汽车改装应运而生。

## 5.3.1 汽车改装文化

**1. 汽车改装的定义**

从广义上讲，只要是对原汽车厂的设定有改动，就称为汽车改装。对原汽车任何一个部位的改动都属于汽车改装。更换一个非原汽车厂的任何零部件，如螺钉、铝圈、轮胎、导线等，都可以称为改装。

目前我国汽车改装一般有两种情况。

第一种是传统的汽车改装，即生产专用汽车，也就是用国家鉴定合格的发动机、底盘或总成，重新设计、改装、生产与原车型不同的具有专门用途的汽车。我国专用汽车大多是通过这种改装方式生产的，因此，许多专用汽车生产厂都被称为汽车改装厂。例如，哈尔滨汽车改装厂、长春汽车改装有限责任公司等。

第二种是指为了达到某种使用目的，在汽车制造厂生产出的原型汽车的基础上，在已领牌照的汽车上做一些技术改造，即"改变"了汽车出厂时的原型"装备"，改装出来的汽车统称为改装车。此种汽车改装主要包括加装、换装、选装、强化、升级、装饰美容等。

在本书中，主要介绍第二种的汽车改装。

**2. 汽车改装发展史**

汽车改装源于赛车运动，参加各种竞技及赛事的车辆必须经过标准严格的改装后才能进入赛场，目的是增加车辆安全性和提高比赛能力。随着汽车工业的发展，汽车改装逐渐成为普通消费者汽车生活中的组成部分。

汽车改装在国外非常流行，尤其以美国和欧洲为代表。以美国为例，汽车改装在美国拥有稳定市场，私家车的改装率超过50%。服务于汽车改装的配件厂及服务机构达到上万家。而且，在美国可以进行外形改装、内部豪华装饰的改装和性能提升甚至赛车的改装等，改装项目几乎可以覆盖汽车所有部件。

我国内地最初的汽车改装是广东在1997年从中国香港引进的。目前汽车改装市场主要集中在以广州、深圳、珠海为代表的广东地区以及北京、四川等地，并逐渐向长三角及环渤海湾地区发展。从一开始仿制同类产品，到现在逐步根据国内消费者的审美观和驾驶特性以及地形地貌，自行研究、迸发出具有中国特色的改装产品。以广东地区为例，汽车改装行业各具特色，朝着百家争鸣的方向发展，市场商机越来越多，改装厂家、店家也不断增加，车主对汽车改装的认同和参与热情也与日俱增，改装技术正不断接近我国香港和台湾地区的水平。

世界著名的汽车改装厂商众多，一些知名厂家如下：

1) 整车改装厂。奔驰御用改装品牌有 BRABUS（博速），CARLSSON（卡尔森），LORINSER（劳伦士）；全球最大的宝马专业改装厂 ACS chnitzer（亚琛施纳泽）；来自德国的知名改装品牌 HAMANN（哈曼），涉猎法拉利、保时捷、兰博基尼等高端品牌，以改装宝马而闻名。另外还有，Volkswagen（大众汽车）集团改装第一大厂 ABT Sportsline（北京汉仕德科贸有限公司）；日产汽车改装厂 Nismo（日产·汽车运动国际公司），丰田汽车改装厂 TRD 等。

2）零件改装厂。有致力于轮圈改装的 HRE、360 Forged、RAYS、OZ Racing 等品牌，其中 360 Forged 以生产轻量化轮圈闻名；汽车轮毂的改装品牌有 SSR 和 ADVAN；以生产制动系统而出名的改装厂有 Brembo、AP Racing 和 Alcon，其他还有 HKS、TEIN 等品牌。

### 3. 汽车改装的相关法律规定

**（1）汽车改装相关政策法规及其合法性**　修订后的《机动车登记规定》第十条规定：已注册登记的机动车有下列情形之一的，机动车所有人应当向登记地车辆管理所申请变更登记：改变车身颜色的；更换发动机的；更换车身或者车架的；因质量问题更换整车的；营运机动车改为非营运机动车或者非营运机动车改为营运机动车等使用性质改变的；机动车所有人的住所迁出或迁入车辆管理所管理区域的。第十一条规定：属于更换发动机、车身或者车架的，还应当提交机动车安全技术检验合格证明。第十五条规定：改变机动车的品牌、型号和发动机型号的（经国务院机动车产品主管部门许可选装的发动机除外），将不予办理变更登记；改变已登记的机动车外形和有关技术数据的（法律、法规和国家强制性标准另有规定的除外），将不予办理变更登记。

新规定让改装变更手续更简单。机动车所有人应当在变更后 10 日内向车辆管理所申请变更登记。车辆管理所应自受理之日起一日内，确认机动车审查提交的证明、凭证，在机动车登记证书上签注变更事项，收回行驶证，重新核发行驶证。

与此同时，目前在我国，现行的相关法规仍旧对汽车改装有比较严格的限制，改装合法化的问题仍然没有得到很好的解决。比如，《中华人民共和国道路交通安全法》第十六条规定，任何单位或者个人不得有下列行为：

1）拼装机动车或者擅自改变机动车已登记的结构、构造或者特征。
2）改变机动车型号、发动机号、车架号或者车辆识别代号。
3）伪造、变造或者使用伪造、变造的机动车登记证书、号牌、行驶证、检验合格标志、保险标志。
4）使用其他机动车的登记证书、号牌、行驶证、检验合格标志、保险标志。

**（2）改装车的年检**　在大多数地区，年审还是制约家用轿车改装的最大难题。其实，改装车也不是都不能通过年审，如果是已领牌照的汽车，进行改装前向车管所登记申报，其改装技术报告经车管所审查同意后，即可进行改装。改装完毕，要到车管所办理改装变更手续，便可以顺利通过年审。

如果改装前没有到车管所登记申报，到年底车辆审验时能否过关，关键看车辆是否与行驶证上的照片相符，是否与车辆出厂技术参数相符，不符合则不能通过年检。

## 5.3.2　汽车改装的作用与分类

### 1. 汽车改装的作用

前面已经提到，汽车改装涉及车身外形、灯光、音响、悬架系统、点火系统、进排气系统、制动系统、轮圈、轮胎等诸多方面。例如，从本节后续内容介绍的汽车照明系统改装中可以看出，改装之后的氙气灯在亮度、色温和寿命等方面较传统的卤素灯均有很大提高。所以总的来说，汽车改装的作用无外乎两点，一是提高汽车的各项技术性能，二是体现车主与众不同的个性及用车理念。

### 2. 汽车改装的项目及分类

对一辆汽车的改装内容，包括发动机改装、汽车底盘改装、车身改装和汽车电器改装，常见的改装项目有车辆外形改装、动力系统改装、操控性能改装、越野性能改装、灯光改装、音响改装、轮胎改装以及汽车内饰的改变等。

（1）**发动机改装** 进气系统、排气系统、供油系统、点火系统、气门、涡轮增压器、节油器、点火线。

（2）**汽车底盘改装** 排档锁、转向盘锁、车轮锁、自排锁、安全带、安全气囊、底盘装甲、轮毂盖（车轮饰罩）、备胎罩、轮眉、悬架弹簧、减振器、防倾杆（平衡杆）、制动系统、ABS（防抱死制动系统）、铝合金轮毂、轮胎、绞盘。

（3）**车身改装** 大包围、定风翼、车身贴纸、封轴、太阳膜、隔声工程、汽车天窗、车顶行李架、尾梯、护杠（防撞杠）、手动窗帘、防撞条及门边胶条、车身饰条、后护板（后门踏板）、门脚踏板、前饰条、后饰条、装饰标志（立标、贴标等）、扶手箱、门拉手、后视镜罩、车牌架、后视遮雨板、中柱、桃木内饰、椅套、真皮座椅、跑车座椅、电动座椅、儿童座椅、座垫、地毯、地胶（脚踏垫）。

（4）**汽车电器改装** 前灯罩、后灯罩、雾灯罩、边灯框、装饰灯、内动窗帘、倒车雷达、越野车灯、氙气灯、中控锁、汽车音响、电子防盗器、GPS定位系统、车载免提电话、黑匣子、巡航控制系统。

本节后续内容主要从发动机改装、底盘改装、车身改装和汽车电器改装四个方面，并选择主要部件的改装进行详细论述。

## 5.3.3 发动机改装

### 1. 发动机改装概述

汽车动力性和燃油经济性的提升主要与发动机的技术改装有关。汽车要有强劲的动力输出就要先有好的发动机。

发动机内部组件的改装主要是利用由轻量化、高强度的材料制成的高精密度组件来减少内部动力的损耗，除了达到动力提升的目的外更要兼顾可靠度及平衡性的提升。高科技合金或复合材料的应用配合精密加工技术的发展，使得现代高性能的发动机在实现其单位容积动力大幅度提升的同时，可靠度及经济性也获得改善。但必须强调发动机内部组件的改装并不仅仅是为了提升动力，更重要的是为了发动机的可靠度及平衡性。

在发动机内部组件改装时，除了必须特别注意材料的选择、制作精度及平衡度的要求外，更不能忽略各组件间的搭配。单对某一部分进行改装通常会破坏发动机的平衡，而且效果不明显，因此在对发动机进行改装时，务必注意各配件的匹配，否则会因小失大，得不偿失。

发动机的改装对改装师技术水平的要求非常高。发动机有一个非常复杂的工作环境——既有超高温的燃烧室（温度接近1000℃），又有运转速度非常高的精密机械结构，因此要求改装师对相关仪器设备有丰富的使用经验，并且拥有较高的理论水平。由于发动机内部更换了一些高性能部件，会使原厂设定的数据不能再用，而改装品制造商提供的数据并不一定能与其他部件配合，因此在装配过程中要求改装师能自行计算、设定一些数据，否则稍有不慎便会导致爆燃等不良后果，甚至会导致气缸爆裂等严重损毁。因此一定要确定改装师的技术水平后才可以进行改装。

安装时的工艺也是一个重要因素，对于同一个改装套件，有的改装厂安装后能正常使用，但有的改装师安装后却常常不能达到预期的效果，这其中的差异就在于安装时的工艺。例如，连杆在安装时必须特别注意螺钉的锁紧法及紧度，锁螺钉时应该先充分清洁并涂上一薄层机油，避免螺纹牙间产生异常的应力，造成螺钉虽然按照规定的力矩锁紧但却无法达到应有的预紧度，以致发动机运转后会由于预紧度的不足而造成轴承严重受损。

本节后续内容将对发动机压缩比与排量、进气系统、排气系统和润滑系统的改装进行介绍。

**2. 发动机压缩比与排量改装**

改变汽车发动机压缩比的方法主要使用减小燃烧室的容积，包括磨削气缸盖、在燃烧室内增加固定物、使用较薄的气缸垫、更换活塞等方法，使活塞头部与气缸盖围成的燃烧室容积减小，甚至可以增加连杆的长度或者增加曲轴的回转半径。压缩比的提高会对发动机的强度产生影响。适当地提高压缩比，采用高辛烷值的燃料，可以提高发动机的性能。过多地改变压缩比会产生爆燃现象，对发动机产生较大的伤害，发动机的寿命会急剧缩短。

增加发动机排量的方法有两个：一是整体更换发动机；二是通过更换发动机缸套来加大气缸的直径，然后更换一组加大直径的活塞。

**3. 进气系统改装**

进气系统是为提升汽车动力性能改装得比较多的一个部位。进排气系统和点火系统的改装可以使汽车运行得更顺畅，提高发动机的工作效率，还可以使油气混合得更充分，从而降低废气的排放。进气系统改装所涉及的部件也非常广泛，包括空气滤清器、进气道和进气管、进气歧管以及节气门等。本节主要介绍其中最为常见的空气滤清器和多喉直喷系统的改装。

（1）**高流量空气滤清器** 高流量空气滤清器（Air Filter），如图5-22所示，因为外形貌似地里长的蘑菇，所以俗称为冬菇头。它安装于发动机进气系统中的关口，是由一个或几个清洁空气的过滤器部件组成的总成。它的主要作用是滤除将要进入气缸的空气中的有害杂质，以减少气缸、活塞、活塞环、气门及气门座的早期磨损。由于这种空气滤清器的吸气范围不同于平面的原装位风隔，所以具有进气流量较大的优势，特别是在一些涡轮增压及机械增压发动机等需要更多进气量的车辆上，其优势是明显的。

图5-22 高流量空气滤清器

不过冬菇头的缺点也是明显的，如会削弱进气紊流，影响与燃油混合的效率，产生转矩输出下降等问题。同时，某些产品为片面提高进气量，在过滤材质上下功夫，令基本的阻隔功能降低，加速了空气流量计和发动机内部的磨损。所以在使用冬菇头的时候应注意日常保洁，多清洗冬菇头，多清洗节气门等。

（2）**多喉直喷** 多喉直喷技术（Multi Throttle Body）是一种独立节气门技术。装有多喉直喷系统的S54B32发动机如图5-23所示。

在传统发动机上，做功燃烧时所需要的空气由进气口导入进气道，经过空气滤清器过滤后由节气门进入进气歧管，与燃油混合形成混合气，最后进入气缸燃烧。多喉直喷则在空气经过空气滤清器后变为每缸一个独立的节气门，每个节气门上单独设置空气流量传感器，独立监控每缸的进气动作。通常还会对进气歧管内部进行抛光处理，使进气阻力更低，此时供油系统需要配合增加的进气量，提高燃油压力及精确的燃油喷射量，以达到提高功率输出的目的。

图 5-23　S54B32 发动机

多个节气门的好处非常明显，增大了节气阀门的总体面积，提高了气缸的进气量。每缸单独的节气门也可以减轻节气门阀体重量从而提高响应性能，多喉直喷技术还可使难以实现的等长进气歧管得以应用，较短的进气歧管可以显著提高发动机高转速时的进气效率。

但是，采用多喉直喷系统，也仍存在缺点。一方面，增加进气阀门的面积与使用较短的进气歧管，虽然在高转速时拥有更佳的进气效率，但在低转速时会导致进气压力很小，气流速度下降，损失了低速转矩。另一方面，多喉直喷系统由于每缸使用单独的节气门设计，对于节气门的调节与控制要求极高，调节不当，轻则发动机不顺畅，影响动力输出，重则使各缸进气量失衡，发动机出现异常抖动，与供油系统形成的混合气调节不当还会使发动机燃烧异常，造成磨损。

**4. 排气系统改装**

排气系统的改装主要是对排气歧管、排气管、消声器进行改装，应尽量扩大自由排气阶段气缸内和排气管内的压力差；减小克服排气门、排气道处的阻力消耗的有效功；利用排气惯性，减少残余废气的含量，以使得排气顺畅、快速，提高充气系数。

（1）**排气歧管的改装**　排气歧管大部分都是铸铁制品，管内粗糙且各歧管长度不相同，非常容易产生排气干涉现象。改装后的排气歧管一般内壁都会采用平滑的不锈钢材质，有的还在歧管连接底座和插头的部位，实施无段差的熔接研磨，以取得减少阻力、加速气流的功效。优质的排气歧管各歧管长度统一，压力差小，对提高发动机整体吸排气与效率也非常有利。

（2）**排气管的改装**　排气管的改装大多从中、尾段开始，常见的方法是改变排气管的长度、管径的大小和改装内径平滑的排气管道。改装的目的是使排气顺畅，沿程阻力小。排气管道与排气歧管和消声器连接部分的连接应紧密顺滑。

排气管的改装主要是对排气管的内径和长短进行匹配。较短的排气管在较高的转速下表现理想，排气管内的回压较小，易于排气；细长型排气管注重在低速条件下的转矩表现，管内的回压压力较高。以道路使用为主的排气管，应选择全长较长的排气管，作为蓄气增速的条件，中段管径可适当地增加，管径一般增加 10%～15%。

（3）**消声器的改装**　消声器外壳用薄钢板焊制，为延长寿命多采用渗铝处理。优点是材料重量轻、耐用，并且可以从车外看到，还能发出改装车特有的音频和声响。在消声器的改装中，一般选用不锈钢材料甚至是钛合金材料的消声器。

消声器的构成大体上有两类。第一类是利用交叉隔板形成反射波的方式降低音量，原厂产品多采用此种构成方法。而在改装的消声器中，多采用第二类直线型吸收式。原因在于，隔板式的排气阻力比较大，不如直线型的更能发挥车辆的动力。

5. 润滑系统改装

发动机高速运行时，曲轴箱内因为曲轴的高速运行产生的高温和摩擦会导致机油的劣化和汽化，致使曲轴箱产生高压，所以劣化和汽化的机油必须排出曲轴箱，但是因为这样的机油气含有"剧毒"，所以原装车都是通过导出机油气进入进气歧管让发动机设法烧掉这些"剧毒"气体，但是会导致气门易脏而再次影响动力和油耗。此时，可以通过加装机油透气壶来改善这种状况，如图5-24所示。机油透气壶就是通过分离油气，把废机油收集起来，分离出来的空气送入进气歧管。所以它的作用主要是保护发动机，保持气门清洁，降低油耗。

图 5-24 机油透气壶

### 5.3.4 底盘改装

1. 底盘改装概述

一般来说，汽车出厂时的原装底盘就能够满足普通汽车用户的要求。但是如果车主喜欢高速行驶，热衷于赛车和越野，则改装底盘是提升性能的必要途径。

汽车底盘改装主要包括以下项目和内容。

(1) **传动系统改装** 传动系统的改装主要有离合器、变速器、差速器等零部件改装。

(2) **行驶系统改装** 行驶系统的改装主要有轮胎、轮辋、悬架、防倾杆等零部件改装。

(3) **转向系统改装** 转向系统的改装主要有转向盘等零部件改装。

(4) **制动系统改装** 制动主要有制动器等零部件改装。

2. 传动系统改装

(1) **离合器改装** 一般的汽车改装都不需要改动离合器。如果改动了发动机，而且发动机的动力有了很大的提升，就可能需要提升离合器。这是因为发动机动力提升之后，原厂离合器往往因为打滑而无法准确输出动力，此时要让增加的动力完全释放，就必须改装离合器。

目前，性能比较优越的离合器为ATS双片离合器，如图5-25所示。该离合器整个总成的核心部件是碳纤维的离合器片，采用高强度的碳纤维压铸成形，薄且轻，其微观结构与日常所见的碳纤维产品，如发动机罩等完全不同。浮动式设计的离合器片，运动时会发出很特别的金属撞击声。压板（图5-25a中所示）用于保证离合器接合和分离的控制。飞轮用于起动发动机和储存力矩，不过对于改装车而言，这部分的重量越轻对于发动机的响应性自然会越好。所以ATS的套件内也用极具轻量化的飞轮配套。

(2) **变速器改装** 变速器改装是较高层次的改装，费用也很高。变速器的改装大体上

a) b)

图 5-25 ATS 双片离合器

分为两类：一类是手动变速器与自动变速器互换，这类是较为常见的变速器改装。更换的理由各不相同，原汽车厂家对某款量产车一般都配有自动档变速器和手动档变速器，用户在买车时就选好了要哪种变速器，不过由于某些原因，客户会要求把手动档变速器更换成自动档，也有要求把原车配置的自动档改装成手动档的。这样的改装在技术上和理论上难度都不大，也都是可行的。另一类是换成另一个传动比不同的手动变速器，即手动变速器的升级。

（3）**差速器改装** 汽车在弯道行驶，内外两侧车轮的转速有一定的差别，外侧车轮的行驶路程长，转速也要比内部车轮的转速高，这个时候就需要差速器来调节。

顾名思义，差速器就是用来让车轮转速产生差异的，在转弯的情况下可以使左右车轮进行合理的转矩分配，来达到合理的转弯效果。当发动机的动力经离合器、变速器、传动轴，经过了驱动桥上减速器的减速增矩之后，就要面临左右车轮转矩的分配，实现左右车轮的不同速度，使两边车轮尽可能以纯滚动的形式不等距行驶，减少轮胎与地面的摩擦，这就是所谓的"差速"过程。

如图 5-26 所示，差速器主要由行星齿轮、齿轮架以及左右半轴齿轮构成。实现"差速"的关键是两个和左右半轴齿轮相垂直的行星齿轮。这两个行星齿轮和左右半轴齿轮都啮合着，齿轮啮合方式能够让左右半轴齿轮达到一个互相抵制的效果。在转弯时，内侧车轮要比外侧车轮受到的阻力大，由于左右半轴齿轮的转矩不同，会导致行星齿轮的转动，行星齿轮能给内侧齿轮一个阻力转矩实现减速，同时也能给外侧齿轮增速，这样外侧齿轮比内侧齿轮的转速快，实现了顺利转弯。

普通差速器有一种弊端，那就是由于车轮悬空而导致空转，差速器将动力源源不断地传给没有阻力的空转车轮，车辆不但不能向前运动，大量的动力也会流失。

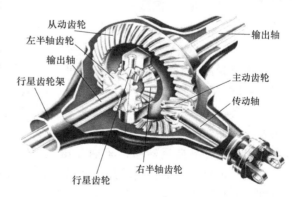

图 5-26 差速器

为了解决这个问题，引入了限滑差速器，如图 5-27 所示。

限滑差速器（Limited Slip Differential，LSD）上装有差速器锁，它的作用是当一个驱动轮打滑时，将差速器壳与半轴锁紧成一体，使差速器失去差速作用，可以把全部转矩转移到另一侧驱动轮上。根据实现方式以及机件结构的不同，LSD可细分为扭力感应型、黏耦合型、螺旋齿轮式、标准机械式等多种形式。

3. 行驶系统改装

（1）气动减振器　气动减振器（图5-28）的工作原理是通过控制气压来改变车身高低。气动减振器包括绞牙减振器、气压控制系统和电子控制系统等。安装气动减振器都会在车内连接一个控制遥控器，根据自己的要求来设定

图 5-27　限滑差速器

几个档位，实现多种高度之间的快速切换，这样就可以在停车时让车"趴"在地上，正常行驶时又能升到正常行驶的高度。

（2）绞牙减振器　绞牙减振器是指有能够调节弹簧伸缩度和避振桶身、避振阻尼的避振器。如图5-29所示，由于调节高度是通过绞牙环（就是环的外围是齿状）完成的，所以称为绞牙减振器。绞牙减振器具备软硬、高低、阻尼可调等功能，可以在不需要更换弹簧和减振器的情况下大幅地改变车辆操控性能。

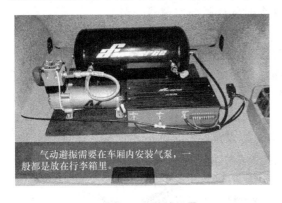

图 5-28　气动减振器

图 5-29　绞牙减振器

绞牙减振器的最大特点就是高低可调（高端产品还具有多路阻尼可调设计），改变底盘高度就可以控制车辆的前后配重，当然，配重的调整是有范围限制的。

以一台转向设定为中性（即推头甩尾特性均不突出），前后配重为50∶50的车辆来打个比方，降低车头高度，会使车头负重增加，加强了入弯时转向不足的特性，而当车辆加速出弯时由于重心会向后转移，车辆会得到一个较为均衡的转向特性。相反的，降低车尾高度，会使后轴负重增加，当减速入弯时可以平衡车身负重，减少转向不足特性，甚至出现转向过度，而加速出弯时，由于重量进一步向车身后方转移，大大降低了前轮的附着力，可能出现转向不足的情况。当然这与车辆的驱动形式也有着很大关系。

（3）防倾杆　防倾杆又称为稳定杆，如图5-30所示。与弹簧和减振器共同作用，控制车辆转向时产生的侧倾。防倾杆结构简单，是一条U形金属连杆，负责把悬架两侧连接起来。作用是当车辆转弯时，弯道悬架内侧被拉伸，外侧被压缩，防倾杆此时起到一个抗扭作

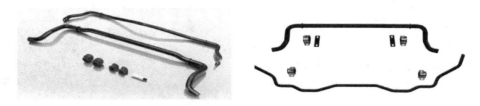

图 5-30　防倾杆

用以减小拉伸与压缩幅度,从而控制车辆的侧倾幅度。

防倾杆的直径与长度决定了它的抗侧倾性能。在改装时,需要注意的是防倾杆的设定不仅影响车辆的侧倾幅度,不同设定的防倾杆对车辆的转向特性也有着十分大的影响。防倾杆越强,在转弯时压在外侧车轮的重量会越重,相当于加强了重量转移的速率,此轴上的外侧车轮将可能是第一个达到极限的车轮,一旦超出轮胎的抓地极限,便会产生转向不足与转向过度(问题出在前轮产生转向不足,后轮产生转向过度)。大部分原厂车型的防倾杆设定都偏向转向不足。

以国内最为常见的 FF 车型(前置前驱)为例,发动机、变速器、传动系统与驾驶人重量全部集中在车头,严重的"天生"不协调,此时增强后轴防倾杆的强度,便可以有效改善 FF 车型弯道转向不足的特性,使转向特性更为灵敏。

#### 4. 转向系统改装

对于转向系统的改装,一般是指加装电动助力转向(Electric Power-assistant Steering,EPS)系统。EPS 系统是指利用直流电动机提供转向动力,辅助驾驶人进行转向操作的转向系统。根据其助力机构的不同,EPS 可以分为电动液压式和电动机直接助力式。由于 EPS 系统在操纵稳定性、转向轻便性和行驶安全性中具有重要的功能,因此必将在大部分车型中取代现有的机械转向系统、液压助力转向系统和电控液压助力转向系统。

图 5-31 所示为电动机直接助力式转向系统结构示意图。该系统直接依靠电动机提供辅助转矩的动力转向系统,可以根据不同的使用工况控制电动机提供不同的辅助动力。直接助力式转向系统中没有液压元件且只在转向时供能,工作时间约占行驶时间的 5%,汽车燃油消耗率仅增加 0.5% 左右,能源消耗显著降低。

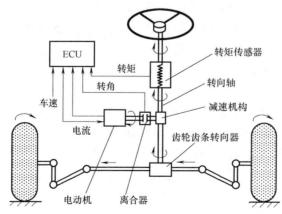

图 5-31　电动助力转向系统

### 5. 制动系统改装

制动钢喉（图 5-32）可以说是制动系统改装的一个基础且重要的部分。在汽车的制动系统中，制动油路通常采用橡胶软管，以达到可以伸缩自如地传递压强的效果。然而传统的橡胶喉在踩下制动时会出现一点膨胀，减弱初段制动反应，改用钢喉可以改善这种现象。制动钢喉构造为橡胶管外包覆着高强度钢丝，最外部再加一层防磨层，抗膨胀力更强。

图 5-32　制动钢喉

## 5.3.5　车身改装

### 1. 车身改装概述

车身改装包括对车身内部及车身外部的改装。对车身内部的改装包括对天窗、座椅、后视镜、仪表板、扶手等的改装。对车身外部的改装主要包含对大包围、尾翼、扰流板、轮眉改装、绞盘、防滚架、防护杠、挡泥板等部位进行改装或加装。由于篇幅的限制，本书仅对车身外部改装的常见改装部位进行介绍。

### 2. 车身外部改装

（1）后扰流板　后扰流板是指在车尾上方安装的附加板，如图 5-33 所示。其作用是在不增加车体重量的前提下降低车辆行驶中所受到的上升力。

如果车尾的升力比车头的升力大，容易导致车子转向过多、后轮抓地力减小、高速稳定性差。所以利用后扰流板的倾斜度，使风力直接产生向下的压力，如 F1 赛车尾部的扰流板一般倾斜 15°，高速行驶时可达 1000kgf（1kgf=9.8N）以上的压力。但是，后扰流板同时也增加了风阻，如 F1 的风阻系数接近 1.0（一般轿车为 0.3~0.5）。所以后扰流板在设计时必须"恰到好处"，使后扰流板对增加的风阻与改善的性能之间达到最合理的度。

图 5-33　后扰流板

（2）绞盘　绞盘（图 5-34）是越野车自我保护及牵引的装置，可在雪地、沼泽、沙漠、海滩、泥泞山路等恶劣环境中进行车辆自救，并可在其他条件下，进行清障、拖拉物品、安装设施等作业。

1）绞盘的种类。常见的绞盘按绞盘原动力的不同主要有机械绞盘、电动绞盘、液压绞盘和车轮绞盘四种，越野车上最常用的是电动绞盘。下面介绍一下它的主要特点。电动绞盘的动力源是车辆自身的电力系统。其优点是，在车辆熄火的情况下仍可以基本正常使用（尤其对于水多的地区），安装简单可以实现多位置安装及迅速移位。缺点是不能维持长时间的使用（车辆自身电力系统局限性、自身易发热等原因），大部分电动绞盘能提供的驱动力较小，只能向一个方向施力（安装于车前只能向前拉，安装于后部只能向后拉）。

2）绞盘的结构与工作原理。以电动绞盘为例，它主要由电动机、钢缆、绞盘鼓轮、导缆器、传动机构、制动系统、离合器、控制匣和控制器组成。

电动绞盘是从汽车蓄电池获得动力来驱动电动机的，由电动机带动鼓轮转动，鼓轮又带动主动轴，主动轴再带动行星齿轮，进而产生强大的扭力。随后，扭力被传回到鼓轮，鼓轮便带动绞盘。电动机和减速器之间有一个离合器，能通过一个把手来开关。制动单元在鼓轮内，当绞索绷紧时，鼓轮就自动锁住。

图 5-34　绞盘

绞盘的拉力与绞盘拉出的长度有直接关系，在绞盘刚拉时拉力最大，其后绞盘每转一圈，拉力便减小一些。绞索拉得越长拉力越弱。

3）绞盘的选购。绞盘的选购应当从四个方面来考虑，分别是拉力、电动机、品牌和价格。

4）绞盘的安装。同级别的绞盘其安装尺寸是一样的，托盘等附件可以通用。绞盘的安装形式一般有外置式、隐藏式和快装式三种。

① 外置式。外置式是将绞盘直接安装在保险杠外部。像吉普牧马人和BJ2020这样的品牌越野车，由于前保险杠凸出车身，所以有较自由的安装空间，只要把托盘固定在保险杠上，就可以在托盘上直接固定绞盘了。该安装方式让绞盘暴露，汽车看起来充满阳刚之气，如图5-35所示。

② 隐藏式。隐藏式是将绞盘安装在保险杠内侧，如图5-36所示。像大切诺基这样的豪华SUV，需要协调的外形。越野车的附件厂为它设计了专用保险杠，绞盘可以安装在里面。由于专用保险杠的外形也很漂亮，所以这种隐藏式的安装更增加了SUV的雄浑气势。

图 5-35　外置式绞盘

图 5-36　隐藏式绞盘

③ 快装式。便携式绞盘中配备有快装机构，可在车上实施快速安装，如图5-37所示。某俱乐部曾组织过一次艰难的团队越野活动——集体跨越西藏阿里无人区，在西藏北部这片荒凉的区域道路条件极其恶劣，油料供应不能保证。车队必须尽可能多地携带燃料和生存必需品。如果每辆车都携带一个50kg重的绞盘，就意味着每辆车的续驶里程将至少缩短300km，在海拔6000m以上的深山里，这是致命的危险。为了实施必要的自救和互救，车队

只带了 2 只绞盘。为了让这 2 只绞盘完成 7 辆车的救援，车队每辆车的前后保险杠都安装了一个方形接口，这是国际上越野车通用的口径，只要把绞盘插到这个接口上，就能够完成救援，这就是快装式绞盘的应用。而这个通用接口的另外一个用途是插接拖车。

（3）**防滚架** 防滚架（图 5-38）是一种可拆卸的钢管组合件。它使用冷拔无缝碳素钢管弯制而成，安装的时候是一根一根按照车厢内部的轮廓进行连接或焊接的。经过专业安装的防滚架除了可应付意外情况以外，还可以起到增强车身强度和抗扭曲度的作用。比如将防滚架的几个焊接位置与前后避振器座相连，即便车辆频繁地跳跃，来自地面的冲击力都会分散一部分到防滚架上，这样对车体就起到了保护的作用。

图 5-37　快装式绞盘

图 5-38　防滚架

简单而言，防滚架是由一个主或侧面防滚杠、一个前防滚杠、一个后支撑和连接部分组成的框架结构。主防滚杠必须是一个近似垂直的框架结构或环形结构，在前座的背后横穿过车体；前防滚杠需与主防滚杠相似，但它不能遮挡视线，塑形必须沿着 A 柱进行，而顶部则必须在风窗玻璃之上，其主要目的是既要保证强度，又尽可能不妨碍驾驶。主或侧面防滚杠和前防滚杠的制作必须各自为一体，每根杠上下不得有连接点。

防滚架的安装必须按照中国汽车运动联合会有关国内汽车比赛改装的技术标准，选择强度、直径和壁厚等指标达标的无缝钢管，并自行按照车身内部尺寸进行设计和安装。

### 5.3.6　汽车电器改装

**1. 汽车电器改装概述**

汽车电器改装主要包括照明系统的改装、仪表的改装、防盗系统及安全辅助驾驶系统改装、音响改装等。对汽车电器的改装需要注意以下事项。

1）断开蓄电池负极。哪怕只是换熔丝，也要断开电池负极工具通常采用 10 号棘轮扳手（少数为 12~14 号）。断开后的电源负极要用绝缘胶布完全包裹。

2）了解要加装、改动的零件。这里主要注意两点，首先要避免改动长期运用的汽车电器，比如行车记录仪。全天候的工作对于车辆电池的寿命影响很大。其次要尽量选择有信誉的大厂产品。

3）适配性。实际上汽车总体暗电流在 10mA 左右（一般车辆标准大约在 20mA），那么还剩下 10mA 的空间去加装电器。同时，也要避免同时开启多个大功率电器。

4）布线。汽车上的布线应当遵循固定、绝缘和抗疲劳的原则。

**2. 照明系统改装**

**（1）汽车车灯种类**　汽车车灯按照用途分为照明灯和信号灯两大类。

照明灯又分为外照明灯和内照明灯，外照明灯包括前照灯、雾灯、牌照灯等；内照明灯有篷顶灯、车内氛围灯和仪表灯等。

信号灯也分为外信号灯和内信号灯，外信号灯指转向指示灯、制动灯、尾灯、示宽灯、倒车灯；内信号灯泛指仪表板的指示灯，主要有转向、机油压力、充电、制动、关门提示等仪表指示灯。

汽车照明系统的重点是前照灯，各汽车生产大国都对其有严格的标准。目前车速普遍提高，要求改善前照灯的亮度和色温。由于氙气灯的功率小，只有35W左右，亮度却比普通卤素灯高50%，色温达到6000K，接近日光的光色，寿命又远比卤素灯长，因此已经有不少中高级轿车用氙气灯代替卤素灯。

通常所说的氙气灯是指高压气体放电灯（High Intensity Discharge，HID），其原理是在充有高压惰性气体（氙气）的灯管内，利用高压电击发管内金属离子产生电弧来发光。真正的氙气灯应包括三部分，即作为光源的氙气灯泡、高压电子控制启动装置以及专门为氙气灯设计的灯具，三部分合称一个总成。氙气灯的灯罩是经过特殊处理的，使其亮度和穿透力达到较好比例，采用普通灯的灯罩，就会使灯光晃眼。

**（2）氙气灯改装前准备**

1）根据车辆情况进行改装。在改装之前首先需要了解该车型是否适合改装。最直接的方法就是查看原来的卤素灯总成是否使用投射式前照灯（表面是凸透镜，从外表上看是一个玻璃球面）。如果原车使用的是投射式前照灯，因为总成里带了透镜，所以改装效果会相对比较好。如果原车使用的是反射式灯具，或者是用了远近光一体的H4灯光总成的车，总成中没有带透镜，则不易改为氙气灯，因为传统卤素灯的灯罩完全不能起到聚光的作用，出来的光是发散的。要想改装的话，只能改装氙气灯总成，价格较高。

2）挑选合适的氙气灯。改装氙气灯前，需要先挑选一款合适的氙气灯。目前，市场上的氙气灯良莠不齐。由于氙气灯工艺技术复杂，选择时应注意质量。进口产品有飞利浦、欧司朗、博世、海拉等；国产品牌有海迪、嘉斯蒙和金华达等。

3）选择合适的色温。挑选完品牌后再选择氙气灯的色温。氙气灯最佳色温应该是在4300~4500K之间，这样的色温灯的亮度与光线穿透力比较适中，尤其在阴雨天气，这个范围的灯更能保障行车安全。

应当注意的是，氙气灯并非越亮越好，实际上原厂的氙气灯只有4000K左右，还不如传统卤素灯刺眼，但效果却要好得多。

4）氙气灯要由专业技师改装。由于氙气灯管在出厂时都做了严格的焦距调校，所以灯管在安装时如果安装不到位就有可能出现焦距不准、光线发散等问题。安装时如果密封不好，容易造成灯罩进水、进灰，安装不当容易造成干扰收音机信号。另外，某些车型由于原车带有自检设备，改装时如果不由专业技师安装，会出现故障灯报警、频繁烧毁熔丝、行进中突然熄灭等现象。

**（3）日间行车灯改装**　日间行车灯是指使车辆在白天行驶时更容易被识别的灯具，安装在车身前部。也就是说这个灯具不是照明灯，不是为了使驾驶人能看清路面，而是为了让别人知道有一辆车开过来了，属于信号灯的范畴，对于提高行驶安全性具有重要意义。多采用节能效果优异的 LED 灯，随发动机起动自动开启，当近光灯打开后自动熄灭。

下面介绍一下日间行车灯的安装要求。

1）安装数量为 2 个。

2）安装位置选在车头处的合适位置（由车型而定），并且尽可能避开高温和易于积水的地方。根据日间行车灯安装说明书，在车上用钻头钻日间行车灯固定孔。钻好后将日间行车灯用螺钉固定在车上。安装距离要求为两灯间距一般要大于 600mm，如车宽小于 1300mm，间距可减小到 400mm；离地距离为 250~1500mm。

3）当汽车起动时，日间行车灯能自动点亮，当汽车前照灯工作时，日间行车灯能自动关闭。

4）线路安装：检查日间行车灯的线束，分别找出黑色、棕色、灰色三根线，将黑色线接于车的点火开关输出端，棕色线接电源负极，灰色线接于前照灯开关的输出端，接好后对过长的线束整理并固定在车上，车内走线应避免线束扎在高温的地方。

**3. 仪表改装**

现今的改装仪表在显示功能之余，多了记录、装饰以及娱乐效果。但是功能性终究是改装的最大目的。使用者本身也必须要对各个仪表的意义有正确的了解，否则效果若是无从发挥，改装也就不具任何意义。另外应当考虑的是改装仪表的安放位置问题，需要综合考量仪表的醒目性与驾驶的舒适性，比如夜间行车时是否会造成眼睛的疲惫。

**4. 防盗系统及安全辅助驾驶系统改装**

这一小节，将分别介绍电子防盗器、倒车雷达、胎压监测系统以及电子狗在汽车上的改装。

（1）**电子防盗器改装** 以安装通用电子防盗器为例，车主在安装的时候要剪断或改动原车电线，如果安装不当可能会损坏原车线路，甚至因为改装不到位，导致电路电流过大，不仅会烧毁电路，而且在高温下甚至容易引起自燃。此外，加装通用的防盗器，可能与车辆的电路并不相符，也会留下电路隐患。因此电子防盗器改装应当注意下述几点：

1）改装后测试。防盗器主机所有配线连接完成后，要先进行调试后再装上装饰板。检查各配线插头是否与主机插座接触紧固，有无松动现象。并且在关好所有车门用遥控器设定防盗 10s 后，振动车辆，看防盗器是否能立刻发出报警声音。

2）安装中配线。在断电器的连接中，一定要先确认好点火线、燃油泵控制线、起动线。

3）确认原车是否有中控锁。在决定做改装防盗器前，首先要确认原车本身是否有中控锁，因为有中控锁的电路与没有中控锁的电路是不一样的，否则会产生很多线路故障。

（2）**倒车雷达改装** 倒车雷达（Parking Distance Control，PDC），是汽车泊车或倒车时的安全辅助装置，能以声音或更为直观地显示告知驾驶人周围障碍物的情况，如图 5-39 所示。

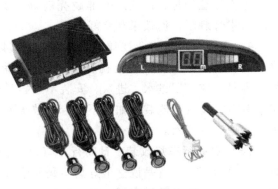

图 5-39 倒车雷达

加装倒车雷达可以解除驾驶人泊车、倒车和起动车辆时前后左右探视所引起的困扰，并帮助驾驶人扫除视野死角和视线模糊的缺陷，提高驾驶的安全性。

1）倒车雷达的组成与原理。通常，倒车雷达由超声波传感器（俗称探头）、控制器和显示器（或蜂鸣器）等部分组成。现在市面上的倒车雷达大多采用超声波测距，其原理是：倒车时，由装置在车尾保险杠上的探头发送超声波，遇到障碍物，产生回波信号，传感器接收到回波信号后经控制器进行数据处理，从而计算出车体与障碍物之间的距离，判断出障碍物的位置，再由显示器显示距离并发出警示信息。

2）倒车雷达的种类。倒车雷达经过多年发展，现在已经发展到第七代产品。列举如下：通过喇叭提醒的倒车雷达、通过不同蜂鸣声提醒的倒车雷达、通过数码和波段显示的倒车雷达、通过液晶荧屏动态显示的倒车雷达、通过魔幻镜显示的倒车雷达、整合影音系统的倒车雷达、无线液晶倒车雷达。

下面重点介绍一下第七代无线倒车雷达。

无线液晶倒车雷达集无线连接、彩色液晶显示、BP警示音于一体，还整合了高档轿车具备的影音系统，可以在显示器上观看DVD影像。由于普通倒车雷达安装时，从车后雷达主机到车前仪表台上显示器要布置一束线，这样要拆装车内的装饰板、胶条等非常不方便。无线液晶倒车雷达解决了此问题，车后主机和显示器之间无线连接，方便快捷，更可在大巴、载货汽车等车身长的车上使用，使安装更容易。

3）倒车雷达的选购。选购倒车雷达时，应做到"八看"。

① 看探头。现在市面上的倒车雷达分别有2探头、3探头、4探头、6探头及8探头等多种。通常来说，探头的数量决定了倒车雷达的探测覆盖能力，数量越多，探测盲区越小。选购时应根据不同需要选择探头的数量。比如，紧凑型车，安装2~4个探头即可；若是中高级车，安装6个探头较为合适。

② 看款式。款式的选择不能仅考虑探头是否一定要小，应更多考虑安装后整车的效果。例如，对于一些后保险杠较宽的车型，适于安装较薄较大的探头，安装后整车效果相当美观，且显得更加大气。

③ 看功能。功能较齐全的倒车雷达应该有距离显示、声响报警、区域警示和方位指示，有些产品还具备开机自检功能。

④ 看性能。主要从探测范围、准确性、显示稳定性和捕捉目标速度来考虑。大多数产品的探测在0.4~1.5m，好的产品能达到0.3~2.5m。探测的准确性主要看两个方面：一是看显示的分辨率，一般产品为10cm，而好的产品能达到1cm；二是要看探测误差，即显示距离与实际距离之间的误差。总之，倒车雷达在性能方面的要求是：测得准、测得稳、范围宽、捕捉速度快。

⑤ 看外观。作为汽车的内外装饰件，要考虑显示器和传感器安装后是否美观，与车辆是否协调。从传感器外形看，可以选择的有纽扣式和融合式两种；从尺寸上看，有超小型、中型和较大尺寸的；从颜色上看，应选择与汽车后杠颜色相同或相近的颜色。而显示器有前置式和后置式两种。

⑥ 看质量。包括产品的探测距离、是否存在盲区及工作是否正常等。一般的倒车雷达探测距离为0~1.5m。另外，要对探头进行防水测试，这关系到在雨雪和较潮湿的天气里雷达能否正常工作，探头有可能在暴雨过后因遭受破坏而影响准确度。

⑦ 看服务。质量好的产品提供的服务较好，承诺的包换期和包修期比较长，建议选择包修期限 2 年以上的产品。另外，安装技师的水平也很重要，应选择一些信誉好的商家进行安装。

⑧ 看价格。只有在满足倒车雷达功能和性能要求的前提下才去考虑比较产品的价格问题。

（3）胎压监测系统改装　胎压监测系统（图 5-40）简称 "TPMS"，是 "Tire Pressure Monitoring System" 的缩写。这种技术可以通过记录轮胎转速或安装在轮胎中的电子传感器，对轮胎的各种状况进行实时自动监测，能够为行驶提供有效的安全保障。

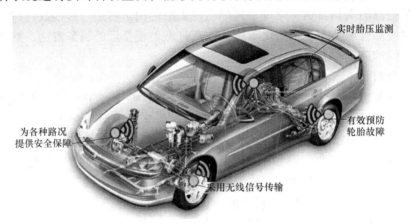

图 5-40　胎压监测系统

胎压监测系统可分为两种：一种是间接式胎压监测系统，是通过轮胎的转速差来判断轮胎是否异常；另一种是直接式胎压监测系统，通过在轮胎里面加装四个胎压监测传感器，在汽车静止或者行驶过程中对轮胎气压和温度进行实时自动监测，并对轮胎高压、低压、高温进行及时报警。

直接式胎压监测系统可以提供更高级的功能，随时测定每个轮胎内部的实际瞬压，很容易确定故障轮胎。间接式胎压监测系统造价相对较低，已经装备了 4 轮 ABS（每个轮胎装备 1 个轮速传感器）的汽车只需对软件进行升级。间接式胎压监测系统没有直接式胎压监测系统准确率高，它根本不能确定故障轮胎，而且系统校准极其复杂，在某些情况下该系统会无法正常工作，如同一车轴的 2 个轮胎气压都低时。

还有一种复合式胎压监测系统，兼有上述两个系统的优点，它在两个互相成对角的轮胎内装备直接传感器，并装备一个 4 轮间接式胎压监测系统。与全部使用直接式胎压监测系统相比，这种复合式胎压监测系统可以降低成本，克服间接式胎压监测系统不能检测出多个轮胎同时出现气压过低的缺点。但是，它仍然不能像直接式胎压监测系统那样提供所有 4 个轮胎内实际压力的实时数据。

（4）电子狗改装　电子狗又称为安全驾驶提醒仪、反测速雷达或雷达警示器，是一种提前告知驾驶人某处存在电子眼或测速雷达的装置，如图 5-41 所示。其作用是防止因超速或违规被罚款和扣分。

1）电子狗的种类。电子狗种类繁多，根据出现时间有预埋式电子狗、雷达探测式电子狗、GPS 单机式电子狗、GPS+雷达探测式电子狗、GPS+导航+雷达探测式电子狗等。下面主要介绍一下功能最为全面的 GPS+导航+雷达探测式电子狗。

GPS+导航+雷达探测式电子狗将电子地图导航与反测速功能联系起来，实现一机多能。目前，大多数导航地图公司在导航软件中也加入了大量测速点数据，因此现在普通导航仪也已具有 GPS 反测速雷达功能，从电子狗角度来说，便是 GPS 导航反测速雷达。现在，许多厂家将导航与全频反测速雷达组合在一起，实现导航+固定+流动三合一功能。

图 5-41　电子狗

2）电子狗的选购。

① 预埋式电子狗价格为 50～300 元，使用时只要插入点烟器即可。

② 雷达探测式电子狗大部分是进口的，性能高低不同价格也差异较大。不同品牌型号的产品，可以接收到的雷达波的频段也不同。因此买一个全频的雷达探测式电子狗应该是最起码的要求。现在主流的性价比高的雷达探测式电子狗有征服者 A88、征服者 VP508、征服者 800S 等型号；主流的高端雷达探测式电子狗有贝尔 V928i、护航 9500i 等。

③ GPS 单机式电子狗只对固定的测速点或者电子眼进行报警，对流动测速点无法预警。在一些大城市里，流动测速点并不常见，绝大部分都是固定点的电子眼或雷达测速仪。所以，GPS 单机式电子狗，对于经常在城市开车，只是偶尔走高速路的车主来说，作用比较大。除了报警外，GPS 单机式电子狗还可以预报加油站、高速公路入口、停车场等信息。GPS 单机式电子狗的外形一般都比较小巧，很适合预防不经意地闯红绿灯或者超速。

目前，GPS 单机式电子狗最好的有贝尔 GX998、征服者 C919、善领 gtG18 等。

④ GPS+雷达探测式电子狗的优点是能防任何形式的电子眼，包括固定的和流动的雷达测速仪。随着雷达探测能力的不断升级和 GPS 卫星接收功能的日益完善，这样的全功能产品越来越受到大家的喜欢。最关键的价格由原来的 2000 多元降到 1000 多元，高品质加上良好的功能，已经成为购买电子狗的最佳选择。

常见的 GPS+雷达探测式电子狗一体机的型号有征服者 GPS-898、征服者 GPS-800S、爱华洛特 AIWALOT-Al、威仕特-V3 等；常见的 GPS+雷达探测式电子狗分体机型号有征服者 2008、征服者 GPS-1988、征服者 998 等。

**5. 音响系统改装**

首先，看一下汽车音响的基本构成。汽车音响主要由音源、喇叭、功放、EQ 处理器、线材等五个部分组成，以下对每一个组成结构做简要介绍。

(1) **音源**　目前国内汽车音响大部分都由卡带、CD、VCD、MP3、MD、DVD 六种机型作为音源部分。其中 CD 机的音质相对比较纯；MP3 和 MD 机的容量相对比较大；DVD 机的图像相对比较清晰。

(2) **喇叭**　喇叭是声音表现的终端设备，喇叭对声音的表现有深远的影响。汽车喇叭按频响可以分为高音喇叭、中音喇叭、低音喇叭；按类型可以分为套装喇叭、同轴喇叭。

**（3）功放** 功放是把音频信号的电平放大的一种器材。按功放中功放管的导电方式不同，功放可以分为甲类功放（又称 A 类功放）、乙类功放（又称 B 类功放）、甲乙类功放（又称 AB 类功放）和丁类功放（又称 D 类功放）。下面介绍一下关于功放的两个概念：功率和保真度。

功率分为额定功率和峰值功率两种。额定功率，就是长期工作功率；峰值功率，就是工作功率的最大值。现在市面上的功放功率标注很混乱，而且水分很大。

保真度，主要体现在电路设计和电子元件用料方面，这个就是几百块和几千块甚至上万块功放的主要差别。

**（4）EQ 处理器**

1）均衡器：均衡器（图 5-42）主要用来衰减或增强某个指定频率的信号。5 频段、7 频段、30 频段三种均衡器比较常用，其中 5 频段、7 频段最常用。

2）分频器：2 分频的分频器可以把主信号分成高、中低音两种频段信号，并可以衰减或增强各自频段的信号。（多数与套装喇叭配套，是市面上最常用的分频器）

图 5-42　均衡器

3）分频的分频器：它可以把主信号分成中、高、低音三种频段信号，并可以衰减或增强各自频段的信号。（与一些高档套装喇叭配套，逐渐流行）

**（5）线材**

1）信号线。信号线用作信号传输。好的信号线可以保证信号从主机到功放音源高保真。常用的信号线规格有 1m、2m、3m、5m 四种。辨别信号线的质量主要是辨别信号线的屏蔽性能和信号传输的保真度。

2）电源线。用于整个音响系统的供电线路，由于汽车供电系统用的是 12V 电压，所以同等功率用电器的电流会比家庭用电器的电流大 18 倍，所以汽车音响电源要用比较粗的线，选电源线的时候必须选与音响器材功率相匹配的，最佳选择是比音响器材功率大一倍或以上。常用电源线一般有 0 号线、2 号线、4 号线、6 号线、8 号线、10 号线六种规格。

3）常用的喇叭线一般都是扁形线材，其制造材料一般是无磁性金属，这样可以避免磁性干扰。

**（6）音响改装注意事项**

1）匹配的基本原则。功放的功率要大于喇叭功率的 1.5 倍以上；喇叭的分布要以整个声场频率配置均衡为主；供应电源的电流要大于总功率需要电流的 2 倍。

2）隔声工程。汽车要达到好的音响效果，隔声工程是少不了的环节。隔声材料有很多，比较常用的有减振板、吸声棉、波浪棉、噪声杀手、膨化剂等。做隔声，要以声响为主来做，特别是门板上的喇叭，其后面和旁边的铁皮多贴点减振板和吸声棉。

除了上述两点，还应当注意声场的设置，包括前声场、后声场以及低音区的设置。

## 5.4 汽车美容装饰与改装新技术

在上文中，介绍了汽车美容、装饰和改装领域现有的较为传统的技术方法。伴随着时代的迈进和技术的进步，人们对该领域的探索也在不断前进，越来越多的新材料和新技术逐渐应用于汽车美容装饰和改装方面。下面分别从装饰用品材料和改装技术两个方面简要介绍一下近几年来所涌现出来的新产品应用。相信今后必将作为一种发展趋势得到更广泛的推广。

### 5.4.1 新型材料在汽车美容装饰领域的应用

**1. 聚丙烯针织品在汽车装饰用品上的应用**

汽车装饰领域很大程度上都利用了针织品。近年来，最新研究的聚丙烯针织品逐渐成为一项新的汽车装饰用品。聚丙烯针织品之所以被用在汽车装饰中，是因为这种化学原料本身具有一定的优势，主要表现在：

聚丙烯是一种从石油中提取的材料，能够被多次循环使用，这种材料同其他的同类材料相比具有更高的经济效益。这种材料的密度相对较小，约为 $0.92g/m^3$。大多数情况下，这种材料不具有防水的功能，这就减少了其被水腐蚀的可能，对一些具有污染性质的化学材料也具有抵抗力，而且这种材料较易获取。

由聚丙烯材料制成的针织物在汽车装饰中的应用，主要有：

1）汽车上的镶板门及结构仪表板。
2）车顶织物。
3）椅套织物。利用了聚丙烯材料不易染色、耐磨度优良的特性，该种针织物已经得到了越来越广泛的应用。

**2. PES、CFP 材料在汽车装饰紧固件上的应用**

目前的汽车装饰件多采用三维编制碳纤维增强树脂材料。汽车装饰紧固件由于尺寸较小、结构较复杂，不适于采用一般的长纤维或编织结构纤维增强的复合材料。磨碎碳纤维（CFP）与长碳纤维相比，粒径细小，表面积大，在树脂中分散性好，是理想的树脂改性料。聚醚砜树脂（PES）是一种综合性能优异的热塑性高分子材料，是得到应用的为数不多的特种工程塑料之一。

由磨碎碳纤维和聚醚砜树脂制成的复合材料，可以进一步降低汽车质量，符合汽车轻量化的要求，同时汽车装饰紧固件的拉伸性能也可以得到进一步的强化和提高。

### 5.4.2 汽车改装新技术

**1. CNG 汽车改装**

随着我国汽车的普及，汽车尾气污染日益严重；同时燃油资源的日益枯竭，使我们赖以生存的地球环境受到了双重的压力。因此，国家积极支持"清洁燃料汽车"的发展。因我国油电混合动力汽车技术尚未完全掌握和纯电动汽车高成本及行驶里程的限制，未能得到大范围的推广。汽车 CNG 技术改装，因其可靠的安全性、污染小、使用低成本等优点，近年来逐渐作为一种汽车改装的新技术得到广泛应用。

CNG 汽车就是在原有汽车的基础上，增加压缩天然气设备，实现天然气和汽油的双燃料汽车。CNG 汽车对比汽油燃料汽车优点在于以下几点：

1）选用清洁能源，降低使用成本。

2）尾气污染小，可大幅度降低一氧化碳、二氧化硫、二氧化碳等的排放。

3）积炭少及车辆部件损耗小，减少维修保养次数，大幅度降低维修保养成本。

4）安全可靠、车辆运行平稳。

CNG 系统由以下三个部分构成：

1）燃气加注存储系统。它主要由加气阀、缠绕钢瓶、高压插头等组成。

2）燃气供给系统。它主要由减压器、滤清器、燃气共轨等组成。

3）控制电路系统。它主要由转换开关、ECU、电磁阀等组成。

压缩天然气钢瓶由瓶帽、瓶阀和安全泄压装置等组成。瓶帽可以保护瓶阀，瓶阀上的安全泄压装置形式为爆破片-易熔塞组合式。当超过钢瓶耐压或温度上限值时，安全装置会自动卸压，保护车辆和人员安全。

工作原理：CNG 经减压器和滤清器后，通过燃气共轨进入气缸。减压阀由 ECU 控制，根据车辆不同的行驶状态条件进行调节。CNG 温度 40℃ 以上才可达到最佳燃烧状态，所以在气体进入发动机前，利用发动机的冷却液对燃气共轨内的气体进行加热处理。为实现油气的手动切换和使用气体的强制发动机起动，驾驶室内设置有转换开关。油气的转换节点由 ECU 系统根据设定的参数自动判断切换。因此，功能齐全，操作非常方便。

**2. 碳陶瓷制动器改装**

随着科学技术的发展，越来越多的新材料、新产品应运而生，也理所当然的应用在了汽车改装技术上。碳陶瓷制动器即是一例。

陶瓷制动盘并非就是普通陶瓷，而是在 1700℃ 高温下碳纤维与碳化硅合成的增强型复合陶瓷。陶瓷盘的重量还不到普通铸铁盘的一半。举个例子，采用陶瓷制动盘的 SLR Mclaren，其前轮制动盘直径为 370mm，但重量仅为 6.4kg。而采用普通制动盘的 CL-Class，其前盘直径为 360mm，但重量高达 15.4kg。更轻的制动盘就意味着悬架下重量的减轻。这令悬架系统的反应更快，因而能够提升车辆整体的操控水平。另外，普通的制动盘容易在全力制动下因高热产生热衰退，而陶瓷制动盘能有效而稳定地抵抗热衰退，其耐热效果比普通制动盘高出许多倍。陶瓷制动盘在制动最初阶段就立刻能产生最大的制动力，因此甚至无须制动辅助增加系统，而整体制动比传统制动系统更快、距离更短。为了抵抗高热，在制动活塞与制动衬块之间有陶瓷来隔热。陶瓷制动盘有非凡的耐用性，如果正常使用是终生免更换的，而普通的铸铁制动盘一般用上几年就要更换。

# 第6章

# 汽车故障诊断与维修

伴随着我国汽车保有的快速增长，我国汽车维修等后市场增长强劲，成为全球增速最快的市场之一。本章系统地介绍了汽车故障诊断与检测、汽车维修、汽车钣金与涂装方面的基本概念、主要设备、常规方法及作业内容。进而，在国内外现状对比分析的基础上，全面阐述我国汽车维修行业存在的问题及发展对策。

## 6.1 汽车故障诊断与检测

### 6.1.1 汽车故障诊断

汽车故障诊断是现代汽车维修最核心、最难的工作。汽车故障诊断之所以困难，主要体现在两个方面：一是现代汽车为了提高动力性、经济性、舒适性、安全性和环境保护性能，采用了许多新技术、新结构，特别是电子技术和计算机在汽车上的广泛应用，使汽车构造相对复杂；二是导致汽车故障的因素繁多，有的甚至达几十种（如发动机怠速不良的产生原因有二三十种），而且涉及面相当广，可能涉及点火系统、供给系统、发动机的电子控制和机械部分，这些因素有时是单一的，有时是综合交替地起作用，因而要做到准确而迅速地诊断故障比较困难。这就要求诊断人员不仅要熟悉汽车构造及其工作原理，而且要掌握一定的诊断方法。汽车故障诊断方法有很多，主要有以下几种。

**1. 人工经验法**

人工经验诊断即直观诊断，其特点是不需要很多设备，在任何场合都可进行，诊断的准确率在很大程度上取决于诊断人员的技术水平。汽车使用面广、量大、分散，较适宜于采用此诊断法。例如，观察发动机尾气颜色，燃料燃烧不完全时尾气为黑色，气缸上窜机油时尾气呈蓝色，油中渗水时尾气呈白色等。

人工经验诊断常用的方法包括观察法、试验法、模拟法、听觉法、触觉法、嗅觉法、替换法、度量法、分段排查法、局部拆卸法、结构分析法及排序分析法等。

**2. 故障树法**

故障树（FTA）法是把故障作为一种事件，按其故障原因进行逻辑分析，绘出树枝图。树枝图中，每下一级事件都是上一级事件的原因，而上一级事件是下一级事件引起的结果。

**3. 故障症状关联表**

故障症状关联表描述故障症状和故障部位之间的关系，通常用关联表表示。表中的行标明故障症状，列标明相关部件或子系统。当相互关联时，在对应的交叉点做标记；如果资料完整，也可以用1、2、3、4、…标出其检查顺序，其中1表示可能性最大的原因，2表示次之，以此类推。

#### 4. 普通仪器设备诊断

普通仪器设备诊断是采用专用测量仪器、设备对汽车的某一部位进行技术检测，将测量结果与标准数据进行比较，从而诊断汽车的技术状况，确定故障原因，如万用表、四轮定位仪、灯光检验仪、发动机尾气分析仪、车轮平衡仪、气缸压力表等。

#### 5. 汽车维修专用诊断设备

汽车维修专用诊断设备主要用于本公司生产的车系，如大众公司的 V.A.61551 及 V.A.61552、通用公司的 Tech-2、本田公司的 PGM、雪铁龙公司的 FLIT 等。它们不但能读取各系统的故障码，而且还具备执行元件诊断、部件基本设定与匹配及阅读测量运行数据、清除故障码等功能。

#### 6. 汽车维修通用诊断设备

汽车维修通用诊断设备（如元征 X431、车博士、修车王等）把故障诊断的逻辑步骤及判断数据编成程序，由计算机执行各车系的诊断。通用诊断设备采用触摸式液晶显示器、微型打印机和可外接键盘，用户操作方便，还可网上升级，对电控系统具有诊断功能。

#### 7. 汽车自诊断系统

一般汽车含有自诊断系统，即随车诊断（On-Board Diagnostic，OBD）系统，汽车电控系统具有实时监视、储存故障码及交互式通信等功能。为了读取和显示故障，电控系统装备有故障警告灯和诊断插头。如有故障，仪表板上的发动机警告灯"CHECK"亮，通知驾驶人汽车存在故障。诊断插头用于触发自诊断系统。系统进入自诊断后，即可通过故障指示灯的闪烁次数读取故障码。在部分高级轿车上采用数字或语言形式直接显示故障码。

#### 8. 计算机专家系统

计算机技术和汽车维修技术相结合形成计算机专家系统。它为汽车维修人员提供各种重要信息，如汽车的结构原理、维修手册、维修资料等。

系统软件是计算机专家系统的核心，它由管理程序和数据库组成。管理程序的主要任务是接收维修人员从键盘输入的信息，在屏幕上显示所需要的汽车维修资料。数据库将所有维修资料以文件的形式存储在硬盘中，供管理程序调用。有的计算机专家系统还采用图形显示，图文并茂，显示直观明了，便于维修人员按图进行检修。

#### 9. 远距离故障诊断系统

将汽车运行状态数据通过电子通信系统和网络传输到专业技术服务点，实现专家与汽车用户的信息交流，对汽车进行远程监测和诊断，以及及时、快捷的远程技术指导服务。

目前，国内外汽车监控系统在通信方面基本上采用 GPS 系统，并大体分两种模式：一种是 GPS 与集群（Trunked Radio）系统相组合的模式，另一种是 GPS 与公用数字移动通信网 GSM 或（TPS 与卫星网）相组合的模式。随着电信、信息和计算机技术的飞速发展，"三网融合"（公众电话网）、移动通信网和 Internet）已成现实。

根据汽车状态远程监测的特点，汽车状况信息的传输路线如下：信号的获取（车载传感器）→信号前处理→信号的发射（车载通信模块）→现有移动通信网→信号的接收（公众电话网）→信号后处理（获取信号特征值）→汽车状况信息传输于 Internet（监测站点和网站）。信息传输方案如图 6-1 所示。

## 6.1.2 汽车故障排除

当汽车故障原因被诊断出来后，排除汽车故障的方法通常有换件和修复两大方式。

**1. 换件法**

对于汽车电器和电子部件的故障，通常采用换件法来排除故障，因为这些部件大多是集成电路、微机械，维修非常困难，另外，一些部件的修复费用要高于新件费用，故一般均采用换件法。

**2. 修复法**

对于一些机械部件，如缸体、曲轴、齿轮箱、车架、驱动桥等部件的故障，一般采用零件修复法来排除故障。零件修复法通常有机械加工修复法、镶套修复法、焊接修复法、电镀修复法和胶粘修复法等。

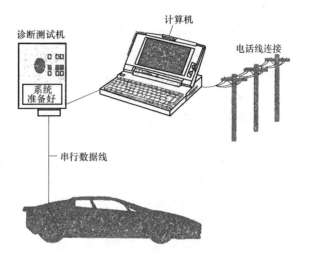

图 6-1 汽车状态远程监测信息传输方案

汽车零件修复方法的选择直接影响到汽车的修复成本和修复质量，选择时应根据零件的结构、材料、损坏情况、使用要求、工艺设备等，通过对零件的实用性指标、耐用性指标和技术经济性等进行全面的统筹分析而定。

## 6.1.3 汽车检测

**1. 汽车检测的概念与方法**

（1）**汽车检测的概念** 汽车检测是对汽车技术状况用定量或定性的标准进行评价，是确定汽车技术状况或工作能力的检查。汽车检测的任务是对无故障汽车进行性能测试，其目的是确定汽车整体技术状况或工作能力，检验汽车技术状态与标准值的相差程度，保障汽车行驶安全及防止造成公害。汽车检测主要是汽车年度审验、汽车维修质量评定、营运车辆等级评定、新车或改装车性能检验、进口汽车商品检验、汽车安全与防治公害诸方面的性能检查。汽车检测的结果一是提出汽车维护、修理和使用的建议，二是预测使用寿命，三是监督和评定维护与修理质量，四是评定营运车辆等级、划分营运客车类型，五是交通、公安等主管部门发放有关证件。

汽车检测是汽车故障诊断的基础，只有认真地检测和分析才能准确地查明故障原因。

（2）**汽车检测的基本方法** 汽车检测是确定汽车技术状况的重要过程，既要有完善的检测、分析手段和方法，又要有正确的理论指导，也就是说，汽车的检测和诊断既要选择适用于其目的的途径、环境，又要选择合适参数标准和最佳周期。

汽车检测的基本方法根据其检测目的的不同而不同。目前检测方法主要有：检测线检测、维修过程检测和例行检测。

1）检测线检测。检测线中具有固定的设置、设施、设备和人员。检测线按使用性能划分主要有综合性能检测线、安全性能检测线、摩托车性能检测线。其检测的意图和作用主要是车辆年审、汽车维修质量的监督与评定、营运车辆的等级评定和客车类型划分、汽车安全与防止公害性能的检查、进口商品车检验、新车或改装车的性能检验。检测线的检测一般应出具检测记录单与检测报告,目前交通部门对营运车辆的车辆等级评定、车辆维护检测和公安部门对车辆的安全检测都使用统一的检测单和报告单。

2) 维修过程检测。这类检测是工艺过程的检测,主要是维修厂对承修车辆接车检测、拆解过程中的零件检测、修复过程后的量值检测、装配过程中的总成检测、整车维修竣工检测。维修过程检测的记录单(表)一般由企业自定。汽车维修的进出厂检验由专职质检员完成,工位校验由质检员或主修工完成。根据管理部门要求,汽车大修企业和汽车维护企业应有符合要求的检测工位和设备配置。

3) 例行检测。这类检测主要是运输企业对在用车辆的技术状况的例行检测,其主要形式是车辆回场检测,目的是检查车辆的技术状况,保障车辆的技术状态良好和运行安全。这类检测一般设有专职人员和专用的检车台。

**2. 汽车检测试验的分类方法**

汽车的检测试验主要用于新制造车辆性能的检测,在用车辆技术等级评定和维修后的竣工检验以及汽车安全、环保、汽车总成、构件等专项检验。其目的和作用主要是通过检测和试验的方法对汽车整车和总成、系统的性能做出判断,通过检测对产品构件质量做出评价。它是车辆使用和管理中非常重要的技术措施和步骤,是技术规范实施中必需的重要程序。

**(1) 按照对汽车性能检测试验目的分类** 按照对汽车性能检测试验目的的不同,汽车检测试验大致分为以下几类。

1) 产品定型试验。对汽车新产品的定型试验主要包括对新设计或改进设计的试制样车在定型产品之前的全面性试验,以及在大批量生产之前以小批量生产的样车的检测试验。其中对样车的试验要根据其生产纲领规定试验内容,对样车定型后投产前的检测试验是适应性和使用性检测试验,是全面性试验,要在不同地区和不同环境下进行。在大批量生产之前对小批量生产的样车的检测试验主要是对定型车辆的设计性能、材料以及工艺的测试,小批量的试验有时根据情况可以一批次或几批次。定型试验中样车不允许出现重大损坏、性能恶化以及维修频繁等情况。

2) 质量检测试验。质量检测试验是对目前生产的汽车进行定期检测试验,目的是检验产品质量的稳定性,及时发现产品质量存在的问题。一般试验比较简单,根据试验对象,可以进行道路试验,也可以采用台架试验,主要针对用户在使用中提出的问题进行试验。具体的试验要按照《汽车维护、检测、诊断技术规范》的有关规定执行。

3) 车辆技术等级评定的检测试验。车辆等级的评定是营业性运输车辆管理的一项重要内容,通过检测和试验,评定汽车的动力性、燃料经济性、制动性、转向操纵性、前照灯、喇叭噪声、废气排放、汽车防雨密封性、整车外观等。车辆技术等级评定以台架试验检测为主,必要时需要辅以道路试验检测。

4) 在用车维修检测试验。在用车维修检测试验即车辆维修前进行的诊断性检测试验,主要是根据驾驶人反馈和车辆外观检测情况对车辆实行不拆解试验检测诊断,以确定维修项目作业。汽车维修竣工检测试验主要是对汽车维修的作业质量进行评定。其检测试验以台架试验为主,辅以道路试验检测。

5) 其他专项检测试验。其他专项检测试验即对汽车系统的工作性能进行检测试验,如百公里油耗试验、尾气排放试验、汽车密封性试验等。

（2）按照试验方法分类　按照试验方法的不同，汽车的检测试验又可分为以下几类。

1）道路试验方法。汽车在实际使用的道路或田间条件下现场试验，试验结果比较符合实际使用情况，可全面考核其实际技术技能，所以这是最真实、直接、可信的检验汽车性能的方法。目前，一些检测项目和一些特种车的检测试验无法由台架试验替代，在一定情况下道路试验有不可替代的作用。但道路试验的影响因素较多，如条件环境不易控制，受车上空间条件的限制使传感器的安装及测试参数的记录处理比较困难等。近年来已陆续发展了各种高性能的小型传感器和电子仪器以及应用磁带记录器做现场记录。此外，还发展了遥测系统，使道路和田间试验技术更趋完善。目前道路试验主要用于新出厂车辆的检测。

道路试验的条件，即对道路的选择、环境以及气象要求、试验用车辆的要求、试验机驾驶人要求，国家标准中都做了详细的规定。

道路试验的仪器主要包括五轮仪、磁带记录仪、松软土壤参数测量仪、负荷测量仪等。

道路试验中，对每一项汽车性能的试验方法都有规定程序，对试验数据的采集都有技术要求，对所采集数据分析的方法有多种。分析的过程要考虑综合因素，要与设计大纲和质量标准综合对照分析。

2）台架试验方法。台架试验是在室内试验台上测试汽车整车或某总成性能参数的一种方法。这种方法容易控制试验条件，消除环境因素和不需要研究的因素。随着计算机技术及其他学科技术在试验台上的应用，试验台随机调控工况、随机对数据进行实时采集和分析等方法已广泛应用，部分试验已能用较高精度模拟汽车的道路试验。

台架试验是在用汽车的主要检测手段，在汽车检测站和修理厂大量使用。

台架试验常用到的技术参数与汽车技术检测诊断参数类同。

3）试验场检测试验。汽车试验场是设置比实际道路更恶劣的行驶条件和各种典型道路环境的场地。这种试验方法一般是对预先制定好的项目进行试验，按照试验规范，在规定的行驶条件下进行。汽车试验场检测方法多于汽车的综合性能试验，尤其是进行汽车的可靠性试验。对于某些试验项目，汽车试验场可以进行强化试验以缩短试验周期，提高试验结果的可比性。

**3．汽车检测的主要内容**

根据汽车检测部位的不同，汽车检测内容可分为整车性能检测和部件性能检测两大类。

（1）整车性能检测　整车性能检测的主要内容如下。

1）汽车动力性检测。汽车动力性检测主要检测汽车的最高车速、加速能力、最大爬坡度、底盘最大输出功率等。

2）汽车燃油经济性检测。汽车燃油经济性检测主要检测百公里燃油消耗量或百吨公里燃油消耗量。

3）汽车行驶平顺性检测。汽车行驶平顺性检测主要检测疲劳-降低工效界限和降低舒适性界限等指标。

4）汽车通过性检测。汽车通过性检测主要检测汽车最大拖钩牵引力、行驶阻力、涉水能力、特殊地形通过能力等指标。

5）汽车操作稳定性检测。汽车操作稳定性检测主要检测汽车横摆角速度、侧向加速度、侧倾角、转向盘操作力等指标。

6) 汽车排放性检测。汽车排放性检测主要检测尾气排放中的 CO、$NO_x$、HC、烟度等指标。

7) 汽车噪声检测。汽车噪声检测主要检测车外噪声、车内噪声、喇叭噪声等指标。

8) 前照灯检测。前照灯检测主要检测前照灯的发光强度、光束照射方位偏移值等指标。

9) 车速表检测。车速表检测主要检测车速表的指示精度。

10) 汽车制动性能检测。汽车制动性能检测主要检测制动力、制动减速度、制动距离、制动时间等指标。

**(2) 部件性能检测** 部件性能检测的主要内容如下。

1) 发动机性能检测。发动机性能检测主要检测气缸压力、气缸漏气量（率）、曲轴箱窜气量、进气管真空度、发动机功率、点火正时、点火波形、喷油波形、机油压力、机油品质、机油消耗量、燃油压力等项目。

2) 传动性检测。传动性检测主要检测传动功率损失、传动效率、离合器打滑率、传动系统角间隙等项目。

3) 转向系统检测。转向系统检测主要检测转向盘自由行程、转向盘转向力等项目。

4) 制动系统检测。制动系统检测主要检测汽车制动踏板自由行程、制动力、制动距离、制动减速度、制动时间等项目。

5) 行驶系统检测。行驶系统检测主要检测悬架间系、车轮外倾、前轮前束、主销后倾、主销内倾、侧滑量、车轮动平衡等项目。

6) 电气设备检测。电气设备检测主要检测蓄电池电解液密度、蓄电池放电程度、发电机发电量、起动机空载和负载能力等项目。

7) 电子控制设备检测。电子控制设备检测主要检测故障码、数据流、波形等项目。

# 6.2 汽车维修

## 6.2.1 汽车维修基本概念

汽车维修是汽车流通领域中的重要组成部分。它是由汽车制造厂或者其他投资人设立的汽车维修和修理厂点组成的，为汽车运输服务的、相对独立的行业。它通过维护和修理来维持和恢复汽车技术状况，延长汽车使用寿命。

按照《汽车维修术语》（GB/T 5624—2005）给出的定义，汽车维修（Vehicle Maintenance and Repair）是汽车维护和修理的泛称。其中，汽车维护（Vehicle Maintenance）（俗称汽车保养）是为维持汽车完好技术状况或工作能力而进行的作业。其目的是保持车容整洁，随时发现和消除故障隐患，防止车辆早期损坏，降低车辆的故障率和小修频率。汽车维护应贯彻预防为主、强制进行的原则。汽车修理（Vehicle Repair）是为恢复汽车完好技术状况（或工作能力）和寿命而进行的作业。其目的在于及时排除故障，恢复车辆的技术性能，节约运行消耗，延长其使用寿命。车辆修理应贯彻定期检测、视情修理的原则。因此，汽车维修是为了保持和恢复汽车正常技术状况而进行的生产活动。

车辆维修作为运输企业（或车辆所有者）投资的一种选择的方式，可以使固定资产具有的生产力继续保持下去。由于商用车辆的维修实际上是对运输生产过程的技术保障，在运输企业内部进行的维修活动可以产生间接的经济效益。即通过技术保障来维持或恢复车辆的运输生产力，使车辆创造出更多的商业价值。对于乘用车辆，主要是以消费品的形态作为个人交通工具，它的使用不为所有者直接创造价值。因此，对于这类汽车进行维修实际上是对汽车拥有者进行消费所需的一种技术服务。汽车维修企业所进行的维修生产活动，可以直接形成服务产品，产生经济效益并带来满足市场需求的社会效益。

汽车维修按车辆维修生产活动的属性，可分为生产性维修和服务性维修。

生产性维修是指企业为保持运输生产能力，将车辆维修作为企业生产过程必要的辅助性生产活动。例如，公共交通、物流运输等企业车辆拥有量大、使用集中，其车辆维修是使运输生产正常进行的一个重要环节。生产型维修的生产组织方式具有计划性（时间、地点和任务计划性强）、稳定性（车辆运行时间与维修生产计划协调、维修任务与维修能力平衡）和具体性（车辆类型明确、维修设施专用）等特点。

服务性维修是指车辆所有者为保持车辆的使用价值，要求维修企业提供服务的生产活动。服务性维修的生产组织方式具有随机性（时间、地点和任务不确定）、适应性（满足市场上多变的需求、利于企业间激烈的竞争）、多元性（车辆类型复杂、技术需求多样）等特点。

生产性维修和服务性维修的不同，主要体现在车辆维修者与所有者之间的关系上。生产性维修的车辆所有者与维修者之间通常是同一主体，而服务性维修所涉及的车辆维修者和所有者主体不同，维修活动的进行是以双方的合同契约要求为前提。

另外，汽车维修按车辆的运用性质又可以分为装备性维修和消费性维修。

装备性维修是将车辆作为生产工具，以保障其安全有效、节能环保并取得最佳经济效益为目的所进行的车辆维修活动。消费性维修主要是将车辆作为代步工具，以保障其安全、节能环保和有效使用为目的所进行的车辆维修活动。

## 6.2.2 汽车维护

汽车维护又称汽车保养，是保持车容整洁，及时发现和消除故障及其隐患，防止汽车早期损坏的技术作业。

**1. 汽车维护的原则**

汽车维护应贯彻预防为主、强制维护的原则，即汽车维护必须遵照交通运输管理部门规定的行驶里程或间隔时间，按期强制执行，不得拖延，并在维护作业中遵循汽车维护分级和作业范围的有关规定，保证维护质量，从而防止运输单位或个人因盲目追求眼前利益，不及时进行维护，导致汽车技术状况严重下降，影响运输生产正常进行和运输汽车效益的发挥，并使运行消耗增大等不良现象的发生。强制维护是在计划预防维护的基础上进行状态检测的维护制度，即在计划预防维护基础上增加状态检测的内容，以确定附加维护作业项目，使计划维护结合状态检测进行。

**2. 汽车维护的类别和作业内容**

汽车维护的类别是指汽车维护按汽车运行间隔期限、维护作业内容或运行条件等划分的不同的类别或级别。其中，运行间隔期限是指汽车运行的里程间隔或时间间隔。

汽车维护的主要类别和主要作业内容如下：

(1) **定期维护** 定期维护是按技术文件规定的运行间隔期限实施的汽车维护，在整个汽车寿命期内按规定周期循环进行。按《交通运输部关于修改〈机动车维修管理规定〉的决定》中的汽车维修制度，汽车维护分为：例行维护、一级维护和二级维护。各级维护的周期和主要作业内容为：

1) 例行维护（日常维护）。例行维护是日常性作业，每日由驾驶人出车前或收车后进行，中心内容是清洁、补给和安全检查等。

2) 一级维护。由专业维修工在维修车间或维修厂内进行。间隔里程周期一般为1000～2000km。其作业的中心内容除日常维护作业内容外，以检查、润滑、坚固为主，并检查有关制动、转向等安全系统的部件。

3) 二级维护。由专业维修工在维修车间或维修厂内进行。间隔里程周期一般为10000～15000km。其作业中心内容除一级维护作业内容外，以检查调整为主，并拆检轮胎，进行轮胎换位。

在《规定》中，取消了原制度规定的以解体检查为中心内容的三级维护，要求在车辆维护前应进行技术检测和技术评定，根据检测和评定结果，确定附加作业项目，结合二级维护一并进行。

上述汽车定期维护的周期和作业内容只是一些原则，由于车型和使用条件不同，使用的润滑油和配件质量的差异，导致各级维护作业的深度和周期有很大的差别。所以，各地可根据实际情况，确定其周期和作业内容。

(2) **季节性维护和主要作业内容** 为使汽车适应季节变化而实行的维护称为季节性维护。一般季节性维护可结合定期维护一并进行。主要作业内容是更换润滑油和对冷却系统的检查维护等。

(3) **走合维护和主要作业内容** 走合维护是指新车或大修车走合期实施的维护。主要作业内容除特别注意做好例行维护外，要经常检查紧固外露螺栓、螺母，注意各总成在运行中的声响和温度变化，及时进行适当的调整。走合期满，各总成应更换润滑油，并注意清洗，连接件要进行紧固，对各部分间隙进行调整。

(4) **特殊情况下的维护**

1) 冬季汽车的维护。在冬季的恶劣气候下，做好车辆保养非常重要，保养维护在严冬到来之前就要进行，以保证车辆顺利过冬。维护项目有：外部护理、底盘护理、玻璃护理、更换各种油及防冻液。

2) 夏季汽车的维护。炎炎夏日，强烈的紫外线照射和高温烘烤，给汽车各部件带来考验，因此夏季汽车更应该认真清洁，加倍护理。

夏季，雨水中的酸性成分对车漆腐蚀非常厉害，洗车后，打一层防水蜡或镀膜蜡可以保护车漆。车停在浓密的树荫下可以缓解暴晒。如果树胶落在汽车上，必须马上进行抛光处理。夏天行车常开车窗，灰尘很容易吹进车里，尾气及各种有害气体及污染物更会附着在绒布织物面料的座椅、顶棚上。仪表板、车门饰板等塑胶部位要用毛刷仔细清洁，然后涂上一层保护剂，防止紫外线照射后造成表面龟裂、老化。绒布面及座椅缝隙用专用的清洁剂清洗干净。为了防止细菌繁生，要对车内做一次高温杀菌。风道口以及空调的蒸发器通风道等部件也应清洁，使车内环境和空气都干净。

3) 雨后汽车的维护。雨后需对汽车进行维护，主要是：

① 雨后如长时间不用车，除了开冷气除湿外，最好买一个简易除湿盒。

② 天晴时，车主可找一个阴凉的地方，将所有车门及行李箱盖全部打开，让车内的湿气排出，通风，然后将车内的脚踏垫、椅套拆下来冲洗晾干，同时可用吸尘器清除车内污物。

③ 除了车门焊接及车体焊接部分易生锈腐蚀外，车门内部的铰链、锁扣等铁质零件也易生锈，而且因被门饰板遮住，常被忽视。有的车子还配置了电动窗，内部的电动机及线路也应该注意避免受潮。

4) 长期不开的汽车的维护。汽车在长期不使用的情况下应采取相应的保护措施：

① 全车清洗整理干净。

② 胎压需调到上限。

③ 若停放期超过一个月以上，不但要将胎压调到上限，而且应每隔一周定时移动车辆数千米，以免车胎因固定一个位置受压着地，造成该部位辐射钢丝变形。

④ 油箱内加满油。

⑤ 关闭全车电路。

⑥ 勿拉驻车制动，避免造成制动毂日久锈蚀变形。

5) 远程归来汽车的维护。汽车远程归来后，最好能清洗进气道、喷油器；若驾车环境太脏，还需清洗或更换空气滤清器。另外，还要检查机油、制动油，如有缺少要及时补充。如果过脏就需要更换新油和新滤芯。检查底盘是否有漏油、漏水现象；检查轮胎气压、磨损状况、螺母有无松动或脱落；如果驾驶起来有跑偏或摆动，要重做四轮定位或动平衡；检查风扇皮带有无破损或断裂，调整皮带的松紧度；检查制动器，如踏板过于松动无力，储备行程过小，则表示有渗漏或制动故障，需及时排除。

### 6.2.3 汽车修理

汽车修理是为了恢复汽车完好技术状况或工作能力和寿命而进行的作业。

**1. 汽车修理制度**

根据 GB/T 18344—2016《汽车维护、检测、诊断技术规范》的要求，汽车修理应贯彻视情修理的原则，即根据汽车检测诊断和技术鉴定的结果，视情况按不同作业范围和深度进行，既要防止拖延造成车况恶化，又要防止提前修理造成浪费。汽车修理时，必须按国家和交通部门发布的有关规定和修理技术标准进行，以确保修理质量。

汽车修理按作业内容分为车辆大修、总成大修、车辆小修和零件修理四类。

（1）**车辆大修** 车辆大修是指新车或经过大修后的汽车在行驶一定里程（或时间）后，经检测诊断和技术鉴定，用修理或更换任何零部件的方法恢复其完好技术状况，使之完全或接近完全恢复汽车技术性能的恢复性修理。

（2）**总成大修** 总成大修是汽车的主要总成经过一定使用里程（或时间）后，用修理或更换总成中心任何零部件（包括基础件）的方法，使之恢复其完好技术状况的恢复性修理。

（3）**车辆小修** 车辆小修是用修理或更换个别零件的方法，保证或恢复汽车工作能力的运行性修理。其目的主要是消除汽车在运行中或维护作业中发生的临时故障或局部隐患。对于已掌握自然磨损规律的某些零件或外部零部件特征能预先估计到的小修项目（如研磨气门、刮缸口台阶、换活塞环等），可集中组织一次有计划的小修作业，并结合相应的保养进行。

**（4）零件修理**　零件修理是指对因磨损、腐蚀、变形等而不能继续使用的零件，采用各种加工工艺以恢复其使用性能的有关修理作业。

### 2. 汽车修理的基本方法

汽车修理的基本方法分为就车修理法和总成互换修理法两种。

**（1）就车修理法**　就车修理法是指从车上拆下的零件、合件、总成，凡能修复的，经修复后仍装回原车，不进行互换的修理方法。这种修理方法由于各总成、合件、零件的修复所需时间不等，影响汽车总装的连续进行，因此，汽车停车修理的时间长，生产效率低。它适用于承修车型种类多、生产量不大的小型汽车修理企业。就车修理法的汽车大修工艺过程如图6-2所示。

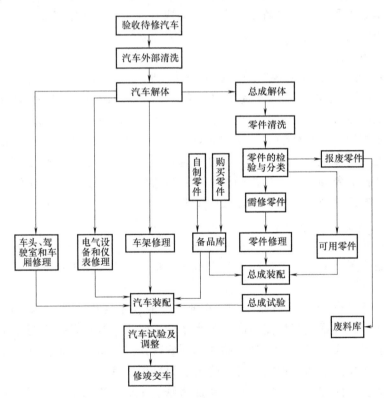

图 6-2　就车修理法的汽车大修工艺过程

**（2）总成互换修理法**　总成互换修理法是指除车架和车身经修复仍装回原车外，其余需修的总成、合件、零件均换用储备件，而替换下来的总成、合件、零件修复后送入备品库作为储备件的修理方法。

这种修理方法减少了因修理总成、合件、零件所耽搁的时间，保证了总装的连续性，大大缩短了停车修理时间，提供了生产率，有利于组织流水作业，适用于车型少、生产量大、配件储备充足的大、中型汽车修理企业。

总成互换修理法的汽车大修工艺过程如图6-3所示。

目前，国内汽车修理企业很少单纯采用就车修理法或者总成互换修理法，而一般多采用两种修理法相结合的混装修理法（综合修理法），其中有的以总成互换修理方法为主，有的以就车修理方法为主。

**3. 汽车修理的作业方式**

汽车修理的作业方式一般分为定位作业法和流水作业法两种。

（1）**定位作业法** 定位作业法是将汽车拆散和装配的作业固定在一定的工作位置（即车架不变动位置）来完成，而拆散后的修理作业仍分散到各专业工组进行修理的作业方式。

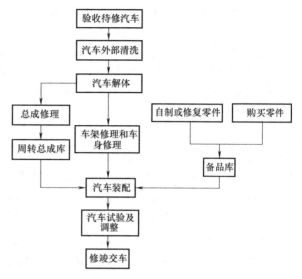

图 6-3 总成互换修理法的汽车大修工艺过程

这种作业方式的优点是占地面积小，所需设备简单，拆装作业不受连续性限制，生产的调度与调整比较方便。缺点是总成及笨重零件要来回运输，工人劳动强度大。这种作业方式一般适用于规模不大或承修车型种类较多的修理企业。

（2）**流水作业法** 流水作业法是将汽车拆散和装配的作业沿着流水顺序，分别在各个专业工组或工位上逐步完成全部拆装的修理作业方式。对于不能在流水线上完成的作业，应设法配合作业连续性的要求，分散在各个专业工组进行，以避免出现窝工现象。

流水作业法又可分为连续流水作业和间歇流水作业两种形式。

1）连续流水作业是汽车车架沿拆装流水线有节奏地连续移动，可利用连续传送机构的作业方式。它适用于大规模修理企业。

2）间歇流水作业是汽车车架在流水线上移到每个工组（或工段）停歇一定时间，工组的作业完成后，再移动到下一个工组的作业方式。它适用于中型规模的修理企业。

流水作业法的优点是专业化程度高，分工细致，修车质量好，同时总成和大件运输距离短，生产率高。但流水作业法必须具有完善的工艺、设备，要求承修车型单一并有备用总成，以保证流水作业的连续性和节奏性。

**4. 汽车修理的劳动组织形式**

汽车修理作业的劳动组织形式一般分为综合作业法和专业分工法两种。

（1）**综合作业法** 综合作业法是指除车身、轮胎、机械加工和锻焊等作业由专业工种配合完成外，其余全部拆装修理工作由一个修理工组完成的组织形式。这种作业法由于一个工组的作业内容广，对工人的操作技术要求全面，难度大，因此生产率难以提高，仅适用于生产量不大、承修车型复杂的小型汽车修理企业。

（2）**专业分工法** 专业分工法是指按工种、工位、总成、合件或工序划分为若干作业单元，每个单元由一个或一组工人来专门负责修理工作，而各单元之间互相紧密关联，以适应流水作业节奏需要的组织形式。作业单元划分越细，专业化程度越高。这种作业方法易于提高工人单项作业的技术熟练程度，便于采用专用机具，易于提高修理质量，提高生产率。

### 6.2.4　汽车维修企业分类及作业范围

按照国家标准《汽车维修业开业条件》规定,汽车维修企业按经营项目分为三类:

1) 一类汽车维修企业(汽车大修)是从事汽车大修和总成修理生产的企业。此类企业亦可从事汽车维修、汽车小修和汽车专项修理生产。

2) 二类汽车维修企业(汽车维护)是从事汽车一级维护、二级维护和汽车小修作业的企业。

3) 三类汽车维修企业是专门从事汽车专项修理(或维护)生产的企业和个体户。专项修理(或维护)的主要项目为:车身修理,涂漆,篷布、座垫及内装饰修理,电路、仪表修理,蓄电池修理,散热器、油箱修理,轮胎修补,安装汽车门窗玻璃,空调器、暖风机修理,喷油泵、喷油器、化油器修理,曲轴修磨,车身清洁维护等。

汽车维修企业可根据自身条件,申请从事一项或多项专项修理作业。随着行业管理工作的深入,摩托车修理已在大部分省(市)纳入汽车维修行业管理范围,并把它归入三类汽车维修企业。

值得说明的是,在实际工作中,有的汽车维修企业专门从事某一车型的维修,如汽车制造厂设立的维修中心、特约维修站等,不属于三类汽车维修企业。因为对某一单一车型的维修也包括汽车大修、总成修理、各级修理和各级维修及小修,对于这种情况,应按其作业内容确定该企业相应类别。

### 6.2.5　汽车维修质量管理

**1. 汽车维修质量管理的概念**

汽车修理质量是汽车维修服务活动是否满足与托修方约定的要求,是否满足汽车维修工艺规范及竣工质量评定标准的一种衡量。由此可知,汽车维修质量可分解为两个方面:一方面是维修服务全过程的服务质量,包括维修业务接待、维修生产进度、维修经营管理(包括收费)的质量水平;另一方面是汽车维修作业的生产技术质量,具体是指维修竣工汽车是否满足相应的竣工出厂技术条件的一种定量评价。

汽车维修质量取决于许多相关因素,实践表明,旨在改善汽车维修质量的一些个别与零散的措施都不能产生对汽车维修质量进行整体控制的预期效果。为了提高汽车维修质量,必须系统地实施一些综合管理措施。

汽车维修质量管理是为保证和提高汽车维修质量所进行的调查、计划、组织、协调、控制、检验、处理及信息反馈等各项活动的总称。

因而,汽车维修质量管理可以理解为是一项经常性的和有计划的工作过程,应贯穿于汽车维修服务全过程,其目的在于完善工艺方法和维修组织形式,以保证竣工出厂汽车的状况及其使用性能的最佳水平。

**2. 汽车维修质量管理的任务**

汽车维修质量管理是汽车维修企业管理的重要内容之一。汽车维修质量是对汽车本身维持和保障,汽车维修质量的好坏决定着汽车能否保持良好的技术状态安全地行驶。因此,汽车维修企业必须高度重视汽车维修质量管理,采取严格的技术手段和管理措施保证和提高汽车维修质量,保障人们的生命和财产安全。

汽车维修质量管理的任务主要有以下4个方面：

1）加强质量管理教育，提高全体员工的质量意识，牢固树立"质量第一"的观念，做到人人重视质量、处处保证质量。

2）制订企业的质量方针和目标，对企业的质量管理活动进行策划，使企业的质量管理工作有方向、有目标、有计划地进行。

3）严格执行汽车维修质量检验制度，对维修汽车从进厂到出厂的维修全过程、维修过程中的每一道工序，实施严格的质量监督和质量控制。

4）积极推行全面质量管理等科学、先进的质量管理方法，建立健全汽车维修质量保证体系，从组织上、制度上和日常工作管理等方面，对汽车维修质量实施系统的管理和保证。

**3. 汽车维修企业的全面质量管理**

全面质量管理强调科学的管理工作程序，通过计划（Plan）、执行（Do）、检查（Check）、处理（Action）循环式（即PDCA工作循环）的工作方式，分阶段、按步骤开展质量管理活动，促进质量管理水平循环不断地提高。

汽车维修质量保证体系中的基础工作是为开展汽车维修质量管理、保证汽车维修质量而创造必备基本条件的一系列具体工作，主要包括质量责任制、质量教育工作、计量工作、标准化工作、质量信息工作和法规建设等。

**4. 汽车维修质量检验**

维修质量检验是贯穿于整个汽车维修过程的一项重要工作，按照其工艺程序可分为进厂检验、汽车维修过程检验和汽车维修竣工出厂检验三类。

1）进厂检验是对送修汽车的装备和技术状况进行检查鉴定，以便确定维修方案。

2）汽车维修过程检验是指汽车维修过程中，对每一道工序的加工质量、零部件质量以及汽车正常运行情况的检验。

3）汽车维修竣工出厂检验是在汽车维修竣工后、出厂前，对汽车维修总体质量进行的全面验收检查，检验合格的签发机动车维修合格证。

**5. 汽车维修质量保证体系**

汽车维修质量保证体系是指在汽车维修行业或企业内，为了满足汽车维修技术标准所规定的质量要求，而建立的与汽车维修质量直接有关的、由技术活动和管理活动所构成的工作系统，并通过一定的制度、规章、方法、程序和机构等，把汽车维修质量保证活动系统化、标准化、制度化。

汽车维修企业的维修质量保证体系如图6-4所示。

**6. 汽车维修行业质量管理体系**

质量管理体系是指实施质量管理所必需的组织结构、程序、过程和资源。从整个行业来讲，为实施汽车维修全面质量管理，将管理工作的各项内容落实到一定责任机构和责任人，由承担汽车维修各项管理责任的责任机构和责任人所形成的管理组织结构系统，简称汽车维修质量管理体系。汽车维修行业质量管理体系如图6-5所示。

**7. 汽车维修质量管理技术档案**

机动车维修经营者对机动车进行二级维护、总成修理、整车修理的，应当建立机动车维修档案。机动车维修档案的主要内容包括维修合同、维修项目、具体维修人员及质量检验人员、进厂检验单、过程检验单、竣工检验单、竣工出厂合格证（副本）及结算清单等。机

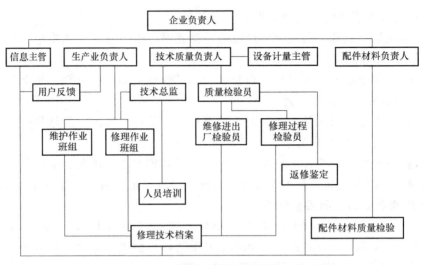

图 6-4 汽车维修企业的维修质量保证体系图

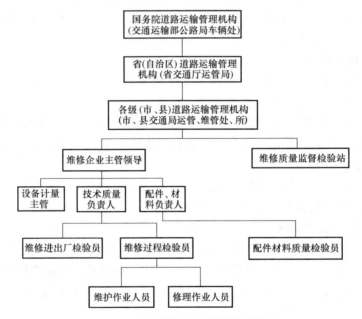

图 6-5 汽车维修行业质量管理体系

动车维修档案保存期为两年。

汽车维修质量管理技术档案是汽车维修档案的重要组成部分。根据《汽车修理质量检查评定方法》（GB/T 15746—2011）的要求，汽车修理质量检查评定内容包括了修理质量检验技术文件的完善程度。因此，检验技术文件是修理质量检查评定的重要内容。

### 8. 汽车维修质量 ISO 9000 认证

质量管理体系认证的手段是审核与评定。为了规范第三方认证的行为和审核评定的可接受性，国际标准化组织（ISO）制定了相应的标准和规则。质量管理体系符合性评定的通行标准就是在世界范围内被广泛接受的 ISO 9000 族标准。ISO 9000 族标准是国际标准化组织（ISO）于 1987 年制定，后经不断修改完善而成的系列标准。

汽车维修企业推行 ISO 9000 质量管理体系能极大地提高工作效率和汽车维修合格率，迅速提高企业的经济效益和社会效益。

## 6.3 汽车钣金与涂装

### 6.3.1 汽车钣金的主要内容

汽车钣金修复包含钣金修复和涂装作业两项主要工作，日常习惯称之为钣喷。目前，这两个工种仍然相互独立，并没有像汽车"机电"那样真正融为一体。

汽车钣金在国内已经历了一个漫长的发展历程，按其发展过程可划分为两个阶段，即车身焊补阶段和事故车修复阶段。

在 20 世纪 90 年代以前，由于汽车保有量小，驾驶人职业化率高、道路状况较差、汽车制造技术及钢板的防腐能力不尽如人意等原因，车身的轮弧、车门槛、底板等部位非常容易出现锈穿现象，事故车相对较少。汽车钣金的工作除了一些日常维护外，主要是对这些锈穿的部位进行焊补。焊接前需要将金属薄板通过手工或模具冲压使其产生塑性变形，制作成所希望的形状和尺寸，然后将这些成品或半成品，根据实际情况合理选择或挖补或贴补方式，焊接到腐蚀部位，主要工艺包括划线、放样、展开、剪、折、卷、焊等，也就是所说的"铁裁缝，修补工"。

随着汽车保有量的增加、道路状况的改善、车身钢板防腐蚀性能更加优异、车身结构设计日趋合理以及驾驶人职业化率降低，导致交通事故增加，事故车随之增多，车身钢板腐蚀现象越来越少，汽车钣金的工作相应由焊补阶段过渡到了事故车修复阶段。事故车修复是指通过一定的方法或手段，将汽车损伤部位恢复到原来形状和性能的一种技术和工艺，主要工作包括面板整形、车身测量、结构件校正与更换、焊接、零部件装配与调整等。

### 6.3.2 汽车钣金修复常用工具及修复方法

**1. 常用工具**

从事汽车钣金修复所使用的机具与设备，大致分为手工工具、动力工具以及动力设备三大类，只有了解和掌握钣金修复机具与设备性能、用途和作业技巧，才能顺利地完成相应的钣金修复工作。

（1）**手工工具** 汽车钣金修复常用的手工工具见表 6-1。

表 6-1 汽车钣金修复常用的手工工具

| 工具名称 | 功 用 | 图 形 |
|---|---|---|
| 球头锤 | 球头锤是一种对所有钣金作业都适用的多用途工具。它用于校正弯曲的基础构件、修平部件和钣金件粗成形阶段。球头锤的质量在 290~450g 之间 |  |

(续)

| 工具名称 | 功　用 | 图　形 |
|---|---|---|
| 橡皮锤 | 橡皮锤主要用于修整表面微小的凹陷,而不损坏表面的光泽。橡皮锤一端是硬面的(钢制),另一端是软面的(可更换橡皮头),适用于修理铬钢件或其他精密部件 | |
| 铁锤 | 铁锤的手柄较短,适于空间较小的钣金作业使用 | |
| 镐锤 | 镐锤是专门维修小凹陷用的工具,镐锤的尖顶用于将凹陷敲出,其平端头与顶铁配合作业可以去除微小的凸点和波纹 | |
| 冲击锤 | 冲击锤锤头一端是圆形,锤顶的表面近乎是平的。这种锤顶面大,打击力散布在较大的面积上,适用于矫正凹陷表面的初始作业或加工非平整表面的钣金件。对于变形大的凹陷表面,用冲击锤另一端凸起顶面敲击下凹的金属下表面,使之逐渐恢复平整 | |
| 垫铁 | 垫铁是在敲击金属板料时用来衬托金属板料反面的工具。其材料多为中碳钢,形状各异 | |
| 修平刀 | 主要用于抛光金属表面,把修平刀置于修整表面上,再用锤子敲打。如果修整表面空间受到限制不易使用垫铁时,修平刀可以代替垫铁使用 | |
| 撬镐 | 利用撬镐穿过车身固有的洞口,可以对车门侧板的凹点进行撬击,以消除凹陷 | |
| 凹坑拉出器 | 凹坑拉出器的顶端呈螺纹尖端形式或钩形式。螺纹尖端可以旋紧在孔中,利用套在杆中部的冲击锤向外冲击手柄端面,同时向外拉手柄,可以慢慢拉起凹点 | |

(续)

| 工具名称 | 功 用 | 图 形 |
|---|---|---|
| 拉杆 | 拉杆用于修复凹坑。将拉杆的弯钩插入所钻的孔,钩住凹坑两侧向外提拉,视具体情况在周围轻轻敲击,将凹坑拉起,同时敲打其隆起点,经平整后用气焊修补孔洞,喷漆复原 | |
| 金属剪 | 用以切开不锈钢等硬金属 | |
| 划针 | 划针是用来在板料上划线的基本工具。一般由中碳钢或高碳钢制成,长度约为120mm,直径为4~6mm。为了能使其在板料上划出清晰的标记线,要求划针尖端非常锐利,尖端角度一般在15°~20°之间,且具有耐磨性。弯头划针用于直头划针划不到的地方 | |
| 划规 | 用于划折边线,它可沿板料边缘以等距离引线 | 不可调式　可调式 |

**（2）动力工具** 汽车钣金修复的动力工具包括气动工具和电动工具两类。汽车钣金修复的常用动力工具见表6-2。

表6-2 汽车钣金修复的常用动力工具

| 工具名称 | 功 用 | 图 形 |
|---|---|---|
| 气动扳手 | 扳手的输出端具有带碰珠的正方形短杆,将套筒一端插入到扳手输出端,另一端套在螺母上,起动气门通压缩空气即可实现拧紧或拧松螺纹的作业 | |
| 气动钻 | 气动钻通过压缩空气作为动力驱动气马达旋转达到钻孔的目的 | |

（续）

| 工具名称 | 功　用 | 图　形 |
|---|---|---|
| 气动打磨机 | 气动打磨机一般用于喷漆车间。气动打磨机有两种：盘式打磨机和轨道式精打磨机。盘式打磨机有复合作用打磨机与单一运动盘式打磨机，适用于粗打磨 | |
| 气动手提式振动剪 | 俗称风剪，用于剪切钢板 | |
| 电动砂轮机 | 电动砂轮主要用来磨削不易在固定砂轮机上磨削的零件，如发动机罩、驾驶室、翼子板及车身蒙皮等经过焊修的焊缝，可用电动砂轮机磨削平整 | |
| 真空吸尘器 | 用于车内除尘 | |
| 热风枪 | 热风枪用于乙烯树脂车顶修理、塑料件修理、板面热压装配及快速干燥作业 | |
| 龙门剪板机 | 龙门剪板机是目前常用的一种剪板机械，其最大特点是工作效率高，剪切质量好，操作方便，可剪切多种厚度的板料 | |
| 折弯压力机 | 板料折弯压力机主要是对板件做直线弯曲，即折边。采用简单的通用模具，可把金属板料压制成一定的几何形状 | 1—施加压力部件　2—欲变形部件　3—承受压力部件 |

## 2. 修复方法

（1）**敲去修理法** 对小范围的局部凸起、凹陷可采用敲去法修复小而浅的凸痕及凹痕，使金属产生延伸变形而恢复到原来的形状，如图6-6所示。

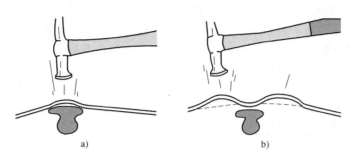

图6-6 敲去修理法
a) 局部凸起 b) 局部凹陷

（2）**撬顶修理法** 用修平刀（或匙形板）、尖头工具（如各种撬镐）撬顶凹陷部位，使凹陷逐渐恢复原来形状，如图6-7所示。

（3）**拉伸修理法** 采用拉出装置将凹陷拉出，也是常用的凹陷整形方法之一。拉出装置包括吸杯、拉杆、专用拉出器。气动凹陷拉出器如图6-8所示，其端部有一个吸杯产生真空，惯性锤施加的力将金属凹陷部位拉回到原来形状。

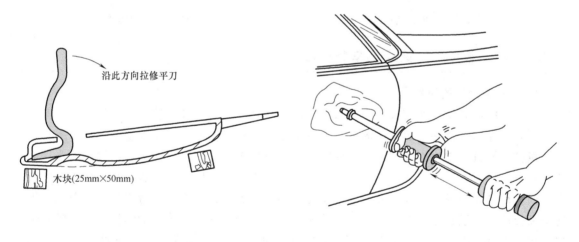

图6-7 撬顶修理法　　　　　图6-8 气动凹陷拉出器

将拉杆式拉出器一端的螺钉拧入凹陷部位事先钻通的孔中，一手握住手柄，另一手用重力将重物向手柄方向反复拉动即可将凹陷消除，然后再用填料将通孔堵住。为了避免钻孔带来的不便，也可以在凹陷部位点焊上销钉代替拧入螺钉，待拉出之后再用刀具切除焊点，从而保持原金属表面的完整性。

（4）**加热收缩法** 对钣金凹陷处的中点进行局部快速加热，温度升高的过程中，以加热点为中心，钢板向周围膨胀，对周边产生压应力。

当温度继续上升，钢板局部烧软变红，解除了中心区的压力，使周围钢板恢复变形。烧红区域被压缩而变厚，周围钢板可以自由变形伸展恢复形状。

对于局部加热点，可以进行突然喷水或用湿布贴敷，使加热部位突然冷却，钢板立即收缩，中心部位产生对于周边的拉伸载荷，强力将周边向中心拉伸，与变形过程中产生的压缩载荷相抵消，以恢复原来形状，如图6-9所示。

（5）**起褶法** 起褶法是处理拉伸变形的一种方法，如图6-10所示，它并不使金属发生加热收缩变形，而是用锤子和砧铁在拉伸变形部位做出一些褶来。操作时，使锤砧错位，用鹤嘴锤轻轻敲击使拉伸部位起褶。起褶的地方会比其他部位略低。在填实填满后，再用锉刀或砂纸将这一部分打磨得与其他部分齐平。

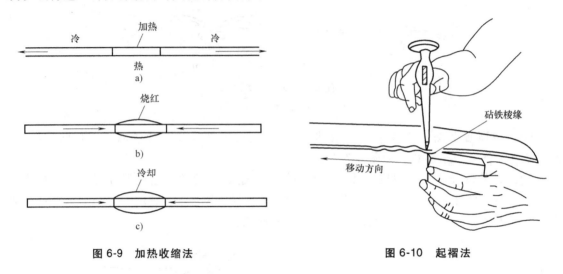

图 6-9　加热收缩法　　　　　图 6-10　起褶法

### 6.3.3　汽车钣金件的更换及车身校正

**1. 汽车钣金件的更换**

车身是用机械连接和焊接两种方法将构成车身众多的钣金件连接在一起的。对于非结构性的或装饰性的钣金件，如汽车的翼板、后顶侧板、机罩，可以焊接到整体式车身上；也可以用螺栓、铆钉与之相连接。更换这些钣金件时，只需拆卸固定件即可。结构性钣金件与整体式车身都焊接在一起。从散热器支架到后端板构成一个整体框架。这些结构性钣金件在焊接之前，都是以凸缘或配合表面的形式相互连接在一起，组装完毕再行焊接的。因此，拆卸此类钣金件需要了解它们之间的连接关系才能顺利进行。整体式车身的结构性钣金件有散热器支架、内挡泥板、地板、车门槛板、发动机室侧梁、上部加强件、下车身后梁、内部护槽、行李箱地板等。

修理结构性钣金件时，应遵照制造厂所规定的办法，特别是切割钣金件时更为重要。不要割断可能降低乘员安全的区域、涉及汽车性能区域和关键性尺寸控制区域的钣金件，这是切割钣金件应遵从的统一原则。

**2. 车身校正**

（1）**车身校正的目的** 通过外力的牵拉，使车身表面几何形状和尺寸恢复到原有状态的工艺过程称为校正。伴随着校正的进程，有时还要对局部进行必要的修整，使之更好地复原。

车身校正的目的：一是消除表面缺陷，二是使车身准直恢复汽车动力性能，三是消除碰撞造成的车架及车身的应力和应变。

（2）车身校正的主要设备　车身校正设备主要有"地八卦"和校正仪。

1）"地八卦"校正系统（图6-11）。"地八卦"系统只能维修受损伤程度较小的事故车。

2）校正仪车身和大梁校正仪（图6-12）主要有三种形式：传统框架式、平台式和框架带定位夹具式。无论何种款式都具备以下特点：具有高强度的车身定位及固定装置，具有较多形状及功能各异的维修拉具，能满足修复不同部位的需要，能进行多点、全方位的校正拉拔工作，能够进行精确的测量，准确检测出各基准点的偏离量及修复误差。

图6-11　"地八卦"校正系统

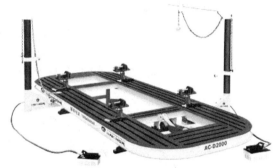

图6-12　车身和大梁校正仪

目前应用较多的是平台式校正仪，它可以通过电动绞盘把汽车牵引到倾斜的工作台面上，配备的两个拉塔可以沿工作台轨道周边做360°旋转，可进行多点、全方位的钣金维修。平台式大梁校正仪主要是用其固定拉伸功能，比较常见的是大平台式大梁校正仪，这种车身大梁校正仪上也只有4个通用大边夹具来固定车身，然后用拉臂去进行变形部分的拉伸。

另外，还有一种称为钣金中心的系统，即钣金快速维修工位。它是一种复式、多工位的车身和大梁校正设备，可根据车间的维修工艺和布局任意组合，配备不同功能的台架。对事故车的拆卸和拉伸都可以在一个工位上完成，既节省了时间，又提高了工作效率。

（3）车身校正的基本方法

1）车身校正的顺序。车身校正一般应按先长度校正，再倾斜校正，最后高度校正的顺序进行。

2）车身校正的基本原理。由于碰撞使车身产生了变形，校正这些变形总是伴随着施力拔拉的过程。拔拉力的方向应当与碰撞力的方向相反，且根据实际的校正情况还要适当调节拉力方向，以达到更理想的效果，如图6-13所示。当碰撞较轻，损伤比较简单时，用这种方法很有效。但是，当出现褶皱时，简单地使用拔拉方法就难以使车身恢复原状，需要根据各个钣金件的恢复情况，改变力的方向与大小才能奏效。

3）牵引方法。牵引方法多种多样，常见的单一牵引装置牵引方法如图6-14所示。

## 6.3.4　汽车涂装材料、工艺及设备

汽车涂装俗称汽车维修漆工，是汽车维修中的一个独立工种。汽车涂装主要涉及涂装材料、涂装工艺和涂装设备等知识。

**1. 汽车涂装材料**

汽车涂装材料的种类有很多，包括涂料（底漆、中间层涂料、面漆）、涂装前处理材

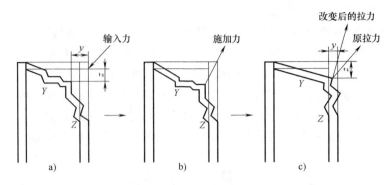

**图 6-13 校正时的施加力方向**

a) 输入力在沿 $Y$ 和 $Z$ 方向引起破坏　b) 施加力的方向与输入方向相反
c) 如果 $Y$ 和 $Z$ 方向修复的程度不同，相应地改变拉力方向

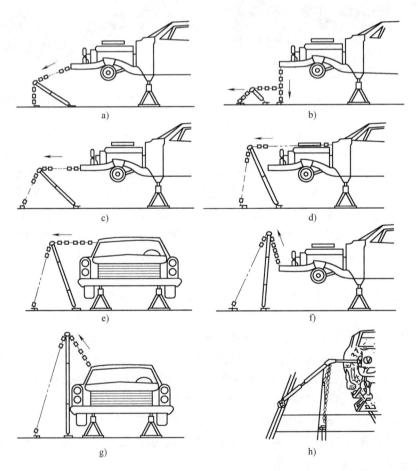

**图 6-14 牵引方法**

a) 向下向外牵拉　b) 通过一根链条向下牵拉　c) 向外直拉　d) 加上伸长管进行较高位置的牵拉
e) 通过带有伸长管的顶杆在车顶上牵拉　f) 向上向外牵拉　g) 车顶上的向上牵拉　h) 典型的推压安装方式

料、涂装后处理材料，以及其他辅助材料等。

（1）**涂料**　涂料是一种流动状态或粉末状态的有机物质，涂敷在物体表面上，干燥固化后形成连续的牢固附着的一层膜。涂料包括底漆、中间层涂料、面漆。

1）底漆。底漆是车身表面的基础涂料，它的作用有：一是防止金属表面的氧化腐蚀；二是增强金属表面与腻子（或面漆）、腻子与面漆之间的附着力。因此对底漆的要求是：防锈能力和附着能力强；另外作为两涂层之间的媒介层，要使两者紧密地结合而不发生"咬底""接皮"现象，底漆还应有合理的配套；后两道底漆还应具有微填充作用。

附着力和底漆漆面的强度除了与成膜物质有关，在施工中还与涂膜的厚度、均匀度、干燥程度、漏涂、稀释剂的正确使用及施工环境、表面清洁处理（如去锈、去油）有关。

国产常见汽车底漆有酚醛底漆、沥青烘干底漆、醇酸底漆、环氧脂底漆、过氧乙烯底漆、磷化底漆、聚氨酯底漆、硝基底漆、丙烯酸底漆等。

除国产底漆之外，较常用的还有进口底漆，主要有美国杜邦底漆、英国ICI底漆、德国鹦鹉牌底漆、意大利爱犬底漆、美国PPG牌底漆等。

2）中间层涂料。中间层涂料是介于底漆与面漆之间的涂层，所用的涂料简称中涂。中涂的主要功用是提高被涂物表面的平整和光滑度，封闭底漆层的缺陷，以提高面漆涂层的鲜映性和丰满度，提高装饰性，增加涂膜厚度，提高耐水性。对于表面平整度好、装饰性要求不太高的载货汽车和轻型车，几乎不喷中涂，以降低涂装成本。对于装饰性要求高的中、高级轿车，则需采用中涂。

国外汽车生产厂的中间层涂料一般分为通用底漆、腻子、二道浆、封闭底漆。而国内汽车修补漆，则根据涂料的功能分为腻子、二道浆、封闭底漆，将通用底漆并入二道浆中。

3）面漆。汽车基材不仅要有底漆的防腐、防锈功能，在汽车修补中用腻子填平凹凸表面，更重要的是要用面漆来涂装，提高对金属的保护。因此面漆不但要有优良的装饰性、漆面色彩鲜艳、光亮丰满，而且需有良好的保护性，漆面需有耐热性、耐水、耐油、耐磨、耐化学腐蚀性能。

面漆的好坏取决于本身性能的好坏，但如果底漆涂面不清洁，凹陷没填好，研磨不平滑，在面漆涂装后，这些漆面的缺陷就完全暴露无遗了。所以在面漆涂装前，对各前道工序必须严格检查，对所使用的喷枪及涂料的种类、特性和施工方法，必须完全了解。特别是对保证施工质量的问题，必须严格控制，保证提高美观性和良好的保护性。面漆的品种繁多，性能各异，面漆的主要类别见表6-3。

表6-3 面漆的主要类别

| 类别名称 | 主要组成 | 类别名称 | 主要组成 |
| --- | --- | --- | --- |
| 溶剂挥发型 | 硝基纤维素涂料 | 热固化型 | 氨基醇酸树脂涂料 |
| | 热塑性丙烯酸树脂涂料 | | 氨基丙烯酸树脂涂料 |
| | 各类改性丙烯酸树脂涂料,如硝基纤维素改性、醋酸丁酸纤维素改性等 | 催化固化型 | 湿固型有机硅改性丙烯酸树脂涂料 |
| 氧化固化型 | 醇酸树脂涂料 | | 过氧化物引发固化丙烯酸树脂涂料 |
| | 丙烯酸改性醇酸树脂涂料 | | 氨蒸气固化聚氨酯树脂涂料 |
| 双组分添加固化剂固化型 | 丙烯酸—聚氨酯树脂涂料 | | |
| | 聚酯型聚氨酯树脂涂料 | | |
| | 丙烯酸—环氧树脂涂料 | | |

（2）涂装前处理材料  汽车在涂装前应先将被涂物表面上的所有油污、锈蚀等杂物彻底清除干净，方可涂头道底漆，这样才能使涂膜直接附着于被涂物表面，起到防锈、保护金属的作用，并能增强涂膜的附着力。常用的涂装前处理材料主要有脱油剂、除锈剂、脱漆剂、表面调整剂、磷化剂和钝化剂等。

1）脱油剂。脱油剂（除油剂）的作用是溶解和去除油脂、润滑油、污垢、石蜡、硅酮抛光剂以及手印等。

2）除锈剂。除锈剂的作用主要是去除锈蚀、锈斑等。

3）脱漆剂。脱漆剂也称为去漆剂、洗漆药水等。它是利用溶解力强的溶剂，将漆膜溶胀鼓起而起到脱漆的作用。

4）表面调整剂。表面调整剂用于清洁金属表面经过除油或除锈后表面残留的杂质，如残碱、残酸等。

5）磷化剂。磷化剂能使金属表面形成一层薄而均匀的磷化膜，起到防锈和提高涂膜附着力的作用，使涂膜更加牢固和耐久。

6）钝化剂。钝化剂的主要作用是除去磷化膜表面的疏松层，并对磷化膜不完整的部分或孔隙进行封闭。

（3）涂装后处理材料  涂装后处理材料主要有抛光剂和防锈蜡。

1）抛光剂。抛光剂俗称上光剂、上光蜡、抛光蜡及蜡油等，主要用于硝基漆、聚氨酯漆、丙烯酸漆及过氯乙烯漆等汽车表面的抛光，以消除涂膜表面的细小缺陷，如砂痕、针孔、细小微粒等，增加涂膜的平整度，提高外观的装饰性。抛光剂分为磨光剂和上光剂。

2）防锈蜡。防锈蜡用于提高汽车表面防锈性能，通常在汽车涂装作业完成后，在车身与零部件的表面喷一层防锈蜡。

（4）涂料施工中的配套材料  涂料施工中的配套材料主要有稀释剂、固化剂、防潮剂、催干剂、流平剂等。

1）稀释剂。稀释剂在施工中主要用来溶解和稀释涂料，调整涂料的黏稠度，使其达到施工要求，即具有良好的雾化性能和流平性能。

2）固化剂。固化剂又称为交联剂，能将可溶的线型结构高分子化合物转变成不溶的体型结构。

3）防潮剂。防潮剂俗称化白剂、化水剂或化白水，主要用于硝基漆和过氧乙烯漆等挥发性漆中，可防止涂膜产生泛白、针孔等缺陷。

4）催干剂。催干剂俗称干料、燥液，主要用于油脂漆、酚醛漆等氧化固化型的涂料中，能促进涂膜干燥。

5）流平剂。流平剂的主要作用是降低涂料系统的表面张力，增加其在低切应力下的流动性能，消除缩孔、凹陷、刷痕等表面缺陷，使涂膜平整光滑。

**2. 汽车涂装工艺**

（1）工艺流程  根据汽车类型不同，汽车涂装工艺大体有以下几种类型。

1）底漆→腻子→本色面漆。

2）底漆→腻子→中间层涂料→本色面漆。

3）底漆→腻子→中间层涂料→单层金属闪光漆。

4）底漆→腻子→中间层涂料→金属闪光底色漆→罩光清漆。

5）底漆→腻子→中间层涂料→本色底色漆→罩光清漆。

6）底漆→腻子→防石击中间涂料→中间层涂料→金属闪光底色漆→罩光清漆。

7）底漆→腻子→中间层涂料→金属闪光底色漆→底色漆→罩光清漆。

8）底漆→腻子→防石击中间涂料→中间层涂料→金属闪光底漆→底色漆→罩光清漆。

上述涂装工艺中，第1类是早期所采用的一种涂装工艺，国外基本不采用了，但在我国的一些低档车辆如载货车、农用车、公共汽车等仍然采用；第2、3类在国外被用于大型车辆，如巴士、载货汽车等中档车上，国内则用于小型面包车、各种微型车等中、高档新型涂装工艺，其中金属闪光底漆不同于以往的金属闪光漆。在这一道涂层中不含着色的透明颜料，只有铝粉、珠光粉之类的闪光颜料，在底色漆中则仅仅含有某些透明的着色颜料，不含闪光颜料。采用这类涂装工艺，涂膜装饰性更为优越，外观显得更加美观、豪华、别致；铝粉和珠光粉的排列更为规整、闪烁均匀，立体感强。观察这类涂膜时，明显地感受到它的不同寻常的丰满度、深度，其艺术感染力更为强烈。

（2）**涂装方法及路线**　涂装方法有纵行重叠法、横行重叠法、纵横交替涂装法。涂装路线应按从高到低、从左到右、从上到下、先里后外的顺序进行。

**3. 汽车涂装设备**

汽车涂装设备主要有喷涂系统、烘烤系统、人员保护装置等。

（1）**喷涂系统**　喷涂一般采用空气喷涂方法，空气喷涂系统由空气压缩机、喷枪、空气滤清器、黏度计及软管设备等组成，如图6-15所示。

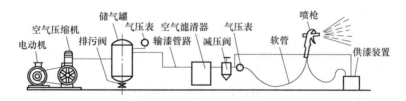

**图 6-15　空气喷涂系统的组成**

1）空气压缩机。小型移动式空气压缩机如图6-16所示。空气压缩机为喷涂施工提供所必需的压缩空气。其要求是：必须满足压力稳定和足够的需用量，必须是无水、无尘及干燥的。

空气压缩机按外形可分为立式、卧式两种；按放置方式可分为移动式和固定式；按工作方式可分为一级压缩机和二级压缩机；按工作原理可分为膜片式、活塞式和旋转式3种，其中活塞式压缩机应用较广。

2）喷枪。喷枪是喷漆工艺体系的关键设备。虽然不同的喷枪有许多通用的零件，但每种类型或型号的喷枪只适用于一定范围的作业。选择合

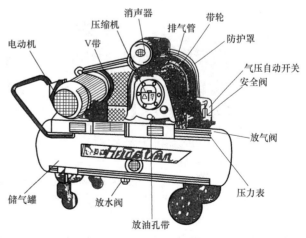

**图 6-16　小型移动式空气压缩机**

适的工具是以最短时间完成高质量作业的保证。

喷枪由枪体与喷枪嘴组成。枪体由空气阀、漆流控制阀、雾型控制阀、压缩空气进气阀（简称空气阀）、扳机、手柄等组成。喷枪嘴由气帽、涂料喷嘴和顶针等组成，如图 6-17 所示。

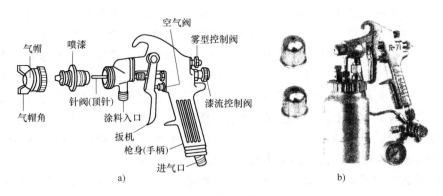

图 6-17 喷枪
a) 构造 b) 外观

(2) 烘烤系统　烘烤系统俗称烤漆房，该系统可在无尘房内进行作业。

烘烤系统主要由换气系统、空气过滤系统、喷漆系统和加热系统等组成，如图 6-18 所示。

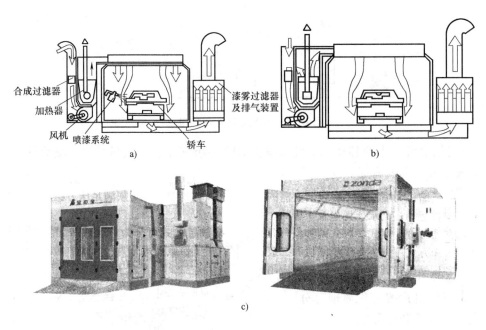

图 6-18 喷漆及烤漆房的工作示意图
a) 喷漆时 b) 烤漆时 c) 烤漆房外形

(3) 人员保护装置　喷漆人员工作时，应佩戴相关的保护设备，主要有空气净化呼吸器、护目镜、面罩、安全眼镜、手套、保护服、护听筒、靴、护膝垫等，各装备在不同涂装工位中的使用情况见表6-4。

表6-4 涂装施工中各种操作人员应穿戴的防护用品

| 序号 | 工作项目 | 推荐涂装人员保护用品 | | | | | | |
|---|---|---|---|---|---|---|---|---|
| 1 | 湿砂磨、汽车清洗 | | ✓ | ✓ | ✓ | | ✓ | ✓ |
| 2 | 去除溶剂和蜡、去除薄片和油漆 | ✓ | ✓ | ✓ | ✓ | ✓ | ✓ | ✓ |
| 3 | 机动砂磨、吹洗 | ✓ | | ✓ | ✓ | ✓ | ✓ | ✓ |
| 4 | 擦光、抛光 | | | ✓ | ✓ | ✓ | ✓ | ✓ |
| 5 | 底层涂料喷漆和磁漆 | ✓ | ✓ | | ✓ | ✓ | | ✓ |
| 6 | 喷射喷漆和磁漆 | ✓ | ✓ | | ✓ | ✓ | | ✓ |
| 7 | 全催化底层涂料和油漆 | ✓ | ✓ | | ✓ | ✓ | | ✓ |
| 8 | 油漆与底层涂料混合式油漆作业检查 | ✓ | ✓ | | ✓ | ✓ | | ✓ |
| 备注 | | 空气净化呼吸器 | 护目镜 | 面罩 | 安全眼镜 | 手套 | 保护服 | 护听筒 | 靴 | 护膝垫 |

## 6.4 汽车维修的发展及对策

### 6.4.1 汽车维修业现状研究与分析

以下先对国内外汽车维修业现状进行分析研究，而后指出发展方向。

**1. 国外汽车维修业现状对比分析**

国外发达国家的汽车业发展历史悠久，汽车维修业相对更加成熟，以下重点以具有代表性的美国、日本为例进行分析研究。

早在2008年底，美国的汽车保有量就已达2亿多辆，维修服务站12.5万家。从业人员350万人，年产值1200亿美元。美国的汽车售后服务是仅次于餐饮业的第二大黄金产业。其中，汽车维修业的利润率达27%，并连续10年保持行业最高增长速度。目前美国约有30万家汽车维修企业，大体可分为三种类型，即经营性企业、汽车销售商兼营的服务性企业以及运输公司或其他车辆保有量较大单位自设自用的企业。调查表明，平均每家汽车维修企业有45名专职雇员，4名维修技工，6个维修工位。这些企业的62.7%为个人所有，6.2%为合资经营，其余31.1%则是股份有限公司，企业年营业额在5万~10万美元之间的个人所有的小型企业占 85.5%，合伙经营企业和股份有限公司分别占 4.4%和 9.8%；至于超过 40 万美元的大型企业，则绝大多数是股份有限分公司。美国汽车运输公司中约 73%的公司拥有自设自用的维修企业，其余 27%的公司的车辆到社会化服务企业进行维修，同时以合同形式保证维修质量和使维修费用最低。

美国实行汽车维修技工证书制度，技工若想要在维修的某一领域获得证书至少需有 2 年的实际操作经验或为期 2 年的技工培训，并辅以实际操作；此外还要通过每年春、秋两季在全美约 250 个城市由"全美争取汽车维修质量优异协会"（NIASE）举行的某一项统考。除 NIASE 外，大汽车公司、社区大学等也从事维修技工的专业培训。美国汽车维修企业的设备配置率较高，拥有发动机、底盘和电气系统检测诊断设备的企业在 20 世纪就已超过半数。美国汽车维修业非常注重信息化工作，72%以上的维修企业和 92%以上的检测站拥有最新发表的维修资料。而且，维修资料电子化，广泛以光盘形式存储与检索；这类光盘内容涵盖各种新车型的资料，小到螺栓拧紧力矩，大到整车电路图，用户通过光盘可得到总成及零部件图形、拆装程序、所需工具、维修建议、注意事项、配件价格及工时定额等信息。利用光盘，维修技工还可按图索骥般地进行故障诊断与排除。在美国，甚至已出现了借助检测诊断设备和光盘等进行汽车故障远距离诊断的"诊断热线"。

美国还拥有一个十分活跃的汽车零部件修复业，汽车配件修复协会（APRA）所属的旧件修复企业有 2000 家左右，每年在市场上销售的修复件已占当年配件总销量的 1/4。而且在美国，无论是新件还是修复件，基本上都通过同样的配件供应渠道供应给消费者，按有关规定，修复件或总成的使用寿命不低于甚至略高于新件或总成，而售价却大大降低，从而充分保障了用户的利益。

日本汽车维修行业也严格实行职业资格准入制度，不具备相应职业资格的人员是不得从事汽车维修行业的。早在 1951 年，日本运输省就根据《国际道路运输管理规定》，明确规定：①汽车维修厂家的设立，必须经过运输管理部门资格审批，且不同层次维修厂内，必须具备相应数量的获得汽车整备士资格证书的从业人员。②专业汽车运输单位和备有汽车的单位，必须配备具有一级或二级整备士资格并取得证书的专职汽车整备管理者。③对要维修的车辆进行牵引或对汽车定期检测的牵引人员必须具有三级以上汽车整备士资格证书。④各种层次的维修企业应指定维修质量检验员、维修检测员、汽车维修监理员，而这些人员必须具备二级以上汽车整备士资格证书。这些人员可由所在企业经理聘任，但必须经道路运输局指定的机构培训，考试合格，方取得职业资格。这部法令的实施，大力推动了从事汽车维修人员的职业技能水平，使日本汽车维修业得到迅速发展。到目前为止，日本已经形成了布局合理、适应时代需求的车辆维修和检测体系。

日本的个体企业占汽车维修企业总数的 63.6%，有限公司占 22.1%，股份有限公司占 13.1%，其他公司占 1.2%。据统计，早在 20 世纪 90 年代初，日本经认证的汽车维修企业就已经有 8.2 万个，从业人员 52.5 万人。由于国土狭小，日本的维修企业为地域密集型，大约每 700 辆汽车设置 1 家企业。

分析可以发现，国外汽车维修业发展总体具有以下趋势：

1）汽车维修向专业化方向发展。所谓的专业化，一方面，大量企业演化成为特约维修企业，维修对象仅针对某一或某几家著名公司的汽车；另一方面，根据所维修的总成、系统或作业性质的不同，更加趋于专业化。另外，随着技术的进步、汽车系统与结构更加复杂，以往万能型的维修模式变得不再适用,所以企业经营开始逐步向自身特长方向发展。同时,专业化可最大限度地提高仪器、设备的利用率,减少资源浪费,确保维修质量和提高企业效益。

2)汽车维修作业向机械化、自动化、电子化方向发展。国外汽车维修企业越来越多地采用机械化、自动化、电子化检修仪器设备来协助维修作业,逐渐摆脱以手工作坊作业。发动机综合性能检测仪、四轮定位仪、故障解码器、电动或液压举升器、车身测量及矫正设备、电子调漆设备、喷/烤漆房等设备的配备,保证了维修质量,提高了作业速度,减轻了工人劳动强度,实现了劳动生产率高、维修质量高、维修费用低以及雇用人数低的集约型经营。

3)采用更先进的维修方法。近年来,国外汽车维修企业先进的车辆技术状况或故障不解体检验方法,在设备条件和技术组织上,都得到了长足的发展。

4)注重技术培训,强化职业教育与培训,提高从业人员素质。国外维修企业大力吸纳经过正规训练的专门技术人员和技工,摒弃落后的"师傅带徒弟"方式。进入技术学院(Technical College)经2年专业学习及实习后,方可进入汽车维修企业独立工作。同时,普遍重视从业人员的继续教育和再培训,使其能应付汽车技术快速发展所带来的挑战。已普遍认识到现代汽车维修企业之间的竞争,在很大程度上可以说是人才的竞争。

5)数字化、可视化的维修信息服务。国外汽车制造厂商极为重视产品的售后服务,与新车型的面市同步推出维修手册等技术资料。近年来,国外维修信息资料的电子化程度越来越高,光盘正成为新一代维修信息载体,某些制造光盘的信息系统不仅具有专家系统的功能,而且还可提供零部件图、电路图、配件价格、诊断与维修工时标准等,甚至还包括碰撞修复指导和相应的工时费用估算。在美国,著名的Mitchell公司目前的电子信息用户总数已达3.5万个,约占全美汽车维修企业总数的11.7%。

**2. 我国汽车维修业现状与发展趋势**

**(1) 我国汽车维修业主要面临的问题** 当前,我国汽车维修业主要面临以下问题:

1)汽车零配件市场无序经营现象仍然严重。从生产领域来说,整车制造企业认可的配件、配套零部件制造企业剩余产能生产的配件、仿制配件、假冒伪劣配件等一同流入市场;从进口渠道来说,正规渠道进口的经国外汽车生产厂家认可的配件、正规渠道进口的未经国外汽车生产厂家认可的配件、非正规渠道进口的经国外汽车生产厂家认可的配件、非正规渠道进口的未经国外汽车生产厂家认可的配件等均打着"原厂正宗"的旗号涌进国内的汽车配件市场;从经营业户来说,合法经营的是主流并越来越多,但仍有部分经营业户使尽手段、胡搅蛮缠、坑蒙拐骗令车主防不胜防。主要表现在以假充真、以旧充新、以次充好等行为。这些现象的存在,搅乱了汽车配件市场的价格体系,也使得汽车配件的质量参差不齐,影响了汽车的维修质量、运行安全和维修费用。

2)汽车维修管理技术相对落后。汽车维修管理是一项涉及范围广、人员多且相互联系的系统性工作,其中包含了人、作业程序、检查落实、经济性分析控制等问题,有一个环节出现问题必将影响到最终实施结果。事实上,当前汽车维修管理很难适应现实需要,具体表现在以下几个方面:

① 管理技术相对落后。先进的计算机技术和检测技术得不到广泛应用,对于制造精度越来越高、结构越来越复杂和控制技术越来越先进的现代汽车越来越难凭经验及时发现故障

隐患。

② 安全管理不足。一些汽车维修企业忽视对设备的技术管理和安全管理，技术档案不健全，安全装置管理不当，容易造成人为的安全事故，增大企业的负担。

③ 汽车维修管理基础设施落后。有些较先进的设备对配件的质量以及燃料、润滑油、液压油的质量要求较高，若使用劣质配件和劣质油料，则易造成机械设备的早期损坏，降低了机械设备的使用效率。

3) 汽车维修从业人员学历、技能、待遇偏低。汽车维修从业人员（含一线工人和技术管理人员）中，文化程度为初中以下的占全员的38.5%，具有高中文化程度者占51.5%，具有大专以上文化程度者仅占10%。农民工、城市普通中学毕业生、转岗择业的工人等成为二、三类维修企业的从业人员主体。普遍表现为文化水平不高、服务意识不强、专业知识匮乏。具有故障诊断能力的技术工人仅占20%（日本为40%，美国达到80%）；技师和高级技师仅占技术工人的8%，远低于发达国家35%的比例。大量工人难以适应现代汽车维修新技术。尚有大量从业人员不具备任何技术等级证书。据中国汽车维修行业协会对部分一、二类汽车维修企业抽样调查，从事技术管理工作的人员中，接受过新技术培训的为11.7%，接受过管理经营培训的有9.3%，接受过汽车维修基础培训的有38.7%。以具备技术等级证书的技术工人为样本比较，初级工、中级工、高级工及以上（含技师、高级技师）所占比例分别为30.4%、43.1%、26.5%，而发达国家这一比例为15%、50%、35%。抽样的一、二类企业中，尚有22.4%的从业人员不具备任何技术等级证书。三类企业中技术等级的比例远远低于上述数据。

**(2) 我国汽车维修业呈现以下发展趋势**　针对以上问题，我国汽车维修业呈现以下发展趋势。

1) 服务技术高新化。由于微型计算机技术在汽车领域的广泛应用，汽车智能化程度不断提高，所以现在的汽车已不再是以前那种纯粹的以机械机构为主的产品，而是以各种电子控制装置逐步取代传统的机械机构，具有明显的机电一体化特征。汽车产品的机电一体化给汽车维修业带来了前所未有的冲击，从而导致了汽车维修技术内涵的变革，特别是高新技术的应用已成为汽车维修服务业的必然选择。

2) 服务人员知识化。汽车技术的迅速发展使汽车维修服务的专业技术知识更新很快，因此维修服务企业人员的素质相当重要。对现代高新技术含量不断增加的汽车产品进行维修，要求从事维修服务的人员，尤其是一些工程技术人员，必须具备较高水平的综合素质。除了具有坚实的机械工程基础理论知识外，还要掌握汽车维修服务专业技术知识，并能熟练运用汽车检测设备及仪器；对出现的各种疑难杂症能使用计算机从互联网查询汽车维修技术资料并能进行分析。汽车维修服务人员除要加强自身业务学习外，企业也要进行相关的技术培训，如网络培训或利用最新的电子化资料进行学习，从而不断更新维修观念，掌握新知识、新技能，提高汽车维修服务业务素质。

3) 技术信息网络化。面对层出不穷的新车型、新结构、新材料和新功能，没有人能够将这些车辆的诊断数据、维修方法等全部记住。如果不掌握相应的诊断数据、维修流程、电路图或结构图等，则对车的维修根本无法下手。所以，维修服务资讯的网络化将解决维修人员在资讯占有能力上的局限性。同时，网络技术也突破了资讯传递在空间上和时间上的局限，网络资讯甚至能够在几乎相同的时间内，快速地传到全球的各个角落。

4）管理过程信息化。传统的汽车维修企业管理信息主要采用人工统计整理，不仅周期长、效率低，而且易出错、数量少。在信息处理方面，计算机具有数据处理数量大、速度快、结果准等特点，所以计算机信息管理系统被应用到了各行各业，汽车维修服务业也不例外。通过建立计算机局域网进行企业内部快速传递，提高信息的利用效率，缩短经营作业环节之间的等待时间。

5）故障诊断集成化。汽车维修企业的服务质量，如服务态度的好坏、是否彻底排除了故障、技术检测的准确性和全面性等，都与企业维修技术的先进程度、专家水平的高低和技工的实际经验有关。由于汽车产品中各种电子设备日益增多，各种新材料、新技术的不断应用，新车型不断问世，汽车发生的故障也越来越复杂，所以没有一个人能够熟悉所有车型的故障，甚至在某个领域也不可能做到。传统的望、闻、问、切显得捉襟见肘，一般的经验在汽车产品高技术条件下也难以发挥出更大的作用。为解决这样的问题，世界各大汽车公司都在开始生产各种形式的故障诊断专家系统，即利用计算机强大的信息处理功能，广泛收集各种车型的技术数据、各种故障表现和处理诊断程序、各种修理工艺及专家修理经验，构成一个集成化的故障诊断系统。利用现代汽车传感技术，由计算机自动而迅速地完成汽车的技术状态检验和故障诊断工作，确定故障部位，提出维修方法，从而从本质上提高汽车维修的质量。

## 6.4.2 汽车故障诊断技术的发展与趋势

在讨论汽车故障诊断技术之前，应该明确如下几个定义：

汽车检测：确定汽车技术状况和工作能力的检查。

汽车故障：汽车部分或完全丧失工作能力的现象。

汽车故障现象：汽车故障的具体表现。

汽车故障诊断：在不解体（或仅卸下个别小件）的条件下，确定汽车技术状况，查明故障部位及原因的检查。

汽车维修：汽车维护和修理的泛称。

汽车维护：为维持汽车完好技术状况或工作能力而进行的作业。

汽车修理：为恢复汽车完好技术状况或工作能力和寿命而进行的作业。

技术检验：按规定的技术要求确定汽车、总成、零部件技术状况所实施的检查。

汽车故障诊断技术是以汽车及内燃机理论、汽车故障诊断学为理论指导，以汽车及内燃机结构原理、计算机控制技术以及汽车运用性能为分析依据，以汽车检测及试验技术为测试手段的综合技术。

**1. 汽车故障诊断技术的发展历程**

汽车故障诊断技术在过去的几十年中取得了迅速的发展，其发展大致经历了四个阶段：人工检验阶段、简单仪器仪表测量阶段、专门设备综合诊断阶段和人工智能诊断阶段。

在第一个阶段，即人工检验阶段，主要使用人工经验法。它是指诊断人员凭丰富的实践经验和一定的理论知识，在汽车不解体或局部解体的情况下，依靠直观的感觉印象，借助简单工具，采用眼视、耳听、手摸和鼻闻等手段，进行检查、试验、分析，确定汽车的技术状况，查明故障原因和故障部位的诊断方法。这种诊断方法的优点是不需要专用仪器和设备，可随时随地应用，投资少，见效快。缺点是诊断速度慢，准确性差，不能进行定量分析，还要求诊断人员有较高的水平和经验。人工直观诊断法虽然有一定缺点，但在相当长时期内仍有十分重要的实用价值，即使使用现代仪器设备诊断法，也不能完全脱离人工经验诊断法。

第二、三阶段分别是简单仪器仪表测量阶段、专门设备综合诊断阶段，均应用了仪器设备诊断法。该方法是在人工经验诊断法的基础上发展起来的一种诊断方法。它是指在汽车不解体的情况下，利用测试仪器、检测设备和检验工具，检测整车、总成或机构的参数、曲线和波形，为分析、判断汽车技术状况提供定量依据的诊断方法。

随着汽车技术的不断发展，电子控制单元不断增加，使得汽车构造越来越复杂。为了更好地分析故障，维修故障，人们开始采用一些仪器来测量一些相关的参数值。人们迎来了简单仪器仪表测量阶段，万用表、示波器等被广泛地用在汽车故障诊断中。虽然仪器的使用，使得人们对故障的判断有了客观依据，但是由于仪器本身的局限性，对故障判断仍然存在故障判断不准确、定位故障困难等缺点。

20世纪80年代，随着OBD（车载自动诊断系统）标准的推出，汽车诊断发展进入了新的阶段，电子控制技术在汽车上得到了广泛利用，人们迎来了专门设备综合诊断阶段。各汽车生产厂家陆续推出了自己的汽车故障诊断仪器，专用的故障诊断仪器可以通过特定的通信协议与车载的电子控制单元之间进行通信，将存储在ECU中的故障读取出来，提供给汽车维修人员；维修人员通过随车故障诊断装置读取故障码，确定故障的部位，减少维修的盲目性，这大大提高了故障诊断的准确性，提升了维修速度。

20世纪90年代，人工智能技术的发展使得专家系统相关技术日益成熟，同时计算机技术的快速发展使得大量数据处理能力不断增强，汽车故障诊断技术发展到了人工智能诊断阶段。当前，人工智能方法很多且侧重各不相同，这里主要论述比较有代表性的两类：基于神经网络的汽车故障诊断和基于专家系统的汽车故障诊断。

汽车故障智能诊断系统一般包括6个功能模块，如图6-19所示。人机接口模块是整个系统的控制与协调机构；知识库和数据库管理模块是对诊断所需的知识和数据进行建立、增加、删除、修改、检查等；诊断推理是诊断系统的核心，负责运用诊断信息和相关知识完成诊断功能；诊断信息获取模块则是通过主动、被动和交互等方式获取有价值的诊断信息；解释程序模块的任务则是向用户提供诊断咨询及诊断推理过程的各个环节的结果，帮助用户了解诊断对象及诊断过程；机器学习模块用于完善系统的知识库，提高系统的诊断能力。

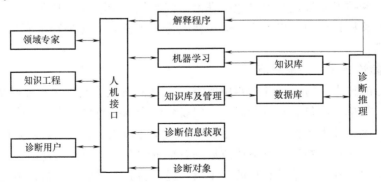

图6-19 汽车故障智能诊断系统结构

（1）**基于神经网络的汽车故障诊断**　通过模拟人类大脑神经网络处理和记忆信息的方式来完成信息处理功能。神经网络采用隐式知识表示，用领域专家解决问题的实例训练神经网络，从而自动获取网络结构和权值表示的领域知识。

神经网络故障智能诊断系统具有以下功能特点：

1）诊断系统能够利用多种信息和多种诊断方法，以及灵活的诊断策略来解决诊断问题；能够利用专家的经验而尽量避开信号处理的复杂计算，为设备的实时监控和故障诊断在时间上提供有利的条件；能处理带有错误的信息和不确定的信息，从而降低对测试仪器和工作环境的要求。

2）诊断系统的结构应当模块化，使之可以方便地调用其他应用程序。例如，可以通过维修诊断咨询子模块提供故障咨询、诊断。利用这种系统可以向一般用户提供学习和掌握有关故障诊断知识和维修技术的手段。

3）诊断系统应具有人机交互诊断的功能。由于现代设备相当复杂，在对其进行故障诊断时不仅需要一般的经验知识，还需要许多方面的深层次的知识。只有综合运用多种知识结构，才能够解决比较复杂的问题。所以让用户参与诊断，会有利于诊断的效果。

4）诊断系统应能够从多种渠道获取诊断信息。诊断系统获得的信息越多越丰富，那么诊断效果将会越好。诊断系统首先应具有自动获取诊断信息的功能，包括可以通过实时测试平台获得诊断对象的运行状态信息以及通过人机交互获得历史状态数据。

5）诊断系统应及时准确。诊断系统应能够正确及时对诊断结果给出明确的答案。对并发故障，允许系统输出若干个诊断解，但对同一故障不允许有多个解。在故障信息不完备的情况下，应能输出若干个候选解。

（2）**基于专家系统的汽车故障诊断**

汽车故障诊断专家系统主要由人机接口、知识获取子系统、知识库、信息采集模块、动态数据库、推理机和解释模块等组成，如图6-20所示。

总体结构采用模块化技术，将推理机、知识库、解释模块和知识获取子系统等作为独立的模块，这样既符合结构化程序设计的思想，便于程序的调试、维护和系统功能的扩充，又利于知识库的维护管理和保证推理机制的独立性，

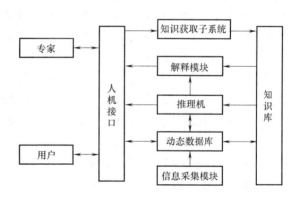

图6-20　汽车故障诊断专家系统结构

为以后在此基础上进行系统升级、扩充提供了可行性。该系统针对两类用户而设计，一是系统开发设计者（专家），这类用户可以修改、添加、删除知识库的内容，还可以修改、扩充、升级推理机制；二是系统使用者（用户），他们可以利用系统的故障诊断功能进行维修服务，还可以利用人机对话窗口进行信息反馈。

其中，知识库是专家系统的核心，其主要功能是存储和管理专家系统的知识。为了更好地对知识库进行管理和维护，将知识库分成两部分，即实例库和规则库。

实例是指以前成功解决过的问题或实例。根据汽车的结构特点，实例库下设三个子库（发动机库、底盘库、汽车电器库），每个子库又分为若干个小块，每个小块对应一张表。

例如，汽车电器库分为电器仪表系统、照明与灯光信号系统、汽车空调系统、汽车门窗防盗系统、安全气囊系统、汽车音响系统六个小块，也就是说，汽车电器库包含六张表。每张表记录该块的所有故障诊断实例，每个诊断实例看作是一条记录，诊断实例所需要的参数为一个字段。

规则库中的规则是表达由一定的前提推出确定的结论的知识，故障诊断中的规则一般都是领域专家从长期的实践经验中得出的规律性的结论。汽车故障诊断专家系统的规则库包括以下几个方面。

1）结构和功能知识：这类知识描述了汽车的各部分结构及它们之间的连接关系。按照汽车的结构和功能，将诊断知识分块化，在诊断过程中可以根据任务调用相应的诊断知识，加快诊断知识的搜索。为了描述这类知识，采用一种类似框架结构，即"诊断基元"的概念。所谓"诊断基元"，是指指定层次上可以诊断且需要诊断的最小单元。对它的诊断要依据其输入、输出信息或中间状态信息来完成。显然，"诊断基元"的划分在不同的诊断层次上是不同的，抽象层次高的"诊断基元"是低层次"诊断基元"的集合。

2）专家经验知识：这类知识是汽车故障诊断所需要的主要部分，主要用于识别汽车运行的状态和诊断汽车的故障，在汽车故障诊断专家系统中使用"产生式规则"来描述。规则库中专家的专门知识和经验是通过故障树分析法来获取的，专家启发式经验是专家们在长期的实践中积累起来的，在不确定的诊断问题求解中，专家经验显得尤为重要。

3）过程性知识：过程性知识主要是指：①诊断中某些最基本的诊断子任务；②复杂计算方面的知识；③上述情况之外的有确定顺序关系的动作。在汽车故障诊断专家系统中，过程知识主要采用C语言中的子程序或函数形式来表达。由于允许在过程中调用各种子过程，甚至调用自身，所以可以把过程知识表示成层次嵌套结构，只要调用接口不变，局部知识的更新并不影响全局知识的表示。因而，采用过程性知识表示，具有模块化层次性的优点，推理时可以采用直接求值的推理方式。规则库通过采用"诊断基元+产生式规则+过程"的混合知识表示方法，较好地表达领域的结构和功能知识，以及专家的经验知识。诊断基元知识和规则的相对独立结构，不仅便于推理机的设计和系统行为的解释，而且有利于知识库的管理。同时，在规则库中，系统允许某些规则的结论是诊断基元知识库中的诊断基元名，从而使系统的推理形成一个网络结构，增强了系统的解题能力。故障诊断知识库中的实例库和规则库并不相互独立，相反它们是有密切联系的。运用专家系统中的知识挖掘机制对实例库中的实例进行研究，挖掘出"准规则"，将这些"准规则"存放到一个临时库中，然后请该领域专家对这些规则进行逐一检查，合格的存放到规则库中，不合格的则抛弃。整个汽车故障诊断知识库的结构如图6-21所示。

推理机是一组计算机程序，其主要功能是决定如何选用知识库中的有关知识，对用户提供的证据进行推理，以最终对用户提出的特定问题做出回答。

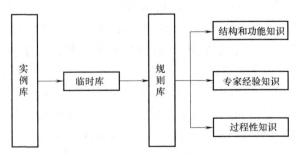

图6-21 汽车故障诊断知识库

推理主要包括匹配、冲突消解和操作三个过程。

1）匹配。匹配就是把动态数据库中的事实与规则的前提进行比较，如果两者一致，称为匹配成功，相应的规则为可用的；否则，称为匹配不成功，相应的规则为不可用。

2）冲突消解。匹配成功的规则可能不止一条，此时称为发生了冲突。推理机依据相应的解决冲突的策略，从中选出一条优先执行。

3）操作。在执行某一条规则时，如果规则的右部是一个或多个结论，就把这些结论加入到动态数据库中；如果规则的右部是一个或多个操作，则执行这些操作，直至得出最后结果。

推理机制决定了诊断效率的高低以及对知识处理水平的高低，实现从已有的事实和知识得出新信息的功能，从而揭示出蕴含在已知信息中的关于故障性质的描述。汽车故障诊断专家系统采用融合实例与规则的推理方法。推理机制包括"诊断基元"的推理和"产生式规则"的推理两部分。

诊断基元推理的目的是找出发生故障的功能部件，它采用正向推理的控制策略，根据用户提供的初始故障现象或推理所得的中间结果，找出一个或多个与该现象和事实相吻合的预选诊断基元形成假设，然后由用户输入的信息、数据库中提供的数据及诊断基元结构之间本身所具有的继承关系，找到最底层的诊断基元，最后一级的诊断基元作为本次推理的结论，开始下一级的推理。

产生式规则推理的目的是找出故障点，即进行故障定位，它是在诊断基元推理的基础上，根据故障树中的各事件及获取的规则进行推理，寻找故障原因，完成故障的最终定位。产生式规则的推理采用正反向推理的控制策略。

诊断专家系统的推理机由两个模块组成，诊断基元推理控制产生式规则推理的运行，产生式规则推理又调用诊断基元推理模块，两种推理方式混合使用，互相控制，使推理机制更符合专家的思维过程。通过构造这样的推理机制，减少了盲目推理，使推理效率明显提高。

在汽车故障诊断专家系统中，通常结论与得出这个结论的推理策略以及关于这个结论合理性的评价需来自不同性质和类型的知识源。用到的浅层知识只能通过推理过程中对规则的跟踪向用户提供解释，所以用户不能从根本原理上接受推理结论，降低了结论的可信度。为了能对用户提供比较详尽的解释，必须用到领域的深层知识。

系统解释机制的实现是与推理机制紧密联系在一起的。系统一系列的诊断推理在得出故障结论的同时对用户提供解释的要求，系统将推理路径完整地保存在动态数据库中。同时，系统完成用于推理的浅层知识对于解释的相应深层知识的调用，这种调用通过标识规则的规则号与标识框架号的对应来实现。推理结束时，系统访问动态数据库，找出推得结论的规则，通过一定的解释推理激活相应的框架单元，将框架单元中的知识以一定形式显示给用户做解释说明。

一定程度上，基于实例推理系统也属于专家系统范畴，然而其更多的是组织和利用实例知识，有一定的独特性且应用较广，这里单独论述。实例推理的效果在某种程度上依赖于实例的数量及其可用度。要用计算机模拟人类智能，就必须把所需要的知识用适当的形式表示出来。CBR（案例推理）系统所依赖的最重要知识存储在实例中，实例的集合组成了实例库，实例库包含了应用领域的历史经验。实例一般可定义为能够导致特定结果的一组特征或属性的集合，一般包含三个部分：问题或情境描述（Situation）、解决方案描述（Solution）

及结果描述（Outcome）。

实例表示就是如何用一定的数据结构将实例库中众多的实例表示出来。在 CBR 系统中没有通用的实例表示方法，一般是在分析具体问题领域的基础上通过选择、综合或修改现有的各种知识表示方法来实现。常用的有框架结构、语义网络、面向对象、神经网络等，其中最简单的方法是对实例进行属性抽取，然后对各个属性赋值。

在汽车故障诊断中，每一个故障实例由数字性的定量描述和非数据性的定性描述组成。它是根据汽车维修记录等历史信息生成的一个汽车故障的完整解决方案，可以直接用于解决以后类似的汽车故障。为了方便汽车实例的组织和维护，每个实例都属于一个特定的故障类别，并由一系列相关属性来描述，可以从六个方面来描述故障实例，用一个六元式表示 $C=\{I, T, E, S, P, A\}$，其中各个符号的详细意思如下：

① $I$：故障实例序号，是故障实例的唯一标识符。

② $T$：故障实例所属的种类。在同种类实例中，所有实例包含有相同类型的征兆特征以及其特征权值。

③ $E$：故障现象的描述信息。发生故障时，可观察到的汽车故障的现象以及设备、部件等运行出现的异常。

④ $S$：$\{S_1, S_2, \cdots, S_n\}$ 是故障的征兆集合。

$$S_j = \{F_s, V_s, T_s, W_s\} (j=1,2,\cdots,n)$$

式中，$F_s$ 是故障征兆特征名；$V_s$ 是征兆特征数值；$T_s$ 是征兆特征取值类型及范围；$W_s$ 是故障特征权值，反映征兆属性的重要程度，一般由领域专家设定。

⑤ $P$：对汽车故障处理过程和解决方案的描述。

⑥ $A$：故障实例的辅助说明信息，主要有汽车型号、维修站名称、申请单号、维修日期、维修人员、行车里程、实例加入日期、实例检索次数等。

在实例库中，实例需要很好的组织以便有很好的搜索效率。简单地说，实例组织就是实例的物理视图，它决定如何存储实例，实例间的组织方法主要有三种：线性组织、层状组织和网状组织。在实际应用中，大多数 CBR 系统使用文件数据结构或数据库数据结构，并使用索引来指向实例。实例索引对于检索或回忆出相关的有用实例非常重要，特别是当实例库的规模变得很大的时候尤为突出。所谓索引，就是一个可计算的数据结构，用来帮助快速搜索相关实例，它是将不同实例区分开来的关键字的集合，在汽车故障领域，借用数据库的索引技术，根据汽车维修专家的经验建立特征索引，将汽车故障实例根据汽车故障的关键特征属性进行分类，并组织实例。所以在进行实例检索时，不是盲目搜索，而是搜索出该故障种类中所有的故障实例，迅速缩小实例匹配的范围。从而目标实例只在数量不多的部分实例集中进行匹配，此种方法极大地缩短了实例检索的时间，大大地提高了实例检索的效率。

**2. 现代汽车故障诊断技术的发展趋势**

近年来，一些新的科学分支的出现和发展及其在设备故障诊断中的成功应用，为汽车故障诊断技术的发展开拓了新的途径。故障诊断技术向智能化和信息化方向发展。主要呈现以下特点：

**(1) 检测设备智能化** 汽车故障诊断检测设备智能化的特点是：虚拟仪器与信号处理技术的广泛使用。虚拟仪器是指，在通用计算机平台上用软件定义和设计仪器的功能，使用户所操作和使用的计算机成为一台专用的电子仪器。虚拟仪器以计算机为核心,充分利用计算机的图形界面和强大的数据处理能力,提供测量数据进行分析和显示。虚拟仪器的软件和硬件具有开放、模块化、可重复使用和可互换的特点,根据实际需要,用户可以轻松地更改或修改软件、硬件模块,以实现特定的功能。虚拟仪器的数据采集器和计算机,使用统一的数据采集模块,可以测量各种参数,用户可以仅专注于信号处理和分析上。同时,测试结果分析也从人工分析向计算机自动分析发展(即逐渐向智能自动分析仪器发展)。

(2) **资料数据在线化** 汽车故障诊断资料数据在线化的特点是交互式电子技术手册(Interactive Electronic Technical Manual,IETM)的使用。它将技术资料以数字格式存储,可以方便地进行查询,维修人员可以非常方便地查看、浏览其想要获取的信息,大大提高了汽车故障维修的效率,智能化水平较高。同时解决了传统纸质手册不易保管、查询不便的缺点。用户可以通过网络在线访问维修资料数据库,实时查询相关资料。测试设备从仅有测试功能向除测试外还能够提供在线资料数据库支持发展。即从单一测试仪器逐步向仪器资料一体化设备发展。

(3) **故障诊断信息的网络化** 汽车故障诊断信息网络化的特点如下:

1) 远程支持和远程控制。远程控制是指售后支持中心可以通过网络控制维修站的诊断软件,进行远程控制实现对维修站现场的车辆诊断。在远程诊断所用的计算机与维修站现场与车辆相连的计算机可以看到相同的信息,诊断信息通过网络传输到售后支持中心的计算机上,使售后支持人员不用到现场就可以协助维修站完成对车辆故障的分析及问题的解决。这样就可以实现工程师在办公室内通过网络实时对维修站进行车辆故障分析援助,实现远程故障排除。远程控制的另一个重要方面是实现诊断数据的实时反馈,收集维修站发生的一些诊断故障信息,通过对所获得的售后故障的统计分析,为汽车厂商设计和质检部门不断改进提供相应的依据。从而最大程度地提高顾客对汽车厂商售后服务满意程度,充分提升品牌的美誉度,同时也降低公司现场服务的费用。

2) 现场诊断信息收集。现场诊断信息的收集系统主要作用为收集各个维修站在使用诊断软件的过程中生成的后台数据,这些数据将会被收集系统进行分析和整理,然后存放到数据库中。汽车厂商的售后服务部门、质量部门和工程部门可以利用收集系统查看这些数据并生成多种数据报表。这些数据报表包括以下几个种类:①使用诊断软件最频繁的车型;②每种车型发生的 DTC(Diagnostic Trouble Code,故障诊断码)统计;③诊断软件中各功能使用次数统计;④每种车型出现故障 ECU 统计等。

3) 数据反馈实时化。传统的诊断工具很难追踪发生在维修站的具体问题,比如说哪些 DTC 发生的概率高,哪些问题客户反应比较强烈等,而新一代诊断系统可以把诊断过程产生的数据文件回传到汽车制造商指定的数据库,汽车制造商的设计、生产、售后等相关部门可以从数据库上及时清楚地了解车辆的故障率的统计分析结果,哪些故障发生的概率高,哪些供应商的零部件可靠性差等问题,可以尽快地给出相应的对策,方便汽车制造商在生产过程中有针对性地改善生产环境,控制生产过程,提高供应商的零部件质量,从而改善出厂车辆的质量,提高客户的满意度。

（4）专家系统的智能化智能故障诊断专家系统　汽车故障诊断专家系统的研究是人工智能应用研究的一个分支，故障诊断专家系统的特点就是在必要时调出存储在计算机中专家们的知识，使初学者也能得出接近专家们的判断。目前已研究的汽车故障诊断专家系统模型有基于规则的诊断专家系统、基于实例的诊断专家系统、基于行为的诊断专家系统、基于模糊逻辑的诊断专家系统和基于人工神经网络的诊断专家系统。它们各有优缺点，但发展趋势都是智能化。

### 6.4.3　汽车维修服务管理研究

#### 1. 我国汽车维修服务管理现状

从 20 世纪 90 年代开始，我国的汽车服务业就开始了信息化建设，由于受诸多原因影响，其发展现状不尽如人意。在计算机技术、通信技术不断发展的今天，许多企业仍然使用 20 世纪 90 年代的软件，管理模式仍停留在 20 世纪 70 年代的水平。一些小型企业仍然采用纯手工操作的方式进行日常信息的管理，即使企业配备了计算机等设备，但是利用率也不高，只是使用计算机进行简单信息的统计、文字资料的处理等。

在现有管理模式下存在不少问题，主要包括：

1）由于采用人工管理，无法共享资源信息，需要大量的会议沟通，导致工作效率较低。

2）目前对整个流程基本靠人工管理，每个阶段的通知都靠电话、会议等方式，每次的维修过程及相关资料信息也只有纸张记录或保存在计算机单独的文件。这样缺乏相应的统一的规范化管理，同时也不利于维修知识的收集、整理和再利用。

3）由于没有采用信息化管理，无法快速准确获得该设备的历史维修信息，无法对本次维修提供有针对性的数据决策支持。

4）由于无法将设备的历史故障维修的故障模式和现象、故障原因、维修过程、解决方案进行信息化管理，这些宝贵的维修知识长期只保留在个别经验丰富的员工个人头脑中，这样一方面很不利于维修知识的共享，不利于新员工的培训，另一方面如果经验丰富的员工离岗，维修知识将随之被带走，新员工将花费大量时间来重新积累维修知识，极大地减缓了维修效率的提高步伐。

5）如果同时有几项维修任务，无法快速准确地跟踪到每项任务当前的状态（上级管理部门也无法快速方便地查到某项任务的实施进度），也就无法对维修任务进行动态调整控制。

国内车辆修理管理系统设计主要是为了协助各单位合理和优化汽修管理，提高工作效率。基本的业务功能包括：接车、估价、派工、结算、结款、出厂过程的管理；材料出入库，客户及供应商的管理，客户车辆管理，收付款管理，报表查询功能；材料结存，营业收入日报及期间报表，应收应付明细报表，维修项目各类报表。维修系统的核心部分就是派工、结算、结款功能。除了在系统功能上的要求以外，在系统的性能上也要求系统有较高的①安全性，系统数据的保密功能。②系统的可扩展性，每个公司都有属于自己的业务扩展方向，良好的系统扩展性也是决定系统的使用寿命的一大因素。③系统的灵活性，强大的系统自我纠错和错误日志的记录功能，都将大大提高系统的使用体验和方便后期的维护。车辆修理管理系统经过多年的发展现在已有若干单机版 C/S 结构和网络版 B/S 结构的管理系统，现在正在向着以业务为核心的方向发展，使用面向服务的 SOA（面向服务架构，Service-Oriented Architecture）技术加强系统的功能和性能。

目前，我国汽车服务行业的信息化管理已经逐步开展，对计算机应用于汽车服务行业已经做了很多的研究。研究内容包括对汽车维修跨省跨地区经营的管理，采用 MIS（管理信息系统）如何更加高效地提高汽车维修企业管理者的管理能力以及提供更多有利于决策的信息。另外，对高效的管理信息系统的研究也炙手可热，研究者希望开发出对提高企业管理水平有利的管理系统。

**2．汽车维修服务管理分析与对策**

在发达国家，汽车维修上的经营活动，包括订货、发货、信息处理、财务管理等已实现了信息系统化管理，并且人们还在不断地探索，开发更加人性化的系统功能，如专家化的故障诊断系统，网络化的员工培训系统。以美国为例，汽车修理商一般有两台以上的计算机，分别用以记录维修信息和对生产管理进行分配，管理客户资料。日本也是世界上汽车制造大国，在 1975~1980 年就对汽车维修行业进行了改革，强调要加强知识集约化发展，开始集中化培养汽车维修人才，开发先进的汽车维修设备等。

汽车维修数字化管理系统是在对汽车维修业务了解的基础上实现的，是针对汽车维修服务行业开发的一套专业的汽车维修管理软件。一般包括基本资料管理模块、接车登记模块、材料管理模块、用户身份验证模块、系统查询模块和系统维护模块等。这些模块都有各自的子模块，在每个子模块里都实现了相关信息的新建、保存、删除、查询功能，并且与汽车维修流程和配件管理流程紧密相关，这也是公司最为关心和急需解决的。例如，系统维护模块包括管理人员设置、修改密码模块、退出系统等，这些为管理员提供更完善的系统管理支持，最大限度地方便用户，使操作更高效，更准确，更方便，使操作人员方便准确地查找到需要的信息。

近些年，市场上已有一部分 4S 店的信息化建设达到了一定的水平，但是他们仍然采用客户机/服务器体系结构即 C/S 结构。在 C/S 结构中，对客户机的配置要求较高，而且随着软硬件技术的发展，需要随时更新硬件。充当客户端的 PC 机还需要安装专门的客户端软件。总之，这种体系结构的可移植性、共享性等相对较差。这种情况和我国信息技术的发展状况及信息化建设水平不相适应，它使得企业的决策者们不能及时、准确地掌握企业的经营状况，不能准确地做出决策，从而影响了企业的发展。互联网技术的快速发展，带动了信息管理系统体系结构的转变，基于 B/S 体系结构的信息管理系统的开发成为当今主流。在这种体系结构中，充当客户端的 PC 机只要安装一个通用的浏览器就可以，不再有 C/S 结构中客户端 PC 机的诸多限制。用户使用基于 B/S 体系结构的系统时，只需要打开浏览器，输入地址，就可以运行应用程序。这种体系结构有效地解决了应用系统和网络系统的异构性问题，提供了跨平台的、一致的应用环境，实现了开发环境和应用环境的分离，并避免了为多种不同的操作系统开发同一应用系统的重复操作。由于 B/S 体系结构具有上述优点，所以汽车维修管理系统的开发和设计选用 B/S 体系结构。使用这种系统，能够使企业的员工从繁重的手工操作方式中解放出来，实现安全、有效、快速的管理，能够辅助经营者做出正确决策，提高企业的竞争力。

因此，我国汽车维修服务管理应该循序渐进，分两阶段进行：数字化管理和知识管理与集成。第一阶段：逐步加快开展数字化管理建设，并在开展此阶段建设时为从思想上完成对知识管理理论的学习与认识，从行动上让员工进行专业领域知识的总结与储备。当数字化管理工作发展到有一定的基础后，有望抢先进入第二阶段——全面开展知识管理与集成建设，快速提高企业的创新性与竞争力。

汽车维修服务管理开展积极有效的数字化管理和知识管理建设工作，会带来以下好处：

1）解决烦琐的汽车维修管理工作。传统的汽车维修管理有多种形式，如车辆、员工、客户等信息的人工管理、数据的查找、维修任务的分配等，这样管理起来很不方便，也使得汽车维修企业的工作效率低、工作繁重。然而在汽车维修中应用信息化管理就可以很有条理地把这些事情规划好，不仅可以统一定义维修方面的相关信息，也可将大量的员工信息、客户信息统一管理起来，做到"即查即有"的效果，使以前繁多的车辆维修信息在此系统上得到统一化、信息化，无论是在查询信息还是在打印单据方面都做到了快捷、方便、高效。这样也使得汽车维修企业的工作效率发生了"质"的变化。

2）有利于促进汽车维修企业科学化管理。企业的经营决策者使用信息化管理系统能够及时准确获取企业的生产经营情况及维修情况等内容，从而能够快速做出决策。企业应用此系统对生产经营业务进行数字化管理，提高了工作的效率和质量，促进了管理的现代化，减轻了工人的劳动强度，并且由于计算机的精确性，可以减少手工操作难免产生的误差，为企业提供了一流的管理模式和管理工具。

3）提升汽车维修的专业性和质量。将基于知识工程的智能技术应用到汽车故障诊断和维修领域，科学、快速、准确地进行汽车故障定位，让非汽车专业维修人员也能进行简单的故障维修，并能在汽车发生故障后为用户提供一套完善的服务。这将大大提高汽车维修企业的专业性和维修质量。

## 6.5 案例分析

汽车维修案例一

故障名称：燃油泵故障造成发动机无法起动
车辆基本信息车型：帕萨特 1.8T 轿车　　　　里程：40153km

**1. 故障现象**

起动机运转正常，发动机无法起动且无着火现象。

**2. 故障验证**（判断与分析）

该车无法起动牵引至4S店，到店后起动车辆，起动发动机工作正常，发动机可运转但无着火现象（转速不上升）。该情况一般有以下两大可能性：

1）点火系统故障。
2）燃油供给系统故障（不上燃油）。

**3. 故障诊断与检测**

（1）诊断前准备

1）5s管理。装好安装座椅套、转向盘套、脚垫、前格栅布、翼子板布。
2）诊断设备。起拨器、万用表、燃油压力表、火花塞套、VAS5052诊断仪、VAG1318燃油压力表。

（2）诊断与检测工艺规程

1）打开点火开关，用万用表检查点火线圈熔丝（S229），完好；检查燃油泵熔丝（S228），也完好。

2）关闭点火开关，清洁机舱及点火线圈四周，检查点火线圈插头安装情况，并拔下4个缸的点火线圈插接器（插头），再打开点火开关，用万用表测量各个插头的1号和4号针脚间电压，测量结果为12.6V，正常。

3）再关闭点火开关，用起拔器拔下4个缸的点火线圈，清洁点火线圈和火花塞安装部位，并用火花塞套筒拆下4个火花塞。检查火花塞电极积炭、干湿情况，正常。

4）先将火花塞连接至1号缸点火线圈，并将火花塞螺纹部分可靠接地，起动发动机并观察火花塞跳火情况：电极间火花呈蓝色，放电声音清脆，再检查其他3个缸的点火情况，均正常。说明点火系统基本正常。

5）关闭点火开关，用火花塞套筒装复各缸火花塞和点火线圈，并连接点火线圈插接器。

6）关闭点火开关，拔下油泵熔丝（S228）后，再进行燃油泄压，将VAG1318燃油压力表可靠连接到燃油进油管总管上，发现燃油管路内没有燃油，插上油泵熔丝（S228），起动起动机并观察燃油压力表指针，此时燃油压力表指针没有上升情况（正常应该升至0.3~0.4MPa）。所以基本可以判断为发动机燃油供给系统故障。

7）连接VAS5052诊断仪器读故障码，仪器显示无故障码，说明燃油泵继电器控制电路与发动机电子控制单元连接正常。

8）操作VAS5052诊断仪器进入最终诊断菜单，驱动燃油泵电路工作，触摸燃油泵继电器外壳，此时燃油泵继电器发出吸合声并伴有外壳振动，说明燃油泵控制电路工作正常。（继电器位置工作状态）。

9）关闭点火开关，打开行李箱，用螺钉旋具拧下汽油泵盖板，并拔下燃油泵插头，用万用表测量燃油泵插接器插头上1号和4号针脚的工作电压为12.6V，正常。

**（3）诊断结果（故障认定）** 用万用表检查燃油泵插头上1号和4号针脚的电阻，电阻显示无穷大。说明燃油泵损坏，需更换。

**4．故障排除工艺**

**（1）故障排除前准备**

1）5s管理。

2）专用工具与检测设备准备。工具有VAS6150诊断仪、工具小车（常用工具）、万用表等。

**（2）故障排除工艺规程**（按六步操作法进行）

1）在车辆行李箱外设立油路维护警示牌。

2）清洁汽油泵周围污垢，拔下插头及按压油管卡扣拔下进、出油管，并用专用工具拆下并取出汽油泵，放置在不锈钢盆内。

3）安装新的燃油泵（注意安装燃油泵时将其密封圈安装到位，避免漏油），插上燃油泵插接器及油管后，检查燃油管安装到位后起动发动机，起动两次后发动机可正常运转并观察燃油压力表指针上升至0.35MPa，恢复正常汽油压力。

4）再次用VAS5052诊断仪查看，确认发动机ECU没有故障码，各种参数都在正常范围内，试着提高发动机的转速确保发动机在任何工况下都运转自如。

5）拆除 VAS5052 和燃油压力表以及各种工具。

6）为了确保安全，再次检查燃油供给系统的油管接口，燃油泵密封圈等处的泄漏情况。至此故障排除。

**5. 故障小结**

此为典型的油路故障使车辆无法起动的情况，在通过检测手段排除电路故障后，锁定是燃油泵损坏导致燃油压力达不到起动要求，造成发动机无法起动。更换后，汽车正常运行，故障排除。在检测发动机无法起动的故障时，一定要思路清晰，判断故障发生的类型，对症下药方可快速精确地把故障排除。

汽车维修案例二

故障名称：发动机低速运行易熄火

车辆基本信息车型：新帕萨特 1.8TSI　　　里程：76338km

**1. 故障现象**

发动机 OBD（车载诊断系统）故障灯报警，发动机高速行驶正常，低速运行易熄火。

**2. 故障验证**（判断与分析）

立足于故障现象重显，模拟车辆中高速正常行驶，再减速到 10~20km/h，发动机在减速时有多次熄火现象。

**3. 故障诊断与检测**

（1）诊断前准备

1）5s 管理。

2）诊断设备与检测设备准备。所用工具、工具车、VAS6150 诊断仪、VAG1318 压力表、万用表、尾气排放设备、车辆三件套和 TEIS 清洁性能检查设备。

（2）诊断与检测工艺规程

1）诊断检测基本条件。

① 蓄电池电压不低于 12.7V（发动机电控系统供电正常）。

② 冷却液温度不低于 80℃（发动机机油油位正常）。

③ 关闭空调及用电设备。

2）故障诊断流程。

① 查阅车辆维修历史档案记录（无维修档案记录）。

② 连接 VAS6150 诊断仪，读取故障码：00010　P0011 气缸列 1，进气门凸轮轴调节过慢（偶发），检测发动机 VVT 相关数据块与标准值 01-91-93-94 对比，曲轴转角各理论及实际调节值均在 38°标准之内，根据故障现象及诊断结果查阅 TEIS 系统相关维修资料。电路图可能导致故障原因分析：①进气凸轮轴 VVT 调节电磁阀，控制阀故障；②发动机机油压力不足；③VVT 调节电磁阀供电故障。

3）故障检测工艺流程。

① 通过 VAS6150 控制终端 01-03 激活 N205 电磁阀，有滴答响声，说明电磁阀正常工作。

② 用万用表检测凸轮轴调节控制阀 N205T2Cj/1 及 T2Cj/2 针脚电压为 12.8V，在正常范围内，控制搭铁回路正常。

③ 考虑进气凸轮轴调节系统（VVT）采用机油压力调节，连接 VAG1342 发动机机油压

力测试仪，检测发动机 2000r/min 机油压力为 0.2MPa，与《维修手册》标准压力相符。

（3）诊断结果（故障认定） 数据块及发动机机油压力测试，根据凸轮轴调节电磁阀供电，回路检测结果，均在正常范围内，但根据故障现象、故障码经验分析，故障原因可能是 VVT 调节性能不良导致的。

4. 故障排除工艺

(1) 故障排除前准备

1) 5s 管理。

2) 专用工具与检测设备准备。工具有 VAS6150 诊断仪、工具小车（常用工具）、万用表。

(2) 故障排除工艺规程（按六步操作法进行）

1) 用刷子清洁凸轮轴调节电磁阀 N205 插座，拔下调节电磁阀 N205 插头，使用专用工具 T-10352 旋出 N205 固定螺栓（左旋螺纹），取出 N205，在取出 N205 时连同阀体一同带出稠糊状的机油，同时检查发动机机油，发觉该车发动机机油严重变质，询问用户得知，用户为了省钱，车辆保养始终在×××店修理，使用了劣质机油（油品油质）造成发动机机油变质。

2) 判断易熄火故障是否是因为发动机机油过脏影响凸轮轴正时调节回位不正常造成的。根据《大众维修手册》记载，进气凸轮轴调节系统（VVT）采用机油压力调节，调节器位置在发动机转速超过 1800r/min 和有负载要求情况下，通过一个脉冲宽度调制信号 PWM 激活，根据存储在发动机控制单元中不同工况下 VVT 的角度数据、特性曲线（凸轮轴位置、曲轴位置、当前转速、当前负荷、当前发动机温度等参数）进行调整，通过电磁阀改变带有压力的机油流向，从而对进气门正时在一定（0~36°）角度范围内进行连续控制，改变进气凸轮轴位置，也因此提前开启进气门时间，提高发动机充气系数。按 VVT 系统控制原理分析，过脏机油可能会迟缓影响 VVT 调节性能，遵循故障排除从简到繁原则，首先更换发动机机油及滤清器，清洁发动机润滑油路。

3) 放掉发动机机油，拆下油底壳，拆下机油滤网，清洗积存机油油胶，按维护规程更换新机油及机油滤清器。

4) 拆下 VVT 控制阀 N205，用抽油机真空吸净油道脏油，清洗机油道、电磁控制阀，然后重新安装好清洗干净的控制阀 N205，按要求力矩（35N·m）拧紧控制阀（左旋螺纹）。

5) 考虑到发动机机油过脏，让发动机怠速运行一段时间（清洗油道）。在发动机机油温度较高的时候，把运转后较脏的机油放掉，随后再次拆下控制阀 N502 清洗控制阀及油道，再次更换发动机机油及机油滤清器，通过发动机在各工况运转后，检测发动机机油，质量基本达到标准。

6) 维修后，模拟车辆故障显示车况，再次反复测试车辆从中高速降到低速工况，测试结果显示低速易熄火故障排除。

5. 故障小结

上海大众 VVT 正时调节系统是安装在进气凸轮轴上的，它仅能够调节进气门的气门正时，而对排气门不起作用，液压调整轮是 VVT 的执行机构，它主要分为内轮和外轮两部分。外轮和正时链条相连。内轮和进气凸轮轴连接，通过内轮旋转来调节气门正时，锁止阀用于机械锁止，发动机熄火后，就锁定在延后位置上，这个功能是通过一个弹簧锁销来实现的。当机油的压力达到 0.05MPa 时便会解锁，发动机控制单元根据凸轮轴位置、曲轴位置、当前转速、当前负荷、当前发动机温度等参数，对照内部存储的不同工况下 VVT 的角度数据，来控制进气气门正时调节阀 N205，从而对气门正时在一定角度范围内进行连续控制。

若 N205 发生故障，可变正时调节处在延后位置，转矩输出变小。由于发动机机油过脏，稠糊状机油流通性差，导致控制阀阀芯卡滞在滞后位置，使进气凸轮轴一直处于过于滞后状态，发动机在低转速时，活塞运动较慢，混合气的惯性较小，进气门必须提前打开迟后关闭，该车辆在低速时由于控制阀不能正确控制调节进气门开与闭时间，影响正常状态时的配气相位，使发动机高速降到低速时空燃比过稀或过浓，造成发动机低速易熄火故障。由于开始诊断时只注意 VVT 调节过慢故障码，没有仔细观察到发动机低速工况时数据块中凸轮轴调节实际值误差（数据在正常范围内，但不进行正常调节），所以造成判断失误。通过本案例借鉴，现代车辆传感器、执行元件性能、信号检测必须在各个工况、负荷、温度下检测分析，同时应多积累发动机运行标准参数予以对比，提高数据分析能力，对当前汽车维修技师解决车辆故障诊断效率有很大帮助。

# 第7章

# 旧车服务

近年来我国汽车工业迅速发展，汽车保有量不断上升，需要回收及报废拆解的汽车数量逐年增加。因此，旧车回收及再利用行业在我国将有广阔的市场前景，是极具潜力的新的经济增长点。本章主要介绍旧车的回收利用在循环经济中的地位和作用，我国旧车回收利用的现状，我国旧车报废标准，旧车的回收管理规程，旧车交易市场和运作，车辆损耗与贬值及其计算方法，以及旧机动车评估的基本方法，最后通过案例来阐明旧车报废回收及再流通的过程。

## 7.1 旧车的回收利用在循环经济中的地位和作用

旧车的回收利用是汽车工业产业链的延伸，是完善整个汽车工业产业链十分重要的环节。它的社会目标一是节约资源，二是保护环境，并且在保障公共安全事务方面也负有社会责任。国家环境保护总局、国家发展改革委、科学技术部于2006年发布的第9号公告《汽车产品回收利用技术政策》中第四条指出："要综合考虑汽车产品生产、维修、拆解等环节的材料再利用，鼓励汽车制造过程中使用可再生材料，鼓励维修时使用再利用零部件，提高材料的循环利用率，节约资源和有效利用资源，大力发展循环经济。"由此可见，旧车的回收利用在循环经济中具有不容忽视的地位和作用。

### 7.1.1 旧车的回收利用与汽车工业

汽车的购买、使用与报废更新（回收利用）是汽车消费的"三部曲"。汽车使用达到一定期限，就不能保障汽车的安全行驶，应当及时报废更新。为此，国家实施汽车强制报废制度，根据汽车安全技术状况和不同用途，规定不同的强制报废标准。《汽车产品回收利用技术政策》第六条规定："国家逐步将汽车回收利用率指标纳入汽车产品市场准入许可管理体系。"第七条规定："加强汽车生产者责任的管理，在汽车生产、使用、报废回收等环节建立起以汽车制造企业为主导的完善的管理体系。"这些规定充分体现了汽车报废回收利用与汽车工业之间的密切关系。一方面，通过报废汽车拆解加工后产生的可利用材料，可再用于制造或维修汽车；另一方面，通过汽车报废更新，促进汽车消费，拉动汽车销售，促进汽车生产。总之，要实现汽车工业的可持续发展，必须重视解决材料的循环再利用问题。

### 7.1.2 旧车的回收利用与公共安全

**1. 拆解场地的安全**

报废汽车回收企业在接收回收的报废汽车后，应立即送至待拆区，对易燃、易爆以及有毒、有害物质和部位进行细致的清查。在拆解区内，首先拆卸如安全气囊、铅酸电池、含汞开关、空调中的氟利昂、回收的各种燃料废液等，严格防止引起燃烧或爆炸，防止有毒有害物质对人身造成伤害。

2. 交通安全

《中华人民共和国道路交通安全法》中明确规定："达到报废标准的机动车不得上道路行驶，报废的大型客、货车及其他营运车辆应当在公安机关交通管理部门的监督下解体。""驾驶拼装的机动车或者已达到报废标准的机动车上道路行驶的，公安机关交通管理部门应当予以收缴，强制报废。"作为报废汽车回收企业，应禁止利用报废汽车"五大总成"以及其他零配件拼装汽车。

3. 治安管理

《报废汽车回收管理办法》第十三条规定："报废汽车回收企业对回收的报废汽车应当逐车登记；发现回收的报废汽车有盗窃、抢劫或者其他犯罪嫌疑的，应当及时向公安机关报告。"

在《机动车修理业、报废机动车回收业治安管理办法》第十三条中也规定报废机动车回收企业严禁从事下列活动：

1）明知是盗窃、抢劫所得机动车而予以拆解、改装、拼装、倒卖。
2）回收无公安交通部门出具的机动车报废证明的机动车的。
3）利用报废机动车拼装整车。

从上述规定可以看出，旧车的回收利用涉及公共安全的方方面面，是报废汽车回收企业应负的社会责任。

## 7.1.3　旧车的回收利用与环境保护

环境保护是我国的基本国策，国家要求从事生产和服务活动的单位以及从事管理活动的部门，都要按照《中华人民共和国清洁生产促进法》的规定，组织、实施清洁生产。从环保角度看，我国报废汽车回收利用的过程中，一些企业对不能回收利用的废旧物的处理随意性很大，较普遍的现象是让废油、废液随意渗漏到地下，造成土地甚至地下水的严重污染，对一些有毒废弃物（含铅、汞等）的处理也难以保证符合国家有关危险物处理的相关规定，对这些废物处理方法不当会产生更严重的后果。因此，在提高拆解技术水平的同时，如果没有基本的经营规范要求和合理的拆解作业程序，不仅不能达到资源的合理利用，还极易造成环境污染。因此，规范合理地进行回收和拆解是保证资源回收利用，特别是控制环境污染的重要环节。

## 7.1.4　旧车的回收利用与资源节约

节约资源是我国的又一项基本国策。《汽车产品回收利用技术政策》第四条明确提出："要综合考虑汽车产品生产、维修、拆解等环节的材料再利用，鼓励汽车制造过程中使用可再生材料，鼓励维修时使用再利用零部件，提高材料的循环利用率，节约资源和有效利用能源，大力发展循环经济。"这为旧车的回收利用提供了政策支持。

《2015—2020年中国报废汽车回收拆解行业未来发展前景研究报告》中显示，为了进一步提高旧车的回收利用率，世界各国汽车产业正将注意力集中在废除钢铁外的那些大约占

25%的、目前被丢弃的废旧物上。即使已利用的75%也在积极探索能否充分利用或高附加值的利用问题。所以，提高我国旧车回收拆解技术水平是提高我国报废汽车回收利用率的基础，也是节约资源、建设节约型社会的重要途径。从旧车的回收利用中挖掘再生资源的潜力是大有可为的。

## 7.2 我国旧车回收利用的现状

### 7.2.1 我国旧车回收拆解行业的概况

我国报废汽车的市场管理始于20世纪80年代初期，当时汽车保有量刚超过200万辆。1980年，为了节约能源，原国家计委、原国家经委、原国家能源委和交通运输部、原国家物资总局联合发文《关于印发<载重汽车更新试行办法>的通知》，规定了汽车更新和回收手续，明确回收部门接收旧机动车后，应及时解体做废钢铁处理。不得用旧零部件拼装汽车变卖。1986年开始实施对报废更新车辆的单位给予减半征收车辆购置附加费的优惠。1987年实施了报废更新汽车补贴资金的优惠政策。2001年对报废汽车回收经营企业给予免征增值税政策。

2001年6月16日，国务院颁布了《报废汽车回收管理办法》，我国报废汽车回收拆解业开始走上规范化、法制化的轨道，也为进一步加强立法和管理，积极探索适应社会主义市场经济要求的中国报废汽车回收拆解体系和模式提出了新的要求。此后的十几年一直使用此管理办法，我国报废汽车回收行业迅速发展。

经过30余年的发展，目前我国报废汽车回收拆解业已经形成了一定规模，成为我国经济建设中一支不可或缺的重要力量。2013年，我国汽车保有量突破1.37亿辆，相比2007年的5697万辆，复合增长率高达15.81%。发达国家的汽车报废率（报废量/保有量）平均为6%。中国产业信息网发布的《2014—2018年中国报废汽车回收行业分析及投资前景评估报告》指出：2013年我国汽车销量为2198万辆，是2000年209万辆的10倍多。保守假设，按照10~15年的报废周期来看，中国未来的旧车拆解行业就犹如2000年前后的新车消费市场一样，刚刚起步，行业空间广阔，我国未来汽车年销量保持在2000万辆，年报废量也在2000万辆，拆解市场的规模也将提升10倍，达到4200亿元。

### 7.2.2 世界发达国家旧车回收拆解业的概况

世界发达国家关于报废机动车的相关法律的立法背景主要是机动车保有量巨大，报废机动车的数量越来越多，由此引起的非法丢弃以及在机动车拆解（破碎）过程中产生的废弃物最终填埋量的增加给环境保护带来很大压力。通过系统、完善的法律法规，发达国家理顺了报废机动车回收、拆解各个环节的责任、权利和义务，规范报废机动车回收、拆解、破碎过程中的企业及个人行为，最终实现填埋量最小化，达到保护环境的目的。

同时，为了最大限度地进行资源再利用，发达国家鼓励报废机动车零部件及材料的再利用。报废机动车零部件在国外维修行业使用比较普遍，一般没有使用上的限定，但欧盟相关法规规定某些报废机动车上的零部件不能在新车上使用。实际上目前各国汽车制造商还没有在新车上使用任何回收件或翻新件。

**1. 欧盟**

欧盟作为世界上主要的机动车生产和消费地区之一,每年有大量机动车成为报废车辆,如果作为废品处理,每年将产生 1000 万吨左右的废品,这不仅浪费资源,而且还污染环境。从 20 世纪 90 年代初期开始,欧盟的一些成员国政府开始考虑对报废车辆的零部件和材料再使用、再利用,以达到保护环境和节约资源的目的。首先是法国和荷兰,由政府和机动车工业界签订双边协议,确定报废车辆再利用和回收利用的目标。随后其他的欧盟成员国也纷纷仿效这一做法。2000 年 9 月 18 日,欧盟发布技术指令 2000/53/EC,开始将报废车辆的回收利用纳入法制化的管理体系。2000/53/EC 规定欧盟各成员国自行采取必要的措施,在 2006 年 1 月 1 日之前,使其所有的报废汽车拆解材料回收利用的比例至少达到 85%。

欧盟报废汽车指令性文件在于通过实施一系列以减少来自报废汽车的垃圾废料为目的的措施,来达到节约资源和保护环境的目的。指令同时规定,2002 年 7 月 1 日起,机动车制造商应负责回收处理自家生产车辆的报废机动车,或承担报废机动车的处理费;应向拆解场提供拆解信息。自 2007 年 1 月 1 日开始,所有机动车的车主无须承担报废机动车的处理费。

欧盟各成员国按照欧盟指令 2000/53/EC 的要求,积极推动报废机动车的回收利用工作,并将有关要求转化为各自的法律法规等相关规定。为了减少报废机动车对环境的影响,提高机动车的回收利用率,大多数国家均对机动车回收、拆解、破碎等环节进行全面管理,各政府部门以分工协作、各司其职的方式,在主管部门的授权和指导下,由政府代理机构(如车辆检查机构、环保机构)实行对车辆检测、报废机动车的回收、拆解等有关工作流程的认定、监管,并且制定相应的标准法规。

**(1) 德国**

1) 主管部门及管理模式。德国报废机动车回收的管理主要由政府部门和认证机构负责。政府主要起监管作用。由政府授权开展报废机动车拆解企业认证的机构既有一定的政府职能,又具有企业性质。认证机构根据政府的要求研究提出有关企业的资质条件,同时在为企业服务过程中收取一定的费用。目前德国有 3 家认证机构,分别是 TüV Nord、DEICOCA、FRIESSALM,每年到其发放证书的企业检查 1 次,检查企业的工作环境,拆解下来的零件是否回收保管,并通过回收利用情况推断其质量。

2) 报废机动车回收处理企业基本情况。截至 2011 年,德国拥有机动车 4400 万辆,每年注销机动车 350 辆,车辆的平均使用年限为 7~9 年。但真正在德国报废拆解的只有 100 万辆左右,其余则通过不同途径卖到俄罗斯、波兰、西班牙等国家。

德国建立了全国废旧机动车回收网,有一批从事机动车回收行业的公司共同对废旧机动车的发动机、轮胎、蓄电池、保险杠、安全装置等分门别类地进行全过程处理。

3) 报废机动车处理企业资质及作业要求。德国对拆解企业关于报废机动车的处理、零部件的再利用以及对环境的影响等都有明确的规定。如场地的大小是审批企业资格的标准之一,计算公式如下:

$$场地面积 = 要处理的车辆数 \times 10m^2 / 230 \text{天工作日} \times 堆放高度$$

工作场地要有指示牌;对报废车、零部件的堆放位置,以及拆解工位等都有相关的要求。

作业相关要求如下:没有处理的报废机动车不能侧放、倒放、堆放。拆解机动车必须做的准备工作有:拆掉机动车电池、气囊、取暖和制冷用的特殊装置,因为其中含有毒气体、

## 第7章 旧车服务

在打碎过程中会发生废气泄漏；制冷剂、油液需用专门管道分别吸出。必须拆的驱动装置包括发动机、刮水器等，同时要求保存报废机动车拆解的记录等。

(2) 英国⊖

1) 主管部门及管理形式。国家贸易工业部负责管理车辆的年检、制造商和销售商协会和回收及拆解企业等。英国环境食品和农村事务部通过其政府代理机构英国环境署（EA）实施车辆回收和拆解的资质认证、环保许可。

2) 报废机动车回收处理企业基本情况。截至2016年，英国机动车保有量达3170万辆，每年报废机动车约200万辆（销售量略高于报废量）。英国法规规定制造商建立回收网点和体系，或者与已有回收机构（预处理机构AFT）签约（要求签约时间为十年）。但是根据制造商的要求及网点布置情况，预计最多有30%的AFT成为各制造商的签约机构。对于未与制造商签约的AFT，只要经过许可（达到场地及设备要求），就可以独立开展回收拆解工作。

3) 按照法规对回收拆解企业进行许可管理。为指导拆解企业恰当地拆解和处理报废车辆，英国环境食品和农村事务部及贸易工业部联合提出了《报废车辆的无害化处理（认可的拆解机构指南）》，对拆解企业资质提出相关要求（表7-1）。

表7-1 英国拆解企业条件要求

| 项目 | | 要求 |
|---|---|---|
| 装备 | | 抽取废油液的专门设备<br>无害化处理设备<br>驱动装备 |
| 场地 | 贮存场 | 防渗透表面<br>溢出物收集设施<br>液体处理设施 |
| | 处理厂 | 防渗透表面<br>液体处理设施 |
| | 分类贮存设施 | 被油料污染的零部件的防渗漏贮存<br>电池/过滤器和含有多氯联苯及多氯三联苯(PCB/PCT)的压缩机的容器<br>报废车辆液体的贮存罐<br>贮存旧轮胎的场地 |

### 2. 美国

(1) **主管部门** 美国环境保护总署针对报废机动车回收业制定法律法规，由各州环境保护局对报废机动车回收业实施管理和监督。

(2) **基本情况** 美国是世界上最大的机动车生产和消费国家，每年报废的车辆超过1000万辆。美国已成为世界上报废机动车回收卓有成效的国家之一，报废机动车回收行业一年获利达数十亿美元。2015~2017年，美国每年回收报废汽车约1200万辆，养活了超过12000家报废汽车拆解企业和大约200家破碎企业，并惠及5万多家零部件再制造企业。每年回收报废汽车1200万辆。

---

⊖ 2016年6月23日，英国举行"脱欧"公投；6月24日公布"脱欧"结果。
2017年1月17日，公布"脱欧"方案；2月1日通过"脱欧"法案；3月29日启动"脱欧"程序。

另外，美国的汽车制造企业都积极致力于报废汽车的回收利用，并提供相应的拆解技术资料。例如通用公司建立并公布了自己产品的拆解手册，并在国际拆解信息系统（IDIS）上免费提供给各拆解企业，其中详细叙述了拆解时每一步骤涉及的车型部件、材料、数量、质量及体积等，表7-2为2004年款凯迪拉克CTS有关预处理阶段的拆解信息。

表7-2  2004年款凯迪拉克CTS有关预处理阶段的拆解信息

| 领域 | 部件名称 | 材料 | 数量 | 总质量或总体积 |
| --- | --- | --- | --- | --- |
| 0.1 | 机油滤清器 | 复合材料 | 1 | 0.84kg |
| 0.2 | 发动机机油 | 油 |  | 6.6L |
| 0.3 | 冷却液 | 冷却液 |  | 13.12L |
| 0.4 | 电池 | 复合材料,含铅 | 1 | 16.4kg |
| 0.5 | 制冷剂134A | 制冷剂134 |  | 8kg |
| 0.6 | 乘客气囊 | 复合材料 | 1 | 3.77kg |
| 0.7 | 驾驶人气囊 | 复合材料 | 1 | 1.33kg |
| 0.8 | 油箱 | HDPE（高密度聚乙烯） | 1 | 11.0kg |
| 0.9 | 备用胎 | EPDM（乙烯、丙烯、二烯三元共聚物） | 1 | 4.62kg |
| 0.10 | 变速器油 | 油 |  | 10.60L |
| 0.11 | 制动液 | 油 |  | 0.5L |
| 0.12 | 轮胎 | EPDM（乙烯、丙烯、二烯三元共聚物） | 4 | 40kg |
| 0.13 | 转向油 | 油 |  | 1.0L |

拆解企业先将报废汽车通过预处理后，再将各总成部件如发动机、变速器、前后桥、门窗、电机等零部件拆下来，经过检验，若未到报废程度，经修整和翻新后按旧零件价格出售。被拆解后的报废汽车车体被送往破碎企业，破碎后按材料的性质归类，分别进行回炉。通用、福特和克莱斯勒等大企业都把废车回收利用作为发展汽车制造业的重要手段。

3. 日本

（1）主管部门及管理模式　经济产业省、环境省主要负责制定报废机动车回收处理行业（主要是拆解企业和报废企业）的准入要求；国土交通省及其下属各地方陆运支局，负责机动车户籍管理；各地方政府（都、道、府、县）负责报废机动车回收处理行业的登记和准入审批；机动车回收利用促进中心（由经济产业省主管，日本自动车工业协会等9个单位于2000年11月成立），下设资金管理中心、信息中心、回收再利用资源中心，分别负责机动车回收处理中的资金管理、信息管理以及对机动车制造商或进口商实施废弃物回收处置的技术支持。

（2）报废机动车回收处理基本情况　据中国证券网中东方财富专栏显示，日本2013年报废机动车回收企业约有88000家，氟利昂处理企业23000家，拆解企业6000家，破碎企业120家。据日本经济产业省统计显示，日本一年约有500万辆汽车被报废，其中，大约有350万辆通过拆解、破碎、再利用途径得到再生利用，100万辆作为二手车出口，另外50万辆作为二手车库存。

（3）报废机动车回收处理过程

1）费用流程。《机动车回收处理法》规定报废机动车的回收处理费用由车辆用户承担，而具体数目由机动车制造商根据ASR的回收处理方式、安全气囊的数量及拆卸难易程度、是否带有空调等具体情况确定，并体现在新车价格里（占车价的0.5%~1%），由此形成一个基于市场竞争并能持续发挥作用的社会环境，促进报废机动车最大限度地回收利用。报废机动车处理费用由用户在购买新车时预缴给资金管理中心，在该法实施前购买的车辆在车检或报废时补缴。当机动车制造商按照法律要求完成相应的回收义务后，从资金管理中心获取相应的处理费用,并支付给氟利昂、安全气囊、ASR 回收处理企业。

2）材料流程。车辆用户将报废机动车交给机动车回收企业,然后报废车依次由氟利昂回收企业、拆解企业、破碎企业进行回收处理。氟利昂、安全气囊、ASR 回收由机动车制造商负责。为了加强对氟利昂、安全气囊的回收处理统一管理,由日本 12 家国内厂商以及日本机动车进口协会共同出资设立了机动车再资源化协力机构（JARP）,由该机构与氟类、气囊类回收处理单位签订合同,承办相关事宜,向这些单位预先支付回收处理费用,并进行业务审核。

由于 ASR 的回收利用设施与氟利昂和气囊的相比数量较多,其处理费用相对较高,为了降低 ASR 回收利用处理费,减轻机动车消费者的费用负担,日本政府在回收利用领域导入竞争机制：经济产业省和环境省要求机动车制造商讨论分组计划,最终形成了把所有厂商分成两组（ART 组、AH 组）,各自委托相应的网点进行 ASR 的回收利用,从而相互竞争的格局。日本报废机动车回收处理流程如图 7-1 所示。

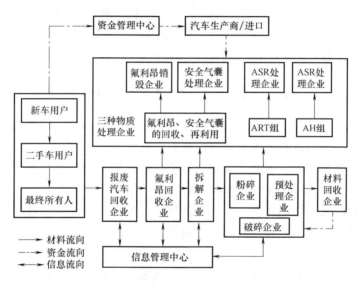

图 7-1　日本报废机动车回收处理流程

3）信息流程。日本对报废机动车的回收拆解实行电子清单制度。在整个过程中,各报废机动车处理单位向日本机动车回收再利用促进中心发送接收、转移的信息报告,具体操作流程如图 7-2 所示。该中心核实机动车处理全部完成后,通过拆解或破碎企业通知用户,用户根据所提供的车辆处理信息向国土交通省下属的各地陆运支局申请永久注销机动车登记,由国土交通省相关的注册检查系统通过各环节的信息报告核对后,向国税厅提出汽车重量税退税申请,国税厅按照车检残余时间退还给汽车最终所有者有关税金。由此,信息管理中心可以对报废机动车的数量以及每辆报废机动车的回收利用的实施情况进行实时跟踪,杜绝各个环节对报废机动车的不规范处理。

4. 欧盟、日本、美国报废机动车回收管理模式对比

欧盟最早通过的指令提出了回收利用率阶段性指标,并规定机动车制造商承担全部回收责任,因此促进了机动车制造商与拆解、破碎企业业务结合,提高了回收拆解行业的技术及资金能力；但在落实回收利用率上以拆解企业提供的数据为准,因此能否实现预期的目标取

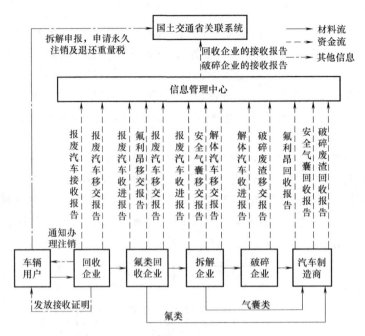

图 7-2 日本报废机动车电子清单管理制度

决于拆解行业的设备、技术及相关的规范管理，执行起来有相当的难度；而且，相关法规提出的标准过高，有些不合理的地方，增加了制造业的成本。

美国则是完全基于市场，通过其成熟的环境保护政策、自由的交易形式及完善的二手零部件网络布局等，实现了对报废机动车的回收利用，取得了较好的经济效益和社会效益。

日本通过详细的法律规定完善了各个管理环节，突出了政府部门的统筹协调作业，而机动车制造商按规定承担三种物质的回收，并对其提出了阶段性的回收利用率目标。报废机动车处理企业的责任、权责明确，因此在执行起来很顺畅，回收利用率依据三种物质的回收利用率来进行折算，所以很容易实现。但政府的运营成本、相关业者的资本前期投入较大。

归纳起来，发达国家报废机动车回收管理的共同点如下：

1）通过完善的法律法规来确保报废机动车回收中的环境保护及资源的再利用问题。

2）采取了对拆解企业进行资格认定的管理模式。政府部门的作用是制定法律，提出资格要求，对相关行业机构、企业进行监督；认证机构负责对报废机动车拆解、破碎企业的资质认定和定期审核。

3）建立了全国性的回收网络；报废机动车回收、拆解、破碎企业数量呈金字塔形分布，投资额度巨大、技术含量很高的破碎企业数量最少，回收网点分布广泛，报废机动车车主交车很便捷。

4）报废机动车回收拆解技术成熟，设施设备先进，材料的分拣程度较高。

5）管理信息化程度较高，回收拆解企业基本上实现了网络化管理，报废机动车回用件、翻新件主要通过互联网出售，时效性较好。

6）机动车制造商均积极投入技术、资金等，协助参与报废机动车的回收再利用工作，并且在产品的设计制造阶段考虑回收再利用的相关问题。

7）都存在报废机动车的大量出口，从而将报废机动车处理带来的环境问题转移到其他国家和地区。

### 7.2.3 中外旧车拆解业情况比较

目前世界发达国家报废汽车回收拆解业的特点是：报废汽车进场后，首先将可利用的零部件（包括五大总成）拆卸、保养、入库、销售，车体压扁后集中到机械破碎厂进行破碎加工，即零部件拆卸与车体破碎加工工序分开进行，但车体进行压扁破碎工序前必须经过拆卸轮胎、玻璃、回收残油等清洁工序（政府的强制规定）；破碎工序均采用大型机械自动化破碎机加工，效率高，从业人员少。但由于破碎处理产生的不易分选的再生资源（铜、铝、铅、锌及不锈钢等非磁性混合金属）和非金属废弃物多，资源回收率仅达75%。相比之下，我国目前报废汽车回收拆解业的特点是：报废汽车进场后，消费用户自行拆卸可利用的零部件，对无利用零部件价值的残车体通过氧气切割、机械剪切工具进行破碎加工，分品种销售。其优点是：废弃物少、资源综合利用率高（可达90%左右）。缺点是：生产效率低、零部件利用率低、因气割造成的废气污染严重、达不到清洁生产而造成二次污染问题还比较突出。

报废汽车拆解厂与废金属处理中心的工艺流程如图7-3所示。

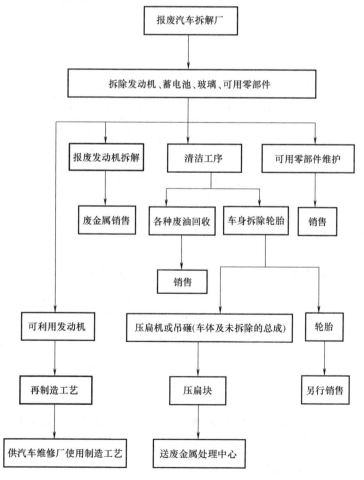

图7-3 报废汽车拆解厂与废金属处理中心的工艺流程

废金属粉碎厂（报废汽车压块破碎厂）的工艺流程如图 7-4 所示。

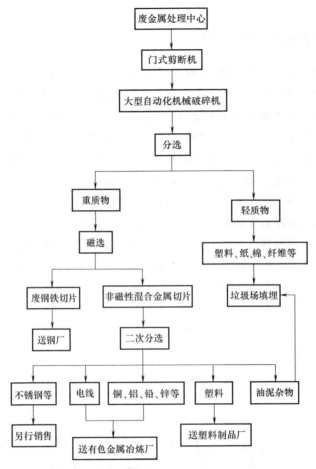

图 7-4　报废汽车压块破碎厂的工艺流程

## 7.3　我国旧车报废标准

随着我国国民经济的快速发展，人们的生活水平不断提高，作为国民经济的主要产业之一——汽车工业呈现出产销两旺的趋势。1986 年制定的《汽车报废标准》已不适应汽车生产和交通运输发展以及交通安全、节能、环保等方面的要求。经过多年的修订，直至商务部、发改委、公安部、环境保护部于 2012 年联合出台《机动车强制报废标准规定》，对旧车报废进行规范。

### 7.3.1　我国旧车报废标准的制定内容

2012 年制定的《机动车强制报废标准规定》是比较完整的、系统的且适合我国国情的汽车报废标准：

1）达到本规定第五条规定使用年限的。
2）经修理和调整仍不符合机动车安全技术国家标准对在用车有关要求的。

3) 经修理和调整或者采用控制技术后,向大气排放污染物或者噪声仍不符合国家标准对在用车有关要求的。

4) 在检验有效期届满后连续3个机动车检验周期内未取得机动车检验合格标志的。

5) 各类机动车使用年限分别如下:

① 小、微型出租客运汽车使用8年,中型出租客运汽车使用10年,大型出租客运汽车使用12年。

② 租赁载客汽车使用15年。

③ 小型教练载客汽车使用10年,中型教练载客汽车使用12年,大型教练载客汽车使用15年。

④ 公交客运汽车使用13年。

⑤ 其他小、微型营运载客汽车使用10年,大、中型营运载客汽车使用15年。

⑥ 专用校车使用15年。

⑦ 大、中型非营运载客汽车(大型轿车除外)使用20年。

⑧ 三轮汽车、装用单缸发动机的低速货车使用9年,装用多缸发动机的低速货车以及微型载货汽车使用12年,危险品运输载货汽车使用10年,其他载货汽车(包括半挂牵引车和全挂牵引车)使用15年。

⑨ 有载货功能的专项作业车使用15年,无载货功能的专项作业车使用30年。

⑩ 全挂车、危险品运输半挂车使用10年,集装箱半挂车使用20年,其他半挂车使用15年。

⑪ 正三轮摩托车使用12年,其他摩托车使用13年。

小、微型非营运载客汽车、大型非营运轿车和轮式专用机械车无使用年限限制。

机动车使用年限起始日期按照注册登记日期计算,但自出厂之日起超过2年未办理注册登记手续的,按照出厂日期计算。

6) 变更使用性质或者转移登记的机动车应当按照下列有关要求确定使用年限和报废:

① 营运载客汽车与非营运载客汽车相互转换的,按照营运载客汽车的规定报废,但小、微型非营运载客汽车和大型非营运轿车转为营运载客汽车的,应按照本规定附件1所列公式核算累计使用年限,且不得超过15年。

注:本规定附件1非营运小微型载客汽车和大型轿车变更使用性质后累计使用年限计算公式为

$$累计使用年限 = 原状态已使用年 + \left(1 - \frac{原状态已使用年}{原状态使用年限}\right) \times 状态改变后年限$$

备注:公式中原状态已使用年中不足一年的按一年计算,例如,已使用2.5年按照3年计算;

原状态使用年限数值取定值为17;累计使用年限计算结果向下圆整为整数,且不超过15年。

② 不同类型的营运载客汽车相互转换,按照使用年限较严的规定报废。

③ 小、微型出租客运汽车和摩托车需要转出登记所属地省、自治区、直辖市范围的,按照使用年限较严的规定报废。

④ 危险品运输载货汽车、半挂车与其他载货汽车、半挂车相互转换的,按照危险品运

输载货车、半挂车的规定报废。

距本规定要求使用年限1年以内（含1年）的机动车，不得变更使用性质、转移所有权或者转出登记地所属地市级行政区域。

7）国家对达到一定行驶里程的机动车引导报废。达到下列行驶里程的机动车，其所有人可以将机动车交售给报废机动车回收拆解企业，由报废机动车回收拆解企业按规定进行登记、拆解、销毁等处理，并将报废的机动车登记证书、号牌、行驶证交公安机关交通管理部门注销：

① 小、微型出租客运汽车行驶60万千米，中型出租客运汽车行驶50万千米，大型出租客运汽车行驶60万千米。

② 租赁载客汽车行驶60万千米。

③ 小型和中型教练载客汽车行驶50万千米，大型教练载客汽车行驶60万千米。

④ 公交客运汽车行驶40万千米。

⑤ 其他小、微型营运载客汽车行驶60万千米，中型营运载客汽车行驶50万千米，大型营运载客汽车行驶80万千米。

⑥ 专用校车行驶40万千米。

⑦ 小、微型非营运载客汽车和大型非营运轿车行驶60万千米，中型非营运载客汽车行驶50万千米，大型非营运载客汽车行驶60万千米。

⑧ 微型载货汽车行驶50万千米，中、轻型载货汽车行驶60万千米，重型载货汽车（包括半挂牵引车和全挂牵引车）行驶70万千米，危险品运输载货汽车行驶40万千米，装用多缸发动机的低速货车行驶30万千米。

⑨ 专项作业车、轮式专用机械车行驶50万千米。

⑩ 正三轮摩托车行驶10万千米，其他摩托车行驶12万千米。

8）本规定所称机动车是指上道路行驶的汽车、挂车、摩托车和轮式专用机械车；非营运载客汽车是指个人或者单位不以获取利润为目的的自用载客汽车；危险品运输载货汽车是指专门用于运输剧毒化学品、爆炸品、放射性物品、腐蚀性物品等危险品的车辆；变更使用性质是指使用性质由营运转为非营运或者由非营运转为营运，小、微型出租、租赁、教练等不同类型的营运载客汽车之间的相互转换，以及危险品运输载货汽车转为其他载货汽车。本规定所称检验周期是指《中华人民共和国道路交通安全法实施条例》规定的机动车安全技术检验周期。

9）省、自治区、直辖市人民政府有关部门依据本规定第五条制定的小、微型出租客运汽车或者摩托车使用年限标准，应当及时向社会公布，并报国务院商务、公安、环境保护等部门备案。

10）上道路行驶拖拉机的报废标准规定另行制定。

### 7.3.2 关于现行旧车报废标准执行的若干说明

《机动车强制报废标准规定》取消了对私家车最高15年的强制报废年限，第一次提出了"引导报废"的概念。引导报废不是强制报废，只要按时参加审验合格，取得检验合格标志就可以驾驶。但是从车辆安全角度考虑，达到一定行驶里程后，相关部门将会劝导、建议车主进行报废。

一般来说，私家车每年行程大多数不到 2 万公里，以此计算，一辆私家车要达到 60 万公里至少要 30 年，但达到 "60 万公里" 后，交警部门也将出于安全等方面的考虑，引导车主对相应车辆予以报废。

值得注意的是，这一规定并非取消了 "强制报废"。根据规定，有两种情况仍然将强制报废。一种是 "经修理和调整或者采用控制技术后，向大气排放污染物或者噪声仍不符合国家标准对在用车有关要求的"，另一种是 "在检验有效期届满后，连续三个机动车检验周期内未取得机动车检验合格标志的"。其中，"上次年检不过" 是指 "上次连续年检不过"，而不是累计上次年检不过。"连续三个检验周期"，并不是指连续三年不验车，不同性质不同型号的机动车年检周期不一样，一定要分清。目前，非营运载客的全新的小车，前 6 年是两年一检，6 至 15 年是一年一检，15 年以后是半年一检。之前国家对此是没有详细的规定，导致部分长期没有参加年检的车辆流失在社会上，现在有了具体的操作标准。

根据法律不溯及以往的原则，2013 年 5 月 1 日前已达到目前报废标准的车辆，仍然需要按规定予以报废。

## 7.4 旧车的回收管理规程

为了加强对旧车的回收管理，进一步规范旧车回收利用的经营活动，保障道路交通安全和人民生命财产安全，坚持清洁生产，保护环境，国务院于 2001 年 6 月颁布了《报废汽车回收管理办法》，这是指导旧车回收利用活动全过程的行动准则。

当前，我国的报废汽车为十年以前的产品，轿车少，客、货车多，旧车的总量有限。然而，随着近年来汽车工业的飞速发展，我国汽车消费猛增，因此可以预测，"十三五" 期间我国的旧车数量将激增，特别是轿车将成为报废的主要车种，这对旧车回收拆解企业的水平将提出更高的要求。

### 7.4.1 旧车回收拆解企业标准

旧车回收拆解企业应具备的基本条件在《报废汽车回收管理办法》第七条中已有相应规定，报废汽车回收企业除应当符合有关法律、行政法规规定的设立企业的条件外，还应当具备下列条件：

1) 注册资本不低于 50 万元人民币，依照税法规定为一般纳税人。
2) 拆解场地面积不低于 5000 平方米。
3) 具备必要的拆解设备和消费设施。
4) 年回收拆解能力不低于 500 辆。
5) 正式从业人员不少于 20 人，其中专业技术人员不少于 5 人。
6) 没有出售报废汽车、报废 "五大总成"、拼装车等违法经营行为记录。
7) 符合国家规定的环境保护标准。

《报废汽车回收管理办法》还要求旧车回收拆解企业必须向政府有关部门提出申请，经审核符合条件的，领取资格认定书，并向公安机关申领特种行业许可证。

在取得资格认定书和特种行业许可证后，才能向工商行政管理部门办理登记手续，领取营业执照，方可从事旧车回收业务。

## 7.4.2 旧车收购定价影响因素

《报废汽车回收管理办法》第十九条规定：报废汽车的收购价格，按照金属含量折算，参照废旧金属市场价格计价。《报废汽车回收管理办法释义》进一步明确：报废汽车回收企业对收购报废汽车的定价，需依据汽车本身钢铁含量，参照当地废钢铁市场收购价格，扣除相关的托运及拆解成本计价。

影响旧车收购价格的因素主要有以下几种[一]：

1) 报废汽车收购的托运费用（含拖车、吊车、运输、装卸），一般占销售收入的 $0\sim12\%$。

2) 拆解费用（含场内搬运、拆解切割材料损耗、注销拍照、场地使用等费用），一般占销售收入的 28% 左右。

3) 氟利昂、安全气囊及拆解产生的废弃物需无害化处置所产生的环保费用，一般每吨废弃物处置费用在 170 元左右。

4) 回收拆解企业的经营管理费用，一般占销售收入的 25% 左右。

5) 报废汽车"车型因素"（小客车及轿车车型拆解的废钢铁轻薄料比例较大，钢厂收购价较低），钢厂废钢铁收购价一般在 1600~2200 元/吨。

6) "报废汽车回应件"的销售不确定因素，一般占金属量的 $5\%\sim15\%$。

7) 企业利税额。

按自重 1500kg 报废轿车，收购价 500 元/t 计算，企业单车经销费用分析见表 7-3。

表 7-3 企业单车经销费用分析

| 影响因素 | 收入/元 | 支出/元 | 支出比例(%) | 理论计算 |
| --- | --- | --- | --- | --- |
| 支付残值 |  | 750 | 24.90 | 1.5t×500 元/t=750 元 |
| 托运费用 |  | 180 | 5.98 | 销售收入×6%≈180 元 |
| 拆解费用 |  | 843 | 27.99 | 销售收入×28%≈843 元 |
| 废弃物 |  | 15.3 | 0.50 | 1.5t×6%×170 元/t≈15.3 元 |
| 管理费用 |  | 735 | 24.40 | 销售收入×25%≈735 元 |
| 税费 |  | 54 | 1.79 | 900 元×6% = 54 元（暂按可用零部件计算） |
| 废钢铁 | 2160 |  | 71.71 | 1.5t×80%×90%×2000 元/t=2160 元 |
| 可回用零部件 | 600 |  | 19.92 | 1.5t×80%×10%×5000 元/t=600 元 |
| 其他物质 | 252 |  | 8.37 | 1.5t×14%×1200 元/t=252 元 |
| 合计 | 3012 | 2577.3 | 85.56 |  |
| 利润 | 435.7 |  | 14.44 |  |

## 7.5 旧车交易市场和运作

### 7.5.1 我国的旧车交易市场

随着我国经济的发展，具备购车能力的家庭数量正在不断增加，私人汽车保有量将保持

---

一 数据来源于《报废汽车拆解与材料回收》。

强劲的增长势头，受该因素带动，中国二手车交易（即旧车交易）也开始活跃起来。目前我国的二手车市场正处在从最初启动期向成长期过渡的关键时期。与此同时，二手车市场建设问题也开始突出起来，政策法规体系不配套，市场行为不规范等诸多问题使得二手车市场建设落后于新形势下汽车产业发展的要求。

尽管我国二手车市场有着巨大的潜力和广阔的发展前景，但目前我国二手车市场仍然存在着较突出的问题：

（1）**二手车鉴定评估标准及第三方鉴定评估机构管理体系缺失**　目前，国内还没有权威的二手车鉴定评估标准，二手车鉴定主要是评估师通过专业知识及评估经验对于目标车辆进行评估。大多数采用重置成本法对目标车辆的残值进行评估，评估的客观性、精细度不足。2012年，国家标准《二手车鉴定评估技术规范（征求意见稿）》公开征求意见，但最终标准还未出台。同时，第三方鉴定评估机构管理体系尚未建立，应实施鉴定评估机构准入机制和归口管理，由国家主管部门制定统一的鉴定评估流程，实行评估收入与评估价格脱钩。

（2）**市场诚信度需提高**　目前，二手车市场交易诚信度不高是制约二手车市场健康发展的关键因素之一。我国二手车市场发展时间较短，相关标准法规不完善。经纪公司在交易中隐瞒车辆真实信息和不规范经营行为时有发生，使消费者面临价格、质量欺诈、购买非法车辆的风险。这样的市场环境难以取得消费者的信赖，也阻碍了二手车市场的发展。

（3）**二手车信息不对称**　与新车不同，二手车具有唯一性和特殊性，在交易过程中消费者需要了解比新车更为全面的信息，才能对二手车有明确的认识，做出正确的选择。目前，我国二手车的维修记录信息、事故记录信息等未向社会公开。信息不对称使消费者处于弱势，交易过程中有时会出现消费者权益得不到保障的情况。建立透明、标准化的信息平台尤为重要。

（4）**二手车经销公司和拍卖公司比例低**　在发达国家，二手车流通的主体一般是二手车经销公司和拍卖公司，由这些公司经营管理规范。除直接交易以外，发达国家大多数二手车流通都是通过经销公司和拍卖公司完成。在我国二手车行业中，增值税政策规定二手车经销需缴纳销售额的2%的税，拍卖需缴纳成交额的4%的税，二手车交易市场由于不直接参与经营，不需要缴纳增值税。因此，二手车经销公司和拍卖公司需承担一定的经营成本和风险，发展机会和发展空间受限。由于这一税收政策，近年来大量二手车交易市场涌现，但经销公司和拍卖公司在市场经营主体中的比例仍然远远低于经纪公司。

（5）**消费者对二手车接受程度有限**　目前，消费者对二手车接受程度有限，也阻碍了二手车市场发展的步伐。仅凭消费者所掌握的知识，不足以辨别车辆的优劣。消费者有遇到问题车的顾虑，与二手车的信息不对称、诚信度低、售后维修不完善有较大关系。要改变二手车消费观念，必须先规范二手车交易。

## 7.5.2　旧车销售实务

**1. 旧车交易基本流程**

要进行二手车交易，一些基本的流程和步骤是必不可少的。如图7-5所示的二手车交易流程图可以帮助我们更直观地了解二手车的大致交易过程。

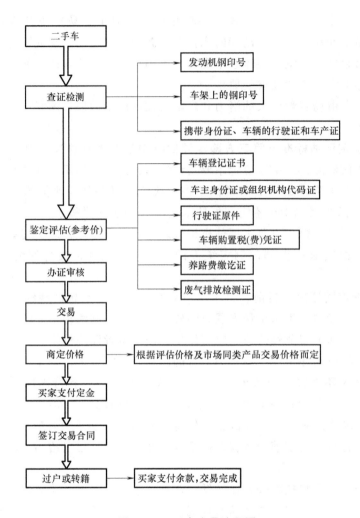

图 7-5 二手车交易流程图

**2. 旧车交易过户业务**

旧车过户过程实际上分为两个步骤：车辆交易过户和转移登记过户，两个步骤缺一不可。

（1）**验车** 验车是买卖双方到二手车市场办理过户业务的第一道程序，由市场主办方委派负责过户的业务人员办理。

（2）**验手续** 验手续主要查验车辆手续和现车主的身份证明。

1）车辆手续检查。车辆手续是指能够满足机动车上路行驶所需要的各种手续，主要包括按照国家有关法律法规以及地方法规要求应该办理的各项有效证件和应该缴纳的税、费凭证。

① 查验证件。查验证件的目的是查验交易车辆的合法性。每辆合法注册登记的机动车都有车辆管理所核发的机动车登记证书和机动车行驶证、机动车号牌，号牌必须悬挂在车体指定位置。

② 查验税费证明。根据《二手车流通管理办法》规定，二手车交易必须提供车辆购置

税、车船使用税和车辆保险单等税费缴付凭证。

2）查验现车主的身份证明。现车主的身份证明有以下几种情况：

① 如果现车主为自然人，则身份证件为个人身份证。

② 如果现车主为企业，则身份证件为企业的法人代码证书。

③ 如果现车主为外籍公民，则身份证件为其护照及工作（居留）证。

车辆所有权或处置权证明应符合下列条件：

① 机动车登记证书、行驶证与原车主身份证明名称一致。

② 委托出售的车辆，卖方应提供原车主授权委托书和身份证明。

③ 二手车经销企业销售的车辆，应具有车辆收购合同等能够证明经销企业拥有该车所有权或处置权的相关材料，以及原车主身份证明复印件。

（3）**查违法** 查违法就是查询交易的二手车是否有违法行为记录。具体方法是登录车辆管理部门的信息数据库或查询网站进行查询。

（4）**签订交易合同** 根据《二手车流通管理办法》规定，二手车交易双方应该签订交易合同，要在合同当中对二手车的状况、来源的合法性、费用负担以及出现问题的解决方法等各方面进行约定，以便分清各自的责任和义务。

（5）**缴纳手续费** 手续费俗称过户费，是指在二手车交易市场中办理交易过户业务相关手续的服务费用。

（6）**开具二手车销售统一发票** 二手车销售发票是二手车的来历证明，是办理转移登记手续变更的重要文件，因此又被称为"过户发票"。

开具的发票必须经驻场工商部门审验合格后，在已经开具的"二手车销售统一发票"上加盖"工商行政管理局旧机动车市场管理专用章"后，发票才能生效，这一步骤称为"工商验证"。

（7）**手续交付** 车辆法定证明、凭证主要包括：机动车登记证书、机动车行驶证、有效的机动车安全技术检验合格标志、车辆购置税完税证明、车船使用税缴付凭证、车辆保险单等。

**3. 办理车辆转移过户登记手续**

旧车交易属于产权交易范畴，涉及相关的证明文件和必要手续。二手车交易后必须办理这些证明文件的转移登记手续。机动车产权证明是指机动车登记证书、机动车行驶证和机动车号牌。

（1）**二手车办理转移登记的四种形式**

1）二手车所有权由个人转移给个人。

2）二手车所有权由个人转移给单位。

3）二手车所有权由单位转移给个人。

4）二手车所有权由单位转移给单位。

（2）**同城车辆所有权转移登记**

1）过户登记的程序。

① 提出申请。现车主向车辆管理所提出机动车产权转移申请，填写机动车转移登记申请表（表7-4）。

② 交验车辆。现车主将机动车送到机动车检测站检测，查验车辆识别代码、车架号码是否有凿改，车辆识别代号与车架号码的拓印膜（图7-6）是否一致。

### 表 7-4　机动车转移登记申请表

| 机动车登记证书编号 | | 号牌号码 | |
|---|---|---|---|
| 申请事项 | □机动车在车辆管理所管辖区内的转移登记　□机动车转出车辆管理所管辖区的转移登记 | | |

| 现机动车所有人 | 姓名/名称 | | 联系电话 | |
|---|---|---|---|---|
| | 住所地址 | | 邮政编码 | |
| | 身份证明名称 | 号码 | □常住人口　□暂住人口 | |
| | 居住/暂住证明名称 | 号码 | | |

| 机动车 | 机动车使用性质 | □公路客运　□公交客运　□出租客运　□租赁　□货运　□旅游客运　□非营运<br>□警用　□消防　□救护　□工程抢险　□营转非　□出租营转非 |
|---|---|---|
| | 机动车获得方式 | □购买　□中奖　□仲裁裁决　□继承　□赠予　□协议抵偿债务<br>□资产重组　□资产整体买卖　□调拨　□法院调解、裁定、判决 |
| | 机动车品牌型号 | |
| | 车辆识别代号/车架号 | |
| | 发动机号码 | |

| 相关资料 | 来历凭证 | □销售/交易发票　□《调解书》　□《裁定书》　□《判决书》　□《仲裁判决书》<br>□相关文书　□批准文件　□调拨证明　□权益转让证明书 |
|---|---|---|
| | 其他 | □《中华人民共和国海关监管车辆解除监管证明书》　□《协助执行通知书》　□《公证书》<br>□身份证明　□行驶证 |

| 事项明细 | 转入地车辆管理所名称 | 车辆管理所 |
|---|---|---|

| 申请方式 | □由现机动车所有人申请<br>□现机动车所有人委托＿＿＿＿＿＿＿＿＿＿代理申请 |
|---|---|

现机动车所有人：

（个人签字/单位盖章）
　　　　年　月　日

(续)

| 代理人 | 姓名/名称 | | | 联系电话 | |
|---|---|---|---|---|---|
| | 住所地址 | | | | |
| | 身份证明名称 | | 号码 | | 代理人： |
| | 经办人 | 姓名 | | | |
| | | 身份证明名称 | | 号码 | |
| | | 住所地址 | | | (个人签字/单位盖章)<br>年　月　日 |
| | | 签字 | | 年　月　日 | |

**填表说明：**
(1) 填写时使用黑色、蓝色墨水笔，字体工整。
(2) 标注有"□"符号的为选择项目，选择后在"□"中画"√"。
(3) 现机动车所有人的住所地址栏，属于个人的，填写实际居住的地址；属于单位的，填写组织机构代码证书上签注的地址。
(4) 机动车栏的"机动车品牌型号""车辆识别代码/车架号""发动机号码"项目，按照车辆的技术说明书、合格证等资料标注的内容与车辆核对后填写。
(5) 申请方式栏，属于由机动车所有人委托代理单位或者代理人代为申请的，除在"□"内画"√"外，还应当在下画线处填写代理单位或者代理人的全称。
(6) 机动车所有人的签字/盖章栏，属于个人的，由机动车所有人签字，属于单位的，盖单位公章。
(7) 代理人栏，属于个人代理的，填写代理人的姓名、住所地址、身份证明名称、号码，在代理人栏内签名，不必填写经办人姓名等项目；属于单位代理的，应填写代理人栏的所有内容，代理单位应盖单位公章，经办人应签字。

③ 受理审核资料。受理转移登记申请，查验并收存相关资料，向现车主出具受理凭证。
④ 办理新旧车主信息资料的转移登记手续。
⑤ 收回原机动车行驶证，核发新的机动车行驶证。
⑥ 需要改变机动车登记编号的，收回原机动车号牌及机动车行驶证。

2）过户登记需要的材料：
① 机动车转移登记申请表。
② 现车主的身份证明。
③ 机动车登记证书（原件）。
④ 机动车行驶证（原件）。
⑤ 解除海关监管的机动车，应当提出监管海关出

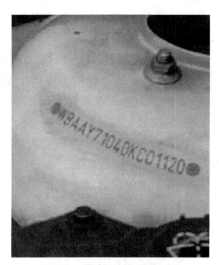

图 7-6　车辆识别代码拓印膜

具的《中华人民共和国海关监管车辆解除监管证明书》。

⑥ 机动车来历凭证。

⑦ 车辆购置税完税证明。

⑧ 所购买的二手车。

3）过户登记的事项

① 现车主的姓名或者单位名称、身份证明名称、身份证明号码、住所地址、邮政编码和联系电话。

② 机动车获得方式。机动车获得方式包括：人民法院调解、裁定、判决，仲裁机构仲裁裁决，购买，继承，赠予，中奖，协议抵偿债务，资产重组，资产整体买卖和调拨等。

③ 机动车来历凭证的名称、编号。

④ 转移登记的日期。

4）不能办理过户登记的情形：

① 原车主提交的证明、凭证无效的。

② 机动车来历凭证经涂改的，或者机动车来历凭证记载的车主与身份证明不符的。

③ 原车主提交的证明、凭证与机动车不符的。

④ 机动车未经国家机动车产品主管部门许可生产、销售或者未经国家进口机动车主管部门许可进口的。

⑤ 机动车的有关技术数据与国家机动车产品主管部门公告的数据不符的。

⑥ 机动车达到国家规定的强制报废标准的。

⑦ 机动车属于被盗抢的。

**(3) 异地车辆所有权转移登记**　异地车辆所有权转移登记涉及二手车转出和转入登记问题。

1）转出登记。车辆转出登记是指在现车辆管理所管辖区内已注册登记的车辆，办理车辆档案转出的手续。

① 转出登记程序。现车主提出申请（填写机动车转移登记申请表）——车辆管理所受理审核资料——确认车辆——在机动车登记证书上记载转出登记事项——收回机动车号牌和机动车行驶证——核发临时行驶车号牌，密封机动车档案——将临时行驶车号牌交机动车所有人。

② 转出登记的规定。根据《机动车登记规定》，二手车交易后且现车主的住所不在原车辆管理所管辖区的，现车主应当于机动车交付之日（以二手车销售发票上登记日期为准）起 30 日内，向原二手车管辖地车辆管理所提出转移登记申请，填写机动车转移登记申请表。

③ 转出登记需要的资料。

④ 转出登记事项。车辆管理所办理转出登记时，要在机动车登记证书上记载下列转出登记事项：

a. 现车主的姓名或者单位名称、身份证明名称、身份证明号码、住所地址、邮政编码和联系电话。

b. 机动车获得方式。

c. 机动车来历凭证的名称、编号。

d. 转移登记的日期。

2）转入登记。

① 机动车转入登记的条件：

a. 现车主的住所属于本地车管所登记规定范围的。

b. 转入的机动车符合国家机动车登记规定的。

② 转入登记规定。根据《机动车登记规定》，机动车档案转出原车辆管理所后，机动车所有人必须在90日内携带车辆及档案资料到住所地车辆管理所申请机动车转入登记。

③ 转入登记程序：

a. 提出申请。车主向转入地车辆管理所提出转入申请，填写机动车注销登记/转入申请表（表7-5）。

表7-5 机动车注册、转移、注销登记/转入申请表

| 号牌种类 | | | 号牌号码 | | |
|---|---|---|---|---|---|
| 申请事项 | | □注册登记<br>□车辆管理所辖区内的转移登记 | | □注销登记<br>□转出车辆管理所辖区的转移登记 | □转入 |
| 注销登记原因 | | □报废　□灭失　□退车　□出境 | | | |
| 机动车 | 品牌型号 | | 车辆识别代号 | | |
| | 获得方式 | □购买　□境外自带　□继承　□赠予　□协议抵偿债务　□协议离婚<br>□中奖　□调拨　□资产重组　□资产整体买卖　□仲裁裁决<br>□法院调解　□法院裁定　□法院判决　□其他 | | | |
| | 使用性质 | □非营运　□公路客运　□公交客运　□出租客运　□旅游客运　□租赁<br>□教练　□幼儿校车　□小学生校车　□其他校车　□货运　□危险化学品运输<br>□警用　□消防　□救护　□工程救险　□营转非　□出租营转非 | | | |
| 机动车所有人 | 姓名/名称 | | 机动车所有人及代理人对申请材料的真实有效性负责 | | |
| | 邮寄地址 | | | | |
| | 邮政编码 | | 固定电话 | 机动车所有人签字：<br><br>　　　　年　　月　　日 | |
| | 电子信箱 | | 移动电话 | | |
| 转移出车辆管理所辖区的转移登记 | | 转入：省（自治区、直辖市） | | | |
| | | 车辆管理所 | | | |
| 代理人 | 姓名/名称 | | 代理人签字：<br><br>　　　　年　　月　　日 | | |
| | 邮寄地址 | | | | |
| | 邮政编码 | | 联系电话 | | |
| | 电子信箱 | | | | |
| | 经办人姓名 | | 联系电话 | | |

**填表说明：**
(1)填写时请使用黑色或者蓝色墨水笔，字体工整，不得涂改。
(2)标注有"□"符号的为选择项目，选择后在"□"中画"√"，各栏目只能选择一项。
(3)"邮寄地址"栏，填写可通过邮寄送达的地址。
(4)"电子信箱"栏，填写接收电子邮件的e-mail地址，尚未申请电子信箱的可以不填写。
(5)"机动车"栏的"品牌型号"项目，按照车辆的技术说明书、合格证等资料标注的内容填写。
(6)"机动车所有人签字"栏，机动车属于个人的，由机动车所有人签字，属于单位的，由单位的被委托人签字，由代理人代为办理的，机动车所有人不签字。
(7)"代理人签字"栏，属于个人代理的，填写代理人的姓名、邮寄地址、邮政编码、联系电话和电子信箱，在代理人栏内签名，不必填写经办人姓名等项目；属于单位代理的，应填写代理人栏的所有内容，代理单位的经办人签字；属于单位的机动车，由本单位被委托人办理的不需填写本栏。
(8)"号牌种类"栏，按照大型汽车号牌、小型汽车号牌、普通摩托车号牌、轻便摩托车号牌、低速车号牌、挂车号牌、使馆汽车号牌、使馆摩托车号牌、领馆汽车号牌、领馆摩托车号牌、教练汽车号牌、教练摩托车号牌、警用汽车号牌、警用摩托车号牌填写。

b. 交验车辆。车主将机动车送到机动车检测站检测，车管所民警确认机动车的唯一性，查验车辆识别代号（车架号码）有无凿改嫌疑。

c. 车辆管理所受理申请。

d. 审核资料。

e. 办理转入登记手续。

f. 核发新的机动车号牌和机动车行驶证。

④ 转入登记需要的资料：

a. 机动车注销登记/转入申请表。

b. 车主的身份证明。

c. 机动车登记证书。

⑤ 转入登记事项：

a. 车主的姓名或者单位名称、身份证明号码或者单位代码、住所的地址、邮政编码和联系电话。

b. 机动车的使用性质。

c. 转入登记的日期。

属于机动车所有权发生转移的，还应当登记下列事项：

a. 机动车获得方式。

b. 机动车来历凭证的名称、编号和进口机动车的进口凭证的名称、编号。

c. 机动车办理保险的种类、保险的日期和保险公司的名称。

d. 机动车销售单位或者交易市场的名称和机动车销售价格。

⑥ 不能办理转入登记的情形。有下列情形之一的，不予办理转入登记：

a. 机动车所有人擅自改动、更换机动车或者机动车档案的。

b. 下同"不能办理过户登记的情形"。

**4. 办理其他税、证变更**

(1) **车辆购置税的变更**　车辆购置税的征收部门是车辆登记注册地的主管税务机关，办理变更时，需填写车辆变动情况登记表（表7-6），并携带以下资料办理：

1) 车辆购置税同城过户业务办理。

① 办理车辆购置税同城过户业务提供的资料：

a. 新车主的身份证明。

b. 二手车交易发票。

c. 机动车行驶证。

d. 车辆购置税完税证明（正本）。

② 办理车辆购置税同城过户业务流程：填写车辆变动情况登记表——报送资料——办理过户——换领车辆购置税完税证明。

2) 车辆购置税转籍（转出）业务办理。

① 办理转籍（转出）业务提供的资料：

a. 车主身份证明。

b. 车辆交易有效凭证原件（二手车交易发票）。

c. 车辆购置税完税证明（正本）。

表 7-6  车辆变动情况登记表    填表日期：年  月  日

| 车主名称 | | | | | 邮政编码 | | |
|---|---|---|---|---|---|---|---|
| 联系电话 | | | | | 地址 | | |
| 完税证明号码 | | | | | | | |
| 车辆原牌号 | | | | | 车辆新牌号 | | |
| 车辆变动情况 | | | | | | | |
| 过户 | | 过户前车主名称 | | | 有效凭证号码 | | |
| | | 过户前车主身份证件及号码 | | | | | |
| 转籍 | | 转出 | | 车主名称 | | | |
| | | | | 地址 | | | |
| | | 转入 | | 车主名称 | | | |
| | | | | 地址 | | | |
| 变更 | | 变更项目 | | | | | |
| | | 发动机 | | | 车架(底盘) | | 其他 |
| | | 变更前号码 | | | 变更前号码 | | |
| | | 变更后号码 | | | 变更后号码 | | |
| | | 变更原因 | | | | | |
| 以下由税务机关填写 | | | | | | | |
| 接收人 | | | 接收时间：<br>年  月  日 | | | 车购办(印章)： | |
| 备注 | | | | | | | |

**填表说明：**
(1) 本表由车主到车购办申请办理车辆过户、转籍、变更档案手续时填写。
(2) "完税证明号码"栏，按下列要求填写。
① 过户车辆填写过户前车购办核发的完税证明号码。
② 转籍车辆填写转出地车购办核发的完税证明号码。
③ 变更车辆填写变更前车购办核发的完税证明号码。
(3) "有效凭证号码"栏，填写车辆交易时开具的有效凭证的号码。
(4) 本表备注栏填写新核发的完税证明号码。
(5) 本表一式二份(一车一表)，一份由车主留存，一份由车购办留存。

d. 公安车管部门出具的车辆转出证明材料。

② 办理转籍（转出）业务流程：填写车辆变动情况登记表——报送资料——领取档案资料袋。

3) 车辆购置税转籍（转入）业务办理。

① 办理转籍（转入）业务提供资料：

a. 车主身份证明。

b. 本地公安车管部门核发的机动车行驶证。

c. 车辆交易有效凭证原件（二手车交易发票）。

d. 车辆购置税完税证明。

e. 档案转移通知书。

② 办理转籍（转入）业务流程：填写车辆变动情况登记表——报送资料——换领车辆购置税完税证明（正本）。

（2）车辆保险合同的变更

1）办理车辆保险过户的方式。

① 对保单要素进行更改，如更换被保险人与车主。

② 申请退保，即把原来那份车险退掉，终止以前的合同。

2）车辆保险合同变更的程序。

① 填写一份汽车保险过户申请书，向原投保的保险公司申请办理批改被保险人称谓的手续。

② 带保险单和已过户的机动车行驶证，到保险公司的业务部门办理。

5. 旧车交易合同

（1）订立二手车交易合同的基本原则

1）合法原则。订立二手车交易合同，必须遵守法律和行政法规。法律法规集中体现了人民的利益和要求。合同的内容及订立合同的程序、形式只有与法律法规相符合，才会具有法律效力，当事人的合法权益才能得到保护。

2）平等互利、协商一致原则。订立合同的当事人法律地位一律平等，任何一方不得以大欺小、以强凌弱，把自己的意愿强加给对方，双方都必须在完全平等的地位上签订二手车交易合同。

（2）交易合同的主体

1）法人。法人必须具备以下条件：

① 依法成立。

② 有必要的财产或经费。

③ 有自己的名称、场所和组织机构。

④ 能够独立承担民事责任的企业法人、机关法人、事业单位法人和社会团体法人。

2）其他组织。

3）自然人。自然人是指具有完全民事行为能力、可以独立进行民事活动的人。

（3）交易合同的内容

1）主要条款。

① 标的。指合同当事人双方权利、义务共同指向的对象，可以是物，也可以是行为。

② 数量。

③ 质量。

④ 履行期限、地点和方式。

⑤ 违约责任。

⑥ 根据法律规定的或按合同性质必须具备的条款及当事人一方要求必须规定的条款。

2）其他条款。它包括合同的包装要求、某种特定的行业规则和当事人之间交易的惯有规则。

**（4）交易合同的变更和解除**

1）交易合同的变更。交易合同的变更通常是指依法成立的交易合同尚未履行或未完全履行之前，当事人就其内容进行修改和补充而达成的协议。

2）交易合同的解除。交易合同的解除是指交易合同订立后，没有履行或没有完全履行之前，当事人依法提前终止合同。

3）交易合同变更和解除的条件。

① 当事人双方经协商同意，并且不因此损害国家利益和社会公共利益。

② 由于不可抗力致使合同的全部义务不能履行。

③ 自于另一方在合同约定的期限内没有履行合同。

**（5）违约责任**

1）违约责任的性质。

① 等价补偿。凡是已给对方当事人造成财产损失的，就应当承担补偿责任。

② 违约惩罚。合同当事人违反合同的，无论这种违约是否已经给对方当事人造成财产损失，都要依照法律规定或合同约定承担相应的违约责任。

2）承担违约责任的条件。

① 要有违约行为。

② 行为人要有过错。

3）承担违约责任的方式。

① 支付违约金。支付违约金指合同当事人因过错而不履行或不适当履行合同，依据法律规定或合同约定支付给对方一定数额的货币。

② 支付赔偿金。

③ 继续履行。继续履行指合同违约方支付违约金、赔偿金后，应对方的要求，在对方指定或双方约定的期限内，继续完成没有履行的那部分合同义务。

**（6）合同纠纷处理方式**　合同纠纷指合同当事人之间因对合同的履行状况及不履行的后果所发生的争议。

1）协商解决。协商解决是指合同当事人之间直接磋商，自行解决彼此间发生的合同纠纷。

2）调解解决。调解解决是指由合同当事人以外的第三人（交易市场管理部门或二手车交易管理协会）出面调解，使争议双方在互谅互让基础上自愿达成解决纠纷的协议。

3）仲裁。仲裁是指合同当事人将合同纠纷提交国家规定的仲裁机关，由仲裁机关对合同纠纷做出裁决的一种活动。

4）诉讼。

**（7）二手车交易合同的种类**

1）二手车买卖合同。

① 出让人（售车方）：有意向出让二手车合法产权的法人或其他组织、自然人。

② 受让人（购车方）：有意向受让二手车合法产权的法人或其他组织、自然人。

2）二手车居间合同（一般有三方当事人）。

① 出让人（售车方）：有意向出让二手车合法产权的法人或其他组织、自然人。

② 受让人（购车方）：有意向受让二手车合法产权的法人或其他组织、自然人。

③ 中介人（居间方）：合法拥有二手车中介交易资质的二手车经纪公司。

### 7.5.3 旧车交易的证件

二手车的证件和手续是指机动车上路行驶，按照国家法规和地方法规应该办理的各项有效证件和应该缴纳的各项税费凭证。

二手车属特殊商品，它的价值包括车辆实体本身的有形价值和以各项手续构成的无形价值，只有这些手续齐全，才能发挥机动车辆的实际效用，才能构成车辆的全价值。

如果某汽车购买使用一段时间以后，车主一直不按规定年检、缴纳各种规费，那么这辆车只能闲置，不能发挥效用，这样的车技术状况再好，其价值几乎等于零。

**(1) 二手车交易过户、转籍的办理证件** 二手车交易过户、转籍的办理证件包括：机动车来历凭证、机动车行驶证、机动车号牌、轿车定编证、道路运输证、准运证、其他证件。

**(2) 二手车的税费缴纳凭证** 二手车的税费缴纳凭证包括：

1) 车辆购置附加费。

① 车辆购置附加费的征收范围：

a. 国内生产和组装并在国内销售和使用的大客车、小客车、通用型载货汽车、越野车、客货两用汽车、摩托车、牵引车、半挂牵引车及其他运输车（如厢式车、集装箱车、自卸汽车、液罐车、粉状粒状物散装车、冷冻车、保温车、牲畜车、邮政车等）和挂车、半挂车、特种挂车等。

b. 国外进口的（新的和旧的）前款所列车辆。

② 免征车辆购置附加费的车辆包括：

a. 设有固定装置的非运输用车辆。

b. 外国驻华使领馆自用车辆，联合国所属驻华机构和国际金融组织自用车辆。

2) 机动车辆保险费。保险费是为了防止机动车辆发生意外事故，避免用户发生较大损失而向保险公司所交付的费用。

保险险种有六个：车辆损失险、第三者责任险、车辆风窗玻璃单独破碎险、乘客意外伤害责任险、驾驶人意外伤害责任险和机动车辆盗抢险。其中，第三者责任险是强制性的，必须投保。

3) 车船使用税。国务院2006年发布的《中华人民共和国车船使用税暂行条例》规定，在中华人民共和国境内，车辆、船（以下简称车船）的所有人或者管理人为车船税的纳税人，应当依照本条例的规定缴纳车船税。本条例所称车船税，是指依法应当在车船管理部门登记的车船。

4) 客、货运附加费。客、货运附加费是国家本着取之于民、用之于民的原则，向从事客、货营运的单位或个人征收的专项基金。它属于地方建设专项基金，各地征收的名称叫法不一，收取的标准也不尽相同。客运附加费的征收是用于公路汽车客运站、点设施建设的专项基金；货运附加费的征收是用于港航、站场、公路和车船技术改造的专项基金。

### 7.5.4 旧车交易过户、转籍的办理程序

**1. 旧车转籍登记**

**(1) 车辆转入** 车辆转入是指在外地登记注册的车辆办理转出手续后，持外地车辆管

理所封装的档案在本地申领号牌和行驶证。

（2）**车辆转出**　车辆转出是指本地已注册登记的车辆，因车主工作地址变动或车辆转往外地而办理的车辆档案转出。

2．二手车过户

（1）**跨区过户**　车主持相关资料到车辆管理所办理过户登记手续，领取待办凭证，凭待办凭证领取新号牌，驾驶车辆到车辆管理所的车辆装牌、照相处，接受安装、固封号牌和车辆照相，15天内凭待办凭证到车辆管理所领取新行驶证。

（2）**本区过户**　车主持相关资料到车辆管理所办理过户登记手续，领取待办凭证后，驾驶车辆到车辆管理所的车辆装牌、照相处进行车辆照相。15天内凭待办凭证到车辆管理所领取新行驶证。

## 7.6　车辆损耗与贬值及其计算方法

　　汽车与其他大部分商品一样，全新购买，使用了一段时间后，会不同程度地变得陈旧，发生各种贬值。汽车作为一种高档消费品，不但不像房产那样还可能存在升值的机会，而是从买到手的那一刻起就开始贬值，也就是说，汽车属于易耗商品，从消费者拿到钥匙的那一刻起，车辆就已经脱离了新车的队伍，无论怎么爱护，它已经进入了旧车的行列。在经济学上，对汽车产权占有本身就意味着要付出一定的货币代价，而不管消费者对这个产权的占有时间有多短，是一天还是一个月，这个代价称作沉没成本。

　　因此，由于购车的沉没成本和使用过程中发生的各种损耗以及其他的各种贬值因素，旧车的交易价格一般都会明显小于原先的新车购买价格，两者之间的差值即反映了车辆的贬值程度。影响车辆贬值程度的主要因素可分为车辆的有形损耗和无形损耗，车辆的有形损耗引起车辆的实体性贬值，而车辆的无形损耗则决定着车辆的功能性贬值、经济性贬值和营运性贬值。

### 7.6.1　车辆有形损耗与贬值

**1．车辆有形损耗**

车辆有形损耗是指车辆由于自然力的作用而在实物状态的损耗和技术性能上的劣化，即车辆自身的原因使其变得陈旧。

产生原因：一方面是由于车辆的使用引起的，如车辆在运转中由于摩擦和物理化学反应等会使其精度、性能、效率等逐步降低；另一方面则是由于闲置不使用而受自然力的作用造成的，如锈蚀、自然老化等。前一种情况或多或少地与车辆的使用程度成正比；后一种情况则在一定程度上与车辆的使用成反比。有形损耗包括使用损耗和自然损耗两个方面，是计提折旧最主要的依据。

**2．车辆有形损耗与贬值**

有形损耗也叫实体性贬值，实体性贬值的计算公式为

$$设备实体性贬值 = 重置成本 \times (1-成新率)$$

$$有形损耗率 = 1-成新率$$

关于重置成本和成新率的计算，将在后面详细介绍。

车辆的有形损耗是无法避免的，因此车辆的实体性贬值会随着车辆的使用时间的延长而不断积累。

例如，车辆发生碰撞事故后，无责任一方除得到修车费用赔偿外，还可获得车辆因碰撞而导致的实体性贬值的损失。因为即使车辆修好了，但受过伤的车辆总成、零部件或车身的实物状态和技术性能肯定都会受到影响。

## 7.6.2 车辆无形损耗与贬值

**1. 车辆无形损耗**

车辆无形损耗是指在公开、公证并充满竞争的汽车市场上，由于与车辆本身的实物状态和技术状态无关的外部原因导致的车辆价值损耗，即车辆外部原因使它变得不值钱。原因包括科学技术的进步和生产力水平的提高、市场供需关系的变化、国家经济政策的变化调整等。

**2. 车辆无形损耗与贬值**

车辆的无形损耗决定着车辆的经济性贬值和功能性贬值，其中功能性贬值又分为一次性功能贬值和营运性功能贬值。

（1）**机动车辆的经济性贬值** 经济性贬值是由于外部经济环境变化和人们心理心态随着社会变化而导致车辆达不到应有的价值。外部经济环境包括宏观经济政策、市场需求、通货膨胀、环境保护等。需要注意的是，外界因素对车辆价值的影响不仅是客观存在的，而且对车辆价值影响还相当大，所以在旧机动车的评估中不可忽视。随着汽车成为家庭和个人消费品，人们不再仅仅满足其速度，也关注其外形、各种装饰的品位，甚至某一时尚元素，因跟不上潮流而引起的贬值称为经济性贬值，其贬值额一般可按重置成本、扣除了有形损耗和功能性贬值后的余值乘以经济性贬值系数获得。经济性贬值系数可根据多种车型的评估价值与市场实际成交价做比较来得出一个经验的平均系数，再根据各种不同车辆而将其调整。车辆闲置时，可按其可能闲置时间的长短及其资金成本估算其经济性贬值。与车辆功能性贬值一样，车辆经济性贬值是由于车辆外部因素，而不是内部因素引起的车辆现时市场价值的降低。

计算经济性贬值时，主要是根据由于产品销售困难而开工不足或停止生产，形成资产的闲置，价值得不到实现等因素，确定其贬值额。评估人员根据具体情况考虑一些其他因素加以分析确定。当设备使用基本正常时，一般不计算经济性贬值。

（2）**机动车辆的功能性贬值** 功能性贬值是由于科学技术的发展导致的车辆贬值，即无形损耗。一是由于生产同样机器的社会必要劳动量减少，使原有固定资产的价值降低而引起；二是由于新技术的采用，社会能生产出新的、具有更高效率的机器，从而使旧机器贬值。一般可在预测技术进步趋势的前提下，通过缩短使用年限、实行加速折旧得到补偿。

功能性贬值又可分为一次性功能贬值和营运性功能贬值。

一次性功能贬值指被评估车辆与当前新车辆相比，因结构、材料和设计上的差别而导致贬值，它是由于科学技术进步使新的具有同样功能的车辆价格降低而引起原有车辆的贬值，所以车辆的复原重置成本减去一次性功能贬值应等于车辆的更新重置成本。

一次性功能贬值（超额投资成本所形成的贬值）的测算为

$$车辆超额投资成本 = 车辆复原重置成本 - 车辆更新重置成本$$

营运性功能贬值是指被评估车辆与全新状态车辆相比,由于生产能力的差别而导致的贬值,也就是说由于原有车辆相比新车辆的运营成本偏高而形成的贬值。由于设计水平和制造技术的提高,出现了新的、性能更优的同类车型,它们的燃油消耗、故障率和零部件价格等更低,致使原有车型的功能相对新车型已经落后,从而导致车辆的运营成本增加,增加的营运成本即为车辆的营运性功能贬值。

### 7.6.3 车辆损耗折旧指标参数

车辆损耗折旧指标参数有:有形损耗率、折旧率、保值率、折损率、成新率。

(1) **有形损耗率**(车辆陈旧性贬值率) 车辆现实损耗状态与其全新状态的比率,处于 0~1 之间。

(2) **折旧率** 折旧率数值上等于车辆有形损耗率,指旧车在交易市场上的现时市场价格,相当于当前市场上同型号新车价值的丧失比率。折旧率越高,车况越差。

$$折旧率 = 1 - 成新率$$

(3) **保值率**(车辆残值率) 保值率指车辆使用一段时间后,将其卖出时的交易价格与其新车原始购买价格(账面原值)的比值,是性价比重要组成部分。

(4) **折损率** 与车辆保值率相对的是折损率,它表示车辆在评估基准日所丧失的价值与其账面原值的比率。

显然,一辆旧车的保值率与其折损率之和为 1,即

$$保值率 + 折旧率 = 1$$

如果一辆使用了一年的汽车在评估基准日的保值率为 80%,那么它的折损率为 20%,表明作为二手车出售时,已经损失了原购车款的 20%。

(5) **成新率** 成新率表示车辆现时实物状态或现时整车性能状态与其全新状态时比率。具体的计算方法参照 7.6.4。

### 7.6.4 车辆成新率计算方法

成新率是指被评估车辆新旧程度的比率。

旧机动车成新率是表示旧机动车的功能或使用价值占全新机动车的功能或使用价值的比率。它与有形损耗一起反映了同一车辆的两方面。成新率和有形损耗率的关系为

$$成新率 = 1 - 有形损耗率$$

成新率的估算方法有使用年限法、综合分析法、行驶里程法、部件鉴定法、整车观测法和综合成新率法。

**1. 使用年限法**

$$成新率 = (规定使用年限 - 已使用年限) \div 规定使用年限 \times 100\%$$

车辆已使用年限是指从车辆登记日到评估基准日所经历的时间(进口车辆登记日为其出厂日)。

车辆规定使用年限是指《机动车强制报废标准规定》中规定的使用年限。

已使用年限计量的前提条件是车辆的正常使用条件和正常使用强度。在实际评估中,运用已使用年限指标时,应特别注意车辆的实际使用情况,而不是简单的日历天数。例如,对于某些以双班制运行的车辆,其实际使用时间为正常使用时间的两倍,因此该车辆的已使用

年限应是车辆从开始使用到评估基准日所经历时间的两倍。

**2. 综合分析法**

综合分析法是以使用年限法为基础，综合考虑车辆的实际技术状况、维护保养情况、原车制造质量、工作条件及工作性质等多种因素对旧机动车价值的影响，以系数调整成新率的一种方法。

成新率＝（规定使用年限－已使用年限）÷规定使用年限×综合调整系数×100%

综合调整系数可参考相关的数据，用加权平均的方法确定。

使用综合分析法鉴定评估时要考虑的因素有：

1）车辆的实际运行时间、实际技术状况。
2）车辆使用强度、使用条件、使用和维护保养情况。
3）车辆的原始创造质量。
4）车辆的大修、重大事故经历。
5）车辆外观质量等。

综合分析法较为详细地考虑了影响二手车价值的各种因素，并用综合调整系数指标来调整车辆成新率，评估值准确度较高，因而适用于具有中等价值的二手车评估。这是旧机动车鉴定评估最常用的方法之一。

**3. 行驶里程法**

车辆规定行驶里程是指按照《机动车强制报废标准规定》中规定的行驶里程。此方法与使用年限法相似，在按照行驶里程法计算成新率时，一定要结合旧机动车本身的车况，判断里程表的记录与实际的旧机动车的物理损耗是否相符，防止由于人为变更里程表所造成的误差。

由于里程表容易被人为变更，因此在实际应用中较少采用此方法。

**4. 部件鉴定法**

部件鉴定法（也称技术鉴定法）是对二手车评估时，按其组成部分对整车的重要性和价值量的大小来加权评分，最后确定成新率的一种方法。

基本步骤为：

1）将车辆分成若干个主要部分，根据各部分建造成本占车辆建造成本的比重，按一定百分比确定权重。
2）以全新车辆各部分的功能为标准，若某部分功能与全新车辆对应部分的功能相同，则该部分的成新率为100%；若某部分的功能完全丧失，则该部分的成新率为0。
3）根据若干部分的技术状况给出各部分的成新率，分别与各部分的权重相乘，即得某部分的权分成新率。
4）将各部分的权分成新率相加，即得到被评估车辆的成新率。

在实际评估时，应根据车辆各部分价值量占整车价值的比重，调整各部分的权重。

部件鉴定法费时费力，车辆各组成部分的权重难以掌握，但评估值更接近客观实际，可信度高。它既考虑了车辆的有形损耗，也考虑了车辆由于维修或换件等追加投资使车辆价值发生的变化。这种方法一般用于价值较高的车辆的价格评估。

**5. 整车观测法**

整车观测法主要是通过评估人员的现场观察和技术检测，对被评估车辆的技术状况进行鉴定、分级,以确定成新率的一种方法。

运用整车观测法,应观察、检测或搜集的技术指标主要包括:

1)车辆的现时技术状态。
2)车辆的使用时间及行驶里程。
3)车辆的主要故障经历及大修情况。
4)车辆的外观和完整性等。

运用整车观测法估测车辆的成新率,要求评估人员必须具有一定的专业水平和相当的评估经验。这是运用整车观测法准确判断车辆成新率的基本前提。整车观测法的判断结果不如部件鉴定法准确,一般用于中、低价值车辆成新率的初步估算,或作为利用综合分析法确定车辆成新率的参考依据。

上述五种成新率估算方法的应用场合如下:

1)使用年限法、行驶里程法一般适用于价值较低的车辆的评估。
2)综合分析法一般适用于中等价值的车辆的评估。
3)部件鉴定法适用于价值较高的机动车辆的评估。
4)整车观测法则主要用于中、低等价值的旧机动车的初步估算,或作为综合分析法鉴定估价需要考虑的主要因素之一。

**6. 综合成新率法**

前面介绍的使用年限法、行驶里程法和部件鉴定法(也称技术鉴定法)三种方法计算的成新率分别称为使用年限成新率、行驶里程成新率和现场查勘成新率。这三个成新率的计算只考虑了旧机动车的一个因素。因而就它们各自所反映的机动车的新旧程度而言,是不完全,也是不完整的。

为了全面反映旧机动车的新旧状态,在对旧机动车进行鉴定评估时,可以采用综合成新率来反映旧机动车的新旧程度,即将使用年限成新率、行驶里程成新率和现场查勘成新率分别赋以不同的权重,计算三者的加权平均成新率。这样就可以尽量减小使用单一因素计算成新率给评估结果所带来的误差。因而是一种较为科学的方法。

其数学计算公式如下:

$$综合成新率 N = N_1 \times 40\% + N_2 \times 60\%$$

式中,$N_1$ 为机动车理论成新率;$N_2$ 为机动车现场查勘成新率,由评估人员根据现场查勘情况确定。

$$N_1 = \eta_1 \times 50\% + \eta_2 \times 50\%$$

式中,$\eta_1$ 为机动车使用年限成新率;$\eta_2$ 为机动车行驶里程成新率。

$$\eta_1 = (机动车规定使用年限 - 已使用年限) \div 机动车规定使用年限 \times 100\%$$

$$\eta_2 = (机动车规定行驶里程 - 已行驶里程) \div 机动车规定行驶里程 \times 100\%$$

可见,综合成新率的确定,必须以现场技术查勘、核实为基础。实际操作时,把被评估车辆的基本情况、技术状况的主要内容和查勘鉴定结论编制成车辆状况调查表,由评估人员查勘后填写。

有了车辆成新率评定表,就可以根据车辆成新率评定表,确定综合成新率。使用综合成新率法评估车辆综合成新率 $N$ 的确定方法为

$$N = N_1 \times 40\% + N_2 \times 60\%$$
$$= 91\% \times 40\% + 83\% \times 60\%$$
$$= 36.4\% + 49.8\%$$
$$= 86.2\%$$

## 7.7 旧机动车评估的基本方法

### 7.7.1 现行市价法

现行市价法又称市场法、市场价格比较法,是指通过比较被评估车辆与最近售出类似车辆的异同,并将类似车辆的市场价格进行调整,从而确定被评估车辆价值的一种评估方法。

现行市价法是最直接、最简单的一种评估方法。

这种方法的基本思路是:通过市场调查选择一个或几个与评估车辆相同或类似的车辆作为参照物,分析参照物的构造、功能、性能、新旧程度、地区差别、交易条件及成交价格等,并与评估车辆一一对照比较,找出两者的差别及反映在价格上的差额,经过调整,计算出旧机动车辆的价格。

**1. 现行市价法应用的前提条件**

1)需要有一个充分发育、活跃的旧机动车交易市场,有充分的参照物可取。

2)参照物及与被评估车辆有可比较的指标、技术参数等资料是可收集到的,并且价值影响因素明确,可以量化。

**2. 采用现行市价法评估的步骤**

(1) **考察鉴定被评估车辆** 收集被评估车辆的资料,包括车辆的类别、名称、型号等。了解车辆的用途、目前的使用情况,并对车辆的性能、新旧程度等做必要的技术鉴定,以获得被评估车辆的主要参数,为市场数据资料的搜集及参照物的选择提供依据。

(2) **选择参照物** 按照可比性原则选取参照物。

车辆的可比性因素主要包括:类别、型号、用途、结构、性能、新旧程度、成交数量、成交时间、付款方式等。

参照物的选择一般应在两个以上。

(3) **对被评估车辆和参照物之间的差异进行比较、量化和调整** 被评估车辆与参照物之间的各种可比因素,尽可能地予以量化、调整。具体包括:

1)销售时间差异的量化。在选择参照物时,应尽可能地选择在评估基准日成交的案例,以免去销售时间允许的量化步骤。

若参照物的交易时间在评估基准日之前,可采用指数调整法将销售时间差异量化并予以调整。

2)车辆性能差异的量化。车辆性能差异的具体表现是车辆营运成本的差异。通过测算超额营运成本的方法将性能方面的差异量化。

3)新旧程度差异的量化。被评估车辆与参照物在新旧程度上不一定完全一致,参照物也未必是全新的。这就要求评估人员对被评估车辆与参照物的新旧程度的差异进行量化。

$$差异量 = 参照物价格 \times (被评估车辆成新率 - 参照物成新率)$$

4)销售数量、付款方式差异的量化。销售数量大小、采用何种付款方式均会对车辆的成交单价产生影响。对销售数量差异的调整采用未来收益的折现方法解决;对付款方式差异的调整方法为:被评估车辆通常是以一次性付款方式为假定前提的,若参照物采用分期付款方式,则可按当期银行利率将各期分期付款额折现累加,即可得到一次性付款总额。

**(4)汇总各因素差异量化值,求出车辆的评估值** 对上述各差异因素量化值进行汇总,给出车辆的评估值。以数学表达式表示为

$$被评估车辆的价值 = 参照物现行市价 \times \sum 差异量$$

或

$$被评估车辆的价值 = 参照物现行市价 \times 差异调整系数$$

用市价法进行评估,了解市场情况是很重要的,并且要全面了解,了解的情况越多,评估的准确性越高,这是市价法评估的关键。运用市价法收购二手车的贸易企业一般要建立各类二手车技术、交易参数的数据库,以提高评估效率。用市价法评估已包含了该车辆的各种贬值因素,包括有形损耗贬值、功能性贬值和经济性贬值。

因而用市价法评估时,不再专门计算功能性贬值和经济性贬值。

## 7.7.2 收益现值法

**1. 收益现值法的定义及原理**

(1)**定义** 收益现值法是将被评估的车辆在剩余寿命期内预期收益,折现为评估基准日的现值,借此来确定车辆价值的一种评估方法。现值即为车辆的评估值,现值的确定依赖于未来预期收益。

(2)**原理** 从原理上讲,收益现值法是基于这样的事实,即人们之所以占有某车辆,主要是考虑这辆车能为自己带来一定的收益。如果某车辆的预期收益小,车辆的价格就不可能高;反之,车辆的价格肯定就高。投资者投资购买车辆时,一般要进行可行性分析,其预计的内部回报率只有在超过评估时的折现率时才肯购买车辆。应该注意的是,运用收益现值法进行评估时,是以车辆投入使用后连续获利为基础的。在机动车的交易中,人们购买的目的往往并不在于车辆本身,而是车辆获利的能力。

**2. 收益现值法评估值的计算**

运用收益现值法来评估车辆的价值反映了这样一层含义,即收益现值法把车辆所有者期望的收益转换成现值,这一现值就是购买者未来能得到好处的价值体现。

由评估值等于各期收益现值之和,可得

$$P = \sum_{i=1}^{n} \frac{1}{(1+i)^t} A_t = \frac{A_1}{(1+i)^1} + \frac{A_2}{(1+i)^2} + \cdots + \frac{A_n}{(1+i)^n}$$

当 $A_1 = A_2 = \cdots = A_n = A$ 时,有

$$P = A \left[ \frac{1}{(1+i)^1} + \frac{1}{(1+i)^2} + \cdots + \frac{1}{(1+i)^n} \right] = A \frac{(1+i)^n - 1}{i(1+i)^n}$$

其中,$\frac{1}{(1+i)^t}$ 为现值系数;$\frac{(1+i)^n - 1}{i(1+i)^n}$ 为年金现值系数。

**3. 收益现值法中各评估参数的确定**

(1)**剩余使用寿命期的确定** 剩余使用寿命期指从评估基准日到车辆到达报废的年限。

如果剩余使用寿命期估计过长，就会高估车辆价格；反之，则会低估价格。因此，必须根据车辆的实际状况对剩余寿命做出正确的评定。对于各类汽车来说，该参数按《机动车强制报废标准规定》确定是很方便的。

(2) **预期收益额的确定** 在收益法运用中，收益额的确定是关键。

收益额是指由被评估对象在使用过程中产生的超出其自身价值的溢余额。

计算时常取企业所得税后利润。

$$收益额 = 税前收入 - 应交所得税 = 税前收入 \times (1 - 所得税率)$$

$$税前收入 = 一年的毛收入 - 车辆使用的各种税、费和人员劳务费等$$

对于预期收益额的确定应把握两点：

1) 预期收益额指的是车辆使用带来的未来收益期望值，是通过预测分析获得的。无论对于所有者还是购买者，判断某车辆是否有价值，首先应判断该车辆是否会带来收益。对其收益的判断，不仅要看现在的收益能力，更重要的是预测未来的收益能力。

2) 计量收益额的指标，以企业为例，目前有几种观点：

① 企业所得税后利润。

② 企业所得税后利润与提取折旧额之和扣除投资额。

③ 利润总额。

为估算方便，推荐选择第一种观点，可准确反映预期收益额。

(3) **折现率的确定** 折现率是将未来预期收益折算成现值的比率。它是一种特定条件下的收益率，说明车辆取得该项收益的收益率水平。

收益率越高，意味着单位资产的增值率越高，在收益一定的情况下，所有者拥有的资产价值越低。

在计量折现率时，必须考虑风险因素的影响，否则，就可能会过高地估计车辆的价值。一般来说，折现率应包括无风险收益率和风险报酬率两方面的风险因素。即

$$折现率 = 无风险收益率 + 风险报酬率$$

折现率与利率的区别：

1) 折现率与利率不完全相同，利率是资金的报酬，折现率是管理的报酬。

2) 利率只表示资产（资金）本身的获利能力，而与使用条件、占用者和使用用途没有直接联系；折现率则与车辆以及所有者的使用效果有关。

3) 折现率一般不好确定。其确定的原则应该不低于国家银行存款的利率。

因此在实际应用中，如果其他因素不好确定，可取折现率等于利率。

(4) **收益现值法评估的程序**

1) 调查、了解营运车辆的经营行情，营运车辆的消费结构。

2) 充分调查了解被评估车辆的情况和技术状况。

3) 根据调查、了解的结果，预测车辆的预期收益，确定折现率。

4) 将预期收益折现处理，确定旧机动车的评估值。

### 7.7.3 清算价格法

清算价格法是依照《中华人民共和国企业破产法》规定，对经人民法院宣告破产的企业的资产评估方法。它是根据企业清算对资产可变现的价值，评定重估确定所需评估的资产

价值的方法。

清算价格法以其他三种方法的计算结果为基点，考虑到快速变现的特点，将基点值打折扣后作为评估值。严格地说，按照国际惯例，资产评估方法不外乎三种方法：重置成本法、收益现值法、现行市价法。清算价格法不能称之为一种独立的评估方法。在我国，只是由于《国有资产评估管理办法》（国务院令第91号）规定清算价格法是一种独立的评估方法，才使人们普遍认为它也是国际通行的评估方法之一。其实这是一种误解。随着我国资产评估事业的不断发展，这种误解在被逐渐消除。

**1. 清算价格法在旧机动车评估领域的应用**

把清算价格法应用到旧机动车评估领域时，需要以清算价格为标准，对机动车辆进行价格评估。所谓清算价格是指企业由于破产或其他原因，要求在一定的期限内，将车辆变现，在企业清算之日预期出卖车辆可收回的快速变现价格，其具体的实施方法要视其前提条件和变动因素而定：

1）以具有法律效力的破产处理文件或抵押合同及其他有效文件为依据。
2）车辆在市场上可快速出售变现。
3）所买车辆收入足以补偿因出售车辆所产生的附加总额。
4）其价格与企业破产形式、处置方式、清理费用、拍卖时限等因素都有很大的关系。

**2. 应用清算价格评估旧车的具体方法**

（1）**评估价折扣法**　这种方法指对清算车辆，首先应用现行市价法、重置成本法及收益现值法确定评估车辆的评估价格，然后根据快速变现原则，估定一个折扣率，并据以确定其清算价格。

（2）**模拟拍卖法**（也称意向询价法）　这种方法是根据向被评估车辆的潜在购买者询价的办法取得市场信息，最后经评估人员分析确定其清算价格。

（3）**竞价法**　该方法是由法院按照法定程序（破产清算）或由卖方根据评估结果提出一个拍卖的底价，在公开市场上由买方竞争出价，高价者得。

## 7.7.4　重置成本法

重置成本法是在现实条件下重新购置或建造一个全新状态的评估对象，所需的全部成本（即重置成本、重置全价）减去评估对象的实体性陈旧贬值、功能性陈旧贬值和经济性陈旧贬值后的差额，以其作为评估对象现实价值的一种评估方法。

把重置成本法应用到旧机动车评估领域，指在现时条件下，重新购置一辆全新状态的被评估车辆所需的全部成本扣减各项损耗价值得出被评估资产价值。即在现时条件下，按功能重置机动车并使其处于在用状态所耗费的成本，它和历史成本是不同的。

重置成本法的使用前提是车辆处于在用状况，并且能够继续使用。以现时汽车市场上与待估价的二手车相同的新车售价为基础计算出重置成本，再根据旧车的现时状况（主要是年限和里程），将重置成本按一定的方法折旧后作为该车的评估值。

**1. 基本公式**

重置成本法的公式为

$$评估价值 = 重置成本 - 实体性贬值 - 功能性贬值 - 经济性贬值$$

设备实体性贬值与重置成本之比称为实体性贬值率,功能性贬值、经济性贬值与重置成本之比称为功能性贬值率与经济性贬值率。实体性贬值率、功能性贬值率与经济性贬值率之和称为总贬值率或综合贬值率。因此有

$$评估价值 = 重置成本 \times (1 - 综合贬值率)$$

评估中,通常将(1-综合贬值率)称为成新率。所以,上述公式可写成:

$$评估价值 = 重置成本 \times 成新率$$

折现值之和就是被评估设备功能性损耗(贬值)。其计算公式为

$$被评估设备功能性贬值 = \sum (被评估设备年净超额运营成本 \times 折现系数)$$

根据式(7-24),一般主要讨论如何确定重置成本及成新率。

成新率的计算参照 7.6.4 的内容,下面主要介绍重置成本及其计算方法。

重置成本一般可分为复原重置成本和更新重置成本。复原重置成本是指运用原来相同的材料、建筑或制造标准、设计、格式及技术等,以现时价格复原购建这项全新资产所发生的支出。更新重置成本是指利用新型材料,并根据现代标准、设计及格式,以现时价格生产或建造具有同等功能的全新资产所需的成本。选择重置成本时,在同时可获得复原重置成本和更新重置成本的情况下,应选择更新重置成本。重置成本的估算一般可采用重置核算法、物价指数法。确定重置成本全价时应注意,对于以所有权转让为目的的二手车交易经济行为,按评估基准日被评估车辆所在地收集的现行市场成交价格作为被评估车辆的重置成本全价,其他费用略去不计;对企业产权变动的经济行为(如企业合资、合作和联营,企业分设、合并和兼并,企业清算,企业租赁等),其重置成本全价除了考虑被评估车辆的现行市场购置价格以外,还应将国家和地方政府规定对车辆加收的其他税费(如车辆购置附加费、车船使用税等)一并计入重置成本全价中。

**(1) 重置核算法**

1) 国产二手车的各种税费包括车辆购置税和注册登记费(牌照费)。有

$$B = B_1 + B_2$$

$B$ 为二手车重置成本;$B_1$ 为购置全新车辆的市场成交价;$B_2$ 为车辆购置价格以外国家和地方政府一次性收款的各种税费总和。

2) 进口二手车

$$重置成本 = 报关价 + 关税 + 消费税 + 增值税 + 其他必要费用$$

① 报关价:即到岸价,又称 CIF 价格,它与离岸价(FOB 价格)的关系为

$$CIF 价格 = FOB 价格 + 途中保险费 + 从装运港到目的港的运费$$

需要将报关价格换算成人民币,外汇汇率采用评估基准日的外汇汇率进行计算。

② 关税:

$$关税 = 报关价 \times 关税税率$$

轿车的关税税率为 25%。

③ 消费税:

$$消费费税 = \frac{报关价 + 关税}{1 - 消费费税} \times 消费费税$$

不同车型的消费税率见表 7-7。

表 7-7 不同车型的消费税率

| 车型 | 排量/L | 税率/L |
| --- | --- | --- |
| 乘用车(含越野车) | ≤1.5 | 3 |
| | 1.5~2.0(含) | 5 |
| | 2.0~2.5(含) | 9 |
| | 2.5~3.0(含) | 12 |
| | 3.0~4.0(含) | 15 |
| | >4.0 | 20 |
| 中轻型商用客车 | | 5 |

④ 增值税：

$$增值税=(报关价+关税+消费税)×增值税率$$

各种进口车增值税税率均为 17%。

⑤ 其他费：除了上述费用之外，进口车价还包括通关、商检、仓储运输、银行、选装件价格、经销商、进口许可证等非关税措施造成的费用。

（2）物价指数法　物价指数法也叫价格指数法，是指根据已掌握的历年的价格指数，在二手车原始成本的基础上，通过现时物价指数确定其重置成本。

$$B = B_0 \times \frac{I}{I_0}$$

$$B = B_0 \times (1-\lambda)$$

式中，$B_0$ 为原始成本；$B$ 为重置成本；$I$ 为车辆评估时的物价指数；$I_0$ 为车辆当初购买时的物价指数；$\lambda$ 为车辆价格变动指数。

当被评估车辆已停产，或是进口车辆，无法找到现时市场价格时，物价指数法是一种很有用的方法，但应用时必须注意，一定要先检查被评估车辆的账面购买原价。如果购买原价不准确，则不能用物价指数法。

车辆价格变动指数是表示车辆历年价格变动趋势和速度的指标。选用时要选用国家统计部门、物价管理部门或行业协会定期发布和提供的数据，不能选用无依据、来源不明的数据。

**2．评估程序**

1）被评估资产一经确定即应根据该资产实体特征等基本情况，用现时（评估基准日）市价估算其重置全价。

2）确定被评估资产的已使用年限、尚可使用年限及总使用年限。

3）应用年限折旧法或其他方法估算资产的有形损耗和功能性损耗等。

4）估算确认被评估资产的净价。

### 7.7.5　旧机动车评估方法的选择

为了更好地选择评估方法，表 7-8 将四种旧机动车评估方法进行了比较，简单总结如下。

表 7-8　四种旧机动车评估方法比较

| 评估方法 | 现行市价法 | 收益现值法 | 清算价格法 | 重置成本法 |
|---|---|---|---|---|
| 适用范围 | 如果有条件,是使用最简单、快捷、方便的评估方法 | 有收益或潜在收益的评估 | 因受其适用条件的局限,主要适用于破产、抵押、停业清理的车辆 | 评估理论贴近旧机动车的实际,是最常用的旧机动车评估方法 |
| 优点 | 结果较准确,反映资产的现实价值;计算简单 | 结果较准确 | 简单,工作量小 | 实用性强,应用广泛,考虑因素比较全面 |
| 缺点 | 参照物难寻找,取决于旧机动车市场的发展 | 范围有限;收益率、贴现率和资本化率难确定,且受较强的主观化判断和未来的不可预见的因素的影响等 | 准确性难以把握 | 工作量大,成新率不是很准确 |

各种评估方法的区别与联系:

**1. 重置成本法与收益现值法**

重置成本法侧重对车辆过去使用状况的分析,是基于对历史的分析,再加上对现时的比较后得出结论。

如有形损耗就是基于被评估车辆的已使用年限和使用强度等来确定的。

如果没有对被评估车辆的历史判断和记录,那么运用重置成本法评估车辆的价值是不可能的。

收益现值法的评估要素完全基于对未来的分析,不考虑被评估车辆过去的情况怎样,不把被评估车辆已使用年限和使用程度作为评估基础。

收益现值法所考虑和侧重的是被评估对象未来能给予投资者带来多少收益。预期收益的测定是收益现值法的基础。预期收益越大,车辆的价值越大。

**2. 重置成本法与现行市价法**

重置成本法也是一种比较方法,侧重于性能方面。比如,评估一辆旧汽车,首先考虑重新购置一台全新的车辆需花多少成本;再考虑旧汽车的陈旧状况和功能、技术情况。

现行市价法侧重于价格分析,十分强调市场化程度。如果市场很活跃,参照物很容易取得,那么运用现行市价法所取得的结论就会更可靠。

运用重置成本法时,也许只需有一个或几个类似的参照物即可。但是运用现行市价法时,必须有更多的市场数据。

**3. 收益现值法与现行市价法**

现行市价法和收益现值法结合起来评估车辆的价值,是市场发达国家相当普遍的做法。

收益现值法中预期收益、折现率等的确定,都具有人的主观性。这些参数在运用收益现值法评估车辆价值时必须明确,在市场发达的地方,解决的方式便是寻求参照物,通过选择参照物,进一步计量其收益折现率及预期收益,然后将这些参照物数据比较有效地运用到被评估车辆上,以确定车辆的价值。

把收益现值法和现行市价法结合起来使用,其目的在于降低评估过程中的人为因素,更好地反映客观实际,从而使车辆的评估更能体现市场观点。

**4. 清算价格法与现行市价法**

清算价格法与现行市价法都是基于现行市场价格确定车辆价格的方法。

利用现行市价法确定的车辆价格,如果被购买者接受,而不被出售者接受,出售者有权拒绝交易。

利用清算价格法确定的清算价格，若不能被买方接受，清算价格就失去了意义。

利用清算价格进行的评估，是站在购买方立场上的评估。

## 7.8 旧车服务新技术与方法

### 7.8.1 我国旧车交易新方法

目前，国内旧车的经营大部分是通过各地旧车市场内的经纪公司来完成的。但是旧车的消费者对当前局面并不满意，除旧车市场本身的不成熟、不完善外，还与中介经营的特点和从业人员整体素质不高有着直接关系。近几年我国旧车交易出现了几种新模式。

**1. 旧车连锁经营成为主流模式**

在汽车领域，汽车后市场的连锁经营已经相对发达和成熟，旧车行业也开始了它连锁经营之旅。旧车市场的特点、市场环境和产品本身就决定了它的连锁经营之路。旧车没有标准产品，每辆车就是一款产品，区域间可以交易，流动性极强。目前市面上也没有强势的旧车经营商，普遍是规模较小、信誉度不高、服务质量较低的经纪公司，市场急需一个强势的、品牌化的、值得信赖的经营主体，因此旧车连锁经营应运而生。连锁经营不仅可以有效解决当前存在的问题，也更顺应旧车市场发展的特点和趋势。此外，连锁经营体系的规模力量，连锁经营体系因规模大、资源丰富，可以为后期的产品体系和价值链上的产品开发提供强大的渠道资源和服务优势。那么可以想象，在旧车连锁体系上能够开发的汽车价值链上的产品潜力很大。汽车保险、旧车贷款、售后服务、汽车用品等，都存在较大的可能。

**2. 建立品牌旧车专卖店**

品牌旧车成为传统旧车市场的补充形式，是一种逼迫传统旧车市场升级的有效方式，建立品牌专卖店的必要性有以下几点原因：

1）消费者在传统旧车市场购车时，对车况有所顾虑，相对而言，品牌旧车有汽车生产厂做保障、名声较好，消费者也更信得过。

2）传统旧车服务理念、服务态度、服务水平较差，而品牌旧车专卖店则带给消费者全新的服务感受。

3）消费者在传统旧车市场购车，基本没有任何售后保障，而品牌认证旧车的售后质保策略则免去了众多消费者的顾虑。

4）收车价格较低，传统旧车市场的收车商户报价都是非常低的，众多售车人都感觉到自己车卖得并不满意，当前市场品牌旧车的收车价格一般都相对较高，并且品牌旧车经营店还有4S店置换车源保障。

**3. 发展旧车网上交易**

与传统的旧车交易方式相比较，旧车网上交易打破了时间和地域的限制，使待售旧车的信息可以即时更新，而远程的拍卖系统使得经销商或者个人足不出户就可以参与旧车购买。更为重要的是，网上销售是通过虚拟的旧车交易平台进行的，在很大程度上减少了资本投入及运营成本。此外，网上销售还极大地加快了旧车的流通速度。

#### 4. 完善旧车拍卖制度

旧车拍卖作为一种透明的、高效的交易和流通方式，在欧美日发达国家比较成熟，在旧车交易中占有很大比例，但主要是 B2B 模式，是大规模的批发模式；而国内的旧车拍卖现阶段普遍采用的是零售模式，即 B2C 模式，是经销商与终端客户之间的交易。对旧车进行拍卖，有利于价格的透明合理化，诚信和售后服务问题得到了更明确的保障，而且其车辆的来源和车况等问题都是可以让消费者放心的。可以说旧车拍卖是一种合理、规范、成熟的方式。随着中国旧车市场的发展，旧车拍卖将会成为主流，越来越多的车商将投入到这样的活动方式中，消费者也会越来越认同这种方式。

### 7.8.2 旧车服务行业的 O2O 商业模式

O2O 是电子商务发展过程中形成的一种线上和线下商业相互关联和结合的一种新的电子商务模式。O2O 狭义的概念是指把线上的消费者带到现实的商店中去，或者让线下的消费者在线下订单完成购买的商业模式。主要包括两种模式：一是（online to offline）在线上购买产品或者服务，再到线下企业去使用；二是（offline to online）通过线下实体店体验并选好商品，然后通过线上下单来购买商品。与传统电子商务的"电子商务平台下单+线下物流配送"模式不同，O2O 模式大多采用"电子商务平台下单+实体店体验"模式，消费者可以通过网站比价后在 O2O 平台下单支付，然后到实体店体验消费。

庞大的网民基础和互联网应用习惯，为旧车服务行业电子商务发展奠定了基础；互联网技术的进步为旧车服务行业开辟了新的出路，同时发展线下和线上业务是大势所趋，旧车服务行业线上电商化加速发展。同时，近年来随着电子商务规模在整个市场中的不断扩大，对以线下销售为主的企业造成一定影响，并且各大电商平台加大平台开放力度，更多的商家与代理商入驻电商平台。受到电子商务大发展的影响，各个行业都力求创新。传统旧车服务行业需要将自身的线下优势与互联网的线上资源有效整合，所以 O2O 电子商务模式将成为旧车服务企业转型的一个大方向。

通过采用 O2O 的模式，可以弥补传统实体店靠天吃饭、经营不灵活、服务半径短、用户获取渠道匮乏和营销推广渠道欠缺的不足。旧车服务企业通过线上线下相互补充，实现线上线下同价，通过降低物流、场地和营业人员的费用，可以减少企业的经营成本，同时 O2O 的商业模式也为更多的顾客带来了方便。

社交网络营销是基于社交网络（微信、微博、论坛等）的营销渠道。移动互联网的发展进一步放大了社交媒体的营销价值，有效地降低了企业的营销成本，还可以达到对目标用户的精准投放。传统营销包括 DM（Direct Mail）投放、短信、媒体宣传等营销手段，对于企业的品牌宣传和认可度起到关键作用。旧车服务行业 O2O 平台业务流程架构大致为：

1）CRM（客户关系管理）系统按照客户细分情况有效地组织企业资源，培养以客户为中心的经营行为以及实施以客户为中心的业务流程，并以此为手段来提高企业的获利能力、收入以及客户满意度。旧车服务 O2O 平台的 CRM 实现的是基于服务商细分的一对一跟踪和运营，通过这样的 CRM 手段来提高利润。O2O 平台市场人员通过 DM 投放、短信和微信公众账号、微博推广、媒体宣传、电话营销等方式，针对目标消费者进行 O2O 平台的推广，引导消费者注册。

2）O2O 平台通过读取已经注册的会员的车型信息，可以建立消费者需求档案，为之后的个性化推广做准备。之后通过 CRM 系统分配将会员分配至不同区域，会员将能通过 O2O 平台进行地域检索，获得所需区域的旧车服务信息。同时 O2O 平台可以基于在线地址来判断客户的地域服务需求，做到精准推荐服务。

3）O2O 平台服务商推广人员针对旧车服务企业，通过 DM 投放、线下拜访、短信和微信公众账号、微博推广、媒体宣传、电话营销等线上和线下推广方式，进行 O2O 平台旧车服务企业加盟推广。加盟服务商需经过 O2O 平台审核后加盟成为平台服务提供商。通过 CRM 系统分配仓库及业务运营人员，再通过 O2O 平台 CRM 系统判定地址后，将旧车服务企业与会员地域相关联，可以基于 LBS 系统对会员进行精准服务推送。会员下订单后，旧车服务企业提供商品或者服务，平台收取服务费。通过 O2O 平台可以有效地把旧车服务企业和消费者进行串联，将旧车服务企业的触手延伸，使用互联网工具可以有效和精准地对消费者进行推广投放，实现销售增长的目的。

## 7.9　案例分析

本节将通过案例分析帮助读者更好地理解车辆的损耗与贬值以及旧机动车评估的概念。

### 车辆的损耗与贬值案例

**案例一：** 李某的司机驾驶奔驰 S600 型汽车发生交通事故，公安交管部门认定对方司机华某应对此次事故承担全部责任。事发后奔驰车经维修花去李某 5 万余元。李某认为，奔驰车被撞严重受损，虽然车已修好，但该车会因此而贬值。随即将肇事司机及车主起诉到法院，将保险公司列为第三人，要求两被告及保险公司赔偿汽车修理费等费用，并要求两位被告赔偿车辆贬值费 20 万元及评估鉴定费 8000 元。法院受理了此案。法院认为，民事侵权赔偿以赔偿全部损失为原则。原告的车辆由于交通事故受到损害，虽然已得到修理，但车辆的安全性、驾驶性能降低，车辆自身的价值在事故后也发生了实际意义上的贬值，给原告造成的损失是客观存在的事实。而且，在汽车交易时，相同条件下，发生过交通事故的车辆，显然价值比无事故车辆要低。这一价值的差额应是车辆的直接损失，应该属于民法的损失范畴，受害人的权益应该得到保护，受害人要求过错车主赔偿"车辆贬值费"的请求在法律上应被支持。法院一审认定，被撞车辆虽经修理，但车辆贬值损失客观存在，判决被告赔偿原告评估车辆贬值费及鉴定费等共计 19.91 万元，第三人保险公司赔偿汽车维修费等 5 万余元。

**案例二：** 上海陈女士的车辆在三车追尾事故中受损。修复还原后，陈女士聘请了上海二手车咨询服务有限公司为其车辆进行了有关评估，陈女士发现，维修后车辆贬值竟达 4 万余元，因此要求肇事车辆单位赔偿车辆贬值费，并提起诉讼。一审中，法院并没有支持陈女士提出的车辆贬值费和评估鉴定费的诉讼请求。法院认为，法律上之恢复原状，其内涵为恢复应有状况，而非绝对的原有状况。陈女士的 PoLo 车经修理恢复原来的形状、颜色与性能，已是恢复了应有状况。PoLo 车已经恢复了原形（修理厂应该保证达到规定技术标准）并能正常驾驶；贬值费这类商业价值差额只在出卖汽车的情况下才会发生，故该差额之赔偿必以汽车出卖为条件，车辆若不出卖仍保留自用，则无贬值损失可言。陈女士就贬值主张赔偿，缺乏事实依据，因此被告方无须承担这笔费用。陈女士对一审的判决表示不服，提出了上诉。最后上海市一中院对本市首例车辆贬值费案做出终审判决，车主陈女士的诉讼请求未获支持。

**分析**：在这两起官司中，法院为什么采取截然不同的判断方式呢？究其原因，主要是上诉人对贬损价值概念缺少了解，加之评估鉴定人员本身对贬值内涵及形成过程模糊不清，导致法官做出上述判断。

事故修复车辆的贬值，究竟是何概念？是否只有交易时才会发生？我们应从多个方面来分析贬值这一概念。

首先，什么样的修复车辆需要考虑贬值。是否车辆被撞后修复，都会发生贬值呢？我们从三个方面分析这个问题：

一是经济学价值对等原理。评判车辆是否贬值，事故前后整车成新率应该一致。但一般情况下，非全新车辆发生事故后，所更换的机配件按技术要求或保险赔付，都是采用全新配件方式修复车辆。赔付费用时，由于未扣减配件成新率，修复后的整车价值，从理论上看，会出现价值不对等或者说车辆"溢价"，即大于修复前车辆价格，从价值对等的角度讲，明显对赔付人或利益相关人不公，显然，这样的车辆不能考虑贬值。

二是从物理学机械原理来讲，汽车许多机件之间属于往复运动紧密配合，即便采用全新配件更换方式修理，经修复还原重新组合后的车辆新老配件之间，有时会因磨损程度的不一致，导致安装瑕疵、机件加速损耗等。也就是说，以更新全新配件的修理方式还原车辆，机件贬值也有可能客观存在。但上述磨损导致的贬值，考虑机动车强制报废特点，一般而言在车辆使用周期内，可以忽略不计。

三是从金属结构力学原理看，若采用修复还原方式恢复机配件，金属件机配件自身的结构有可能会有一定损伤，如应力分配、晶体排列结构、材质等会发生改变。但以覆盖、保持外形功能为主的机配件，在车辆使用周期内，其主要功能不会产生较大影响。最可能的贬值是材质局部变化导致的配件加速折旧。

不难看出，非全新车辆发生交通事故修复后，因修复全部采用全新配件，车辆会产生"溢价"，谈不上贬值；如果修复事故车辆部分采用全新配件，部分采用修复还原方式，则要看"溢价"是否大于可计算修复配件加速折旧贬值额，折旧贬值额小于或等于车辆"溢价"时，从评估理论来说，车辆不会发生价值贬值。所以可以得出结论：非全新车辆发生事故修复后，不一定都存在价值贬值。

其次，车辆贬值具体由哪几方面构成。

二手车评估理论中，评定交易二手车，市场收购几乎都采用快速折旧方式。事故还原车辆，评估鉴定人员则在快速折旧基础上采取扣分减值的折价方式，即根据不同修理部位，扣减不同分值，这些分值相加后作为整车区别非事故车减值依据。同一款车、同样的使用条件，是否为事故车辆，其价值不同。久而久之人们形成思维定式，车辆只要发生过交通事故，二手车交易时必然会产生价值贬值。毫无例外，这个贬值也包含了正常交易贬值。案例二中两级法院未支持陈女士的诉讼请求，主要原因是对交易时的车辆贬值等同于车辆物理性贬值的不认同。

事故车辆的贬值一般包含以下内容：

一是金属机件本身的物理性改变所引发的车辆贬值。机动车辆为保持一定强度，结构上大部分采用了金属件。当发生事故，车辆变形后，修复时，若机配件未做更换，而是通过加温、焊接、加压、拉伸、敲击等外力加工方式恢复机配件原貌，金属机件通常会改变原有金属结构、预应力分配方向、原有设计意图等。表现出机配件物理性能上的损失，如原设计功能的部分缺陷，机配件原有正常使用寿命的减少或加速老化折旧等。

二是修复后的机配件在整体配合上的缺陷可能带来的车辆贬值。如轿车为承载式车身，采用切割、焊接方式修理车身局部，车身原有应力分配及原有设计意图都会改变。行驶系的固定点相关联部位的修复，也有可能导致车辆加剧振动破坏、轮胎磨损等。

三是交易时保值率不高的车辆卖方市场变现风险、收购方利润差价的转移，导致车辆加速贬值。事故车辆的贬值，应该说主要来自于车辆物理性的贬值。在进行二手车交易时，判断是否为事故车辆，也主要是考虑车辆物理性能上的差异。但由于国内二手车市场还不是很完善，二手车公司的盈利模式较为单一，要转嫁经营风险。对一些未发生事故的保值率不高的车辆，交易时也必须对车辆加速贬值。对于事故车来说，通常理解的车辆贬值，用交易作为条件就无形中包含了静态物理性贬值和非事故车辆动态交易贬值。

四是因缺乏鉴定评估规范，人为操作带来的评估差价。同一辆车，不同的评估鉴定人员，鉴定时价格可能不同；同一评估鉴定人员，用不同的方法评估鉴定，车辆价格差异也会很大。如一辆10万元的车，按10年报废期算，已使用2年，同一基准日或时点鉴定评估，用直线折旧成本法计算，车辆价值8万。用市场法或加速折旧成本法计算，车价在6.4万左右。

因此在鉴定事故车辆贬值时，若先采用直线折旧方式推算事故前车辆价值，用收购时双倍余额折旧评估事故后车辆价值，再用上述的贬值加和，要求肇事方或责任方赔偿，显然是扩大了贬值概念，转嫁了车辆交易风险。

**旧机动车评估案例**

**雪佛兰爱唯欧评估实例**

此次评估的车型是雪佛兰爱唯欧，二手车价值的估价通常有如下几种方法，这也是目前业内从业者经常使用的一些方法，不过结合他们各自多年的工作经验，肯定都会有一些适合自己的估价方式和常规方法。下面介绍的是关于雪佛兰爱唯欧所有估价判断方法最基础、最核心的部分，也适用于正常使用流通的常规二手车。

**常用方法之——重置成本法**

重置成本是指最大限度地参考所要评估对象的新车价格，如果同款式新车停产，则要参考同品牌相近车型的新车价格，然后再结合使用年限、使用情况、手续情况等因素，利用折算公式折算出现时价格。一般来讲，一辆车一年之内二手车价格较其新车价格相比损失20%左右，一年之后按每年折价10%来进行计算。

**常用方法之——现行估价法**

现行估价法是指以同款式、同年份、同使用期限的车辆在二手车市场上的平均价格为基础，再考虑所评估车辆的现时技术状况评定系数，以平均价格乘以系数，从而判定车辆价格。这种方法是最贴近于市场真实价格的方法，不过有一个前提条件是要具备大量的市场真实交易数据作为样本，这样的平均价格更具代表性。目前市面上提供专业全国二手车价格数据样本的机构不多。不过需要注意的是，用这种方法判断一些偏门车型的价格会有难度，特殊车辆则需特殊对待，不可较真。

**常用方法之——收益现值法**

这种方法不适用于我们日常消费者使用，大部分营运下线或者具有集体赢利属性的车辆一般按此方法折价。收益现值法是指根据车辆未来预期获利能力的大小，将其折现或者资本化。

在实际市场交易环节，大部分人都会将重置成本法和现行估价法相结合，同时再根据车辆使用情况、事故情况、车辆手续情况、二手车市场供需情况、新车市场表现等综合分析对比，得出最符合二手车价值的合理价格。虽然看上去烦琐，事实上消费者只需要多动动脑筋，多搜集学习资料，购买二手车的时候风险就会降低很多，也只有前期多费心，后期才能更省心。

### 收益现值法评估二手车

某人拟购置一台较新的雪佛兰爱唯欧用作个体出租车经营使用，经调查得到以下各数据和情况：车辆登记之日是 2007 年 4 月，已行驶公里数 1.3 万千米，目前车况良好，能正常运行。如用于出租使用，全年可出勤 300 天，每天平均毛收入 450 元。评估基准日是 2009 年 2 月。试用收益现值法估算该车的价值。

从车辆登记之日起至评估基准日止，车辆投入运行已 2 年。从行驶公里数、车辆外观和发动机等技术状况看来，该车辆原投入出租营运，还在正常使用、维护之列。根据国家有关规定和车辆状况，车辆剩余使用寿命为 6 年。

预期收益额的确定思路是：将一年的毛收入减去车辆使用的各种税和费用，包括驾驶人员的劳务费等，以计算其税后纯利润。

根据目前银行储蓄年利率、国家债券、行业收益等情况，确定资金预期收益率为 15%，风险报酬率 5%，具体计算步骤如下：

1. 确定车辆的剩余使用年限 6 年
2. 估测车辆的预期收益：
（1）预计年收入：450×300＝13.5 万元
（2）预计年支出：
① 每天耗油量 75 元，年耗油量为 75×300＝2.25 万元。
② 日常维修费 1.2 万元。
③ 平均大修费用 0.8 万元。
④ 牌照、保险等各种规费、杂费 3.0 万元。
⑤ 人员劳务费 1.5 万元。
⑥ 出租车标付费 0.6 万元。
⑦ 年毛收入为：13.5-2.25-1.2-0.8-3.0-1.5-0.6＝4.15 万元
⑧ 按《个人所得税法实施条例》规定，年收入在 3～5 万元之间，应缴纳所得税率为 30%。

故车辆的年纯收益额为　4.15×(1-30%)＝2.9 万元

3. 确定车辆的折现率

该车剩余使用寿命为 6 年，预计资金收益率为 15%，再加上风险率 5%，故折现率为 20%。

4. 计算车辆的评估值

假设每年的纯收入相同，则由收益现值法公式求得收益现值，即评估值。

### 现行市价法评估二手车

2010 年 10 月在沈阳二手车市场预购一台桑塔纳 2000 时代超人 GSI 轿车，评估人员收集了两辆参照车辆的技术经济参数。该车及参照车辆的技术经济参数见表7-9。

表7-9 被评估车辆与参照车辆的有关技术经济参数

| 序号 | 技术经济参数 | 参照车辆A | 参照车辆B | 标的车 |
|---|---|---|---|---|
| 1 | 车型 | 桑塔纳2000时代超人GSI | 桑塔纳2000时代超人GSI | 桑塔纳2000时代超人GSI |
| 2 | 销售条件 | 公开市场 | 公开市场 | 公开市场 |
| 3 | 行驶里程 | 11万千米 | 10万千米 | 12万千米 |
| 4 | 上牌时间 | 2006年5月 | 2006年6月 | 2006年9月 |
| 5 | 技术状况 | 良好 | 良好 | 良好 |
| 6 | 交易地点 | 沈阳 | 沈阳 | 沈阳 |
| 7 | 付款方式 | 现金 | 现金 | 现金 |
| 8 | 交易时间 | 2010年8月 | 2010年9月 | 2010年10月 |
| 9 | 成新率 | 75% | 74% | 待确定 |
| 10 | 规定使用年限 | 15年 | 15年 | 15年 |
| 11 | 物价指数 | 1.02 | 1.02 | 1.03 |
| 12 | 交易价格 | 108000元 | 107000元 | 待评估 |

评估步骤如下：

（1）技术检测 通过静态检测起动发动机运转平稳，无明显异响。表面无明显划痕，车内设备齐全并且功能良好，车辆内部干净整洁。通过动态检查经过试驾，车辆动力性能良好，爬坡有力，综合性能良好。

（2）确定标的车成新率 根据以上检测结果，分析认为，该车整体技术状况良好，其使用年限与车辆的技术状况相吻合，故可采用使用年限法计算成新率$C_y$。

$$C_y = (1-Y/Y_g) \times 100\% = (1-4/15) \times 100\% = 73\%$$

（3）以参考车辆A为参照车辆做各项差异量化和调整

① 结构性能差异量化与调整。参照车辆A车身为老式内饰，被评估车辆为新式内饰，在评估基准时点，该项结构价格差异为5000元。该项量化调整值为

$$5000元 \times 73\% = 3650元$$

② 销售时间差异量化与调整。参照车辆A成交时物价指数$I_0$为1.02，被评估二手车评估时物价指数$I_1$为1.03，该项物价指数调整值$l$为

$$l = \frac{I_1}{I_0} = \frac{1.03}{1.02} \approx 1.01$$

③ 新旧程度差异量化与调整。该项调整值为

$$108000元 \times (73\% - 75\%) = -2160元$$

④ 销售数量与付款方式无差异，不用量化和调整。

⑤ 以参照车辆A为参照车辆时，被评估二手车的评估值$P_1$为

$$P_1 = (108000 + 3650 - 2160)元 \times 1.01 = 110584.9元$$

（4）以参照车辆B为参照车辆做各项差异量化和调整

① 结构性能差异量化与调整。参照车辆B与标的车的车型相同，该项调整值为0元。

② 新旧程度差异量化与调整。该项调整值为

$$107000元 \times (73\% - 74\%) = -1070元$$

③ 销售时间、数量和付款方式无差异，不用量化和调整。

④ 计算以参照车辆 B 为参照车辆时,被评估二手车的评估值 $P_2$ 为
$$P_2 = 107000 \text{ 元} - 1070 \text{ 元} = 105930 \text{ 元}$$

由于两辆参照车辆与被评估的二手车交易地点相同,且成新率、已使用年限、交易时间等均相接近,故可采用算术平均法计算被评估二手车评估值 $P$,即
$$P = \frac{P_1 + P_2}{2} = \frac{110584.9 \text{ 元} + 105930 \text{ 元}}{2} = 108257.45 \text{ 元}$$

# 第8章

# 汽车服务其他相关内容

## 8.1 汽车信息与咨询服务

### 8.1.1 汽车交通信息系统

汽车交通信息系统旨在整合交通信息资源，通过互联网、手机、GPS导航、交通广播等媒介，为汽车驾驶人员提供完善的出行信息服务，为政府管理提供决策支持，为运输经营人员提供信息参考。

**1. 汽车导航信息系统**

汽车导航信息系统是智能运输系统（ITS）的一个重要组成部分，尤其是汽车定位导航系统（GPS）在生活中应用已非常广泛，如图8-1所示。虽然GPS系统最初是因军事目的而建立的，但很快在民用方面得到了极大的发展。通过商业通信卫星，把GPS应用到车辆导航上面，为汽车驾车人指路，就形成车载导航系统。传统的地图常常不能实时更新，又难以辨认，往往使得驾驶人无法获得准确的指令。所以，能够利用卫星信号为汽车准确而又及时导航定位的卫星导航系统应运而生了。

图8-1 汽车导航系统

汽车GPS导航系统由两部分组成，一部分由安装在汽车上的GPS接收机和显示设备组成，另一部分由计算机控制中心组成，两部分通过定位卫星进行联系。计算机控制中心是由机动车管理部门授权和组建的，它负责随时观察辖区内指定监控的汽车的动态和交通情况。因此，整个汽车导航系统起码有两大功能：一个功能是汽车踪迹监控功能，只要将已编码的GPS接收装置安装在汽车上，该汽车无论行驶到任何地方，都可以通过计算机控制中心的电子地图指出它的所在方位；另一个功能是驾驶指南功能，车主可以将各个地区的交通线路电子图存储在软盘上，只要在车上接收装置中插入软盘，显示屏上就会立即显示出该车所在地区的位置的交通状态，既可输入目的地，预先编制出最佳行驶路线，又可接受计算机控制中心的指令，选择汽车行驶的路线和方向。

车载导航系统除了可以用来指路导航之外，还可以发展出许多其他的用途，比如寻找附近的加油站、自助提款机、酒店或者其他一些商店，有的还可以指导如何避开危险地区或者交通堵塞路段。大多数的车载导航系统利用视觉显示系统作为人机交流的接口,有些则提供语音系统,让人们直接与导航系统对话,用语音来提醒驾驶人何时转弯,何时退出高速公路等;有的可以提供一个行经路线的地图,以便回程之用;有的车载导航系统可以有不同的语言显示;有的可以提示当地的限速、路况和本车速度、估计到达目的地的时间等。

2. 紧急救援信息系统

目前,各种公路交通事故情况复杂,突发性强,覆盖面广,紧急救援活动又涉及从高层管理到基层人员各个层面,从交通、公安、医疗到环保等不同领域,解决这些问题的唯一途径是建立科学、完善的紧急救援体系和实施规范有序的标准化运作程序,从而达到紧急救援的目的。

(1) **构建紧急救援体系**　一个完备的交通事故紧急救援体系由四个部分构成,即法律基础、组织机制、运作机制和支援保障。

法律法规体系的建设是紧急救援体系的基础和保障,也是开展各种紧急救援工作的依据,在当前我国重特大交通事故不断发生的情况下显得尤为重要;紧急救援涉及诸多部门,例如公路管理局、交通警察部门、消防部门、医疗急救部门等。各部门的紧密配合、协调工作是处理紧急事故的基本条件,构建一套高效、快捷的紧急救援组织机制非常重要;紧急的救援活动可分为救援准备、救援执行和救援恢复。救援运作机制与救援活动紧密相关;支援保障系统包括信息通信保障、物资装备保障和救援预案保障,高效的支援保障系统能够保障紧急事故的圆满解决。

(2) **紧急救援管理**　紧急救援管理包括紧急救援管理的目的和紧急救援管理需要采取的管理行为。因此,紧急救援管理有控制和制约的双层含义,也就是个人或组织通过监测、预警、准备、反应、恢复、总结等措施,控制和限制交通事故危害的发展,降低损失,预防二次事故,并减少因交通事故造成的交通拥堵和延误,确保交通安全、畅通,提高交通运输效率,降低事故间接损失。

3. 交通诱导系统

交通诱导系统是 ITS 的重要组成部分及关键技术之一,是基于电子、计算机、网络和通信等现代技术,根据出行者的起讫点向其提供最优路径引导指令,或是通过获得实时交通信息帮助道路使用者找到一条从出发点到目的地的最优路径。这种系统的特点是把人、车、路综合起来考虑,通过诱导道路使用者的出行行为来改善路面交通系统,防止交通阻塞的发生,减少车辆在道路上的逗留时间,并且最终实现交通流在路网中各个路段上的合理分配。

(1) **交通诱导系统的主要作用**　交通诱导系统的核心是交通管理中心,管理中心通过城市交通控制系统对城市交叉口信号灯配时进行控制,并通过与子系统的信息共享,将信号发给子系统,借助多种手段,实现诱导交通信息与其他参与者共享。对于出行者而言,交通诱导系统可以为驾驶人提供实时的交通流状况、交通事故和气候条件等信息,并且可以为出行者提供一条最优的出行路径。对于计划出行的人,诱导系统可以为其提供出行前的信息服务。

(2) **交通诱导系统的组成**　交通诱导系统(图 8-2)一般由三个部分组成:交通信息

控制中心、通信系统、交通诱导信息发布系统。

交通信息控制中心负责从交通网络中收集各种实时的交通信息，并进行信息处理。通过交通信息采集单元，对系统所需原始数据进行采集，如道路现状、交通流量、交通流速、道路占有率等，并形成交通信息数据库，供诱导信息生成模块和 UTFGS（智能化城市交通诱导系统）的其他子系统共同使用。交通信息采集单元的核心是信息检测器，主要种类有电感环检测器、超声波检测器、红外检测器、雷达检测器、视频检测器等。交通信息控制中心的另外一个重要部分是信息处理与控制模块，主要是完成本子系统的数据获取、数据处理、诱导方案的制定、数据存储等功能。交通诱导信息处理与控制计算机设置在指挥中心和分中心的大厅的控制台上，对经过工作人员人工确认后的交通信息和指挥管理信息进行接收、处理、输入或发布信息，向车载终端、电台、电视台和互联网发布交通诱导信息，设置交通信息板和交通诱导屏的显示参数等。

通信系统负责信息控制中心与道路上车辆之间的数据交换。通常控制信息与诱导信息的传输，可以通过有线传输和无线传输两种方式来进行。对于有线 IP/RS232 通信方式，要求统筹考虑，采用复用光端机的方法，利用光纤就可以将前端设备与交通指挥中心或分控中心连接起来。对于无线传输方式，无线通信支持移动终端或路口设备的无线数据网。

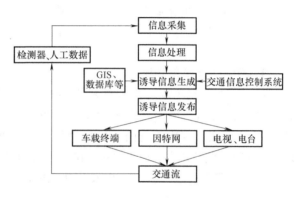

图 8-2　交通诱导系统

交通诱导信息发布，主要是指通过车载终端、电台及电视台、因特网、外场诱导显示设备（可变交通信息板和交通诱导显示屏）把交通诱导信息发布出去。

## 8.1.2　汽车发展资讯

**1. 我国汽车工业发展现状和发展前景**

据中国汽车工业协会统计，2016 年我国汽车产销总量增长较快，产销总量再创历史新高，全年汽车产销分别完成 2811.9 万辆和 2802.8 万辆，比上年同期分别增长 14.76% 和 13.7%，高于上年同期 11.5 和 9.0 个百分点。

我国的整车行业在经历了近十年的快速发展之后，回归到稳定增长状态。从中长期来看，以国家政策为导向的市场消费需求影响相对短暂，并且由于汽车工业对 GDP 的增长贡献度较高，其对经济有巨大的拉动作用，在稳定增长的前提下，刺激或抑制汽车行业的政策均较难出台，而地方性限购政策对汽车行业整体销量的影响有限，故社会经济的持续发展是汽车工业持续增长的决定性因素。

一方面，收入水平方面。我国人均可支配收入水平呈现持续、平稳增长的态势，不会出现急剧的增加或减少。中国仍处于汽车普及期，保有量偏低、刚性需求快速提升的二三线地区为汽车销量增长提供空间。截至 2017 年 3 月底，全国汽车保有量达 2 亿辆，而北京、上海、广州、深圳、重庆等 46 个一线城市与部分二线城市汽车保有量达 6000 万辆，占比全国汽车保有量的 1/3，二三线城市仍有较大的市场空间。

另一方面，在改善性、强制性报废及个性化购车需求驱动下，SUV、豪华车和新能源汽车等中高端细分市场增长高于行业平均水平，汽车消费升级趋势将会越发明显。以 SUV 为例，我国 SUV 销量由 2007 年 35.74 万辆增长至 2016 年 893.53 万辆，10 年年均复合增长率为 43.00%。

我国汽车行业高速发展的同时，也带来了诸如交通、环保、能源等一系列社会问题，在国家越来越重视节约资源、节能减排和循环经济的政策指引下，汽车轻量化以及新能源汽车成为我国汽车行业发展的新方向。

### 2. 汽车轻量化

汽车车身约占汽车总重量的 30%。据中国汽车工业协会统计，空载情况下，约 70% 的油耗用在车身重量上，若汽车整车重量降低 10%，燃油效率可提高 6%~8%；整车重量每减少 100 千克，其百公里油耗可减低 0.4~1.0 升，二氧化碳排放量也将相应减少 7.5~12.5 克/千米。汽车轻量化后车辆加速性提高，车辆控制稳定性、噪音、振动方面也均有改善。因此，车身重量的降低将对整车的燃油经济性、车辆控制稳定性、减少废气排放都有显著效果。

### 3. 新能源汽车市场潜力巨大

随着新能源汽车制造技术的逐步成熟，其销量也逐步上升。据中国汽车工业协会统计，2013 年度，我国新能源汽车销量仅为 1.76 万辆；而在 2014 年度，我国新能源汽车销量已增至 7.48 万辆，仅次于美国，位列世界第二；2015 年 1~9 月，我国新能源汽车销量达到 13.67 万辆，同比增长 230%。随着国家对新能源汽车各项扶持政策的推出，消费者对新能源汽车认知程度的逐步提高，以及公共充电设施的不断完善，新能源汽车必将迎来其发展的高速期。

### 4. 我国汽车产业发展战略

1）注重市场需求。世界汽车需求经历了三次大的转变，而美国、欧洲和日本正是成功把握了市场需求，成为三次汽车产业变迁的霸主。居民财产性收入增多，人均收入层次性强，使得目前的中国汽车消费市场庞大而有层次性。汽车业的发展可以顺应这种层次性，针对不同需求投放不同档次的汽车，利用汽车的多档次，将不同层次的潜在需求转化为现实需求。

2）制定新能源汽车发展规划，鼓励节能减排，降低环境污染。在哥本哈根召开的联合国气候变化大会提出"低碳"理念，为了履行一个国际大国的责任，我国承诺：到 2020 年中国单位国内生产总值二氧化碳排放比 2005 年低 40%~45%。因此，要推行更为严格的燃油标准，从财税、金融等政策上，鼓励和支持汽车企业研发更优良的低碳排放技术，大力支持可再生能源（风电、光伏、核能、生物燃料）的研发和工程化，引导开发混合动力车、新能源汽车。

3）逐步融入全球汽车制造分工体系。集中力量培育具有比较优势的产品，逐步融入全球汽车产业的全球采购、制造、销售、研发体系。

4）创造有利于提高汽车产业国际竞争力的国内竞争环境。应给予不同性质的企业以平等的市场竞争机会，通过优胜劣汰的市场竞争过程，带动我国汽车产业和国际竞争力的根本提高。

5）健全汽车产业的服务体系，培育理性的汽车消费市场，改善汽车的消费环境。一是完善城乡交通基础设施建设。二是鼓励建立专业汽车金融服务公司，健全汽车保险、金融、信贷市场。三是完善对缺陷汽车产品的召回制度。四是建立全国统一、开放的汽车销售市场，禁止区域间价格歧视。五是规范与完善二手车市场。

### 8.1.3 汽车广告信息服务

汽车广告的立足点是企业。做广告是企业向广大消费者宣传其产品用途、产品质量，展示企业形象的商业手段。在这种商业手段的运营中，企业和消费者都将受益。企业靠广告推销产品，消费者靠广告指导自己的购买行为。无论是传统媒介，还是网络传播，带给人们的广告信息为其提供了非常方便的购物指南。因此，在当前的信息时代，我国的汽车企业应运用多种媒体做广告，宣传本企业的产品，否则会贻误时机。

**1. 汽车广告的类型**

汽车广告类型比较多，形式多样。通常主要有杂志广告、电视广告、报纸广告、路牌广告、网络广告、电影广告、电话广告、霓虹灯广告、车上广告、邮递广告等。其中，报纸上的广告有整车、车类商标及车胎、汽油等各种车用零部件的广告，也有轿车、出租车、运货车的广告；杂志上的广告一般位于杂志的封面或封底；车上广告是近期流行的一种广告类型。

**2. 汽车广告的策划**

（1）**汽车广告调查和市场分析**　明确汽车销售企业整体营销对汽车广告提出的要求，摆正市场位置，并对广告的车型和服务进行深入了解和研究。

（2）**确定汽车广告目标**　确定本广告计划达到的目标，由汽车各部门共同决定，并确定本广告中最重要的问题。

（3）**制定汽车广告策略**　汽车广告策略包括汽车广告定位、汽车广告创意、汽车广告文案等内容。

（4）**选择汽车广告媒体**　根据不同媒体各自的特点，选择相应的媒体有效传播特定的广告内容。

（5）**确定汽车广告预算**　广告预算需要汽车销售企业营销部门、财务部门一起确定汽车广告预算总投资，进而对汽车广告费进行具体的预算分配。

（6）**汽车广告实施计划**　为取得理性的汽车广告效果，必须对各种媒体、表现方式、地区、时机等进行多方面研究，从而实现汽车广告的目标。

（7）**汽车广告的效果预测和监控**　在汽车广告策划和实施过程中，要及时地进行信息反馈，经常对汽车广告效果进行科学准确的分析，以调整汽车广告整体策划。

## 8.2 汽车文化服务

### 8.2.1 汽车展览

汽车展览是由政府机构、专业协会或主流媒体等组织，在专业展馆或会场中心进行的汽车产品展示展销会或汽车行业经贸交易会、博览会等。如今的汽车展览不仅是汽车相关专家人士的舞台，而且具有浓郁的汽车文化气息。消费者在汽车展览上能够体会到汽车工艺的精美与汽车产品的丰富，经由汽车展览会场所展示的汽车或汽车相关产品，可以看到汽车制造工业的发展动向与时代脉动。

**1. 汽车展览策划**

（1）**选定展览时间和地点** 展览的规模也限制着地点和时间，可以根据展览的规模和内容特点灵活选择展览的地点和时间，可以是露天，也可以在室内。

（2）**确定展览会的主题等相关内容** 展览会展品可以是多个汽车品牌，也可以是单一的汽车品牌，可以按自己的想法来定，进而确定相关主题，促进展览会的举办。

（3）**选定相关的责任人员安排任务** 其中主要包括对汽车展览的宣传人员、迎宾礼仪人员、汽车介绍人员、秩序维护人员和顾客预定的业务人员等，真正做到分工明确、责任到位。

（4）**确定预算** 有计划地分配资金，列好费用列表，并仔细核算。

（5）**公关活动** 可以邀请汽车行业专业人士或其他相关人士出场，增加汽车活动的趣味性、灵活性。

（6）**会后反馈** 可以采用问卷调查等形式调查展览会的举办效果，并对参展人数和销售利润进行计算评估。

**2. 国际五大汽车展览会**

（1）**巴黎车展** 巴黎车展是自1898年开始在法国巴黎举行的国际车展，也是世界上最早开办的车展。目前每两年举行一届，地点在巴黎西南的凡尔赛门展览中心，时间通常定在9月底至10月初。巴黎车展的发展也不是一帆风顺，第二次世界大战直接导致了会展的停办。1946年，巴黎车展正式回归，作为二战后欧洲的首个车展，巴黎车展让那些战时失去了汽车的法国人倍感振奋，10天的展览吸引了81万人次前来参观，从此，巴黎车展也迎来了真正的繁荣。

（2）**法兰克福车展** 法兰克福车展创办于1897年，1951年移至法兰克福举办，其前身是柏林车展，是全球规模最大的车展，有"汽车奥运会"之称。目前法兰克福车展每两年举办一届，一般安排在9月中旬开展，为期两周左右，展出的内容主要有轿车、跑车、商务车、特种车、改装车及汽车零部件等。各汽车厂商尤其是德国和欧洲的汽车商都在车展上向公众推出最新的车型和概念车。

（3）**日内瓦国际车展** 日内瓦车展创办于1924年，是每年3月在瑞士日内瓦举行的国际性汽车展览，也是全球重要的车展之一，有着"国际汽车潮流风向标"的美誉。每年在此举办的日内瓦车展是世界著名汽车生产厂家的必争之地，许多首次面世的新车新产品都会选择日内瓦车展作为其亮相的舞台。而除了最新、最前沿的产品外，车展上还可以见到许多高档豪华品牌的身影，吸引着世界各国的观众前往参观。

（4）**北美国际车展** 北美车展是每年1月在美国的汽车之城——底特律举办的国际车展，也是世界上最早的汽车展览之一。该展览创办于1907年，原先叫"底特律车展"，1989年更名为"北美国际车展"。与欧洲各大车展不同，北美国际车展一贯以消费者的购车意愿为导向，将美国、加拿大等本土消费者作为核心目标，推出一系列充满美式风格的汽车产品。

（5）**东京车展** 东京车展是世界五大车展中历史最短的汽车展会，1954年创办，逢单数年秋季举办，双数年为商用车展，展馆位于东京附近的千叶县。东京车展向来是日本本土生产的各式小型车唱主角的舞台，国际汽车厂商也会带来最新的汽车产品和前沿技术，但总的来说只是少数。而由于日本零部件产业的发达，零件馆向来是东京车展上备受关注的场馆，也是展会的一大特色。

## 8.2.2 汽车俱乐部

随着汽车一族的不断壮大，与汽车相关的各种需求随之而生，汽车俱乐部也应运而生。汽车俱乐部面向市场，发展迅速，提供汽车售后维修等服务项目。汽车俱乐部还作为连接各个会员的纽带，其服务范围又超出了简单的汽车维修。

**1. 汽车俱乐部的类型和活动**

俱乐部具有较高的服务水平，主要发展形成了四类汽车俱乐部：①汽车爱好者俱乐部，如老爷车俱乐部、越野车俱乐部、改装车俱乐部等；②汽车品牌俱乐部，如克莱斯勒俱乐部、路虎俱乐部等；③汽车救援俱乐部，如著名的国际旅游联盟（AIT）、美国汽车协会（AAA）等；④其他汽车俱乐部。

汽车俱乐部按服务内容又可以分为生产型服务和生活型服务。生产型服务是指俱乐部为会员提供各种对车辆和车主本人的有关车辆的服务，其目的是为广大会员解决在使用车辆的过程所产生的实际困难；而生活型服务则是以会员为主体的各种休闲、娱乐和交友服务。汽车俱乐部是汽车文化的重要形式，它促使汽车文化愈加繁荣丰富。汽车俱乐部常提供免费刊物、举办展览、车赛、组织驾车旅游等服务，在汽车的发展和使用服务方面起着越来越重要的作用。

**2. 汽车俱乐部的服务项目**

（1）**金融服务** 金融服务是国外汽车俱乐部的很大一部分业务，很多服务是借用信用卡实现的，比如异地租车。有了信用卡，租车行就不用担心租车客户不付钱的问题。如果持卡人不向银行付钱，俱乐部也会采取一系列追索办法，化解风险。

（2）**汽车救援** 汽车救援是俱乐部的一个服务项目。由于它收费低，反应速度快，救援质量好，因而得到了各界很高的评价。汽车救援保证在承诺时间内准时到达，做到急修手到病除，大修免费拖至特约维修站，并为会员提供备用车、备用油，如果因为发生事故而要求救援，还将协助车主报警。

（3）**车辆保险** 在车辆出险后，向保险公司索赔是一件耗费精力的事情。但如果是俱乐部的会员，就可以放心地把理赔的烦琐手续留给俱乐部，而且还会先期得到由俱乐部垫付的车辆保险理赔款。

（4）**维修保养** 为了维修出险车、故障车，汽车俱乐部拥有自己的维修、配件、美容服务网络。这些服务网点在服务质量和工期上均接受俱乐部严格的审查，配件费和工时费由俱乐部严格监督，会员可在这个网络里享受相当程度上的打折优惠。

（5）**展销咨询** 一些汽车俱乐部举办诸如双休日家用轿车展销及免费咨询活动。活动期间，工作人员向用户免费发放各种宣传材料，介绍各种家用轿车的技术参数和性能，同时还免费提供售车咨询及汽车维修咨询服务。

（6）**汽车旅游** 一些汽车俱乐部创造性地提出了"汽车旅游"的新概念，促进车主更好地交流，并结交一些新朋友，为汽车旅行提供条件。

## 8.3 汽车服务政策法规

### 8.3.1 汽车法律服务概述

**1. 汽车法律服务内涵**

汽车法律服务指法律服务的从业人员（一般是指律师）根据委托人的要求，所进行的与汽车生产、贸易、投资、消费等相关的各种法律服务活动，目的是解决如汽车产品责任纠纷、交通事故纠纷、汽车信贷保险纠纷等问题。

**2. 汽车法律服务的特征**

（1）**专业性** 汽车是一个高技术的专业产品，所以汽车法律服务的提供者也必须具备一定的专业知识，且充分熟悉相关法律法规。

（2）**地域性** 因服务提供者或接受者所在地的政治、经济、文化、法律制度及语言习惯等不同，所提供的法律服务也会不同。

（3）**信任性** 汽车法律服务的对象既有汽车制造企业，也有汽车维修和贸易业，同时也有汽车消费者，涉及社会的各个领域，服务提供者须与委托人之间建立高度的信任关系。

（4）**差异性** 汽车法律服务内涵的多样性决定了汽车法律服务的差异性。另外，由于国际汽车法律服务的增加，各国之间的汽车法律服务市场的需求差异也很大。

**3. 汽车法律服务的表现形式**

（1）**反倾销领域** 虽然我国的汽车竞争力量还不强，但个别领域也曾被提出倾销指控。我国加入WTO以后，面临国外汽车的低价竞争，我国可以利用反倾销手段对其加以限制，保护我国的汽车行业。

（2）**解决贸易争端领域** 加入WTO以后，我国的许多法律、法规、政策都与WTO存在很大差距，因此常与其他成员国发生争端，尤其在汽车工业，我国与其他国家发生贸易争端的可能性更大。一旦发生，我国可以利用WTO贸易争端解决机制加以解决。我国法律服务工作者可以研究其他国家运用该机制解决争端的实例，来保护我国的利益。

（3）**汽车消费领域** 我国以前没有专门针对汽车这一特殊消费品的消费法律，消费者只能根据《中华人民共和国消费者权益保护法》等法规维护自己的权益，往往针对性不强，合法权益难以得到保护，但随着《缺陷汽车产品召回管理规定》的出台，大大缓解了这一问题。

### 8.3.2 汽车技术服务管理政策法规

汽车技术服务管理是指交通运输部、国家工商行政管理局等主管部门根据国家有关法律、法规对汽车技术服务行业进行行业准入、质量控制、市场监督的外部行为。汽车技术服务是汽车处于完好技术状态和工作能力的保障，具有技术性强、工艺复杂、与安全密切相关等特点。汽车技术服务管理政策法规主要有如下几种：

**1.《机动车维修管理规定》**

由国家交通运输部于2005年6月24日发布，2015年8月8日《交通运输部关于修改〈机动车维修管理规定〉的决定》第一次修正；《交通运输部关于修改〈机动车维修管理规定〉的决定》已于 2016 年 4 月 14 日经第 8 次部务会议通过了第二次修正。主要内容有经营许可、维修经营、质量管理、监督检查和法律责任。

**2.《道路运输车辆技术管理规定》**

由国家交通运输部于 2016 年发布，当年 3 月 1 日起开始实施。主要内容有车辆基本技术条件、技术管理的一般要求、车辆维护与修理、车辆检测管理、监督检查和法律责任。

**3.《汽车运输业车辆综合性能检测站管理办法》**

由国家交通运输部 1991 年发布，并从当年 10 月 1 日起开始实施。主要内容有检测站的职责、检测站的分级和基本条件以及检测站的认定。

**4.《汽车维修质量纠纷调解办法》**

由国家交通运输部于 1998 年发布。主要内容有纠纷调解申请的受理、技术分析和鉴定、责任认定、纠纷调解等。

### 8.3.3 汽车服务贸易管理政策法规

**1. 汽车金融方面的政策**

（1）《汽车金融公司管理办法》 由中国银行监督管理委员会颁布，于 2008 年 1 月 24 日起正式实施。主要内容有机构设立、变更与终止，业务范围，风险控制与监控管理。

（2）《汽车贷款管理办法》 经中国人民银行第 5 次行长办公会议和 2004 年 8 月 9 日中国银行业监督管理委员会主席会议审议通过。自 2004 年 10 月 1 日起施行。主要内容有个人贷款、经销商、机构贷款和风险管理。

（3）《中华人民共和国保险法》 1995 年 6 月 30 日第八届全国人民代表大会常务委员会第十四次会议通过。根据 2002 年 10 月 28 日第九届全国人民代表大会常务委员会第三十次会议《关于修改〈中华人民共和国保险法〉的决定》第一次修正，2009 年 2 月 28 日第十一届全国人民代表大会常务委员会第七次会议修订，根据 2014 年 8 月 31 日第十二届全国人民代表大会常务委员会第十次会议《关于修改〈中华人民共和国保险法〉等五部法律的决定》第二次修正，根据 2015 年 4 月 24 日第十二届全国人民代表大会常务委员会第十四次会议《关于修改〈中华人民共和国计量法〉等五部法律的决定》第三次修正。主要内容有保险合同、保险公司、保险经营规则、保险代理人和保险经纪人、保险业监督管理、法律责任。

**2. 汽车产业相关政策**

（1）《汽车产业发展政策》 经国家发展和改革委员会主任办公会议讨论通过，并报国务院批准，于 2004 年 5 月 21 日发布施行。

为适应不断完善社会主义市场经济体制的要求以及加入世贸组织后国内外汽车产业发展的新形势，推进汽车产业结构调整和升级，全面提高汽车产业国际竞争力，满足消费者对汽车产品日益增长的需求，促进汽车产业健康发展，特制定汽车产业发展政策。通过本政策的实施，使我国汽车产业在 2010 年前发展成为国民经济的支柱产业，为实现全面建设小康社会的目标做出更大的贡献。

（2）《汽车工业产业政策》 由国务院在 1994 年颁布实施。为把我国汽车工业（含摩托车工业，下同）尽快建设成为国民经济的支柱产业，改变目前投资分散、生产规模过小、产品落后的状况，增强企业开发能力，提高产品质量和技术装备水平，促进产业组织的合理化，实现规模经济，特制定汽车工业产业政策。通过本产业政策的实施，使我国汽车工业在

20世纪末打下坚实的基础,再经过两个五年计划,到2010年成为国民经济的支柱产业,并带动其他相关产业迅速发展。

(3)《节能与新能源技术路线图》 《节能与新能源技术路线图》(以下简称《路线图》)于2016年10月26日在上海发布实施,其为汽车产业发展指明了发展方向,明晰了重点和路径。

《路线图》描绘了我国汽车产业技术未来15年的发展蓝图。总体目标是:汽车产业碳排放总量先于国家提出的"2030年达峰"的承诺,在2028年提前达到峰值,新能源汽车逐渐成为主流产品,汽车产业初步实现电动化转型,智能网联汽车技术产生一系列原创性科技成果,并有效普及应用,技术创新体系基本成熟,持续创新能力和零部件产业具备国际竞争力。

在上述重大目标指引下,《路线图》进一步凝练关键技术,以新能源汽车和智能网联汽车为主要突破口,以能源动力系统优化升级为重点,以智能化水平提升为主线,以先进制造和轻量化等共性技术为支撑,全国推进汽车产业的低碳化、信息化、智能化和高品质。

在此基础上,《路线图》又提出了节能汽车、纯电动和插电式混合动力汽车、氢能燃料电池汽车、智能网联汽车、动力电池、汽车轻量化、汽车制造等七大领域,并分别形成了各自细分领域的技术路线图。

**3. 汽车消费方面政策**

国家质量监督检验检疫总局于2015年11月27日公布《缺陷汽车产品召回管理条例实施办法》,2016年1月1日正式实施。

该办法主要有三大亮点,分别是明确汽车召回责任;建立信息共享制度,有助于发现缺陷线索;加重处罚力度,对非法行为增强威慑力。此办法的实施,将更加有效地规范国内汽车召回制度,促进生产者不断提高汽车产品质量,维护广大车主的人身、财产安全。

## 8.4 服务市场的建设、运作与管理

汽车服务市场除了包括在用车辆的维修、养护、配件经营、旧车交易、制造企业的技术服务等,还包括停车设施、汽车装饰美容、汽车租赁等大量因汽车的使用或以汽车作为主要经营工具的相关市场服务。这些汽车相关市场随着汽车的蓬勃发展,也显示出了巨大的商机。下面以经营性停车场为例说明汽车服务市场的建设、运作与管理。

### 8.4.1 汽车服务市场的建设

随着城市发展和城市面积的不断增大,汽车已逐渐成为人们出行的主要交通工具。停车问题逐渐成为如今的关键问题。我国不少大中城市车辆停放供需矛盾已成为一个突出问题,也是我国汽车化过程中越来越引起人们重视的问题。经营性停车场作为城市停车场的重要组成部分,扮演着越来越重要的角色。

**1. 停车场的分类和建设特点**

停车场按照不同的划分标准可以分为不同种类的停车场。大概分为露天停车场、地下停车场和地面停车楼和机械化停车场。

(1)**露天停车场** 建设周期短,后期运行基本没有消耗,建设成本低,重建和改建设施容易,占地面积大,土地费用高,适用于地价低廉地区。管理简单,成本低。

（2）**地面停车楼和机械化停车场**　对于地面非机械化停车楼，建设周期长，后期运行需要照明消耗，建设成本高，不易重建和改建，占楼面面积约为 $25\sim30m^2$/车位，用地面积小，地面成本低；对于地面机械化停车场，建设周期较短，后期需机械维护，重建和改建较为容易，占用楼面面积约为 $10m^2$/车位，占用地面面积 $3\sim5m^2$/车位，适用于中心城市和土地价格较高的地区。

（3）**地下停车场**　对于地下非机械化停车场，建设周期很长，后期运行需要机械维护、照明、通风。占用楼面面积 $30\sim45m^2$/车位，不占用地面面积，不可能重建改建。用地面积不受约束，但建设成本较高。对于地下机械化停车场，建设周期长，后期运行需要机械维护，占用楼面面积 $10m^2$/车位，不占用地面面积，不可能重建改建。

**2. 经营性停车场的选址**

（1）**步行距离**　人们都倾向于在停车后步行较短的距离就能到达目的地，并且大部分人对于停车后较长距离的步行会感到厌恶，所以一个停车点要保证80%以上的停车者能够在较短时间内到达目的地。

（2）**停车需求**　停车场场址的选取与周边的交通流和相关机构可能为停车场带来的停车客户量有很大关系，并且周边其他设施的形式、数量可能会对投资造成影响。所以停车场一般修建在人口密集的生活小区或商业区的繁华地段。

（3）**交通方便性**　汽车驾驶人员在交通环境中到达停车场的难易程度反映了交通的方便程度，交通越方便，通行能力也越强，停车场吸引力越大。

（4）**城市的总体规划**　在停车场使用寿命期限里，停车场周围环境的变化主要与城市的总体规划有关，这将在很大程度上影响停车场的车源。

## 8.4.2　汽车服务市场的运作与管理

停车场管理系统是专业车场管理公司必备的工具（图8-3）。它是通过计算机、网络设备、车道管理设备搭建的一套对停车场车辆出入、场内车流引导、收取停车费进行管理的网络系统。它通过采集记录车辆出入记录、场内位置，实现车辆出入和场内车辆的动态和静态的综合管理。

该系统一般以射频感应卡为载体，通过感应卡记录车辆进出信息，通过管理软件完成收费策略实现、收费账务管理、车道设备控制等功能。停车场系统集感应式智能卡技术、计算机网络、视频监控、图像识别与处理及自动控制技术于一体，对停车场内的车辆进行自动化管理，包括车辆身份判断、出入控制、车牌自动识别、车位检索、车位引导、会车提醒、图像显示、车型校对、时间计算、费用收取及核查、语音对讲、自动取（收）卡等系列科学、有效的操作。这些功能可根据用户需要和现场实际灵活删减或增加，形成不同规模与级别的豪华型、标准型、节约型停车场管理系统和车辆管制系统。对于停车场管理系统，主要分为入口、出口和收费三个部分。

（1）**入口部分**　主要由入口票箱（内含感应式ID卡读写器、自动出卡机、车辆感应器、语音提示系统、语音对讲系统）、自动路闸、车辆检测线圈、入口摄像系统等组成。

临时车进入停车场时，系统检测到车辆，语音提示驾驶人取卡，汉字显示屏自动显示车场内剩余车位数，驾驶人按键，票箱内发卡器即发送一张ID卡，经输卡机芯传送至入口票箱出卡口，并同时读卡。驾驶人取卡后，自动路闸起栏放行车辆，图像系统自动摄录一幅车辆进场图像于计算机。

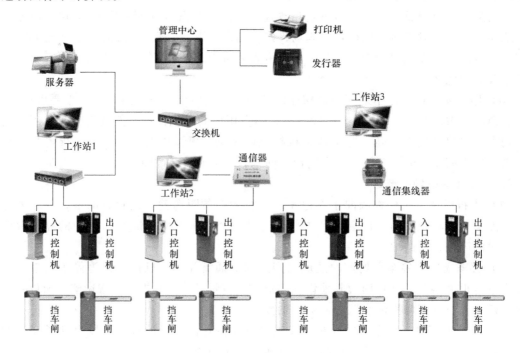

**图 8-3 停车场管理系统**

月租卡车辆进入停车场时，系统检测和语言提示，驾驶人把月租卡在入口票箱感应区掠过，判断有效性（月卡使用期限、卡类、卡号合法性），若有效，后续流程同临时车。

特殊卡车辆进入停车场时，设在车道下的车辆检测线圈检测到车，入口处的票箱语音提示驾驶人读卡，驾驶人把特殊卡在入口票箱感应区掠过，入口票箱内 ID 卡读写器读取该卡的特征和有关信息，判断其有效性（特殊卡使用期限、卡类、卡号合法性），后续流程同临时车。

（2）**出口部分**　小区主出口部分主要由出口票箱（内含感应式 ID 卡读写器、语音提示系统、语音对讲系统）、自动路闸、车辆检测线圈、出口摄像系统等组成。

临时车驶出停车场出口时，在出口处，驾驶人将非接触式 ID 卡交给收费员，驾驶人把月租卡在出口票箱感应器感应区掠过，收费计算机根据 ID 卡记录信息自动计算出应交费，提示驾驶人交费，同时系统自动显示该车进场图像，收费员确认无误后收费，按确认键，图像系统自动摄录一幅车辆出场图像于计算机，电动栏杆升起。车辆通过埋在车道下的车辆检测线圈后，电动栏杆自动落下。

月租卡车辆驶出停车场时，驾驶人把月租卡在出口票箱感应器感应区掠过，出口票箱内 ID 卡读卡器读取该卡的特征和有关 ID 卡信息，判别其有效性，同时系统自动显示该车进场图像，若有效图像和进场时自动摄录的图像一致，自动路闸起栏放行车辆，车辆感应器检测车辆通过后，栏杆自动落下；若无效，则报警，不允许放行。特殊卡车辆驶出停车场时，驾驶人把月租卡在出口票箱感应器感应区掠过，出口票箱内 ID 卡读卡器读取该卡的特征和有关 ID 卡信息，判别其有效性。

收费控制，其设备由收费控制计算机、UPS、报表打印机、操作台、入口手动按钮、出口手动按钮、语音提示系统、语音对讲系统组成。

操作员通过收费控制计算机负责对临时卡、月租卡、特殊卡进行管理和收费，通过图像对比识别功能减少车型及车牌的识别和读写时间，提高车辆出入的车流速度。图像对比与ID卡配合使用，彻底达到防盗车的目的。进出图像存档，杜绝了谎报免费车辆。严密控制持卡者进出停车场的行为，对出入口进行智能管理，还负责对报表打印机发出相应控制信号，同时完成车场数据采集下载、查询打印报表、统计分析、系统维护和月租卡发售功能。

此外，对于停车场的硬件、软件和其他一些设施，都需要进行定期维护与保养，这就需要相关专业人员定时检查停车场的相关设备，以确保停车场正常、无误运行。

## 8.5 案例分析

### 案例一：高田气囊引发汽车召回

近年来，高田气囊气体发生器异常破裂问题在全球引发了大规模的召回，引起了广泛的社会关注。质检总局在掌握相关情况后立即组织总局缺陷产品管理中心开展调查工作。对包括上汽大众、上汽通用、北京奔驰、东风本田、广汽本田、华晨宝马、天津一汽丰田等在内的34家制造企业启动了缺陷调查。相关整车制造企业和高田公司称国内尚未发现高田气囊气体发生器异常破裂案例。

据了解，高田气囊召回事件发生以来，已在全球市场召回受影响车辆超过6000万辆，截至2016年12月25日，包括东风本田、广汽本田、华晨宝马、天津一汽丰田等在内的21家国内制造企业已向质检总局备案了召回计划，并向社会发布了召回信息，涉及车辆共计964.66万辆。但尚有上汽通用、上汽大众、一汽-大众、北京奔驰等13家生产者未向质检总局备案相关的召回计划，下一步质检总局将督促上述企业采取相关措施，消除消费者行车风险。

质检总局提示相关车主，尤其处于高温高湿地区的车主，如车辆在发生事故时出现气囊气体发生器异常破裂的情况，应尽快与生产经营者取得联系，并将有关情况向国家质检总局缺陷产品管理中心进行报告。

### 案例二：汽车保险费用纠纷

2017年1月26日傍晚，张某在某市南郊一工厂院内墙角处准备小便，这时李某驾驶轿车驶入该厂院内，撞到张某的腿上，张某倒地受伤。李某报警，并报所投保的保险公司。当时，张某感觉受伤不重，李某给了他100元钱私了。事后，张某回家后服药治疗，但仍不见好转，于第四天到医院就诊治疗，花去4万多元费用。张某的腿伤经有关鉴定机构鉴定构成十级伤残。保险公司认为，轿车在工厂院内将人撞伤，不是交通事故，不同意赔偿。张某将撞人的李某和保险公司告上法庭。

法官认为，本案发生事故的地方因不是在法定的道路上，所以交警部门及人民法院不作为道路交通事故处理。法院根据案件纠纷的性质，将其作为人身损害赔偿纠纷处理，保险公司以人民法院立案案由的性质来拒绝赔偿没有法律依据。

根据双方签订的保险合同的有关约定，驾车人将张某撞伤，属于保险责任范围，保险公司应当依法、依约承担保险责任。根据强制保险合同的规定，机动车发生交通事故造成人身伤亡、财产损失的，由保险公司在机动车第三者责任强制保险责任限额范围内予以赔偿。所以法院判决保险公司在保险金额 12.2 万元之内先行赔偿张某医疗费等各项经济损失 4.95 万元。

投保人投保时，应当向保险公司如实告知重要事项。重要事项包括机动车的种类、厂牌型号、识别代码、牌照号码、使用性质和机动车所有人或者管理人的姓名（名称）、性别、年龄、住所、身份证或者驾驶证号码（组织机构代码）、续保前该机动车发生事故的情况以及保监会规定的其他事项。保险公司不得解除机动车交通事故责任强制保险合同。但是，投保人对重要事项未履行如实告知义务的除外。投保人对重要事项未履行如实告知义务，保险公司解除合同前，应当书面通知投保人，投保人应当自收到通知之日起 5 日内履行如实告知义务；投保人在上述期限内履行如实告知义务的，保险公司不得解除合同。

### 汽车租赁相关案例

**案例一：刘某案件**

2015 年 10 月 13 日，被告人刘某因为做生意需要用车，以每日租金 450 元的条件与某租赁公司签订汽车租赁合同，并于当日预付给租赁公司 2000 元租金后将一辆黑色帕萨特轿车租走。后将租赁来的车使用了一段时间后因生意失败，需要资金周转，于是就起了用租赁车辆抵押贷款来周转钱的念头，后在一个二手车行，对车行老板谎称从汽车租赁公司租赁的黑色帕萨特轿车是自己所有的，并写下虚假车辆所有人证明，与车行老板签订汽车质押借款合同，以此车作为质押物交付给车行老板并借贷现金 8 万元（用于生意周转），借款期限是 10 天，但后来一直未偿还。被告人刘某向某汽车租赁公司隐瞒将租赁所得的车已经质押借款的事实，并向该租车公司缴纳租金费，直至 2016 年 2 月份无力支付，2016 年 5 月汽车租赁公司报案。后现涉案的黑色帕萨特轿车已追回，发还给汽车租赁公司。经鉴定车的价值为 188542.00 元。

**案例二：郑某案件**

2016 年 2 月 14 日被告人郑某以自己的名义以每日租金 350 元从某一汽车租赁公司租赁一辆黑色广本雅阁轿车自用。2016 年 4 月 14 日被告人郑某谎称这辆租来的广本雅阁是自己所有，以给朋友看病急需用钱为由，与朋友口头约定 7 万元的交易价格将这辆黑色广本雅阁轿车交易，并答应朋友尽快将车过户，后该朋友先支付给被告人郑某 4 万元后将车开走，被告人郑某将所得赃款 4 万元用于还账、赌博，挥霍一空。后那位朋友多次联系被告人郑某，要求其办理汽车过户手续，其以各种理由推托，朋友无奈之下发信息给郑某，如不还钱或者过户就将报警。因担心事情败露，被告人郑某就计划在该汽车租赁公司再租一辆车，转卖给二手车车行，用于还账。后被告人郑某再次到上次的那个租赁公司，以自己名义以每日租金 300 元租了另一辆白色丰田 RAV4 越野车，后将该车以 8.8 万元的价格卖给一个二手车车行，将所得赃款中 1 万元用于租车费，4.15 万元用于给之前所骗的朋友还钱，赎回之前所卖的黑色广本雅阁车，剩余赃款均自己花销。经鉴定，涉案的黑色广本雅阁轿车一辆价值 139700 元。丰田 RAV4 越野车一辆价值 141442 元。

**案例三：辛某案件**

徐某（另案处理）、高某（另案处理）、董某（另案处理）等人系一个犯罪团伙，主要犯罪手段为在一个地区找到从犯，以该人名义在该地的某一汽车租赁公司将车租出，后经由团伙其他人联系将租来的车辆上的 GPS 移除后将该车销往其他地区，作案多起。2016 年 5 月的一天，高某来到延安地区联系了当地的被告人辛某，以辛某的名义以每日租金 500 元的价格在一汽车租赁公司以租车为由骗取一辆黑色的奥迪小轿车,并交押金3000元,后辛某和高某按照团伙其他人指示,以2万元的价格将车辆卖到山西某一地区后逃逸,后二人再次来到西安地区,以同样手段租赁了一辆别克商务车,后在次日准备将车倒卖的时候被西安租赁公司的人员发现,并扭送归案,经鉴定,涉案的黑色奥迪轿车价值为170147元,涉案的别克车价值为171070元。后公安机关将车辆追回并发还租赁车行,该团伙案发,经查其在全国各地多处作案,手段基本类似。

**分析上述案例:** 虽然作案手段基本相同,主要为被告人用真实身份签订汽车租赁合同书,然后将租赁所得车辆冒充自己所有,进行变卖或者质押借款,但仔细对比有不同之处:

第一,犯罪产生的故意不同:一种情况是租赁汽车的最初目的是自用并且也支付了租赁费,租赁使用了一段时间后才将车质押或变卖,属于租赁合同已经履行的过程中,被告人产生了犯罪的故意(将租赁车辆变卖或质押)。另一种情况是租赁合同签订之前就有了犯罪故意,换言之租车就是为了变卖或质押租赁车辆。如郑某案中第二辆车白色丰田租赁之前就是为了将车变卖,辛某案中本来就是团伙犯罪,其租车的目的就是变卖车辆。

第二,具体的获赃途径和情况不同。上述案例中将租赁所得的车辆,有的是以质押获得借款的方式获赃,有的是以直接变卖的方式获赃。根据车的价值来看,将车质押或变卖的价格一般都低于车的价值,但是相比较会发现,有的远远低于车的价格,也有相对接近的。

第三,社会危害后果不同。刘某案中作案一次,案发后车辆追回;郑某作案两次,第二次作案是为了赎回第一次车辆;辛某案件中辛某属于团伙作案,该团伙作案多次,跨地区作案,部分车辆无法追回。

# 参 考 文 献

[1] 刘仲国，何效平. 汽车服务工程［M］. 2版. 北京：人民交通出版社，2016.
[2] 鲁植雄. 汽车服务工程［M］. 2版. 北京：北京大学出版社，2014.
[3] 李国庆，张焱，黄学勤. 汽车服务工程［M］. 北京：国防工业出版社，2016.
[4] 谭德荣，董恩国. 汽车服务工程［M］. 北京：北京理工大学出版社，2007.
[5] 苑玉凤. 汽车营销［M］. 北京：机械工业出版社，2010.
[6] 韩卫东. 汽车营销［M］. 北京：北京大学出版社，2016.
[7] 高婷婷. 汽车营销［M］. 北京：清华大学出版社，2014.
[8] 朱军. 汽车故障诊断方法［M］. 北京：人民交通出版社，2008.
[9] 孙志刚，董大伟. 汽车故障诊断与排除［M］. 2版. 北京：北京理工大学出版社，2016.
[10] 罗新闻. 汽车故障诊断与排除［M］. 北京：机械工业出版社，2016.
[11] 王凤忠. 汽车维护与故障诊断［M］. 北京：科学出版社，2009.
[12] 王萍，胡祥卫. 汽车物流管理［M］. 北京：北京理工大学出版社，2015.
[13] 孟利清，李翔晟. 汽车物流［M］. 北京：中国林业出版社，2013.
[14] 贝绍轶，周全法，龙少海. 汽车报废拆解与材料回收利用［M］. 北京：化学工业出版社，2012.
[15] 陈永革. 二手车贸易［M］. 北京：机械工业出版社，2006.
[16] 刘坚民. 报废汽车回收拆解技术［M］. 北京：化学工业出版社，2006.
[17] 田广东. 汽车回收利用理论与实践［M］. 北京：科学出版社，2016.
[18] 高俊杰. 数字化管理下的知识集成关键技术及汽车业应用研究［M］. 西安：西安交通大学出版社，2016.
[19] 张国新. 汽车金融与贸易［M］. 2版. 上海：上海交通大学出版社，2016.
[20] 何忧予. 汽车金融服务［M］. 北京：高等教育出版社，2012.
[21] 曾鑫. 汽车保险与理赔［M］. 北京：人民邮电出版社，2010.
[22] 费洁. 汽车保险［M］. 北京：中国金融出版社，2009.
[23] 吴兴敏，张鹏，张博. 汽车改装［M］. 北京：北京理工大学出版社，2015.
[24] 安永东，张德生，刘军发. 汽车改装技术与实例［M］. 2版. 北京：化学工业出版社，2014.
[25] 鲁植雄. 汽车美容［M］. 2版. 北京：人民交通出版社，2011.
[26] 关志伟. 汽车装饰与美容［M］. 北京：人民交通出版社，2009.
[27] 刘晓峰，高婷婷. 汽车美容与装饰［M］. 北京：科学出版社，2009.